《개정판》

Dream
경찰면접

송무빈

김천고등학교 졸업(82)

경찰대학 법학사(86)

한양대학교 법학석사

한양대학교 법학박사

서울경찰청 경비부장 · 기동본부장

인천경찰청 1 · 2부장

부산경찰청 1부장

서울종로 · 경기분당 · 충북영동 경찰서장

서울강남 · 동대문 생활안전과장

부산동래 교통과장 · 청문감사관

탄핵 관련 촛불집회 안정적 관리(서울경찰청 경비부장 · 기동본부장시)

인천아시안게임 성공적 경비(인천경찰청 아시안게임 경비단장시)

아시아 최초 '방범용 CCTV 관제센터 설립' 등 방범용 CCTV 범죄감시 시스템 도입(강남 생활안전과장시)

서울경찰청 순경채용 면접위원장 역임

간부후보생 채용시험 출제위원장 역임

32년 9개월 경찰 생활 후 경무관 퇴직

2006. 2. 21. 대불대학교 경찰행정학과 졸업

1977. 4. 30. 순경 공채(16기)

1996. 5. 6. 경위 (경찰종합학교, 경찰청 감사과,
　　　　　　운전면허시험관리단)

2004. 2. 10. 경감 (문경경찰서 중부지구대장, 서
　　　　　　울 강북서 방순대장, 경찰종합학교
　　　　　　경리계장)

2013. 2. 18. 경정 (안산단원경찰서 경무과장, 경찰
　　　　　　대학 이전건설단 부단장)

2015. 6. 30. 정년퇴직

강재구

홍재희

한성디지털대학교 사회복지학(학사) 졸업

1986. 2. ~ 1990. 2. 경호실 22경호대 경호작전관

1990. 2. ~ 2000. 2. 서울청 특수기동대 행정계장

2000. 2. ~ 2005. 2. 경찰청 감사담당관실 공직윤리계(심사관)

2005. 2. ~ 2009. 1. 서울청 홍보담당관실 언론오보 담당

2009. 1. ~ 2015. 1. 서울청 청문감사관실 민원담당관

2015. 1. ~ 2016. 1. 경기 일산경찰서 생활안전과장

2016. 1. ~ 2017. 1 경기 일산동부경찰서 경비교통과장

2017. 1. ~ 2018. 1. 경기 고양경찰서 경무과장

2018. 1. ~ 2020. 6. 경기 고양경찰서 정보보안과장

2009. ~ 2008. 경찰청 특별채용(심리상담원, 세무감사요원) 면
　　　　　접관

2009. ~ 2015. 서울청 신임순경(일반, 특채, 조사, 101단) 면접 위원

2017. ~ 2020. 6. 의무경찰 출신 경찰관 응시자 다수 합격(특수
　　　　　시책 호평)

1979. 1. 10. 대창고 졸업

1985. 2. 23. 경찰배명(순경공채)

1996. 5. 20. ~ 2003. 6. 30. 경위

　−서울 노원 월계파출소장, 경찰청 경무기획국 기획과 서무주임

2002. 7. 1. ~ 2013. 3. 29. 경감

　−의정부 방순대장, 노원서 월계지구대장, 경찰청 교육과 고시반장(8년)

2013. 4. 1. ~ 2020. 12. 31. 경정

　−의정부 여청과장(3년), 청문감사관(3년), 양주 생안과장(2년)

경찰청 교육과 고시계 일반공채, 특별채용 등 1년 15개 이상

시험 및 특공대, 전경대, 일반 진급시험 8년 담당

2013~2020년 1년 2~3회 일반공채 면접관(25회)

2019~2020년 9급 일반 및 경찰행정직 면접관(3회)

2020. 12. 31. 정년퇴직

김연우

이화여자대학교 정책과학대학원 후(공공정책학 석사)

경기남부지방경찰청 성남수정경찰서 112종합상황실장

경기남부지방경찰청 경기6기동대장

경기남부지방경찰청 수원남부경찰서 112종합상황실장

경기남부지방경찰청 수원남부경찰서 보안과장

경기남부지방경찰청 순경(남, 여) 채용 면접위원 역임

행정사(행정자치부)

사회복지사1급(보건복지부)

20. 6. 30. 경정 정년퇴임

박은순

2016. 2. 동아대학교 대학원 태권도학과 (석사)

1980. 4. ~ 2018. 10. 경정 명예퇴직

서울지방경찰청 민원봉사실

서울지방경찰청 여경기동수사대장

성북경찰서 여성청소년계장

경찰청 아동, 여성, 청소년 지원센터장

서울지방경찰청 지능범죄수사대 팀장

대한체육회 체육시스템 혁신위원회 위원 및 클린스포츠 인권조
　사관

경찰무도특채자 면접위원, 신임순경 면접위원 (2004. ~ 2008.)

스포츠인권상담사 면접위원 (2019.~2020. 대한체육회)

학교폭력대책자치위원 및 성북경찰서 범죄예방교실 전문강사
　(2010. 7.)

서울지방경찰청 여성상담(3년), 서울시청소녀건강지원센터 위원
　(2016. ~)

교원자격(실기교사 체육) 교육인적자원부장관

사회복지사 2급, 학교폭력상담사 2급, 일반행정사 자격취득

남궁숙

서울청 청문감사실 기획감찰 담당 11년

경찰청 감찰담당관실 기획감찰계 2년

서울청 청문감사실 특별조사계 팀장 3년

경기북부청 가평경찰서 청문감사관 3년

서울청 강동경찰서 부청문감사관 1년

2014년~2016년 서울청 신임순경 면접위원

現 서울청 산하 경찰서 · 101단 · 기동대 등 징계위원

권병조

인천대학교 행정대학원 쭈(사회복지학 석사)

인천지방경찰청 여경기동수사대장

인천연수경찰서 송도국제도시파출소장

인천지방경찰청 경리 · 생활질서계장

인천남동경찰서 여성청소년과장

인천지방경찰청 순경 채용 시험 면접위원 역임

인천연수경찰서 선도심사위원

인천성폭력상담소, 인천 남 · 녀 청소년쉼터 운영위원

중앙경찰학교 외래 강사(마음건강증진)

심리상담사 1급(한국자격검정진흥원)

진로적성상담사&진로직업상담사(한국인재능력개발원)

사회복지사2급(보건복지부)

20. 6. 30. 경정 정년퇴임

김현자

2008. 8. 23. 서울사이버대학 졸업

1982. 12. 11. 경찰배명(순경공채)

1995. 4. 3. ~ 2005. 7. 6. 경위

　－인천청 경비, 경호, 전경관리, 부평 경무계장, 파

　출소장 등

2005. 7. 7 ~ 2014. 4. 23. 경감

　－지구대장(3년), 인천 경찰특공대장(3년), 인천청

　대테러계장(2년)

2014. 4. 23. ~ 2019. 12. 31. 경정

　－인천서부 112상황실장(1년), 인천부평 경비교통과

　장(2년)

　－인천부평 정보보안과장(3년)

의경 선발 면접관 (1998~1999, 3회)

경인아라뱃길 경찰대 요원 선발 면접관(2011년)

인천시청 청원경찰 선발 면접관 (2013년)

2019. 12. 31. 정년퇴직

안용회

5분 안에 당락이 갈리는 면접 상황 필수 교재!

| 경 찰 면 접 관   출 신   교 수 들 이   알 려 주 는   노 하 우 |

《개정판》

Dream 경찰면접

| 저자 박선영 |

암기하고
대답하기 쉬운
모범 답변

지방청별
최신
기출문제

개별 면접
단체 면접
토론 면접

맑은샘

PROLOGUE

2022년부터는 경찰채용 시험이 경찰학, 범죄학, 헌법으로 변경됩니다.
또한 2023년에는 남녀 성분할 모집이 폐지되어서 필기시험에 강세인 여성지원자의 합격률이 상당히 높아지고 커트라인도 상승할 예정입니다.

따라서 경찰청에서는 면접과 체력시험에서 원하는 인재상을 채용하기 위해 면접 선발의 기준을 엄격하게 할 것입니다.

체력에서는 평균을 넘어서기 어렵겠지만 20%를 차지하는 면접에서는 5분 안에 여러분의 합격의 당락을 바꿀 수 있습니다.

1 '경찰에 적합한 인재'를 선별하는 과정

면접에서 가장 중요시하는 것은 공직자로서의 자세와 경찰조직에 대한 애착과 봉사 정신입니다. 당당하고 바른 자세도 인내심과 직무적합성으로 이해됩니다.

2 생안, 수사, 경비, 교통 등 분야별 정리

직무적합성, 청렴성, 봉사정신, 직무전문지식, 상황형문제를 망라하는 최신 시사 이슈와 경찰정책에 대한 암기가 필요합니다. 이에 면접에 적합하도록 구어체로 1분 내외로 정리하였습니다.

3 지방경찰청 특수시책 정리

전국지방경찰청의 현 시책까지 정리하고 치안상황을 최신 자료를 토대로 정리하였습니다. 지방청별 사조서문제, 기출문제를 개인면접, 단체면접으로 분류하고 지방청별 최신 면접 기출 문제를 담았습니다.

4 분야별 특채 기출 정리

101경비단, 특공대, 특채 채용기준, 기출문제 등을 정리하였습니다. 일반 면접과 달리 101경비단, 특공대, 특채의 경우는 전문지식을 질문하는 비중이 20~30% 정도가 있어 이에 대한 지식도 필요합니다.

마지막으로 경무관으로 명예롭게 퇴직하신 송무빈 경무관님, 박은순 경정, 강재구 경정, 권병조 경감, 홍재희 경정, 김연우 경정, 김현자 경정, 안용희 경정, 윤성인 총경님의 철학과 경험이 바탕이 된 드림경찰면접으로 공부하여 합격의 영광에 한 발짝 다가서길 기원합니다.

It ain't over till it's over

(끝날 때까지 끝난 게 아니다)

– 메이저리그의 전설적인 포수 요기 베라 –

2022년 2월
미래 청년경찰들의 합격을 기원하며

CONTENTS

PART 1

경찰의 개념

경찰의 기본 가치

01 경찰 헌장

- 경찰의 전통: 민주 경찰의 연원 – 나라와 겨레에 충성 – 자유 민주주의 수호
- 경찰의 본분: 개인의 자유, 권리보호, 사회의 안녕, 질서 유지, 국민의 행복한 삶 보장
- 경찰의 다짐: 충실한 임무 수행 지향, 덕목의 실천 결의

① 모든 사람의 인격을 존중하고 누구에게나 따뜻하게 봉사하는 친절한 경찰
② 정의의 이름으로 진실을 추구하며 어떠한 불의나 불법과도 타협하지 않는 의로운 경찰
③ 국민의 신뢰를 바탕으로 오직 양심에 따라 법을 집행하는 공정한 경찰
④ 건전한 상식 위에 전문 지식을 갈고 닦아 맡은 일을 성실하게 수행하는 근면한 경찰
⑤ 화합과 단결 속에 항상 규율을 지키며 검소하게 생활하는 깨끗한 경찰

02 경찰서비스 헌장(1998)

① 범죄와 사고를 철저히 예방하고 법을 어긴 행위는 단호하고 엄정하게 처리하겠습니다.
② 국민이 필요하다고 하면 어디든지 바로 달려가 도와드리겠습니다.
③ 모든 민원은 친절하고 신속, 공정하게 처리하겠습니다.
④ 국민의 안전과 편의를 제일 먼저 생각하며 성실히 직무를 수행하겠습니다.
⑤ 인권을 존중하고 권한을 남용하는 일이 없도록 하겠습니다.
⑥ 잘못된 업무는 즉시 확인하여 바로잡겠습니다.

03 경찰민원서비스 헌장

① 민원실에서 불편한 점이 없도록 친절하게 모시겠습니다.
② 민원서류는 접수한 순서대로 정해진 기한 내에 신속히 처리하겠습니다.
③ 민원처리 과정에서 알게 된 개인 정보는 철저히 보호하겠습니다.
④ 잘못된 업무 처리는 즉시 확인하여 바로 잡겠습니다.

04 교통경찰서비스 헌장

① 교통정체 지역에서는 항상 교통경찰관을 배치하겠습니다.
② 교통정보를 신속하게 알려 드리겠습니다.
③ 교통법규 위반행위는 엄정하게 단속하겠습니다.
④ 교통사고는 신속하고 공정하게 처리하겠습니다.
⑤ 운전면허시험시의 모든 과정에 불편이 없도록 하겠습니다.
⑥ 교통민원은 친절.신속.정확하게 처리하겠습니다.
⑦ 잘못된 업무는 즉시 확인하여 바로잡겠습니다.

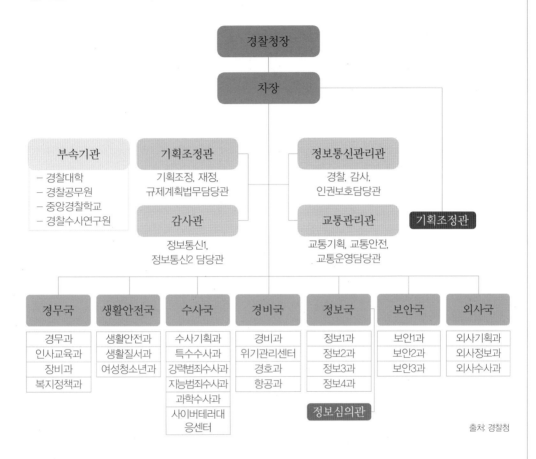

출처: 경찰청

1. 경무과	- 경찰공무원의 조직, 정원, 인사 - 경찰공무원 복무규율에 관한 사항 - 경찰공무원 후생복지에 관한 사항
2. 생활안전과	1) 생활안전계 　- 지구대 및 파출소 업무 지도 감독 　- 112 순찰차 및 방범 싸이카 운영 　- 민간 경비업 지도 및 감독 2) 생활질서계 　- 즉결 심판 관련 업무 및 벌과금 　- 유실물, 매장물 및 표류물 관련 　- 총포화약류 지도, 단속 및 허가 　- 기초질서 지도, 단속 　- 풍속영업 업소 지도 및 단속 3) 여성청소년과 　- 학교 폭력 범죄 예방 활동 　- 아동안전(지킴이(집) 운영) 　- 실종(가출, 미귀가) 프로파일링 관리, 아동안전 　- 가정 폭력, 성폭력, 아동 학대, 소년범, 실종사건처리 　- 신상 정보 등록대상자 관리업무(아동안전지킴이, 수호천사) 　- 청소년육성회 등 협력 단체 관리
3. 수사과	1) 지능범죄수사과 　- 집회, 시위 　- 선거, 국민투표 관련 - 밀수 사범 수사 　- 총포, 화약, 도검류, 단속법규위반 2) 경제범죄수사과 　- 사기, 횡령, 배임 　- 금융, 경제범죄 　- 문서 등 위 · 변조 사범 　- 식품위생법, 병역법, 향군법 3) 사이버팀 　- 인터넷이 주요 수단인 경우: 전기통신기본법, 전기통신사업법, 　　통신비밀보호법 등 　- 인터넷 이용 도박사이트 운영 및 도박자

4. 형사과	1) 형사팀 　– 동행 사건 및 접수사건(고소 진정) 　– 폭행, 상해, 손괴, 절도 　– 업무방해, 공무집행방해 　– 일반 변사 및 화재사건 2) 강력팀 　– 살인(타살 의심 변사) 및 강도 　– 침입 및 다액 절도(사우나, 클럽, 피의자 불상 100만 원 이상) 　– 납치, 성폭력, 방화 　– 대형 안전사고 등 　– 침입 절도 · 차량도난 · 스마트폰 건 3) 생활범죄수사팀 　– 피의자 불상 · 경미 절도 발생 사건(피해액 100만 원 미만) 　– 차량털이 · 자전거 · 오토바이 절도 등 　– 피의자 불상 점유이탈물횡령 사건 4) 과학수사팀 　– 범죄경력 조회 　– 현장감식
5. 교통과	1) 교통관리계 　– 법규 위반 차량 행정처분 및 집행 　– 교통소통 및 통제에 관한 업무 　– 교통안전교육 및 홍보 　– 모범운전자회, 녹색어머니회 　– 어린이 교통경찰대 업무 2) 교통조사계 　– 교통사고 접수, 송치 　– 교통사고 야기 도주사건 수사 　– 도로교통법 위반(음주, 무면허) 3) 교통안전계 　– 면허 관련 업무 　– 교통안전시설 설치 및 관리 사건 처리 　– 교통사고 방지대책
6. 경비과	– 다중범죄 진압 업무, 선거경비, 경호경비, 일반경비(행사, 혼잡)업무 – 전, 의경 관리 및 업무 – 치안상황실 업무 – 작전(대테러, 통합방위)업무, 112 타격대 업무 – 민방위, 군 협조업무 – 청원경찰 관련 업무, 재해, 재난 경비업무 – 설 추석절 연휴 종합치안대책
7. 정보과	– 국내 신원조사 – 공직 임용예정자 등 정부산하 단체 기관에서 의뢰하는 신원조사 대상자에 대하여 경찰서에 조사 후 회보 – 옥외 집회 및 시위 접수, 집회 시위 정보 관리
8. 보안과	– 간첩, 안보 위해 사범 신고 접수 및 상담

CHAPTER 03 경찰의 상징

01 상징물

경찰이 국가와 국민을 수호하는 동시에 최상의 치안서비스를 제공하여
선진국으로서의 도약을 이끄는 기수가 되겠다는 굳건한 의지를 형상화

경찰심벌마크

◉ 전체형상
• 경찰60년을 맞아 새롭게 선정된 경찰심벌은 참수리(경찰)가 무궁화(국가와 국민)를 잡고 하늘 높이 날아오르는 모습을 형상화한 것으로 경찰이 국가와 국민을 수호하는 동시에 '최상의 치안서비스'를 제공하여 선진한국으로서의 도약을 이끄는 기수가 되겠다는 굳건한 의지를 형상화한 것입니다.

참수리

◉ 참수리
• 모습·형태에 위엄과 기품이 있는 참수리의 특성을 형상화해
  – 부리모양을 사실적으로 표현하여 강함, 용맹스러움을 강조하였으며,
  – 눈은 크고 날카롭게 표현, 치안의 사각지대까지 세심하게 살피는 경찰의 예리한 통찰력을 나타냈으며,
  – 머리위에는 깃털을 세워 언제나 날렵한 참수리의 이미지를 강조함으로써 국민의 요구에 언제나 신속히 대응하는 경찰의 준비된 자세를 표현하였습니다.

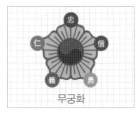

무궁화

◉ 무궁화
• 무궁화 중심의 태극장은 만물의 근원으로서 '대한민국과 국민'을 상징하며, 이를 감싸는 무궁화의 꽃잎은 5장으로 각각 경찰이 지향하는 가치개념인 '忠, 信, 勇, 義, 仁'을 의미합니다.

가슴표창의 전체 형태는 마패 모양으로 **태양과 달을 뜻하는 두 개의 원**을 겹치게 만들었으며,
태양을 뜻하는 앞쪽의 원에는 한 가운데에 태극을 배치하고 그 주의를 태극 5개로 둘러싸 무궁화를 형상화하며,
달을 뜻하는 원의 윗부분에는 **부채모양으로 '경찰'을 표기**하고 그 밑에는 'POLICE'를 표기합니다.

경찰 가슴 표장

02 경찰 계급장

순경	경장	경사

일선 지구대와 경찰서 · 기동대 등에서 치안실무자로서 국민과 가장 밀접한 임무를 수행하고 있음

경위	경감	경정	총경
지구대 순찰팀장, 파출소장, 경찰서 계장급, 경찰청 · 지방청 실무자	지구대장, 경찰서 주요계장 및 팀장(생활안전, 강력, 정보2등), 경찰청·지방청 반장 급	경찰서 과장, 경찰청 · 지방청 계장 급	경찰서장, 경찰청 지방청 과장급으로 근무

경무관	치안감	치안정감	치안총감
치방청차장, 서울 · 경기 지방청무장, 경찰청 심의관 급	치방경찰청장, 경찰종합학교장, 중앙경찰학교장, 경찰청국장 급	경찰청 차장, 서울·경기지방 경찰 청장, 경찰대학장 급	경찰의 총수인 경찰청장

1) 순경~경사

　①"순경, 경장, 경사"는 일선 지구대와 경찰서, 기동대 등에서 치안실무자로서 국민과 가장 밀접한 임무를 수행하고 있으며 '경찰의 뿌리'라고 할 수 있다.

　②순경 · 경사 계급장은 하단부 태극장 위에 2개의 무궁화 잎으로 싸여 있는 무궁화 봉오리의 수(2개~4개)로 구분하고 있다.

　③하단부의 태극장은 만물의 근원으로서 '대한민국과 국민'을 상징하고 꽃잎으로 쌓여 있는 무궁화 봉오리는 곧 무궁화 꽃으로 피어날 수 있는 '희망과 가능성'을 표현하고 치안 최일선에서 국민의 생명과 재산을 보호하는 경찰 기본임무를 성실히 수행하면서도 끊임없는 노력을 통해 무궁화 꽃으로 활짝 피어날 수 있는 희망과 가능성을 지닌 경찰관을 의미한다.

2) 경위~총경

　• 경위: 지구대 순찰팀장, 파출소장, 경찰서 계장 급, 경찰청, 지방청 실무자

　• 경감: 지구대장, 경찰서 주요계장 및 팀장(생활안전, 강력, 정보 등) 경찰청, 지방청 반장 급.

　• 경정: 경찰서 과장, 경찰청, 지방청 계장 급.

- 총경: 경찰서장, 경찰청 지방청 과장 급으로 근무.
  - 중앙에 태극장을 배치한 무궁화의 수 (1개~4개)로 구분하고 있다.
  - 중앙의 태극장은 만물의 근원으로서 '대한민국과 국민'을 상징하고, 이를 감싸고 있는 무궁화는 조직 내에서 가장 중추적인 위치에 있는 '중견경찰간부'를 의미하는 것으로 경찰 조직의 중간 위치에서 국가를 수호하고 국민에게 봉사하는 경찰임무를 가장 능동적, 활동적으로 수행하면서 경찰조직의 중심적인 역할을 하고 있는 경찰을 의미한다.

3) 경무관~치안총감
- 경무관: 지방청 차장, 서울, 부산, 경기, 인천 등 지방청부장, 경찰청 심의관, 경찰수사연수원장 급
- 치안감: 지방경찰청장, 경찰교육원장, 중앙경찰학교장, 경찰청국장 급
- 치안정감: 경찰청 차장, 서울, 부산, 경기, 인천지방경찰청장, 경찰대학장 급
- 치안총감: 경찰의 총수인 경찰청장
  - 중앙에 태극장을 배치한 무궁화의 둘레에 같은 무궁화 5개를 5각으로 연결한 태극무궁화의 수(1개~4개)로 구분하고 있다.
  - 태극무궁화의 중앙에 있는 태극장은 만물의 근원으로서 '대한민국과 국민'을 상징하고, 이를 감싸고 있는 5개의 무궁화는 5각으로 배치되어 하나의 큰 모양의 무궁화로 승화된 것으로 경찰조직의 최상위 계급을 표현하고 있다.
  - 태극무궁화의 오각은 '忠, 信, 勇, 義, 仁' 다섯 가지의 경찰이 지향하는 가치개념을 의미하며, 이를 바탕으로 위로는 국가와 국민을 받들고, 아래로는 경찰조직을 이끌어 나가는 경찰의 수뇌부를 의미한다.

03 계급별 인력 분포

구분	4급 이상(총경)	5~6급(경정, 경감)	7~9급(경위 이하)
국가 일반직	5.27	30.30	64.43
지방 일반직	1.36	31.84	66.80
병무청	3.66	20.06	70.28
국세청	1.99	28.43	69.58
경찰청	0.54	9.20	90.26

04 경찰서 등 분포

지방청	경찰서	지구대	파출소
17개소	254개소	518개소	1,486개소

PART 2

경찰면접

면접은 1단계 집단 면접과 2단계 개별 면접으로 진행된다.

집단 면접은 5~6명을 1개 조로 편성하여 집단 토론·토의 및 개인별 의견을 물어보는 형태로 30~40분 정도 진행되고 개별 면접은 개인별 5~10분 동안 진행된다.

CHAPTER 01 단체 면접

01 찬반 토론형

1) 면접 방식: 지원자 4~6인을 동시에 면접하는 집단 면접 방식(동료 면접)

2) 면접 시간: 30~40분

3) 면접 위원: 경찰관 3명, 교수(심리학, 교육학자) 1인

4) 진행 방식
   - 블라인드 면접 방식으로 진행되며
   - 1개의 주제에 대한 집단원의 찬반 의견 발표
   - 업무 관련 및 업무 수행 중에 발생할 수 있는 상황과 관련된 질문
   - 직무 관련 지식, 시사 상식 등

5) 기출 질문

가. 직무 관련
- 촉법소년 나이 하향 조정,
- 경찰의 인권, 피의자의 인권

나. 시사 상식 관련 질문
- 가짜 뉴스 방지법에 대한 찬반 토론
- 존엄사와 안락사의 차이점은

다. 상황 대처 질문
- 근무시간 외의 업무 지시에 대한 찬반 토론을 해보세요.
- 할머니가 파출소로 와서 고맙다며 음료수 한 박스와 돈 만 원을 준다면
- 까다로운 민원인이 계속 민원을 넣을 때 대처 방안

라. 사전조사서 질문
- 경찰이 다른 공무원보다 청렴해야 하는 이유를 설명해 보라.
- 현재 부정적인 경찰의 이미지를 긍정적인 이미지로 바꿀 수 있는 방안
- 조직에서 갈등을 해결한 경험을 기술하라.
- 살면서 가장 화가 났던 순간과 극복 방안을 말하시오.

6) 평가 요소
- 경찰에 대한 기본 인식
- 상황 판단 및 문제 해결 능력
- 의사소통 능력
- 정보 수집 및 분석 능력, 조정 능력

02 토론형

1) 면접 방식: 지원자 4~6인이 토론

2) 면접 시간: 30~40분

3) 면접 위원: 경찰, 교수 등 3~4인

4) 진행 방식: 지원자 중 사회자 1명, 나머지 지원자 토론자

5) 질문 유형

가. 직무 관련
　　－ 찬반 의견 제시형, 촉법소년 나이 하향 조정, 경찰의 인권, 피의자의 인권 등

나. 시사 상식 관련 질문
　　－ 가짜 뉴스 방지법에 대한 찬반 토론, 존엄사와 안락사의 차이점은

다. 상황 대처 질문
　　－ 근무시간 외의 업무 지시에 대한 찬반 토론을 해보세요.
　　－ 할머니가 파출소로 와서 고맙다며 음료수 한 박스와 돈 만 원을 준다면
　　－ 까다로운 민원인이 계속 민원을 넣을 때 대처 방안

라. 사전조사서 질문
　　－ 경찰이 다른 공무원보다 청렴해야 하는 이유를 설명해 보라.
　　－ 현재 부정적인 경찰의 이미지를 긍정적인 이미지로 바꿀 수 있는 방안
　　－ 조직에서 갈등을 해결한 경험을 기술하라.
　　－ 살면서 가장 화가 났던 순간과 극복 방안을 말하시오.

마. 업무 관련 및 업무 수행 중에 발생할 수 있는 상황과 관련된 질문
　　－ 검·경 수사권 분리에 대한 의견을 말해 보라.
　　－ 경찰관의 총기 사용 규제 완화에 찬반 의견을 말해 보라.

바. 시사 사회 현상에 대한 토론
　　－ 층간 소음 문제에 경찰이 개입해야 하는가?
　　－ 캣맘 사건 관계 아동을 처벌할 것인가? 말 것인가?
　　－ 어린이집 CCTV 설치 의무화에 대한 의견을 나누어 보라.

사. 상황 대처 토론
　　－ 교차로에서 교통 근무를 하고 있는데, 할머니와 젊은이 2명과 상관이 무단횡단했을 때 어떻게 업무 처리
　　－ 집에서 문을 잠근 채, 휘발유를 뿌리고 불붙이고 죽겠다는 자살 시도자를 구하러 출동했다면 어떤 대처

6) 평가 요소
　－ 경찰에 대한 기본 인식
　－ 상황 판단 및 문제 해결 능력
　－ 의사소통 능력
　－ 정보 수집 및 분석 능력
　－ 조정, 통합 능력

CHAPTER 02 개별 면접

1) 면접 방식: 지원자 1명을 면접관 3인이 평가

2) 면접 시간: 10분

3) 면접 위원: 경감 · 경정 · 총경급 · 외부 면접 위원 등 3~4인 1조

4) 진행 방식

    ① 신원 조회 결과, 고교생활기록부 내용, 신용조회서, 인적성검사

    ② 결과 사전조사서 등의 정보를 바탕으로 지원자의 성격을 평가하고자 함

    ③ 개인 신상 경력에 대한 질문

    ④ 경찰 업무에 대한 가치관

    ⑤ 업무 관련 지식에 대한 질문 & 태도, 품행, 예의, 대인관계 능력. 적응성 평가

5) 질문 유형

① 자기소개
  – 지원 동기, 장점, 단점, 봉사경험, 자신의 단점과 극복 방안

② 직무 관련 지식
  – 수사권 조정, 공수처, 자치경찰, 여성 관련 범죄, 여경 관련 범죄, 최신 수사 사례

③ 성격, 사회성
  – 친구들이 자신을 어떤 사람이라고 평가하는가?
  – 봉사 활동 경험이나 소감
  – 조직 내에서 갈등을 해결한 경험과 극복 방법

④ 조직 적응성
  – 나이가 많은데 어린 상사에 대해 어떻게 생각하는가?
  – 만약에 상사가 부당한 지시를 한다면 어떻게 대처할 것인가?
  – 자신은 업무를 열심히 했는데, 동료가 이유 없이 선배들에게 자신의 흉을 보고 다닌다
    면 어떻게 할 것인가?
  – 상사의 비리를 발견한다면

⑤ 경찰에 대한 의지
  – 수험 생활 얼마나 했나?
  – 이번에 떨어지면 어떻게 할 것인가?
  – 자신이 왜 경찰이 되어야 하는지 말해 보라.

6) 평가 요소
  – 도덕성. 청렴성. 준법성, 봉사 정신과 사명감, 협동심과 공동체 의식
  – 자기통제 및 적응력, 자신감과 적극성

PART 3

경찰면접
절차

면접 절차

- 본인 이름 호명
- 면접실 대기 장소에서 대기
- 입실하여 면접을 본 후 퇴실

- 진행요원이 본인의 이름을 부르면 **"네!"** 하고 잘 들리도록 대답한다.
- 입실 시 진행요원이 문을 열어주면 **"감사합니다."**
- 입실 후 문을 조용히 닫은 후 차렷 자세로 서서 면접관을 향해 정중한 자세로 목례를 한다. (남성은 바지 옆선에 팔을 두고, 여성은 두 손을 모아 인사)

- 시선은 고개를 들고, 씩씩하고 자연스러운 걸음걸이로 의자 앞에 와서 선다.
- 의자 앞에 서서 면접관을 향해 인사를 한 후
- **"안녕하십니까? 수험번호 ＊＊＊번 홍길동입니다."** 하고 인사를 한다.
- 면접관이 "네" 혹은 "앉으시오" 하고 말하면 **"감사합니다."**라는 인사말과 함께 의자에 앉는다.

- 허리, 등 어깨를 반듯하게 펴고 다리는 어깨너비만큼 벌리고 앉는다. 자리에 앉을 때는 등받이에 몸을 기대지 말고 앉아 있어야 한다.
- 남성은 손은 주먹을 쥔 상태로 무릎 위에 자연스럽게 올려놓고 면접관의 시선을 응시한다.
- 여성 지원자는 두 손을 모아 스커트 끝단에 자연스럽게 올린다.

질의, 응답으로 면접이 끝난 후
- 면접관이 "네. 수고하셨습니다." 혹은 "네. 나가보세요." 하면 차분히 일어나서 차렷 자세를 취한다.
- 문 앞에 서서 입실 때처럼 면접관을 향해 목례를 하고 조용히 문을 열고 나온다.

 **면접 태도**

01 시선

- 착석 후 시선은 중앙에 있는 면접관을 바라보고 있다가 질문을 하는 면접관이 있으면 그 면접관을 바라보면 된다.

02 목소리

- 명확한 발음 적당한 음량, 밝은 목소리, 적절한 속도
- 목소리의 자신감이 중요하다. 답변할 때 "네, 답변 드리겠습니다."라고 시작한다.
- 지나치게 긴장한 태도나 말투는 면접관을 설득하기 어렵다.

03 답변 태도

- 모르는 질문을 받았을 경우. 적절한 대처가 필요하다.
- "음가 아가 저~" 등과 같이 평소에 자신이 알지 못하는 무의식적 버릇은 고친다.
- 답변 시 잘 모르는 질문에는 추측하여 답변하지 않는다.
- 스스로 말하고 스스로 끄덕이는 버릇이 있는 사람은 불쾌감을 줄 수 있으므로 유의한다.
- 질문에 대한 답변을 요약하여 간단하게 하며, 불필요한 말은 하지 않는다.
- 가정사를 묻는 경우 감정에 치우쳐서 울지 않도록 한다.

CHAPTER 03 답변 요령

01 질문에 대한 답을 모를 때

"죄송합니다. 잘 모르겠습니다. 돌아가서 반드시 숙지하도록 하겠습니다."라고 본인의 의지를 자신감 있게 밝힌다.

02 질문에 대한 답변이 바로 떠오르지 않을 때

"잘 생각이 나지 않습니다. 잠시 생각을 정리한 후 말씀드려도 되겠습니까?"라고 정중히 양해를 구하고 답변을 한다.

03 질문의 의도와 다른 답변을 한 경우

"죄송합니다. 정정해서 다시 말씀드리겠습니다."라고 말한 후 다시 답변한다.

04 면접관의 질문을 잘 듣지 못했을 경우

"죄송합니다. 질문을 잘 듣지 못했습니다. 다시 한 번 부탁드리겠습니다."라고 말한다.

05 자신의 뜻을 전할 때

"네, 제 생각에는~", "저는 그렇게 생각합니다.", "아니요. 제 생각을 말씀드리겠습니다." 등으로 답변한다.

06 면접관이 자신의 답변에 다른 의견을 제시할 때

지원자의 의견에 면접관이 추가 질문이나 압박 질문을 하는 경우에 자신의 의견만을 고집하면 부적합하다는 인상을 준다.

"네. 면접관님 말씀도 맞습니다. 하지만~" 혹은 "네. 면접관님 말씀도 일리가 있는 것 같습니다. 저는 이러이러한 견해로 말씀드렸습니다."라고 답변하도록 한다.

PART 4

경찰면접
복장

CHAPTER 01 여성 지원자

헤어
• 청결하고 단정하게 손질했는가
• 자신의 얼굴형에 잘 어울리는가
• 앞머리가 눈을 가리지는 않는가

얼굴
• 눈은 충혈 되어 있지 않은가
• 피부 손질을 하여 청결하고 건강한 인상을 주는가
• 화장은 화려하지 않은가
• 치아는 청결한가

상의
• 자신의 체형에 잘 맞는가
• 색상이 잘 어울리는가
• 화려하지 않은가
• 얼룩 및 먼지는 없는가

블라우스
• 얼룩이나 주름 더러운 곳은 없는가
• 다림질이 되어 있는가

스커트
• 양복과 알맞게 조화를 이루는가
• 삐뚤어 지지는 않았는가
• 얼룩은 없는가
• 길이는 적당한가

스타킹
• 색은 적당한가
• 올은 나가지 않았는가

구두
• 모양이 흐트러지지 않았는가
• 양복과 어울리는가
• 색상과 모양은 적당한가
• 깨끗하게 닦여있는가

01 면접 자세

- 반듯하게 선 자세로 어깨와 허리를 곧게 편다.
- 두 손을 포개서 배꼽 앞에 가지런히 모은다.
- 허리와 목을 펴고 배에 힘을 주고 앉는다.
- 양발과 무릎을 붙이고 손은 치마 끝단에 놓는다.

02 용모 복장

1) 의상
   - 흰색 블라우스에 단색 정장(블루, 검정)
   - 스커트는 H 라인으로 무릎 정도 길이
   - 바지는 발목까지 오는 적당한 품으로 한다.
   - 원피스보다는 투피스 정장이 좋다.
   - 스타킹은 살색으로 하고 여분을 준비하는 것이 좋다.
   - 블라우스 색깔은 흰색이나 베이지 정도의 튀지 않는 것이 좋다.
   - 재킷의 단추는 채운다.
   - 구두는 3~5cm 정도의 굽으로 검은색이 좋다(높은 힐은 부적당).
   - 앞이 뾰족한 하이힐은 적절하지 않다.

2) 메이크업, 헤어
   - 립스틱과 볼 터치는 엷은 색깔을 선택한다.
   - 화장하지 않은 것도 실례일 수 있다.
   - 화려한 색의 매니큐어는 피하고, 자연스러운 색상으로 바른다.
   - 앞머리를 뒤로 넘겨 이마를 드러내고 머리는 묶고 망으로 정리한다.
   - 너무 밝은 염색보다 갈색, 흑색 등 자연스러운 것으로 유지한다.
   - 손목시계는 적당한 크기에 단순한 디자인으로 한다.
   - 귀걸이와 목걸이 장신구 등은 되도록 사용하지 않도록 한다.
   - 서클 렌즈의 착용은 금물이다.

CHAPTER 02 남성 지원자

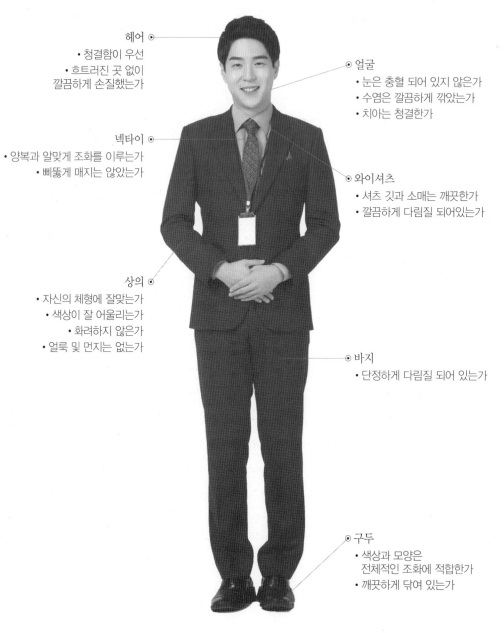

헤어
- 청결함이 우선
- 흐트러진 곳 없이 깔끔하게 손질했는가

얼굴
- 눈은 충혈 되어 있지 않은가
- 수염은 깔끔하게 깎았는가
- 치아는 청결한가

넥타이
- 양복과 알맞게 조화를 이루는가
- 삐뚤게 매지는 않았는가

와이셔츠
- 셔츠 깃과 소매는 깨끗한가
- 깔끔하게 다림질 되어있는가

상의
- 자신의 체형에 잘맞는가
- 색상이 잘 어울리는가
- 화려하지 않은가
- 얼룩 및 먼지는 없는가

바지
- 단정하게 다림질 되어 있는가

구두
- 색상과 모양은 전체적인 조화에 적합한가
- 깨끗하게 닦여 있는가

01 면접 자세

- 반듯하게 선 자세로 어깨와 허리를 곧게 펴고 선다.
- 손은 주먹을 가볍게 쥔 상태로 바지 옆선에 붙여 차려자세로 선다.
- 양발은 붙여서 가지런히 하고, 무릎을 붙이고 자연스럽게 한다.
- 허리를 의자 등받이에서 떼고 허리와 목을 곧게 펴고 배에 힘을 주고 않는다.
- 발은 어깨너비로 벌리고 다리를 너무 벌리지 않도록한다.
- 팔은 너무 펴지도 너무 굽히지도 않은 상태에서 주먹을 쥐고 무릎 가까이에 놓는다.

02 복장

- 양복은 네이비, 그레이, 밤색처럼 진하고 어두운 계통이 좋다.
- 와이셔츠는 흰색이나 연한 파스텔 톤처럼 단정한 색으로 입는다.
- 넥타이는 감청색, 흰색, 붉은색이 섞여 있는 체크나 줄무늬가 생동감 있어 보인다.
- 상의 맨 아래 단추는 채우지 않고 입는다. 넥타이 길이는 벨트 중간 정도가 적당하다.
- 구두는 검은색이 무난하다.
- 양말 색은 바지 혹은 구두 색으로 통일한다.

03 헤어

- 머리 모양은 이마가 1/3 이상 보이도록 하고 이마가 보이지 않으면 답답한 인상을 줄 수 있다.
- 헤어스프레이나 젤 등을 적당히 사용한다.
- 눈에 띄는 색상의 염색이나 파마머리는 하지 않는다.

04 용모

- 면도를 잘하고 티가 나는 선크림이나 비비크림은 바르지 않는다.
- 안경은 깨끗이 닦고 면접에 임한다.
- 너무 큰 안경이나 귀걸이, 장신구는 피한다.
- 손목시계는 적당한 크기와 심플한 디자인으로 선택한다.
- 머리와 복장은 청결을 유지한다.

PART 5

경찰면접
평가

 평가 방법

집단 면접은 상대 평가로 진행되기 때문에 등급별 인원수가 면접관에게 미리 안내된다.
개인 면접은 면접관이 채점표에 점수를 작성 후 이를 합산하기도 하지만 면접관끼리 논의하여 점수를 부여하기도 한다.

【면접 상대평가 비율】

등급	점수	비중
S	9~10점	20%
A	7~8점	30%
B	5~6점	30%
C	4점 이하	20%

【평가 항목】

구분	평가 항목
1단계 (집단 면접)	【평가 항목: 의사 발표의 정확성과 논리성 및 전문 지식】 1. 경찰에 대한 기본 인식 2. 상황 판단 및 문제 해결 능력 3. 의사소통 능력 4. 정보 수집 분석 능력 5. 조정 및 통합 능력
2단계 (개별 면접)	【평가 항목: 예의, 품행, 봉사, 정직, 성실, 발전 가능성】 1. 경찰관으로서 윤리 의식(도덕성, 청렴성, 준법성) 2. 국민의 경찰로서 봉사 정신과 사명감 3. 조직 구성원으로서 협동심과 공동체 의식 4. 자기통제 및 적응력 5. 자신감과 적극성

【면접시험 채점표】

응시 분야	응시 지구	응시 번호	성명	

평정 항목	배점	득점
1. 의사 발표의 정확성과 논리성 및 전문 지식	10	①
2. 품행, 예의 봉사성, 정직성, 도덕성, 준법성	10	②
3. 전산, 통신, 무도, 운전, 기타 경찰 업무 관련 자격증 가산	5	③
득점 계	25	

( ) 위원	계급	성명	
			(인)

가점, 감점 요소

가점 요소	감점 요소
① 적극적인 발언	① 핵심 없이 긴 발언
② 발언에 핵심이 있어야 한다.	② 중언부언하는 발언
③ 정당한 논리	③ 발언을 반복하는 무임승차
④ 다른 사람을 배려	④ 발언 기회를 가로채는 발언
⑤ 발언 기회의 양보	⑤ 공감을 전혀 얻지 못하는 발언
⑥ 다른 사람의 발언에 보이는 공감	⑥ 타인에게 공격적인 발언
⑦ 다른 사람의 생각을 더 좋게 만드는 행동	⑦ 지나치게 방어적인 발언
⑧ 시간 관리 등 역할을 통해 기여하는 행동	⑧ 소극적 행동

PART 6

사전조사서

CHAPTER 01 작성 방법

경찰 사전조사서는 현장에서 **대략 20분 내외**로 작성합니다. 직접 기술하는 방식으로 주제는 일상적인 경험(스트레스 해소, 장·단점, 지원 동기), 사고방식(인성, 청렴성, 봉사 정신, 위기 극복), 경찰 직무 관련(범죄 예방, 상황 대응) 등으로 다양한 질문으로

인성, 태도, 봉사 정신, 업무에 대한 이해, 사명감, 국가관, 최신 시사, 경찰 관련 이슈로 지원자의 가치관 경찰에 대한 의지, 신념을 파악하고자 합니다.

A4용지 1장(약 20줄, 500~700자 내외) 분량의 양식에 질문을 읽고 자필로 작성합니다.

CHAPTER 02 사전조사서 질문 유형

01 경험 제시형

개인이 겪었던 경험 사례를 묻고 관련 내용을 확인하는 유형으로 과거 경험을 통해 미래의 행동을 예측하기 위한 문항이다.

- 예시) 경찰 지원 전에 누군가와 싸웠던 경험과 해결 방안, 그로 인해 얻은 교훈은 무엇 인지 기술하시오.
- 예시) 살면서 가장 후회되는 일과 그 후 어떻게 대처했는지에 관해 기술하시오.
- 예시) 열등감을 느낀 사례와 그를 극복한 방법에 대해 서술하시오.
- 예시) 남을 위해 희생하여 도와준 경험이나 혹은 어려운 일을 겪은 사람을 도운 경험 등 지역 및 공동체 사회에 봉사 활동을 한 경험이 있다면 구체적으로 기술하시오.
- 예시) 경찰 헌장 중 자신이 의미있게 실천했던 사례가 있다면 구체적으로 적어보시오.

02 상황 제시형

경찰관으로서 경험할 수 있는 각종 가상 상황(업무 내·외부 갈등 상황)에 대하여 해결 방안 을 마련하는 유형으로 주어진 상황 속에서 어떻게 결정하고 행동할 것인지 확인함으로써 경 찰관으로서 갖춰야 할 바람직한 자세와 태도를 보유하고 있는지 묻는 문항이다.

- 예시) 경찰로 채용돼서 근무하고 있는데 상사가 하는 일에 대한 관심도 없고 책임을 회 피하려고만 합니다. 어떻게 대처할 것인지 자신의 사례를 통해 극복 방안에 대해 기술하시오.
- 예시) 형제자매가 동성애자임을 밝혀왔다. 부모님은 보수적이고 고지식하다. 당신은 어떻게 하겠는가. 격려해주고 싶은 사람에게 지금 편지를 쓰시오.

03 사회 이슈형

사회적으로 양측으로 대립하고 있는 이슈나 지속되고 있는 문제에 대한 의견이나 해법을 묻 는 문항이다.

- 예시) 경찰관이라는 직업을 선택하는 데 가장 염두에 둔 관점은 무엇이며, 그 이유에 대해 설명하시오.
- 예시) SNS상에 공직자가 자신의 의사 표현을 하는 것에 대해 정부가 규제하려 합니다. 정당한지 논하시오.
- 예시) 법은 약자를 위해 만들어졌는가? 헌법을 바꾸면 뭘 바꾸고 싶은지?
- 예시) 검경 수사권 조정에 대하여 쓰고, 수사권 조정에 대한 나의 입장을 쓰고, 국민들 이 바라보는 입장을 쓰시오.

03 CHAPTER STAR 기법

경험을 통해서 배운 점, 느낀 점을 쓸 때, 경찰의 전문성, 청렴성, 성실성과 연결하면 좋다.

01 Situation: 본인이 놓였던 상황 (2줄 정도)

저는 작년 춘천에 있는 해님 요양원에서 2~3달 정도 목욕 봉사를 했습니다.

02 Task: 본인의 역할을 구체적으로 적는다 (3줄 정도)

요양원에서 저는 거동이 불편하신 어르신들의 목욕과 청소를 담당했었습니다.
청소를 하면서 저를 귀여워하시거나 손자처럼 생각해 말을 거시는 분들이 계셨습니다.
외로워하신다는 생각이 들었습니다.

03 Action: 본인의 액션/반응 (3줄 정도)

그래서 저는 할아버지의 손을 잡아 드리거나 잠시 머무르며 이야기를 나누곤 했습니다.
박하사탕 같은 것을 사 가지고 가서 단 거 좋아하시는 분들에게 한두 개씩 드리면 참 좋아하시기도 했고 편지나 문자 메시지를 보내는 것을 원하시는 분들에게는 노트에 안부글을 적어 드리곤 했습니다.
큰돈이 드는 것도 아니고 대단한 일은 아니지만 제가 생각하는 봉사는 마음을 따뜻하게 해드리는 것이기 때문입니다.

04 Result: 결과/본인이 배운 점 (2줄 정도)

할아버지 할머님께서는 손자를 보시는 것처럼 즐거워하셨습니다.
제 마음도 편안해지고 제가 큰 선물을 드린 것 같아 기분이 좋았습니다.
이런 기분 좋음이 저의 작은 행복이라는 것을 느꼈고 일상에 돌아와서도 친구나 가족에게 작지만 훈훈한 기분을 줄 수 있는 마음의 넉넉함이 생겼습니다.
저는 요양원 봉사 활동을 통해 사랑이나 따뜻함도 키워나가면 점점 많아진다는 점을 배웠습니다.

사전조사서 작성 유의점

01 도입부

질문과 관련된 도입부를 2~4줄 정도 광고 카피와 같이 면접관의 관심을 끄는 단어로 작성하라. 도입부를 작성하고 한 줄 정도 띄어 본문을 읽는 데 편하도록 한다.

02 본문

1) 2개 정도 사례를 적고 그에 대한 소감을 적는다.

사례를 작성할 때에는 언제, 어디서, 무엇을, 어떻게 등 무슨 내용인지를 명확히 구체적으로 적어야 면접관의 의문점을 해소할 수 있다.

(1) '언제'인지

예를 들어 '대학교 2학년 때'라고 해도, '대학교 2학년 때'라는 시기는 나에게는 명확하지만, 면접관에게는 모호할 수 있다.

보다 구체적인 작성법은 '2014년 3월, 제가 대학교 2학년 재학 중일 때'가 될 수 있다.

(2) '어디서'인지

봉사 활동을 했다면 '노인요양원에서'라고 하기보다 '부산시 남구 좌동에 위치한 해림 노인요양원'에서 라고 구체적으로 작성하면 면접관 입장에서 신뢰도가 더 높아지는 작성법이 될 수 있다.

(3) '어떻게'인지

영상을 보고 있는 것처럼 상세한 진술이 있어야 면접관이 읽었을 때 호감을 가질 수 있고 신뢰감이 높아진다.

2) 2~3줄로 소감을 작성한다.

추상적인 단어보다 솔직한 느낌을 2~3줄로 넣어주고, 경찰 업무와 관련된 표현, 사명감, 동료애, 봉사 정신을 강조하면 좋다.

> 《예시》
> 그래서 저는 할아버지의 손을 잡아 드리거나 잠시 머무르며 이야기를 나누곤 했습니다.
> 박하사탕 같은 것을 사 가지고 가서 단 거 좋아하시는 분들에게 한두 개씩 드리면 참 좋아하시기도 했고 편지나 문자 메시지를 보내는 것을 원하시는 분들에게는 노트에 안부글을 적어 드리곤 했습니다.
>
> 큰돈이 드는 것도 아니고 대단한 일은 아니지만 제가 생각하는 봉사는 마음을 따뜻하게 해드리는 것이기 때문입니다.

03 마무리 (2~3줄)

사례를 통해 본인이 배우고 느낀 점은 무엇인지, 이러한 행동으로 본인에게 변화가 있었던 점이 있는지 구체적으로 작성하고, 그러한 본인의 경험을 바탕으로 자신이 앞으로 어떻게 할지 포부까지 작성하면 좋다.

《예시》 규율을 어긴 경험이 있다면 적어보세요.

경찰 필기 공부를 위해 방문하던 부산시 진구에 위치한 부전도서관에서의 일입니다.
2015년 3월부터 2017년 3월까지 경찰 필기시험을 준비하면서부터 매일 아침 8시부터 저녁 8시까지 12시간 동안 도서관에서 필기 공부를 하였습니다.
부전도서관의 규칙상 1인 1석이 원칙인데 가방에 짐도 많고 편하게 공부하고 싶단 마음에 양옆의 자리를 가방과 노트북으로 잡아놓고 공부를 하였습니다.

한 날은 평소처럼 저녁 식사를 하고 공부를 하던 중 남구도서관 인근 중학교와 고등학교의 시험기간인지 교복을 입은 많은 학생들이 방문하였습니다.
하지만 한정된 자리 때문에 자신의 자리를 못 잡고 갈팡질팡하는 아이들의 모습을 볼 수 있었습니다. 이 광경을 보며 여러 자리를 잡고 편하게 공부하고 있는 제 모습이 너무나도 부끄러웠습니다. 이러한 경험을 통해 느낀 점이 있다면 규율을 어긴다면 많은 사람들에게 피해를 줄 수 있다는 것이었습니다.

이렇듯 도서관 안에서 규율을 어기는 것도 많은 사람들에게 피해를 주는데 하물며 우리 국민들을 위해서 일하는 경찰공무원이 규율과 법을 어긴다면 얼마나 많은 피해를 주겠느냐는 생각을 수험 기간 때 많이 하였습니다. 제가 만약 ○○청에 임용된다면 항상 법과 규율을 잘 지키고 불편과 불법을 줄여갈 수 있도록 공정한 법 집행을 하는 청렴한 인재가 되겠습니다.

04 사조서 답변 예시

질문: 봉사의 진정한 의미는 무엇이라 생각하는가?

1) 서론: 질문을 다시 반복하며 개념을 정의해 준다. (분량: 2~3줄)

예시 네, 제가 생각하는 봉사의 진정한 의미란 따뜻한 마음을 나누는 것이라 생각합니다. 일상에서 작은 도움을 나누어 주는 것을 통해 만족감과 보람을 느끼는 것이라고 봅니다.

2) 본론: 본인의 경험 기술 (10줄 내외)

- 진정성 있는 주제와 관련된 에피소드를 구체적인 예시로 작성한다.
- 각 에피소드 마다 느낀점을 언급한다. 추상적인 단어는 되도록 피한다.
- 범죄, 경찰, 극복한 사례, 감동이 있는 미담이 좋다.
- 착한 사마리아인처럼 남들은 넘어가는 일을 굳이 하는 솔선수범 사례가 좋다.
- 오랫동안 일관성 있는 사례가 좋다.

예시 대학 시절 DH몽이라는 동아리를 했습니다. 의료시설이 낙후되거나 접근성이 떨어지는 산간지역으로 가서 어르신들의 틀니 세척과 입 체조 교육을 하였습니다. 제가 간 곳은 영동의 황간 지역이었습니다. 저희가 가자마자 마을 이장님께서 방송을 하여 동네 어르신들이 많이 오셨습니다. 어르신들은 손녀딸들이 온 것처럼 반갑게 맞이해 주셨습니다.

어르신들에게 틀니 세척 필요성과 세척 방법, 구강건조증 예방을 위한 입 체조 방법을 설명해 드리고 말동무가 되어드렸습니다. 시간이 지나고 다시 돌아올 때가 되니 어르신들과 그새 정이 들어 아쉬웠습니다. 돌아오는 차 안에서 할머니 할아버지의 좋아하셨던 모습을 생각하니 아직도 마음 한편이 따뜻해집니다.

3) 결론: 에피소드를 경찰 직업인으로 사명감을 넣어서 진화 발전시킨다.

예시 노인분들 시설의 봉사를 통해서 건강한 신체를 가지게 해주신 부모님께 감사하는 마음을 가지게 되었습니다. 이제 일어나면 부모님의 안부를 묻거나 손을 잡아 드립니다. 오랫동안 살펴주신 사랑을 봉사 활동을 하며 내가 노인분들을 돌보며 얼마나 많은 노력이 들어가는 일인지 느끼게 되었기 때문입니다.

그동안 당연하게 받았던 매일매일의 따뜻한 응원과 소소한 챙김이 오늘의 나를 있게 해주었다는 것을, 앞으로 살아갈 용기와 힘을 주었다는 것을 알게 되었습니다. 제가 경찰이 된다면 어려운 분들의 손을 잡아줄 수 있고 마음 따뜻한 인사를 해줄 수 있는 누나 같은 경찰이 되고 싶습니다.

경찰이 되어서도 시간이 될 때마다 나누고 봉사할 수 있는 자리에 꾸준히 참여할까 합니다.

사전조사서 기출문제

2020년 순경 2차 채용 사전조사서 기출문제	
서울	미작성
경기 남부	수험생인 학교 폭력 가해자랑 음주 운전 전력자가 피해자에게 제보된 상황이다. 본인이 채용담당자라면 어떻게 할 것인가?
	가고 싶은 부서와 이유+가고 싶지 않은 부서에 강제발령 됐을 때 어떻게 할 것인가?
	사회인으로서 경찰조직을 바라보았을 때 개선될 점과 좋아 보였던 점
	시민과 달리 경찰의 음주 운전에 대한 처벌은 어느 정도여야 하는가? 자신의 윤리관이나 가치관에 연관 지어 작성하기
	평소에 경찰에 대한 문제점과 좋은점에 대해 얘기해 봐라.
	친구와 주말에 여행 약속을 잡아났다. 그런데 비상상황이 되어 출근을 하여야 하는데 본인은 어떻게 하겠는가? 이 경우 사생활 침해가 될 수도 있는데 감수해야 하는지 작성하시오.
	서해상에서 스킨스쿠버를 하던 사람들이 구조 요청을 보내 해경이 구조 작업을 하던 중 대원 한 명이 순직하는 사고가 발생했다. 수험생이 해경 대장(구조대장) 또는 구조 대원이라면 이러한 구조 요청에 어떻게 대처하겠는가?
	현재 경찰 채용 시험은 남녀를 구별하고 있으며 체력 기준에도 차이가 있다. 이에 대한 본인의 생각을 서술하시오. / 현행 경찰 채용 시험 과정(필기, 인적성, 신체검사, 체력, 면접)에서 부당한 점과 개선 방안
	최근 정신 질환 환자가 많은데 경찰 중에 조현병 같은 정신 질환 환자가 있다면 어떻게 대처할 것인가?
경기 북부	내가 싫어하는 사람 유형과 그 이유에 대해 쓰고 그 사람과 갈등을 어떻게 대처했는지 서술하시오.
	전례 없던 상황이 닥쳤을 때 업무 처리 경험
	싫어하는 사람 유형, 싫어하는 사람과 어떻게 융화했는가?
	학창 시절 비윤리적인 행동에 대한 경험을 작성하시오.
인천	살면서 갈등 경험한 적 있는가. 그러한 경우 어떻게 해결했는지 작성하시오.
	본인이 경찰조직에 들어가야 하는 이유에 대해 작성하시오.
	자신의 장점과 단점
	수험생의 단점을 쓰고 이를 경찰 업무를 하면서 어떻게 극복해 나갈지?
	협업이 되지 않고 무임승차하려는 팀원이 있다. 어떻게 해결할 것인가?

	2020년 순경 2차 채용 사전조사서 기출문제
전남	지금까지 살아오면서 부모님과 심한 갈등이 있었는지, 있었다면 어떠한 이유로 갈등이 있었고 이 갈등을 해소하기 위하여 부모님과 무슨 노력을 하였는지 작성하시오.
충남	가장 후회하는 일을 단점과 관련하여 서술하고 극복한 방법 및 임용된 후 행동 서술하시오
	공채, 경채, 경력 채용, 경찰대 등 경찰에 대한 입직 방법이 다양한 것에 대한 생각을 쓰고 향후 발전에 대해 서술하시오.
	상급자와 함께 살인한 피의자를 체포하였다. 상급자만이 표창을 받으려고 한다. 어떻게 할 것인가? 자신의 생각을 공정한 프레임으로 작성하시오.
	사형 제도 존폐에 관해 자신의 의견을 쓰고, 피의자 인권 피해 문제에 대한 해결 방안 및 대책 등을 논하시오.
	경찰의 이미지에 좋다고 생각한 기사와 경찰의 이미지에 안 좋다고 생각한 기사를 쓰고 그렇게 생각하는 이유와 해결 방안
	경찰에게 필요한 덕목 중 가장 중요하다고 생각하는 덕목과 자신의 장점과 단점을 나열하여 왜 그것을 택했는지와, 앞으로 임용 후 어떻게 할 것인지에 대해서 서술하시오.
제주	기혼인 경찰관 B가 후배 경찰관 A에게 지나친 관심을 보이고, 야간 순찰차 근무 중 A와 근무하니 설렌다, 자주 드라이브 하자 등의 말을 해 A가 부담스러워 황급히 복귀. B의 잘못된 행동과 말에 대해 쓰시오.

01 2019년 사전조사서 기출문제

경기남부청	- 본인이 생각하는 경찰이란 무엇인가? - 경찰의 무도 실력 및 무도 교육의 적정성과 본인의 무도 수준 - 같이 일하고 싶은 동료와 같이 일하기 싫은 동료 유형
경기북부청	- 경찰에게 필요한 덕목 3가지 - 남을 도와줄 수 있었는데 주저하거나 돕지 못한 경우, 이유, 느낀점
강원청	- 교통 단속 중 할머니가 유모차를 끌고 무단횡단을 하는 것을 보았다. 어떻게 할 것인가?
서울청	- 한적한 외곽지역에서 순찰 중 신호 위반 차량을 발견했다. 차 안에는 초등학생으로 보이는 아이와 부인이 타고 있다. 어떻게 조치할 것인가?
인천청	- 여기 있는 많은 지원자들 중 왜 내가 선발되어야 하는가?
대전청	- 경찰 관련 비리에 관한 뉴스가 많이 나오고 있다. 대책 방안을 쓰시오.
전남청	- 최근 부모님과의 충돌이 있었다면 무엇이었는지와 해결 방법, 그리고 나의 노력

울산청	– 동네 놀이터에서 농구를 하고 있는 아이들이 시끄럽다며 주민들의 민원이 들어왔다. 본인이 출동한 경찰관이라면 어떻게 대처하겠는가?
대전청	– 근무하는 부서에서 다른 부서원들에게 소외를 당한다면 어떻게 대처하겠는가? – 살면서 빠른 시간 안에 일을 배웠던 경험과 그 일이 발생한 이유와 느낀점에 대해 기술하시오.
충북청	– 경찰이 되었는데 기대보다 선배들이 책임을 회피하고 실망했다면 어떻게 극복할 것인가를 경험을 통해 설명하시오
전남청	– 법 집행자로서 경찰관은 어떻게 행동해야 하나? – 과거 경찰관을 보고 느낀 장점과 단점 – 경찰관이 된 10년 후 포부
전북청	– 학교 안에 흡연구역이 설치되었습니다. 본인이 학교전담경찰관이라면 어떻게 대처하겠는가?
인천청	– 경찰관으로서 성공적인 삶은 무엇이라 생각하는가?
서울청	– 원치 않았던 임무나 일을 맡은 경험이 있는가? 어떻게 극복했고, 향후 경찰에 임용됐을 때 어떻게 활용할 수 있는지 기술하시오.
울산청	– 경찰공무원이 다양한 업무를 하고 있는데 범죄 검거와 국민의 신체 및 재산 보호 이외에 관련 타 기관의 민원처리 업무에 대해 선을 그어야 하는 게 옳은지 개인의 의견을 말하고, 대책을 세우시오.
대전청	– 살면서 힘들었던 경험과 갈등 경험을 어떻게 해결했는지 기술하고 이러한 경험을 경찰 업무에 어떻게 적용시킬지 기술하시오. – 공동[팀] 목표를 위해 계획을 세웠는데 실패했던 경험에 대해 본인만의 방법으로 해결하였던 일에 대하여 구체적으로 기술하고, 이때 본인이 경찰관 생활을 하면서 어떤 영향을 줄지 기술하시오.
충북청	– 본인이 생각하는 경찰다운 경찰이란 무엇인가?
경북청	– 부모님이 상당히 보수적이고 엄격하시다 동생이 자신이 동성애자라며 도움을 요청한다면 어떻게 할 것인가?

충남청	– 본인이 면접관이라면 가장 중요하게 볼 점은? 그리고 남들이 생각하는 나의 장·단점을 말하고 이것이 경찰 적성에 있어 나와 얼마나 적합한지 자세히 빠짐없이 쓰시오. – 경찰의 역할과 범위를 쓰고, 그것에 대해 현재 시행하고 있는 제도 중 바람직한 부분과 지양해야 할 사례를 쓰고, 앞으로 나아갈 방안에 대해 구체적으로 서술해라. – 본인의 장점과 단점을 쓰시오.
경기 남부	– 다른 사람과 다툰 경험이 있는가? 있다면 경험을 쓰고 어떻게 극복했으며, 이로 인해 얻은 교훈은 무엇인가? – 5년간 사회 및 가족 사이에서 부당한 일을 당했던 사례를 쓰고, 해결 방법 및 스트레스 해소 방법을 작성하시오 – 선배의 소극적인 자세와 책임 회피에 대해 해결 방안을 제시하시오. – 본인의 아르바이트 경험과 느낀 잠 그리고 아르바이트를 한 이유를 제시하시오. – 최근 1년 이내에 누군가를 죽이고 싶을 정도로 미워한 적이 있는가? 그 이유와 극복 방안은?
경기 북부	– 살면서 가장 뿌듯했던 적과 후회됐던 적은 언제인가?
서울청 101 경비단	– 본인의 인사고과를 평가하는 상급자가 개인적인 업무(세차. 커피, 담배) 등 심부름을 시킬 경우에 어떻게 대처하겠는가?
인천청	– 갈등으로 인해 힘들었던 부분에 대해 기술하고 어떻게 해결했는가? 그로 인해 어떤 것을 얻었으며 경찰관이 되어서 어떤 긍정적인 영향을 미치겠는가? 그리고 단점을 쓰고 극복 방안에 대해 기술하시오
전북청	– 학교 안에 흡연구역이 설치되었다. 본인이 학교전담경찰관이라면 어떻게 대처하겠는가?
울산청	– 학교 안에 흡연 구역이 설치되었다. 본인이 학교전담경찰관이라면 어떻게 대처하겠는가? – 협업을 하는데 무임승차를 하는 한 사람의 조원이 있다면 어떻게 대처하겠는가?
대전청	– 성공적인 경찰의 삶이란 무엇인가? – 범죄 예방과 범인 검거 중 어느 것이 중요한가?
충북청	– "을"의 입장을 경험한 적 있다면 쓰고 왜 그렇게 느꼈는지 기술해라. 또한 해결 방안은 무엇인지 기술하시오.
경북청	– 짧은 시간 안에 어려운 것을 배우거나 많은 것을 배웠던 경험이 있는가? 상황 발생 원인과 극복했던 방법에 대해 기술하시오.
제주청	– 직업을 선택할 때 고려하는 점이 있을 텐데, 많은 직업 중에 경찰을 선택하게 된 이유를 기술하시오.

충남청	– 남에게 들었던 본인의 장점과 단점에 대해 말하고, 이를 경찰 업무에 어떻게 적용할 것인지 기술하시오. – 본인의 장점과 단점에 대해 말하고, 살면서 힘들었던 점은 무엇이고, 이를 어떻게 극복했는가? 또한 그 경험을 통해 배운 점은 무엇이고, 극복한 것을 통해 경찰조직에 어떻게 적용할 것인가?
경기남부	– 본인이 경찰관이 된다면 지키고 싶은 가치를 제시하고, 최근 1년 이내에 그 가치에 반하는 사례를 적으시오. – 우리는 모든 사람의 인격을 존중하고 누구에게나 따뜻하게 봉사하는 친절한 경찰. 1년 안에 누군가의 인격을 존중하지 못했거나, 누군가에게 불친절했던 사례를 적으시오. – 최근 1년 중 본인의 자존감이 낮아졌던 사례에 대해 기술하고, 자신이 어떻게 극복했는지 적으시오. – 본인의 꿈이 무엇이고, 그 꿈을 막는 장애물이 무엇이라고 생각하는가?
경기북부	– 국민 눈높이에서 경찰이 할 수 있는 봉사 활동이 무엇이 있는가? 또한 과거 이와 유사한 봉사 활동의 경험이 있다면 이에 대해 구체적으로 서술하시오. – 미안한 사람에게 사죄의 편지를 써 보시오. – 본인의 단점 3가지를 기술하시오.
서울청 101 경비단	– 공직자라는 이유로 SNS 공간에서 의사 표현을 제한하는 것이 정당한 것인가?
인천청	– 원하지 않던 일로 어려움에 처한 경험이 있는가? 이때 어떻게 대처를 했으며 그 결과에 대한 본인의 느낀 점을 기술하시오.
강원청	– 살면서 힘들었던 점, 어려웠던 점, 후회되는 점에 대해 기술하시오.
전북청	– 남과 다툰 경험과 그 일을 어떻게 해결했는가? 거기서 얻어진 본인의 교훈은 무엇인가?
울산청	– 과거에 본인은 본인 가족에게 어떤 사람이었는가?
대정청	– 경찰이 되고 난 후 본인의 포부와 10년 후 본인의 계획에 대해 기술하시오. – SNS의 장점과 단점에 대해 기술하시오.
충북청	– 국가 경찰과 자치경찰의 장점에 대해 서술하고, 앞으로 나아가야 할 방향에 대해 기술하시오.

04 2017년 1차 사전조사서 기출문제

충남청	- 남에게 본인이 칭찬받았던 장점과 지적받았던 단점에 대해 기술하시오. - 남에게 상처 주었던 기억이 있으면 쓰고, 극복하기 위해 노력했던 경험을 기술하시오. - 자신이 경찰이 되어야 하는 이유와 노력했던 경험에 대해 기술하시오.
경기남부	- 경찰헌장 중 자신이 의미 있게 실천했던 사례가 있다면 구체적으로 적어보시오. - 조직 사회에서 갈등이 생겼을 때 어떻게 대처해야 하는지 쓰고 본인의 사례가 있으면 써 보시오.
경기북부	- 본인 인생 중에 기억에 남는 순간이 무엇이며, 그것이 나에게 끼친 영향을 기재하시오. - 본인이 살아가면서 범법 행위를 한 경험에 대해 기술하시오. - 살면서 거짓말한 경험에 대해 기술하시오.
서울청 101 경비단	- 살면서 가장 힘들었던 일이 있었는지, 그것을 어떻게 극복했는지 그 일을 통해 무엇을 배웠는지 기술하시오.
강원청	- 경찰이 되고 싶은 이유와 본인만의 경찰상은 무엇인지 기술하시오.
울산청	- 본인의 행동이 타인에게 모범이 되고 그 행동으로 긍정적인 영향을 미친 경험에 대해 기술하시오. - 본인의 행동으로 인해 타인에게 오해를 불러일으킨 적과 그것을 어떻게 해결했는지 기술하시오.
대전청	- 경찰로 채용돼서 근무를 하고 있는데 상사가 일에 대한 관심도 없고 책임을 회피하려고만 한다. 어떻게 대처를 할 것인지 자신의 사례를 통해 극복 방안에 대해 기술하시오.
충북청	- 양심적인 행동을 하는 사람은 무조건 결백한가? - 법은 약자를 위해 만들어졌는가?
부산청	- 검경 수사권 조정에 대하여 쓰고, 수사권 조정에 대한 나의 입장을 쓰고, 국민들이 바라보는 입장을 쓰세요.

경찰관 직무 특성상 사생활 보장이 어려운 경우가 있다. 예를 들어 주말에 친구와 여행 계획을 세웠는데 전원 비상근무상황으로 출근을 해야 한다면 어떻게 할 것인지 자신의 생각을 기술하시오.

경찰이 된다면 기피부서와 그 이유를 말하고 만약, 원치 않은 부서로 발령을 받게 된다면 어떻게 대처할 것인지 자신의 생각을 기술하시오.

06 CHAPTER 사전조사서 작성 예시

사 전 조 사 서			
수험번호		성명	
지원청		전화번호	

다른 사람을 돕기를 주저하거나 도와줄 수 있음에도 하지 않았던 경험이 있다면 왜 그랬는지 이유와 그때 느꼈던 감정을 기술하시오.

대학교 3학년 때 같이 공부를 하던 무리에 속하지 않은 선배가 과제를 도와줄 수 있냐고 말했을 때 주저했던 경험이 있습니다. 당시 과제의 과목이 이해하기 어려운 과목이라 시험공부를 같이 하던 사람들끼리 자료 조사를 하고 문제를 풀며 힘을 합쳐서 과제를 완성했습니다.

제가 잘하는 과목이 아니라 도움을 많이 받아 완성한 과제였고 그 선배와 친하지 않은 친구가 주도적으로 이끌었기 때문에 혹여 나 때문에 감정이 상할까 봐 선배의 과제 도움 요청을 주저할 수밖에 없었습니다. 그 당시 당혹스러움과 난처함을 느껴서 주저했지만 과제의 중요성 때문에 제가 문제 풀이한 부분만을 보여주어 도움을 주기는 했습니다. 나 때문에 받을 불이익을 걱정했지만 다행히 선배도 과제 제출을 했고 결과적으로 좋은 점수를 받았습니다.

앞으로는 도움을 요청받아 난처해지는 상황이 생긴다면 다른 사람의 의견을 물어보고 문제를 해결하는 경찰이 되겠습니다.

사 전 조 사 서

수험번호		성명	
지원청		전화번호	

같이 근무하고 싶은 동료와 같이 근무하기 싫은 동료

저는 책임감이 강하고 성실한 동료와 같이 근무하고 싶고 책임감이 강하지 않고 성실하지 못한 동료와 근무하고 싶지 않습니다. 고등학교 2학년 때 담임선생님께서 교내 환경부원으로 친구와 저를 선정해 주었습니다. 평소에 쓰레기통 비우기, 종량제 봉투에 쓰레기 담아서 소각장에 버리고 오기, 주변 쓰레기 줍기 등 친구들이 꺼리는 일이라 처음에는 내키지 않았고 모두가 철없는 시절이라 쓰레기를 교실 아무 데나 버리고 일반 쓰레기를 재활용 쓰레기통에 막 버리는 등 철없이 행동했고 저 또한 그렇게 행동했습니다.

그러나 담임 선생님께서 중요해 보이지 않지만 중요한 일이고 시시하고 작은 일 같지만 큰일이라고 말씀하시며 책임감을 가지고 환경부원 일을 맡아 달라고 이야기해 주셨습니다. 그래서 저는 친구와 먼저 책임감 있게 방과 후 남아서 쓰레기통 주변을 정리하고 쓰레기를 소각장에 버리고 가는 등 솔선수범하는 모습을 보여 주었습니다.

그때 저는 친구와 함께 제가 할 수 있는 최선을 다해 책임감 있게 맡은 바에 따라 행동했습니다. 그리고 얼마 후 담임 선생님께서 아침 조회 시간에 담임 생활을 하면서 이렇게 교실 환경에 신경 쓴 깨끗한 환경을 처음 본다고 친구와 함께 환경부원의 수고로움에 대해 칭찬해 주셨습니다. 그리고 생활기록부에도 책임감이 엄청 강한 학생이고 무슨 일이든 담임선생님께서 믿고 맡길 수 있는 학생이라 기재해 주신 좋은 추억이 있습니다.

그래서 저는 책임감이 강하고 성실한 동료와 같이 근무하고 싶습니다. 오늘도 우리 남부지방경찰청을 위해 애써주시는 경찰관분들께 정말 감사하며 항상 책임감 있고 성실한 경찰이 되기 위해 노력하겠습니다. 감사합니다.

사 전 조 사 서

수험번호		성명	
지원청		전화번호	

1. 가장 후회했던 일과 가장 잘한 일을 장단점을 들어 서술하시오.
2. 경찰에 필요한 덕목과 그것을 위해 내가 노력한 일을 쓰고 경찰의 업무에 적합하게 쓰시오.

1. 제가 가장 후회하는 일은 다소 객관적으로 말하여 타인에게 서운함을 남긴 것입니다. 평소 주변 친구들과 연락하거나 만나서 이야기할 때가 있습니다. 상대방은 위로받고 싶거나 공감해주기를 원하는 데 반해, 다소 객관적으로 냉정하게 말을 해서 상처를 준 경우가 있습니다. 그래서 지금은 다른 사람들과 만나 많은 이야기를 나눠서 상대방의 마음을 헤아려보려고 노력하는 중입니다.

반면 가장 잘한 일은 의경 복무 중에 치매 할머니께서 귀가를 하지 않아 수색을 나갔을 때입니다. 8월경이라 몹시 덥고 힘들었지만 꼭 찾아야겠다는 책임감이 들었습니다. 그러던 중 제가 산속에서 할머니를 찾았고, 다행히 건강엔 이상이 없었습니다. 새벽부터 수색하는 것이 고되고 힘들었지만 아주 큰 보람으로 남았습니다.

충남청의 경찰이 되어 이처럼 책임감을 갖고 모든 업무에 종사하는 경찰이 되도록 노력하겠습니다.

2. 경찰에 필요한 덕목은 전문성이라고 생각합니다. 제가 의경 신분으로 민원실에서 복무할 때였습니다. 교통 대원으로 복무 중 민원실 업무를 겸하다 보니 별다른 지식 없이 시작한 것이기 때문에, 제 업무 이외의 다른 업무의 민원 요청이 있으면 도와드릴 수 없었습니다. 그로 인해 민원인들도 불편하고 저 또한 많은 아쉬움이 드는 경우가 많았습니다.

그래서 같이 업무하는 주변 현직 분들께 제 업무 외에 다른 업무도 배우게 되었고, 더 이상 민원인들에게 불편을 끼치지 않아 뿌듯함도 느꼈습니다.

전문성 있는 경찰이 되어 경찰서에 오시는 피해자나 민원인분들께서 믿고 업무를 맡길 수 있는 경찰이 되도록 노력하겠습니다.

【사전조사서 답안지】

사 전 조 사 서			
수험번호		성명	
지원청		전화번호	

범죄 예방이 중요하다고 생각하는지 범인 검거가 중요하다고 생각하는지
(2020년, 서울청)

_____

_____

_____

_____

_____

_____

_____

_____

_____

_____

_____

_____

_____

_____

_____

_____

_____

_____

_____

_____

_____

PART 7

기본 면접
질문

CHAPTER 01 자기소개 (5대 기출)

01 자기소개를 해보세요

Advice

- 가정환경, 가훈, 학창시절(초 · 중 · 고 · 대)
- 포상: 장학금, 우승, 입상 등
- 체력: 유도, 태권도, 합기도, 복싱 등
- 봉사: 일시, 장소, 횟수, 사례 구체적으로 느낀점, 경찰 적용
- 자격증 취득: 컴퓨터, 사회복지, 청소년심리상담사, 기타 등
- 외국어: 외국어 자기소개, 관련 자격증, 외사 전문 지식 등
- 리더십 경험: 반장, 회장, 총무 등을 맡아 솔선수범과 리더십의 중요성을 배웠다
- 직장 경험(아르바이트 포함): 군대 경험, 단체 생활 경험

예시 (자신의 장점, 특성을 정리하는 한 줄 멘트도 좋다.)

안녕하십니까. 봉사를 하면서 성장해온 수험번호 000입니다.

저는 고등학생 때 학생회와 임원 활동을 성실하게 하여 공로상과 봉사상을 받았습니다.

대학에 진학해서도 책임감을 갖고 3년 동안 선후배와 함께 학과를 이끌며 학생회 임원 활동을 하였습니다.

특히 저는 동사무소, 편의점 등 다수의 아르바이트를 하며 친절함을 무기로 고객들에게 다가가 고객들과 소통하는 법을 배웠습니다.

또한 달리기와 등산을 하며 기초 체력을 기르고 있으며 헌혈을 10회 이상 하였습니다.

최근에는 심폐소생술을 배웠고 국제치안산업박람회에도 다녀왔습니다.

사람들과 어울리며 소통했던 경험을 바탕으로 친절하게 시민들에게 다가가 마음을 전하는 경찰이 되고 싶습니다.

예시 안녕하십니까! 언제든 뛸 준비가 되어있는 수험번호＊＊＊ 이○○입니다.

노력하는 일과 버티는 일에는 자신이 있습니다. 학창시절 12년 개근 한자 1급 자격증을 취득하였고 군 복무 시절 GOP 작전 기간 동안 끝까지 포기하지 않고 무사히 전역했습니다.

전역 후 경찰이 되기 위한 자격증을 하나씩 취득하였고 헬스와 정기적 마라톤 참가로 꾸준한 체력 관리를 하였습니다. 또 여러 번의 필기시험에 낙제하였어도 3년 이상의 인고의 수험생활을 버티고 매달려, 정말 감사하게도 제 꿈에 한발 더 가까이 가게 되었습니다.

경찰이 될 기회를 주신다면 언제나 노력하는 경찰이 되겠습니다.

1) 장점(경찰 직무와 관련된 장점이 좋다.)
① 사회성
   충돌, 소통, 설득, 공공의 목표, 갈등 관계, 이해관계 충돌, 상대방의 의사를 수용해서 성공한 사례 등을 일상에서 찾아 쓴다.
② 리더십
   계획성 있고 판단력, 리더십 등 책임감이 있고 역경을 극복하는 긍정적 사고를 제시한다.
③ 준법정신
   위법한 사항은 사소하더라도, 윤리, 집단의 규율 및 방침에 제약
④ 대처 능력
   촉박한 상황에 문제 발생 및 대처할 수 있는 직무적합성 판다.

2) 단점(장점 같은 단점, 단점을 극복했던 사례)
 - 융통성 없음, 솔직함, 원칙주의, 양보주의로 단점같지 않은 단점
   단점을 극복한 노력을 언급할것
 - 하지만 우울증, 이혼, 채무, 전과, 왕따 등은 언급하여 지나친 감점을 받지않도록 유의
   (감점 요인 혹은 요주 인물로 부정적 인상 줄 수 있음)

1) 장점

예시 저는 사람들과 잘 어울리는 장점을 가지고 있습니다. 편의점 아르바이트 당시 다양한 고객을 접하게 되었고 먼저 고객들에게 다가감으로써 고객들의 성향에 따른 적절한 대응을 하는 법을 익히게 되었습니다. 이러한 경험을 바탕으로 시민에게 먼저 다가가는 따뜻한 경찰이 되겠습니다.

2) 단점

예시 저는 세심한 면이 있어서 어떤 일을 할 때 두 번 세 번 확인하다 보니 일을 느리게 처리하는 경우가 있습니다. 하지만 누구나 지나칠 수 있는 상황도 세심하게 볼 수 있다고 생각합니다. 편의점 아르바이트 당시 손님들이 도움을 필요로 할 때 빠르게 도움을 주기 위해 손님들의 움직임을 주의 깊게 살피는 습관이 생겼습니다. 그러던 중 절도를 하는 손님을 보게 되었고 그 행동을 빠르게 제지하여 대처를 할 수 있었습니다. 저는 어떠한 상황도 예의주시하며 시민들의 안전을 위하는 세심한 경찰이 되겠습니다.

예시 저의 단점은 한 가지 일에 몰두하면 다른 일을 시작하지 못하거나 집중하지 못하는 경우가 종종 있습니다. 지나친 몰입으로 실수는 적지만 중요한 일들이나 약속을 잊어버리는 경우가 많아 메모를 하여 눈에 잘 보이는 곳에 걸어두는 편입니다. 하지만 한번 시작한 일은 미루는 법이 없이 끝까지 마무리하는 편입니다.

월급, 안정성만을 강조하기보다는 경찰의 특성과 자신의 전공, 적성, 경험 등을 연관시켜 지원 동기를 서술해야 한다. 지원하고자 하는 지역, 희망 부서와 연관이 있는 내용을 명확하게 나타낸다.
- 가정 교육(자신의 성격, 장점)+지원 직렬과 대학 전공의 연관성
- 성장하면서 자신의 실천 사례(아르바이트, 사기업) 경험
- 지원 직렬 업무의 특성(장점)
- 자신의 삶(목표, 의미)

1) 아르바이트나 사기업, 전공, 전공과목 등 경험을 토대로 각자의 상황에서 희망 부서와 관련된 지원 동기를 마련한다.

> **예시** 2017년에 대학교 교학 팀에서 국가 근로 장학생으로 근무한 적이 있었습니다. 6개월 근무 동안 매일 20분에서 30분 일찍 출근하여 사무실을 청소하거나 사무실 화분에 물을 주는 등 성실하게 근무하였고 그 모습을 지켜보신 과장님께서 저에게 많은 칭찬을 해주셨습니다. 또한 일을 맡겨주시면 꼼꼼하게 하려고 노력하였고 모르는 일에 대해서는 질문하여 해결하였고 모든 일에 책임감을 가지고 근무하였습니다. 경찰관이 되어서도 일찍 출근하는 성실함과 맡은 일에 책임감을 가지고 최선을 다하는 경찰관이 되겠습니다.

2) 부모님, 주변 지인들의 공직 경험을 예시로

> **예시** 제 동네 언니는 서울지방경찰청 여자형사기동대에서 근무하고 은퇴하였습니다. 지금은 제주도에 내려가서 동료들과 카페를 한다고 합니다. 경찰청 사람들에 출연하기도 하였고 신문에도 가끔 나왔습니다. 현장에서 범죄자들과 격투기를 하다가 외쪽 팔이 꺾이는 부상을 입었지만 카키색 바지를 주로 입었던 그 언니의 모습은 저에게는 어벤져스였습니다. 늘 자신감 있고 두려움이 없어 보였던 그 언니를 보고 있으며 가슴이 쿵쾅거리곤 했습니다.
>
> 저도 언니처럼 형사기동대에 들어가서 범인을 잡고 여성 범죄를 멋있게 해결하는 베테랑 형사가 되고 싶습니다. 저를 보는 동생이 저처럼 경찰이 되고 싶다는 마음이 들게 하는 여자 경찰이 되는 것이 저의 소원입니다. 꼭 합격시켜 주시면 늘 깨어있고 늘 최선을 다는 경찰이 되겠습니다.

> **예시** 저는 56사단 수도방위사령부에서 사단위병소경계근무를 한 경험이 있습니다. 또한, 101 경비단의 절제된 제식 동작과 일사불란한 움직임을 보고 존경심이 들었습니다. 경호경비란 어느 순간에도 자신의 몸과 마음을 바칠 수 있는 책임감이 기본이라고 생각합니다. 저는 이러한 정신과 강인한 육체를 가지기 위해 많은 기간 노력했습니다.
>
> 그리고 경찰관으로서 사명감을 느끼고 싶어 개천절에 현충원에 참배하며 다시 한 번 가슴속에 경찰의 꿈을 새겼습니다. 자랑스러운 선배님들의 발자취를 따라 영광스러운 길을 가고 싶습니다.

예시 저는 형사과에 근무하고 싶습니다. 경찰관이 되기 위해 대전에 있는 경찰법학과에 지원하여 4년 동안 형법, 형소법, 수사 실무 등 경찰 관련 과목을 수강하였습니다. 무도 동아리에 가입해 유도 3단을 취득하였는데 유도를 배우면서 자제력, 자기방어 등을 익혔고 위험한 상황에서도 저와 주변인을 도울 수 있는 체력과 용기를 연마하였습니다.

대전지방경찰청, 중앙경찰학교의 견학을 통해서 경찰 선배들의 믿음직한 모습에 저도 경찰 시험에 합격해서 같이 근무하고 싶다는 생각을 했습니다. TV 신문 방송 등 경찰, 범죄 관련 드라마는 꼭 시청하였고 재미있게 본 프로그램은 보이스, 시그널이었습니다. 주인공의 범죄 해결의 의지와 프로파일러의 전문성에 매료되었고 저도 수사, 형소법 강의 등을 들으면서 범죄 현장에서 사건을 해결하는 상황을 여러 번 연습하였습니다.

경찰이 된다면 저의 전공과 현장 경험을 계속 발전시킬 수 있도록 다양한 교육과 훈련에 적극적으로 임할 것이고 사이버수사, 과학수사, 프로파일링 등의 관련 서적과 경험을 키워나가도록 선배들의 경험을 공유하겠습니다.

05 봉사 활동 경험을 이야기해 보세요

1) 자원봉사 활동 배경
   자발성과 일상적으로 하는 부모님 봉사 활동, 가족 및 지인의 활동을 보면서 하게 되었다는 내용 등

2) 자원봉사 활동 내용 및 특기 사항
① 헌혈, 고아원, 노인정, 독거노인, 반찬나르기등(1365, 적십자등 봉사활동)
② 유니세프 정기 후원, 온라인봉사활동 등
③ 일상에서 도움이 필요한 사람들 도움(자리 양보, 주변 환경 정리)
   자신의 경험을 토대로 작성, 최종 봉사는 일상과 연관되어야 합니다.

3) 자원봉사 활동 후 느낀 점과 자원봉사에 대한 자신의 생각
① 관공서(공무원들의 역할을 존중), 봉사, 애국심등 경험
② 유니세프(주변 사람들에 대한 관심증가, 봉사활동으로 소외된 이웃알기)
③ 일상에서 주변인에 대한 관심 증가, 스스로에 대해 성취감, 자부심 향상 및 가족과 이웃을 사랑하는 마음

예시 대학 시절 DH몽이라는 동아리를 했습니다. 의료 시설이 낙후되거나 접근성이 떨어지는 산간 지역으로 가서 어르신들의 틀니 세척과 입 체조 교육을 하였습니다. 제가 간 곳은 영동의 황간 지역이었습니다. 저희가 가자마자 마을 이장님께서 방송을 하여 동네 어르신들이 많이 오셨습니다. 어르신들은 손녀딸들이 온 것처럼 반갑게 맞이해 주셨습니다. 어르신들에게 틀니 세척의 필요성과 세척 방법, 구강건조증 예방을 위한 입 체조 방법을 설명해 드리고 말동무가 되어드렸습니다. 시간이 지나고 다시 돌아올 때가 되니 어르신들과 그새 정이 들어 아쉬웠습니다. 돌아오는 차 안에서 할머니 할아버지의 좋아하셨던 모습을 생각하니 아직도 마음 한편이 따뜻해졌습니다.

CHAPTER 02 **조직 적용**(리더십, 소통)

01 조직에 잘 어울리지 않는 동료가 있다. 어떻게 할 것인가? (부산청, 2019)

예시 조직은 공동의 목표를 위해 서로 협력해 가는 체제라고 알고 있습니다. 하지만 조직 구성원 개인의 목표와 만족도 중요하다고 생각합니다.

경찰 업무는 팀워크와 상호 신뢰가 필요한 경우가 많기 때문에 개인의 성향과 개성은 일상 생활에서 서로 존중해주고 지나친 간섭을 피해야 하지만 업무를 처리하고 시민들을 대할 때 는 적극적인 자세로 임해야 한다고 생각합니다.

경찰조직에서 공직자로 업무를 수행해야 하기 때문에 동호회, 회식, SNS를 활용해서 다른 동료들과 열린 마음으로 적응할 수 있도록 돕도록 하겠습니다.

02 원하지 않는 부서에 가게 된다면 어떻게 할 것인가? (부산청)

예시 경찰은 국민에게 봉사하고 사회의 안녕과 질서 유지를 위해 일한다고 생각합니다.

경찰의 어느 부서도 중요치 않은 부서는 없다고 생각합니다. 모두 사명감을 가지고 자신을 일을 소중히 여기고 있을 것입니다.

하지만 원하지 않은 부서에 가게 되더라도 동료들과 친분을 잘 다지고 맡은 업무를 잘 수행 하고 선배들에게 인정을 받게 된다면 인사이동 등을 통해 제가 원하는 부서에도 근무할 수 있는 기회가 주어질 것으로 생각합니다.

진인사대천명이란 말처럼 최선을 다해서 제 앞에 주어진 임무를 소중히 하고 즐겁게 근무한 다면 곧 기회가 올 것이라고 믿습니다.

03 자신의 직근 상사가 자신보다 나이가 어리다면 어떻게 처신할 것인가?

예시 - 깍듯하게 상사에 대한 예의를 지키고 직무상 명령에 복종할 것입니다. "관직에서의 나이 는 품계에 있습니다."라는 옛말도 있는 것처럼, 공직에서는 나이가 아니라 계급에 따른 질 서가 형성되는 것이 타당합니다.

- 입직 경로 상 경찰대 출신이나 간부 후보생처럼 상위 계급으로 들어온 분도 있고, 어린 나 이에 순경으로 들어와 일찍 승진한 분들도 있습니다. 이유가 어떻든 상사에 대해서는 국 가공무원법상 '직무상 복종 의무'가 있기 때문에 최선을 다해서 직무상 명령에 복종하고, 인간적으로도 뭔가 나보다 뛰어난 면이 있기 때문에 어린 나이에 높은 계급에 있다는 것 을 인정하고 존경의 마음을 가질 것입니다.

어렵게 시간을 맞춰서 부모님과 여행을 갔는데 상사의 부친상 연락이 왔다, 어떻게 할 것인가? 이후 다시는 부모님과 여행을 못 간다면?　　　(서울청)

예시 부모님과의 즐거운 여행은 그대로 가야 한다고 생각합니다. 특히 다시는 부모님과 여행을 못 간다고 한다면 그냥 가겠습니다.

상사의 부친상은 휴가중이었기에 돌아와서 조의를 표해도 된다고 생각합니다. 상사의 경조사도 중요하지만 부모님과의 약속도 중요하기 때문입니다.

조직구성원 간에 주고받는 경조사비는 직원들을 통해 일단 먼저 마음을 표하는 것이 좋습니다. 상호 부조의 성격이 강하고 전통적인 미풍양속이라는 점이기에 상사도 이해할 것으로 생각합니다.

05 경찰 덕목 중 헌신이 있다. 조직, 시민, 동료 중 우선순위를 매겨 봐라　　　(강원청, 2020년 기출)

예시 헌신이란 몸과 마음을 바쳐 있는 힘을 다한다는 뜻입니다. 경찰은 국민의 생명과 안전을 지키는 일을 자신의 사명이자 천직으로 여겨왔습니다. 조직과 시민, 동료 중 우선순위라고 할 것도 없이 모두가 소중하다고 생각합니다.

다만 우선순위를 꼭 매겨야 한다면 우선 시민에 헌신하는 것이 우선순위라고 생각합니다. 그 이유는 조직에 몸담고 최선을 다한다는 것은 결국 시민을 위해 봉사하는 것이기 때문입니다.

끝으로 동료들도 저와 같은 생각이라고 합니다. 시민을 위해 자신의 안위보다 시민의 안전을 우선시하는 경찰의 모습이 시민이 원하는 경찰의 모습이라고 생각합니다.

06 정말 맞지 않은 상사가 있어 근무 조까지 바꿨는데 그상사와 근무를 서게 된다면

예시 직장인들이 하루의 대부분의 시간을 보내는 직장에서 주로 받는 스트레스의 원인은 인간관계라고 생각합니다. 특히 상사와의 관계에서 가장 큰 스트레스를 받게 됩니다.

하지만 자신과 잘 맞지 않는 상사라도 피하지 말고 함께하며 자신의 성장 기회로 삼는 것이 필요합니다. 그 상사와 친한 동료가 있다면 그 상사의 좋은 점이나 인간적인 면을 알도록 노력하겠습니다.

"피할 수 없다면 즐겨라."라는 말처럼 갈등을 극복하는 것도 좋은 경험이라고 생각하고 그 상사가 좋아하는 것, 싫어하는 것을 알아 취미 등을 공유하며 인간적인 접근을 시도해 보겠습니다. 하지만 안 맞는 것이 아니라 도덕성 등에 문제가 있는 경우라면 거리를 두는 것도 한 방법일 것입니다. 모든 사람을 내 편으로 만들 수는 없다고 생각합니다.

Advice

'저는 경찰이 되기 위해 태어났습니다.', '어릴 때부터 경찰은 저의 꿈이었습니다.' '경찰이 천직
이라고 생각합니다.' 등의 진부한 표현은 삼가고
바른 마음가짐과 자세를 가지고 근무하겠다는 열정과 의지, 자신의 목표를 구체적으로 언급하
고 자기 개발을 위해 어떠한 계획이 있는지 지난 시간에 해온 사례를 발전시켜 이야기한다.

예시 저는 올바른 일을 위해 자신의 신념을 지키는 사람들을 좋아합니다. 특히 경찰처럼 사회 정
의를 위해 법과 질서를 수호하는 멋진 모습은 보람있는 삶이라고 여깁니다.

저를 경찰로 뽑아주신다면 제 맡은 일에는 최선을 다하고 시민에게 친절한 경찰관으로 어려
움을 해결하는 경찰이고 되고 싶습니다. 상사에게 인정받고, 동료들과 일상을 친구처럼 나
누어서 매일 출근하고 싶어지고, 보고 싶은 동료로 기억되고 싶습니다.

저는 높은 계급보다는 맡은 일에 최선을 다하고 보람을 느끼는 경찰로 명예로운 퇴직을 하
고 싶습니다. 가족과 동료에게 존경받고 인정받는 경찰이 되고 싶다는 것이 제 포부입니다.

08 동료(상사, 부하)와의 갈등 해소를 한 적이 있나요? (2020년 기출)

예시 대학교 때 조별 발표 과제를 준비한 적이 있었습니다. 한 친구가 발표 자료도 준비하지 않고
나타나지도 않았는데 발표 때는 이름을 넣어달라고 하였습니다. 3명이 노력해서 완성한 자
료에 이름만 올려달라는 태도가 너무 괘씸했지만 다른 조원들과 상의를 해보니 그 친구는
어머니가 편찮으셔서 학교에 잘 못 나오고 있었다고 했습니다. 가정 형편도 어려워 아르바
이트까지 하고 있다고 했습니다.

사정을 전해 들으니 이해가 되었고 발표 조에 이름을 올렸습니다. 그 친구의 행동이 옳은 것
은 아니지만 특별한 상황이라고 조원들과의 상의를 통해 결론을 내렸습니다. 아무리 이해
안 되는 상황이라도 이유를 잘 알아보면 이해가 되고 양보와 배려가 가능한 경우도 있다는
것을 알게 되었습니다.

09 본인의 국가관에 대하여 말해 보세요

예시 헌법 1조 1항에 의하면 대한민국은 민주공화국입니다. 또한 대한민국의 주권은 국민에게 있습니다. 또한 모든 권력은 국민에게서 나온다고 되어 있습니다. 이는 이를 통해 저는 국민을 주인으로 섬기는 것이 공직자의 자세 중 가장 근본이며 국민에게 봉사하는 것이 국가에 대한 봉사라고 생각합니다.

헌법 1조 1항은 경찰관이 된다면 국가를 위한 충성은 국민에 대한 봉사임을 가장 잘 알려주는 조항이라고 생각합니다.

예시 경찰시험에 합격한 선배를 보러 중앙경찰학교를 방문한 일이 있었습니다. 교정에서 '청년 경찰이여 조국은 그대를 믿노라'라는 글귀를 보았습니다. 저는 저를 믿어주는 사람을 실망시키지 않으려고 노력합니다.

조국이 저를 믿는다면 가족이나 친구처럼 조국의 신뢰를 저버리지 않도록 마지막까지 최선을 다해 신뢰를 지킬 수 있는 경찰관이 되도록 하겠습니다. 저도 조국을 믿고 근무할 것입니다.

10 상사의 부당한 명령에 어떻게 대응하겠습니까?

(2020년 기출)

예시 특별 권력 관계를 기본으로 하는 경찰조직의 특성상 상사의 명령에는 일단 복종하는 것이 당연한 것입니다. 하지만 따라서 부당한 명령은 불법적인 명령과 달리 일단은 따라야 합니다. 불법은 명백히 따르지 않아야 하지만 부당한 명령은 과도하거나 상식에 어긋나는 경우일지라도 명령이므로 따라야 한다고 생각합니다. 하지만 지속적으로 피해를 입을 경우 혹은 불법으로 발전해 나갈 경우에는 내부적인 해결을 시도해야 한다고 생각합니다.

11 경찰의 사회적 약자 정책에 대하여 이야기해 보세요/지문사전등록제는?

(2020년 기출)

예시 경찰에서는 '사회적 약자 보호' 추진 본부를 구성하고, 여성·아동·노인·장애인·청소년 등 사회적 약자 보호 활동 강화하고 있습니다.

경찰은 최근 사회적 이슈로 떠오른 데이트 폭력 등 여성 폭력을 아우르는 '젠더 폭력 근절'과 '학대·실종 대응 강화', '청소년 보호' 등 3대 치안 정책, 총 18개 세부 추진 과제를 마련하고, 사회적 약자 보호에 적극적으로 나서고 있습니다. 출근길 시민 여러분께 직접 홍보 하기도 하고 관내 복지관에 방문하여 학대를 당하고 있지는 않은지, 학대를 당한 경우 신고하는 방법을 안내하는 등 어르신들을 위한 교육도 진행하고 있습니다.

〔 유사 기출 〕

'지문 등 사전등록제'는 미리 지문, 사진, 보호자 인적 사항 등을 등록해 놓고, 실종되었을 때 등록된 자료를 활용해 신속히 발견하는 제도입니다. 등록 대상은 18세 미만 아동, 지적·자폐·정신 장애인 그리고 치매 환자이며, 가까운 경찰관서(경찰서, 지구대, 파출소)에 방문하면 등록 가능하고 안전드림 홈페이지(www.safe182.go.kr) 또는 애플리케이션 '안전드림'에서도 등록 가능하다고 알고 있습니다.

12 경찰관 3대 5대 덕목은?

1) 우리는 모든 사람의 인격을 존중하고 누구에게나 따뜻하게 봉사하는 **친절한 경찰**이다.

2) 우리는 정의의 이름으로 진실을 추구하며, 어떠한 불의나 불법과도 타협하지 않는 **의로운 경찰**이다.

3) 우리는 국민의 신뢰를 바탕으로 오직 양심에 따라 법을 집행하는 **공정한 경찰**이다.

4) 우리는 건전한 상식 위에 전문 지식을 갈고닦아 맡은 일을 성실하게 수행하는 **근면한 경찰**이다.

5) 우리는 화합과 단결 속에 항상 규율을 지키며, 검소하게 생활하는 **깨끗한 경찰**이다.

13 경찰관 6대 의무는?

1) 첫째, 청렴의 의무

많은 공무원들이 알겠지만 공무원은 직무와 관련해 직간접적인 사례와 증여 등 물질적인 부분에 대해 보상을 받을 수 없습니다. 직무를 떠나 소속 상관으로부터 역시 증여받아서는 절대 안 된다는 점이 있습니다.

2) 둘째 비밀엄수

공무원은 재직 중 혹은 퇴직 후에 직무를 하며 알게 되었던 모든 정보에 대한 비밀을 엄수해야 한다고 합니다.

3) 셋째 성실의 의무

법령 준수 하에 성실하게 수행해야 한다는 의무가 있습니다.

4) 넷째 복종의 의무

복종이라는 단어가 다소 불편하게 들릴 수 있겠지만 이 의미는 소속 상관의 직무상 명령에 대해 복종해야 한다는 의무입니다.

5) 다섯째 품위유지 의무

품위유지란 단순한 이미지 관리라기보다는 직무, 지역, 위치를 불문하고 공무원에 대한 품위, 공무원의 정체성을 지키고 공무원의 품위를 손상하면 안 된다는 이야기라고 합니다.

6) 여섯째 친절공정의 의무

공무를 수행하는 공무원은 사실 국민과 소속된 주민들에게 봉사하기 위한 마인드로 채용된 것이기 때문에 친절하고 공정한 업무가 항상 진행되어야 한다고 합니다.

14 경찰공무원의 4대 금지의무는?

1) 직장이탈 금지의무: 공무원은 소속 상관의 허가 또는 정당한 이유 없이 직장을 이탈할 수 없다.

2) 영리업무 및 겸직 금지의무: 공무원은 공무 이외의 영리를 목적으로 하는 업무에 종사하지 못하며, 소속 기관의 허가 없이 다른 직무를 겸할 수 없다.

3) 집단행위 금지의무: 공무원은 노동 운동이나 기타 공무 이외의 일을 위한 집단적 행위를 하여서는 안 됩니다.

4) 정치운동 금지의무: 공무원은 선거에서 특정 정당 또는 특정인을 지지하거나 반대하기 위한 행동을 할 수 없다.

15 중간 관리자의 역할과 자질은?

(2020년 기출)

1) 중간 관리자의 존재

중간 관리자를 이해하기 위해서 이들을 둘러싼 이해관계자 집단이나 주변 상황들이 중간 관리자에게 요구하거나 기대하는 것들을 경영진의 입장, 고객의 입장, 구성원의 입장, 주변 환경으로 나누어 살펴보기로 한다.

중간 관리자는 관리 계층의 중간에 위치하여 최고 관리층의 기본 정책 및 방침을 부하 직원의 업무에 연결하여 주는 계층이다. 특히, 조직의 일관성·안정성을 유지하고 능률을 향상시키는 존재이다. 많은 사람들이 21세기에는 기업 조직이 더욱 Slim화, Flat화함에 따라 중간 관리자가 불필요해질 것이라고 말했지만 중간 관리자는 급변하는 시대에 기업에 있어 조역이 아니라 주역이 된다.

2) 중간 관리자의 입장

중간 관리자들은 경영진과 구성원, 고객 등의 복합적이고 다양한 요구를 동시에 만족시켜야 하는 중간층(샌드위치) 핵심 관리자이다.

※ 복합적 요구 = 환경적응의 요구 + 고객의 요구 + 구성원의 기대 + 경영진의 요구

(1) 환경적응의 요구: 21세기 기업의 가장 중요한 생존 조건은 누가 더 빨리 환경에 적응하는가이다. 이러한 환경적응력을 키우기 위해서는 새로운 성공 요인을 발굴하기 위해 노력하며, 전략, 조직, 생산, 판매, 재무 등 전 부문에 걸쳐 유연성과 스피드가 필수적이며, 집중화와 분권화, 원심력과 구심력의 모순을 해결할 수 있는 조직이 요구되는데, 이러한 환경요구에 대응하는 것은 바로 중간관리자의 몫이다. 환경적응에 대응하지 못하면 조직의 생존이 위협을 받게 된다.

(2) 고객의 요구: 변화하는 환경에서 고객의 요구는 계속해서 높아져 간다. 따라서 변화하는 고객들의 높은 기준에 충족할 수 있어야 한다. 이를 위해서는 시설, 서비스 질, 업무 능력이 동시에 높아져야 할 것이다. 또한 고객의 피드백을 통해서 요구가 얼마나 충족되고 반영되었는지도 확인해야 할 것이다.

(3) 구성원의 기대: 조직을 통해 자신의 욕구를 충족하고 사회적 존경과 경제적 안정을 이루고자 하는 희망을 이룰 수 있도록 해주어야 한다. 이를 위해서는 인사 공정성, 급여, 복지 등의 사기 충족 요인이 만족되어야 한다.

(4) 경영진의 요구: 조직에서 경영진은 높은 이익과 조직의 지속적인 발전을 도모하게 된다. 또한 경영진은 조직원들이 조직의 발전과 이익을 위해서 업무의 능률과 성과를 높여줄 것을 기대한다. 따라서 최소비용으로 최대의 효과를 높이고 조직원들이 조직에 몰입하고 충성하는 조직문화를 형성할 것을 요구한다.

3) 중간 관리자의 역할
　가. 하위층과 상층부의 가교 역할　　나. 배려, 문제 해결, 성실성, 헌신성, 커뮤니케이션
　다. 팀원에게 비전 제시 및 성장 지원　라. 성과 관리 마. 업무 역량 강화

4) 중간관리자의 자질
　가. 소통능력　　　나. 리더십　　　다. 공감능력　　　라. 추진력　　　마. 솔선수범

16　안병하 경찰관에 대해 어떻게 생각하는가?/경찰조직에서 존경하는 인물은?　　(2020년 기출)

안병하(安炳夏, 1928년 7월 23일~1988년 10월 10일)는 대한민국의 경찰이다. 제37대 전라남도지방경찰청장을 지냈다. 1980년 5·18 광주 민주화 운동 당시 광주 시민을 향한 발포 명령을 거부했다가 직위 해제당하고, 보안사령부에서 고문당한 후유증으로 1988년 10월 10일 사망했다. 사후 2005년에 서울 국립현충원에 유해를 안장했으며, 2006년 국가유공자로 등록되었다.

5.18 광주 민주화 운동의 피해자 중에는 시위 희생자 외에도 안병하 경무관이라는 사람이 있었습니다. 한동안 경찰은 '정권의 시녀'라는 비판을 받기도 했지만, 그런 가운데서도 안병하 전남도경국장은 5.18 광주 민주화 운동 당시 바른 경찰이 무엇인가를 보여 준 경찰로 평가받고 있습니다.

1) 안맥결총경 소개

    – 1919년 평양 숭의여학교 만세운동 등을 주도한 여성 독립운동가 출신

    – 서울 여자경찰서장

2) 본받을 점

    – 숭고한 애국심과 참된 경찰 정신

    – 후손과 경찰관들이 자긍심을 되새길 수 있음

〔 유사 기출 〕

경찰조직에서 존경하는 인물은?

* 김구 선생	– 1919년 중국에서 수립한 대한민국 임시정부의 초대 경무국장
* 최규식 경무관 * 정종수 경사	– 무장공비 침투사건 종로경찰서 자하문검문소에서 무장공비를 온몸으로 막아내고 순국함으로 써 청와대를 사수하고 대한민국을 위기에서 건져 올린 호국경찰의 표상 – 군 방어선이 뚫린 상황에서 경찰관 최규식, 정종수의 순국으로 대한민국을 지켜내고 조국의 발전을 가능하게 한 영웅적인 사례
* 차일혁 경무관	– 일제강점기 중국에서 광복군 조선의용대, 조선의용군 독립운동, 광복 후 우익 최전선에서 대한민국의 탄생에 도움을 줌 – 남부군 사령관 이현상을 사살하는 등 빨치산 토벌의 주역이며, 구례 화엄사 등 문화재를 수호한 인물로 '보관문화훈장'을 수여받은 호국 경찰 영웅이자 인본 경찰, 문화경찰의 표상
* 안병하 치안감	– 신군부 명령을 어긴 죄로 직무 유기 혐의로 직위 해제되고 보안사로 끌려가 10여 일간 혹독한 고문을 받은 후, 후유증으로 투병하다 사망함

1) 개념

브랜드 가치란 조직의 Identity에 해당하고 오랜 기간의 노력으로 형성되는 이미지에 해당합니다. 브랜드 가치(brand value)는 브랜드가 가지고 있는 무형의 자산으로, 시중에 상표를 팔 때 받을 수 있는 추정가치이며 브랜드의 지명도만으로 현재 또는 미래에 거둘 수 있는 이익을 금액으로 환산한 것입니다.

브랜드 가치 결정 요인 중 중요한 것은 시장 점유율, 소비자의 브랜드 인지도라고 합니다. 경찰의 경우에는 국민의 경찰에 대한 인지도와 평가가 중요합니다.

2) 제고방안

고객 중심(Customer centric)이 중요하며 경찰의 고객이라고 할 수 있는 시민이 바라는 것과 경찰이 제공하는 것 사이의 간격(gap)을 줄이는 전략이 필요하다고 생각합니다.

따라서 시민과 대화하고 지속적인 관계를 맺는 등 시민을 참여(engagement)시킴으로써 그 간격을 줄일 대화 시스템이 필요합니다.

(1) 치안자문 위원회 등 시민이 주축이 된 자문 위원회

시민의 목소리에 귀를 기울일 때 그들이 정말 무엇을 필요로 하는지 알 수 있기 때문입니다.

(2) 빅 데이터는 시민 의견을 수집하는 좋은 방법이라고 합니다.

범죄분석지도 등을 활용해서 시민들이 원하는 시간과 장소에 순찰을 하거나 정확한 범죄 발생에 대한 데이터를 경찰서와 시민이 공유하는 시스템도 활용해야 한다고 생각합니다.

(3) 사회적 약자 보호 정책

여성, 청소년, 노인을 대상으로 한 안심귀가서비스, 독거 노인 상담서비스, 스쿨폴리스 등을 활용해 제도적으로 보호되어야 할 사람들에게 지속적인 관심을 가지며 범죄 예방 활동 강화해야 할 것입니다.

1) 경찰에 대한 불신이 있습니다.(부정비리)

'버닝썬 사태' 이후 경찰 불신으로 인한 갈등이 확산하고 있습니다.

"경찰을 믿지 못하겠다."라며 강하게 항의하는 일이 빈번해졌고, 경찰은 "근거 없는 의심 때문에 정상적 업무가 어려울 지경"이라고 호소하고 있습니다. "유착 관계가 있는 것 아니냐."라며 조사를 거부하거나 조사 과정을 영상으로 촬영하고 SNS에 공개하는 경우도 늘고 있습니다. 지난해 '편파 수사' 논란 이후 거듭된 공권력에 대한 불신이 장기화되고 있다는 지적입니다.

2) 부실수사에 대한 항의가 높습니다.

성범죄와 관련된 경우에는 신고자와 경찰 간에 시비가 붙기도 합니다.

김 모(26)씨는 지난달 24일 인천아시아드 여자 화장실에서 남성이 나오는 것을 목격하고 경찰에 신고했습니다. 김 씨는 "남성을 추격하면서 신고했는데 경찰은 남자가 맞는지만 계속 물어보고 뒤늦게 출동해 결국 놓쳤다."라며 "CCTV 분석도 안 하는 걸 보고 화가 나서 강하게 항의했습니다."라고 말했습니다.

3) 편파수사(인권 침해)의혹입니다.

수사 기관에 대한 불신이 사회 전반으로 번지고 있다는 우려도 나옵니다. 국가인권위원회에 따르면 경찰 관련 인권 침해 진정은 2017년 1,562건에서 지난해 1,235건으로 줄었습니다.

조영선 인권위 사무총장은 "편파 수사 논란이 컸던 지난해 오히려 진정 건수는 감소했는데 이는 '문제를 제기해도 해결되지 않을 것'이라는 인식이 반영된 것으로 보인다."라며 "불신의 범위가 더 넓어진 것으로, 이런 현상이 고착화되지 않으려면 제도적 차원의 해결책이 나와야 할 것."이라고 말했습니다.

출처: 국민일보

20 경찰 갑질 문화 대책은?

경찰청은 승진 심사 때 대상 인원(5배수)의 갑질 징계 이력 자료를 참고해 승진 적격 여부를 엄격하게 따집니다. 총경 이상 고위 간부는 지휘관 재직 시 소속 관서의 갑질 발생 현황 자료도 함께 제공해 승진 심사에 반영합니다.

채용 과정도 **'갑질에 대한 인식'**이나 **'상호 존중과 배려의식'**을 평가할 수 있도록 면접시험 방식을 개선하기로 했습니다. 또 갑질 행위로 징계가 요구된 경우, 공적이 있더라도 징계를 감경할 수 없도록 '경찰공무원징계령 세부시행규칙'을 개정하였고 갑질로 징계가 확정되면 행위 유형, 내용, 처분 결과 등을 경찰청 내부망에 게시하고 중대 갑질 **행위자의 명단을 공개**하는 방안도 검토 중입니다.

갑질로 감봉 이상 징계를 받는 경우 **성과급을 지급하지 않고**, 견책 처분을 받는 경우 성과급 최하 등급을 부여할 계획입니다. 갑질 신고가 은폐·축소되거나 2차 피해가 발생한 경찰관서는 관서명을 공개하는 내용도 추진 방안에 담겼습니다.
갑질 근절 교육을 강화하고 갑질 행위를 올해 중점 기획수사 과제로 지정해 **첩보 수집 및 상시 단속**에 나설 방침입니다.

21 경찰 스트레스의 원인과 대책은? (2020년 기출)

1) 원인
   - 야간 순찰하고 수시로 출동하는 생활안전경찰
   - 야간 집회 허용에 따라 주·야간 구분 없이 많은 집회장에서 수고하는 경비경찰과 교통경찰
   - 범죄 수사와 범인 검거에 잠복, 야간근무가 이어지고 있습니다.
   - 경찰의 야간근무로 인한 생체리듬 파괴는 건강 유지에 심각한 부정에 부정적 영향을 미친다는 것은 많이 알려져 있습니다. 불규칙한 근무와 계속되는 긴장 상태의 유지, 군대와 같은 상명하복 체계, 승진에 대한 부담과 심리 압박과 같은 스트레스는 수명을 일반인보다 짧게 한다는 것도 사실입니다.
   - 경찰은 피습, 교통사고, 유독가스 유출 사고 노출 등의 각종 위험에 상시 노출되어 있습니다.

2) 대책
   영국과 미국, 호주 등 다양한 나라들이 이미 정부의 지원을 받아 경찰들에 대한 스트레스와 우울증과 트라우마, PTSD와 같은 정신 질환에 대해서도 치료나 상담이 필요합니다.

우리나라에서도 정기적인 신체 건강검진과 함께 경찰들의 경우 연 1회 의무 심리 검사가 필요합니다. 직무 스트레스와 가정불화 등으로 치료가 필요한 경찰을 조기에 발견하여 심리 치료를 받을 수 있는 복지 혜택을 경찰 병원과 맞춤형 복지 보험 등으로 지원해야 한다고 생각합니다.

따라서 건강 검진 시 경찰 업무에 특화된 스트레스 정도 우울증 정도를 측정할 수 있는 검사 시스템 도입이 필요합니다.

22 마음동행센터

2019년 하반기에 인천을 시작으로 울산 · 경기북부 · 충북 · 충남 · 전북 · 전남 · 경북 · 경남 지역에 9개소를 추가 신설하여 지방청별 1개소씩 총 18개소(경찰 병원 포함)의 '마음동행센터'를 운영할 예정입니다.

마음동행센터는 트라우마 등 직무 스트레스 예방 전문 기관으로서 진료 기록과 이용 내역에 대한 철저한 비밀 보장으로 인사상 불이익이 없고 횟수 제한 없이 이용료가 전액 지원되므로 비용 부담도 없습니다. 아울러 단순 상담에 그치지 않고 필요시 병원과 연계하여 통합 심층 검사 · 치료까지 가능하다고 합니다.

"트라우마는 대표적인 공무 중 정신적 부상의 하나로 충격 사건 발생 초기부터 신속한 지원이 이뤄져야 회복이 빠르다."라며 경찰 직무 특성상 스트레스가 높을 수밖에 없다고 이를 당연시하거나 회피하기보다는 치안 역량 유지의 차원에서 적극적으로 예방하고 관리하는 것이 중요해서 만들어졌다고 합니다.

1) 경찰 신뢰도가 낮은 이유

(1) 극소수 경찰관의 범죄 행위

뇌물수수, 정보제공(대구 모 경무관, 모 경정 구속영장 청구 기각 사건), 성범죄(2020 년 상반기 서초서 보안과 직원 탈북 여성 성폭행), 음주 운전 등 **범죄 행위**가 국민의 신뢰를 크게 하락시키는 원인으로 작용

※ 경찰의 3대 비위: ① 음주 운전 ② 뇌물수수 ③ 성범죄

(2) 경찰의 업무 실수

가. 집회 시위 진압 과정에서의 실수

- 2015년 백남기 농민 물대포로 사망한 사건
- 2005년 여의도 농민집회 시 검거 과정에서 농민 2명이 사망한 사건

나. 범인 검거와 관련한 업무 실수

- 익산 약촌오거리 살인사건에서 범인이 아닌 사람을 15년이나 억울한 옥살이시킴
- 화성 연쇄 살인사건에서 억울한 사람을 범인으로 몰아 10여 년간 옥살이시킨 사건 등

(3) 과거로부터 내려오는 부정적 이미지

→ 이처럼 **경찰의 신뢰도가 낮은 이유는 극소수 일부 경찰관들의 범죄 행위, 업무상의 실수, 한국 경찰의 역사성(일제 경찰을 청산하지 못해 남아 있는 일제 경찰 이미지, 1987.6.29. 이전 정권의 앞잡이로 민주인사를 탄압했던 부정적 이미지 등)** 등입니다.

2) 신뢰도 제고 방안

(1) 경찰관 개개인의 일탈 행동이 없어야 합니다.

- 경찰관 개개인의 뇌물수수, 음주 운전, 성 비위 등이 언론에 비치는 모습은 경찰 전체가 마치 범죄에 연루된 것처럼 보이는 측면이 있습니다.
- 따라서 경찰 한 사람 한 사람이 조직을 대표한다는 마음으로 행동 하나하나를 각별히 조심하고 법을 위반하는 일이 없도록 해야 할 것임. 즉 **공인의식을 가져야 합니다.**

(2) 업무상의 실수를 최소화해야 합니다.

집회 시위 진압 과정이나 범인 검거 시 등 업무상의 실수를 줄여야 함. 단 하나의 사건이지만 국민들의 뇌리 속에 오랫동안 각인되기 때문입니다.

(3) 과거로부터 흘러온 부정적 이미지를 씻어내기 위한 조직적 차원의 노력이 필요하고

- **사건 수사ㆍ집회 등 일상적인 업무 처리에서 정치적 중립성을 확보해야 합니다.**
- 수사권이 확보된 현재 상황에서 정파에 치우침이 없는 수사권 행사는 경찰의 정치적 중립성 확보의 관건이며
- 집회ㆍ시위 관리에서도 정치적 이해득실에 따른 편파적 관리가 되어서는 안 됩니다.
- **권위적인 경찰의 모습도 친절하고 공정한 경찰로 바뀌어야 합니다.**

'주민소통 게시판'은 지역 주민 누구나 간편하고 자유롭게 경찰과 의견을 나눌 수 있게 하고, 게시판을 통해 범죄 취약지 순찰 강화, 범죄 예방 시설(CCTV, 보안 등) 개선 등 각종 민원 신청 및 미아 찾기, 개정 법률 등 경찰 활동을 공유할 수 있다고 합니다.

공동체 치안 강화를 위한 **'주민·경찰 현장 소통 간담회'** 등을 개최하여 여성안심귀갓길 정비, 불법 카메라 범죄 예방 활동, 보이스 피싱 예방, 교통 약자 보호 활동 등 경찰의 생활 밀착형 활동을 전개하고 있다고 알고 있습니다.

'주민밀착형 탄력순찰'은 기존의 일방적 순찰 방식에서 벗어나 지역 주민이 순찰 장소와 시간을 정하고 그것을 경찰의 순찰 노선에 반영하는 양방향 순찰 시스템으로 이를 통해 주민들의 치안 불안 요소와 건의 사항을 직접 청취하면서 애로 사항을 즉시 처리해 주는 소통 창구로서의 역할을 한다고 합니다.

출처: https://smartsmpa.tistory.com/5357(스마트 서울경찰)

고령화 사회는 무엇보다도 노인들에 대한 사회적 관심이 필요한 시기로 치매 노인 실종과 자살 등 노인과 관련한 사건 사고도 점차 증가하는 추세입니다.

이에 경찰에서는 '효 치안 활동' 일환으로 **'홀몸 어르신 보호 활동'**을 펼치고 있습니다.

그리고 경찰이 순찰 활동 중 마을 어르신 분들과 정감 있게 말 한마디 건네면서 친분도 쌓고 지역 치안 활동에 필요한 여러 가지 이야기도 얻을 수 있는 '112말벗 서비스' 순찰 활동이 있습니다.

또 멀리 떨어져 살고 있는 자녀 또는 친인척의 신청을 받아 경찰관이 어르신의 안전을 확인하고 그 결과를 알려주는 **'홀몸 어르신 안전확인 서비스'**도 활발히 시행하고 있습니다.

더불어 치매 노인들의 실종 예방을 위해 **지문사전등록제도**를 운영하고 있습니다. 경찰서 지구대를 방문해 치매 노인의 지문과 인적사항, 보호자 연락처 등을 사전입력하면 추후 발생할지도 모르는 실종 등 사고에 대비할 수 있습니다.

CHAPTER 03 경찰 업무 처리 (전문성, 판단력, 순발력)

01 민원인이 와서 본인에게 따지고 있다. 그런데 그 일이 전임자가 처리한 일이다. 어떻게 해결할 것인가? (충남청)

– 평정심을 잃지 않고 유연하게 대처해야 하고 공손하게 하여야 합니다.

– 절대 화를 내지 않고 미소를 지으며 민원인의 입장에서 공감하려고 노력해야 합니다.

– 전임자의 일이지만 성심껏 알아보고 답변을 준다며 민원인의 기분을 생각해서 기다린 후이해를 구하도록 합니다.

───

◀참고▶ 행정안전부 – 특이 민원 유형별 응대 가이드라인에 의하면

○민원인 폭언(욕설, 협박, 모욕, 성희롱) 시
 – 1단계: 자제 요청 및 법적 조치 고지(3회 이상)
 – 2단계: 사전 고지에도 폭언 등 지속 시 응대 중지, 감사 부서 통보 및 기관 차원의 법적 대응 여부 결정
 – 3단계: 법적 대응 결정에 대한 민원인 의견 제출 공문 발송
 – 4단계: 필요시, 행정 기관이 주체가 되어 법적 조치 실행

○민원인의 폭행 시
 – 1단계: 부서장 책임하에 안전 요원과 동료 직원들이 폭행을 제지하고 추가 피해 방지를 위해 적극 협력
 – 2단계: 다른 민원인들을 대피시키고 신속히 경찰에 신고
 – 허위 민원 신청: 감사부서 통보 및 조사 후 법적 조치

○반복적인 민원 신청
 – 1단계: 행정 기관으로부터 수용불가 취지의 답변을 받았음에도 같은 내용의 민원을 또다시(2차) 제기하는 경우에는 민원 처리 부서의 장이 1차 답변 내용의 적절성을 다시 한 번 더 확인하고, 여전히 수용 곤란으로 판단될 경우 민원인에게 그 사유를 충분히 설명하는 등 적극 대처
 – 2단계: 민원인에게 신청 민원에 대해 수용 불가 사유를 설명했음에도 같은 내용의 민원을 또다시(3차) 제출하는 경우 1, 2차 답변자의 차상급자 결재를 받아 종결처리 가능(민원처리법 제23조)

까다로운 민원인이 계속 민원 넣을 때 대처 방안

악성 민원인이 행패 부린다면

악성 민원인이 찾아와 계속 트집 잡고 동료가 도와주지 않는 상황이라면 어떻게 대처

민원인이 자신의 상황을 잘 설명하지 못할 경우 어떻게 대처

악성 민원인이란(본인에게 악성 민원 들어온다면, 다른 해결 방법도 알려 주었는데 계속 들어온다면)

민원인 찾아와 막무가내 민원요청 설명 듣지 않으려고 할 때 어떻게 할 것인가

파출소 근무 중 민원인이 "내 사건 언제 끝내주냐, 민중의 지팡이가 이래도 되느냐." 말할 시 해결 방안

악성 민원, 일반 민원 어떻게 대처

민원인에게 본인의 대처가 부족하다고 불평이 들어온다면

민원인이 공정하지 않다고 따지면 어떻게 할 것인가

---

02 법질서 준수에서 국민이 먼저 지켜야 하는지 공권력의 주체가 먼저 지켜야 하는지? (경기남부)

예시 경찰은 법 집행 기관으로 공정하고 신뢰할 수 있는 업무 처리가 근본이라고 생각합니다. 따라서 법 집행기관이 스스로 엄정하고 공정하지 않는다면 시민들도 경찰의 법 집행을 신뢰할 수 없을 것이고 자신들도 법을 위반하는 잘못을 범할 수 있다고 생각합니다.

공권력의 주체가 법을 공정하게 집행할 때 시민들도 이를 존중하고 순응한다고 생각합니다. 공권력의 주체가 먼저 법을 준수해야 한다고 생각합니다.

〔 유사 기출 〕

외진 산골 도로에 아무도 보는 사람 없는데 무단횡단할 것인가(본인의 준법정신 몇 점, 본인 어떤 점 경찰에 부합)

미국에서 속도위반 했는데 경찰이 봐줬다. 어떻게 생각

최근 무단횡단을 마지막으로 한 것 언제

학창 시절 법규 위반 경험

본인의 준법정신 때문에 동료와 갈등을 겪은 경험은, 갈등 어떻게 해결

학교에서 법규를 위반한 적이 있는지

신임경찰 시보 기간 중 음주 운전 사고들이 많습니다. 시보 경찰들이 음주 운전을 줄이기 위한 방법

왜 사람들이 사소한 법을 어기는 것 같은가

친구들과 같이 가다가 친구가 담배꽁초를 버리고 가래를 뱉는다. 어떻게 할 것인가

길 지나가다 떨어진 2만 원을 보면 어떻게 할 것인가

경찰은 국민의 안전과 질서 유지·치안을 담당하고 있는 국가 기관으로 피의자 인권, 경찰관의 인권 똑같이 소중하다고 생각합니다.

피의자를 제압 시 경찰 물리력 행사의 기준과 방법에 관한 규칙에 따라 대응하고 피의자를 검거할 때는 미란다 원칙인 범죄 사실의 요지와 체포 이유, 변호인을 선임할 권리를 말하고 변명 기회를 주어서 절차적 공정성을 지켜야 한다고 생각합니다.

- 범죄수사규칙 3조에 의하면 "수사 시 경찰관이 사건 관계인의 명예를 훼손하지 않아야 한다."
  인권 보호를 위한 경찰직무규칙 4조에 의하면 "경찰관은 사실 확인을 할 때 사건의 내용이 외부에 알려져 부당하게 피해를 입지 않도록 해야 한다."라고 규정되어 있습니다.

이처럼 피의자라도 유죄 확정시까지 무죄추정이며 자기부죄강요 금지의원칙에 의해 불리한 진술을 강요받지 않을 권리가 있습니다. 이는 인권의 문제로 피의자의 인권도 비례성의 원칙에 따라 필요한 정도로 적합하게 제한되어야 합니다. 만일 수사 과정에서 경찰관의 인권이 침해된다면 공무집행방해 등 적당한 법적 조치를 취할 수 있다고 생각됩니다.

긴급한 용무가 절대적으로 필요한 사유라면 할 수 있겠지만 그렇지 않다면 신호 위반과 과속을 하다가 더 큰 사고를 부를 수 있기 때문에 안전 운전해야 합니다.

- 무인카메라 단속에 대하여 단속이 면제되는 경우는 긴급 차량으로 출동한 경우 소방 차량, 병원 응급 차량, 경비 업체 출동 차량, 개인 차량으로 환자 후송 등의 단속은 면제될 수 있습니다.

과속·신호 위반으로 무인 카메라에 단속되면 위반 사실 통지서가 차량 소유주에게 우편으로 통지됩니다. 이후, 위반 사실 통지서를 받고
① 본인이 통고 처분(스티커)받기를 원할 경우 운전면허증을 지참하여 가까운 경찰서 교통민원실, 순찰지구대, 외근 경찰관에게 범칙금납부고지서를 발급받아서 농협 등 금융 기관에 범칙금을 납부하면 됩니다.(이 경우 속도 위반 20km/h까지는 면허 벌점이 없으나, 20km/h 초과부터는 벌점이 부가)
② 과태료 납부를 원할 경우 위반 사실 통지서를 받은 후 15일이 지나면 과태료 고지서가 배달됩니다. 과태료 고지서에 부과되어 있는 과태료를 농협 등 금융 기관에 납부하면 됩니다.(이 경우는 면허 벌점이 면제됨)

05 공권력과 인권 중 중요한 것은?

(2020년 기출)

공권력은 '국가나 공공 단체가 우월한 의사의 주체로서 국민에게 명령하고 강제할 수 있는 공적인 권력'입니다.

"모든 국민은 인간으로서 존엄과 가치를 가지며 행복을 추구할 권리를 가진다. 국가는 개인이 가지는 불가침의 기본적 인권을 확인하고 이를 보장할 의무를 진다."라는 헌법 제10조가 지향하는 바는 국민의 인권과 행복추구입니다.

공권력은 인권을 수호하기 위해 행사되어야 합니다. 따라서 인권이 어떠한 경우에도 우선시되어야 할 것입니다. 하지만 국가 전체의 안녕과 질서를 해칠 우려가 있는 과도한 개인적 인권에 대한 행사는 헌법 37조 2항에 의해 제한 가능합니다.

06 공권력이 약화된 원인과 제고 방안

국가나 기타의 행정 주체가 공권력의 주체로서 행하는 행정상 법률관계를 권력관계라고 합니다.

권력관계는 국민에 대하여 일방적으로 명령·강제하는 행정작용으로 이루어집니다.

따라서 경찰은 국가로부터 권한을 위임받은 공권력의 주체로 국가권력을 대신합니다.

하지만 경찰의 부정부패와 공정하지 못한 법 집행, 직무 유기 등에서 시민은 경찰을 더 이상 신뢰하지 않고 경찰의 법 집행에 저항을 하게 됩니다.

또한 높아진 시민의 기대와 그에 부응하지 못한 경찰 개혁의 부진이 그 원인이라고 할 수 있습니다.

07 동료가 칼에 맞았고 범인은 도망갔다. 어떻게 할 것인가?

도주한 범인에 대하여는 무전을 통해 지원 요청을 할 것이고 칼에 맞은 동료가 최우선으로 구조되어야 하기 때문에 먼저 응급조치를 하고 119를 불러 치료를 하도록 하겠습니다.

- 칼에 맞은 동료의 생명이 가장 중요하다고 생각하고 이에 대한 조치에 가장 신경을 쓸 것입니다.
- 동료의 안전은 팀에서 최우선적으로 지켜져야 하는 가치라고 생각합니다.
- 범인 검거를 위해서는 119 도착 후 지원팀과 같이 협조하여 검거할 것입니다.

미국 같은 선진국은 피해자 인권뿐만 아니라 경찰관의 인권을 고려해 공무집행방해를 강하게 처벌합니다. 술에 취했다 하더라도 경찰관에게 욕설과 폭행을 일삼는 것은 공권력에 대한 도전이므로 강력하게 처벌해야 한다고 합니다.

시민이 경찰관에게 상해를 가하면 처벌을 받아야 마땅합니다. 하지만 경미한 사안에 대해 경찰관이 과잉 대응한다면 공권력에 대한 불신과 더불어 선의의 피해자가 생길 수도 있습니다.

공무집행방해 공판의 경우 대부분 초범에 해당하고 주취 상태에서 폭력과 폭언을 가한 경우가 많아 벌금형 등 가볍게 처벌되는 경우가 많습니다. 법원이 공무집행방해에 대해 강하게 처벌한다면 공권력 남용으로 비칠 수 있어 신중하게 접근하는 경향이 있습니다.

경직법 제5조에 의하면

① 경찰관은 사람의 생명 또는 신체에 위해를 끼치거나 재산에 중대한 손해를 끼칠 우려가 있는 천재(天災), 사변(事變), 인공 구조물의 파손이나 붕괴, 교통사고, 위험물의 폭발, 위험한 동물 등의 출현, 극도의 혼잡, 그 밖의 위험한 사태가 있을 때에는

1항 그 장소에 모인 사람, 사물(事物)의 관리자, 그 밖의 관계인에게 필요한 경고를 하는 것과
2항 매우 긴급한 경우에는 위해를 입을 우려가 있는 **사람을 필요한 한도에서 억류하거나 피난시켜야 합니다. 따라서 119에 신고 후 가능한 조치를 찾아보고**
3항 그 장소에 있는 사람, 사물의 관리자, 그 밖의 관계인에게 위해를 방지하기 위하여 필요하다고 인정되는 조치를 하게 하거나 직접 그 조치를 하여야 하므로

지구대에 연락해 지원요청을 하도록 하겠습니다. 또한 지체 없이 그 사실을 소속 경찰관서의 장에게 보고할 것입니다.

CHAPTER 04 준법, 청렴, 정의감

01 경찰관의 청렴성이 중요한 이유와 대응책은
(2020년 기출)

〔 유사 기출 〕

동료 경찰이 뇌물을 받은 경우

사소한 실수가 국민 전체의 신뢰와 연결되기 때문에 청렴성이 중요하다고 생각합니다. 경찰은 사회정의를 실현하고 법 집행을 하는 기관이므로 청렴성이 중요하다고 생각합니다. 부정과 비리를 저지르는 경찰을 국민은 신뢰하지 않을 것입니다.

경찰은 또 경찰청 산하에 감사원, 국민권익위원회 소속 파견 공무원과 변호사 등 외부 인사를 주축으로 한 **'청렴지원담당관실'**을, 경찰청과 각 지방경찰청에 반부패 전문가, NGO 등 외부 인사로 구성된 **'시민감찰위원회'**를 설치하는 등 외부 통제시스템을 강화하기로 했습니다.

신고 접수 업무도 민간 전문 기관에 위탁했습니다. 비위 경찰관을 색출하면서 신고자의 익명성을 보장하기 위한 조치입니다. 내·외부 신고자가 이 대행 기관에 경찰관 비위를 신고하면 대행 기관은 신고자의 신분은 제외한 채 신고 내용만 경찰청 감사관실에 제공한다고 합니다.

02 경찰 부조리에 대한 대책
(2020년 기출)

뇌물 받고, 수사 조회해주고, 수배자를 잡지않고
유흥업소들로부터 매달 월급 받아
청탁받고 전산망 접속해 정보 유출
상습적으로 개인 정보 조회하기도 하는 사례가 있다고 합니다.

이에 경찰은 각 지방경찰청장 직속으로 내부비리 전담수사대를 새로 만들고 신고 창구도 신설, 내부 고발도 활성화하기로 했습니다. 경찰청은 이를 통해 발생 가능한 비위를 차단한다고 합니다.

외부 전문가가 참여하는 반부패협의회도 만듭니다. 반부패협의회는 경찰 내부위원 5명과 교수 등 외부위원 10명으로 꾸려집니다. 반부패협의회는 경찰 반부패 정책을 만들고 주요 비위 발생 시 개선안도 마련한다고 합니다.

총경 이상 고위급 경찰관 비위 근절을 위해 내년 상반기 '경찰서장 수행능력 심사제'와 '총경 이상 고위직 정기순환 인사체계'도 도입하고 특히 총경 이상 고위직은 특정 지역에서 3번 이상 서장을 맡지 못하도록 제한하기로 했습니다. 지역 토호 세력과의 유착을 막겠다고 합니다. 전관예우 차단을 위한 사전 신고제도 도입합니다. 퇴직한 지 3년 안 된 경찰 출신 변호사와 현직 경찰관이 사적으로 만나려면 미리 신고토록 합니다. 아울러 경찰 동료 간 수사 및 단속 관련 문의도 금지한다고 합니다.

출처: http://www.hani.co.kr/

동료(상사)가 뇌물을 받은 경우

선임이 단속 정보를 흘린 경우

순찰 중 선임경찰이 쉬자고 한다. 이에 대한 조치는

03 아버지 음주 운전을 어떻게 처리할 것인가? (2020년 기출)

경찰공무원의 6대 의무 중 친절 공정 의무가 있습니다. 즉 법 집행에 있어서는 누구나 객관적이고 공정하여야 한다고 생각합니다. 친인척이라고 음주 단속을 제외해 준다면 시민들은 경찰의 단속을 신뢰하지 않을 것입니다.

법 앞의 평등은 민법상 친족상도례를 제외하고는 동일하게 적용되어야 한다고 생각합니다. 저의 아버지는 음주 운전을 하지 않으시겠지만 제가 근무 중 그러한 일이 발생했다면 경찰관으로 저의 입장을 존중하실 겁니다.

04 동료가 야간 수당을 받으려고 지문만 찍고 돌아가는 것을 본 경우 처리는?

경찰은 청렴의 의무가 있습니다. 경찰은 불법적인 수단을 이용하여 청렴하지 못한 방법으로 금전적 이득을 취해서는 안 된다고 알고 있습니다. 시민들이 경찰의 부정, 부패를 알 경우 경찰의 법 집행을 더 이상 신뢰하지 않을 것이기 때문이고 결국은 공권력 전체에 악영향까지 미치게 될 것입니다.

또한 허위로 지문을 찍은 경우는 위계에 의한 공무집행방해의 책임을 물을 수 있는 사항이기 때문에 동료에게 허위로 지문 찍지 말 것을 충고하고 그럼에도 이러한 일들이 계속된다면 청문이나 관리부서에 예방책을 강구할 것을 건의토록 하겠습니다.

동료의 비위를 눈감는 것은 더 큰 부패와 비리를 조장하는 것이라 생각합니다. 하지만 일단 잘못을 지적하고 더 이상 계속하지 않도록 대화하도록 하겠습니다.

예시 인사혁신처에서는 초과근무수당을 부당 수령한 금액과 비위 특성을 고려해 비위 정도가 심하거나 고의성을 고려해 최소 정직부터 강등, 해임, 파면까지 징계를 받을 수 있다고 합니다. 먼저 퇴근하고도 다시 사무실로 돌아와 근무 기록을 올린 공무원이 받은 금액이 100만 원을 넘는 경우엔 직급을 내리는 강등부터 시작해 해임, 파면에 이르는 중징계 처분을 내린다고 합니다.

부당수령액이 100만 원 이하일 경우엔 정직부터 징계를 받게 되고 비위 정도가 심하거나 고의성이 있는 경우엔 파면이나 정직 처분이 내려진다고 합니다. 따라서 동료에게 이러한 처분 사실에 대해 알려주고 기분을 상해하더라도 징계받을 수 있다는 사실을 알려주도록 하겠습니다.

예시 저는 세 가지 모두 경찰관으로서 중요한 가치라고 생각합니다.

하지만 우선순위를 둔다면 경찰은 법을 집행하는 공무원인 만큼 준법정신이 가장 중요하다고 생각합니다. 법을 지키지 않는 경찰관을 시민들은 신뢰할 수 없을 것이며 불법을 저지른 시민들도 경찰관의 법 집행을 따르지 않을 것입니다.

두 번째는 공직자로 일해야 하는 만큼 업무와 관련하여 어떠한 금품, 향응 등도 거절할 수 있는 청렴성을 중요시하겠습니다. 업무를 처리하면서 유혹의 순간에 단호한 태도가 경찰관으로 다음 덕목이라고 여겨집니다.

마지막으로 도덕성을 들고 싶습니다. 도덕적이지 못한 경우에도 분명히 품위유지 위반 등 사회적 비난의 대상이 되겠지만 법률 위반이나 뇌물 수수 등의 공직자로서의 책임과 처벌보다는 경할 것이라고 판단합니다.

어려운 질문이었지만 제가 우선순위를 생각한다면 준법정신, 청렴성, 도덕성으로 순위를 정하고 싶습니다. (각자 이견 가능)

06 경찰 부패의 원인과 대책은?

1) 경찰 부패의 개념

경찰 부정부패란 "경찰관이 그 지위와 권한을 불법적으로, 부당하게, 또는 편파적으로 사용하는 모든 행위(그 대가성과 관계없이)와 이를 알면서도 방관하는 행위 및 이의 원인이 되거나 이에 조력하는 경찰관이 아닌 자의 행위"라 하고 있다.

경찰 부패는 경찰관이 사리사욕을 위해서 공권력을 남용하거나 영향력을 직접 또는 간접적으로 행사함으로써 법규를 위반, 의무 불이행, 부당 행위 등을 하는 것을 말한다.

2) 부패의 원인
- 개인의 성격, 자질적 특성

경찰관 개인에게서 원인을 찾는 관점은 일부 부도덕한 지원자가 경찰에 들어와 이들이 '썩은 사과(rotten apple)'처럼 기성 경찰관을 부패하게 만든다는 것이다.

- 환경적 요인

첫째, 경찰 부패는 사회 전체에 부패와 관련이 있다.

둘째, 일반 시민들도 부패 문화에 너무나 오염되어있다. 경찰은 시민들이 먼저 뇌물을 줄 때 선뜻 거절하기에 힘이 든다.

셋째, 보수에 대한 심리적 박탈감 때문이다. 경찰관의 부패가 선진국보다 개발 도상국에서 많이 일어나는 것도 이런 것과 관계가 있다.

- 경찰 조직적 원인

  경찰 조직의 특성상 개인에게 조직 내부의 단합, 충성 그리고 의리를 강조하게 된다. 따라서 동료의 부정행위를 상부에 보고하기가 어렵다.

3) 부패 행위에 대한 대책
- 여론에서 경찰 부패의 문제를 심각하게 인식해야 한다.
- 경찰 보수를 현실화하고, 근무 여건을 개선하고, 경찰 사기를 진작해야 하고, 우수 인력을 확보해야 한다.
- 경찰 내부 규칙을 제정하여 경찰 재량권의 한계를 설정해 주어야 한다. 과도한 경찰관의 재량권 행사는 부정부패로 이어질 수 있기 때문이다.
- 청무과 옴부즈만제도의 활용도 중요하다.
- 승진에 있어 투명성을 확보하여야 한다.

〔유사 기출〕

무관용원칙과 죄형법정주의

경찰이 법 집행 제외하고 제일 신경 써야 할 것

약촌오거리 사건, 피의자가 억울하게 10년 복역 후 재심에서 무죄 판결, 본인이 담당 형사였다면 어떻게 할 것이고 책임은?

공권력 향상 방안

집회 때 차벽에 올라서는 시민에게 엄격 또는 친절

외국인들 범죄 증가, 강력 범죄 총기 사건 등 다양한 문제들로 공권력 약화되고 있는 상황 본인의 저력, 담력 보여줄 수 있는 사례

경찰이 지금 공권력이 약하다고 생각하는가

광주 폭행사건에 대해 나라면 어떻게 대처하였을지 말하고 공권력을 높일 수 있는 방안을 말해보라

순찰 중 나이트클럽에 미성년자로 보이는 여자 5명이 들어가는 걸 봤다. 들어가려고 하는데 사장이 완강하게 막는데 어떻게 할 것인가

공권력이 약화되고 치안서비스에 치중된다 어떻게 생각

할머니 병원비 내야 하는데 지인이 돈을 갚지 않아 민원 제기 어떻게, 민사로 해결할 수 있는 방안

교통사고로 논에 차가 전복, 논 주인 할머니 경찰서 전화해서 피해보상 요구 어떻게

따뜻한 경찰이 되고 싶다고 했는데 어떻게 노력

도덕적인 사람은 어떤 사람

학교전담경찰이 갖추어야 할 덕목, 지양해야 할 덕목

경찰 덕목 중 중요하게 생각하는 것, 자신 사례 들어 구체적 설명, 전문성 어떻게 키울 것인가, 전문성 키운다고 시민 도와줄 수 있을까, 사조서, 책임감 중요, 왜 전문성

부산경찰로 필요한 덕목

경찰헌장

경찰헌장에 대해 말해보고 그중 경찰의 업무에 활용 시 어떤 것을 선택

경기남부청 인재상이 친절, 정의, 책임인데 본인은 어느 것을 더 선호

따뜻한 경찰관이 되고 싶은지, 엄정한 법 집행을 하는 경찰관이 되고 싶은지에 대해 이야기

공무원 의무 중 경찰에게 중요한 의무를 말해보라

헌법 7조(공무원의 지위와 신분 규정)와 관련하여 공무원은 유한 책임인가 무한 책임인가

일반공무원과 경찰공무원의 청렴에 있어서 경찰공무원의 청렴이 왜 부각되어야 한다고 생각하는가

경기남부 인재상이 친절, 정의, 책임인데 본인은 어떤 경찰이 되고 싶은가(친절이라고 답하였는데 진짜 친절을 베푼 적이 있는가, 리어카 끌어주기, 구걸하는 사람 돈 준 것 빼고 말해보라)

누군가를 보호, 헌신할 준비가 되어있는가

학생들은 경찰 어려워하는데 어떻게 편하게 해줄 것인가

어떤 경찰이 될 것이고 지원하고 싶은 부서는

어떤 경찰이 되고 싶은가

올라가고 싶은 계급(목표, 계급)

자신의 10년 후 계급과 원하는 부서

경찰 준비하면서 뭐가 가장 어려웠는지 그리고 이 어려움으로 난 꼭 합격해야겠다는 포부를 밝혀라

경찰서장이 된다면 꼭 추진하고 싶은 정책은

벌금을 물어본 적 있는가

무단횡단한 적 있는가

지금까지 살아오면서 위법한 행동 중에 가장 중요한 것은

본인의 준법의식 정도는

주위에서 성실해 보이지 않거나 준법의식을 안 좋게 본다면 어떻게

회사에 다니면서 회식도 있었을 텐데 노래방 도우미 부른 적 있는가

준법점수 몇 점

경찰관이 된 후 회식이 끝나고 음주 운전을 하다가 걸렸을 경우 어떻게 대처

인성, 봉사, 고난 극복, 갈등 해결

01 면접을 잘 본 사람과 면접에서 실수는 했지만 역량이 좋은 사람 둘 중 누구를 뽑아야 하나?

예시 면접을 잘 본 사람은 순간적인 임기응변과 언변이 좋은 사람이라고 생각합니다. 이러한 기술도 중요하다고 생각합니다. 하지만 역량이 좋은 사람은 오랜 기간의 꾸준한 노력과 열정으로 능력을 키워온 성실성이 있는 사람이라고 여겨집니다. 한순간의 당황이나 실수와 역량은 다른 문제라고 생각됩니다.

따라서 면접관님도 면접을 잘 본, 기술이 우수한 사람보다는 오랜 기간 자신을 연마하고 노력해온 성실한 인재를 알아보실 거라고 생각합니다.

02 리더형과 팔로우형을 어떻게 경찰에 접목시킬 것인가? (서울/경기북부, 2020년 기출)

예시 건전한 리더십과 팔로워십은 서로 Win-Win 하는 관계라고 생각합니다.
리더의 생각을 잘 헤아리고 적극적으로 실천하는 사람에게는 보다 많은 성장 기회와 일이 주어질 수 있습니다.

팔로워가 어떤 태도를 가지는가에 따라 리더들이 팔로워를 대하는 태도 역시 달라지기 때문에 리더와 같이 책임을 나눠진다고 생각한다면 리더도 팔로워를 신뢰할 것입니다.
리더가 팔로워를 신뢰한다면 팔로워에게 중요한 일을 맡겨 팔로워는 더 많은 성장의 기회를 가질 수 있을 것입니다.

서장님이나 과장님도 책임을 나누어 질만큼 신뢰하는 부하에게는 믿고 어려운 일을 맡길 수 있을 것입니다. 건전한 팔로워십을 이끌어 내기 위해서는 모든 사람은 리더이자 팔로워라는 사실을 구성원들이 알아야 할 것입니다.

스스로 자신의 리더에게 바라는 바를 자신의 팔로워에게 베풀고, 자신의 아래 사람에게 바라는 것을 자신의 리더에게 실천하는 것입니다.
"남을 따르는 법을 알지 못하는 사람은 좋은 지도자가 될 수 없다."라는 아리스토텔레스의 말처럼 좋은 팔로워가 된다는 것은 좋은 리더가 되기 위한 선행 조건입니다.

건전한 팔로워십을 발휘하다 보면 어느 순간 자신의 부하에게서 존경과 신뢰를 받는 리더로 커가고 있는 자신을 발견할 수 있을 것입니다. 부하로 후배로 신뢰할 만한 팔로워 십으로 업무를 배워간다면 어느 순간 후배나 부하 직원에게 존중받을 수 있다고 생각합니다.

자신이 살아오면서 겪었던 구체적 사건을 예시하면서 자기의 가치관에 미친 영향을 자연스럽게 설명하도록 한다.

예시 임상 2년차 때의 일이었습니다. 6살 여자아이 지민이의 어머니가 저희 병원을 방문하셨습니다. 치과를 무서워하여 제대로 된 치료를 받을 수가 없었다고 하였습니다. 학교에서 배운 것을 토대로 저는 어머니께 당장 치료보다는 치과와 친해질 수 있도록 하는 것이 좋겠다고 말씀드렸습니다.

일정 기간 동안 치과를 올 때마다 지민이에게 물이 나오는 신기한 기구가 있다고 말해주고 거울로 입안을 보는 등 치료보다는 병원놀이라는 느낌을 받도록 하였고 치과에 대한 공포심도 줄여갔습니다. 그 결과 지민이는 치료에 대한 거부감이 점차 사라졌고 마침내 치료를 할 수 있게 되었습니다.

지민이 어머니는 저에게 감사하다며 오실 때마다 저를 찾으셨고 그만둔 지금까지도 실장님께 제 안부를 여쭤보신다고 했습니다. 비난과 제재보다는 이해와 배려를 할 수 있는 값진 경험을 할 수 있었습니다.

04 부자인데 인간성이 별로인 사람과 가난해서 자신에게 신세만 지는 인간성 좋은 사람 중 누구와 더 친해질 것인가?

(경기남부청)

인간성이란 사람이 기본적으로 가지고 있는 성질로서 사람을 사람답게 만드는 본질이라는 것이 사전적 의미이고 인간은 누구나 귀중하므로 누구를 꼭 택하여 친해질 것은 아니라고 생각합니다. 부자나 가난한 자나 생명에 대한 존엄성 있기 때문입니다.

군이 선택해야 한다면 가난하지만 인간성이 좋은 사람과 친해지는 것이 저의 장래를 위해서도 좋을 것 같습니다. 인간성이 좋다면 친구로 적합하다고 생각합니다. 친구는 마음을 나누는 것이고 신뢰할 수 있어야 합니다.

사업을 한다면 부자가 필요하겠지만 친구를 원한다면 인간성을 선택하겠습니다. 인간성이 좋은 친구에게 가난을 벗어나라고 부자와 가난한 자를 비교한 말도 해주고 싶습니다.

1) 부자는 성공에 빈자는 오락에 초점을 맞춘다.

2) 부자는 신문을 읽고 빈자는 TV를 본다.

3) 부자는 조용하고 빈자는 시끄럽다.

4) 부자는 깨끗하고 빈자는 지저분하다.

5) 부자는 투자하고 빈자는 소비한다.

Advice

면접관들이 많은 관심을 갖고 있는 부분이 발전 가능성과 위기 극복 능력이다.
경찰은 예상치 못한 사건 사고를 접하기 때문에, 불시 발생하는 사고에 대해 어떤 어려움이든
극복하고자 하는 강인한 정신력을 어필해야 한다.

예시 2015년부터 자율 방범대에 지원하여 야간 순찰 봉사 활동을 하고 있습니다.

기본적인 저의 임무는 야간에 공원을 중점으로 순찰하면서 청소년을 귀가시키거나 술에 취한 사람을 귀가시키는 일 여성들의 안심 귀가를 돕는 것이었습니다.

그러다 순찰 활동 중 차량이 전복되는 큰 교통사고가 일어났고 경찰서에 신고하여 경찰관구급 대원들이 오기 전까지 같이 순찰하던 대원분들과 함께 사람을 구출하여 안전한 장소로 대피하고 교통정리를 한 경험이 있습니다. 경찰의 업무를 수행할 때 언제 어디서 어떤 사건 사고가 발생할지 모른다는 사실을 다시 한 번 직접 느낄 수 있는 계기가 되었습니다.

제가 경찰공무원이 된다면 이러한 사고에 대비해 항상 준비하고 차분하게 행동하여 국민의 신뢰를 얻을 수 있도록 노력하겠습니다. 봉사 활동을 열심히 하다 보니 제가 속한 방범대가 최우수 방범대에 선정되기도 하고 저는 지방경찰청장님 이름으로 감사장을 받을 수 있었습니다.

06 직무 면에서, 인성 면에서 본인이 왜 경찰에 적합한가?   ((2019년 서울청)

Advice

진정성 있고 소소한 일상의 예를 들어주면 신뢰가 갈 것이다.

예시 - 저는 아침마다 조깅을 하거나 주말에는 친구들과 운동을 합니다. 건강하고 부지런한 생활 습관을 가지고 있어서 친구들이 많은 편이고, 어려운 친구들을 돕거나 고민을 잘 들어준다는 이야기를 듣습니다.

- 군대 생활 중에도 모범병사를 표창을 받은 적이 있고… 학생회 활동에서 임원을 하면서 학교 일에도 개인 시간을 내서 동기생들의 의견을 모아 학과의 컴퓨터실 확보를 건의한 적도 있습니다. 그 후 학과의 실습실이 많아져서 실습이 가능해졌습니다.(각자 경험)

- 경찰의 직무는 시민에 대한 봉사와 공정한 법 집행을 통한 사회 안녕질서 유지라고 생각합니다. 일상에서의 부지런함과 친구들을 이해하고 잘 지내는 친화성이 경찰을 하는 데 잘 맞는다고 생각합니다.

- 저는 장남으로 동생들에게 식사를 챙겨주고 쓰레기를 매일 버립니다. 조그만 일이지만 배려하고 양보하는 자세가 경찰의 기본이 될 수 있는 자세라고 생각하고 경찰관이 된다면 지구대나 사무실에 힘든 일이나 작은 민원도 꼼꼼히 처리할 수 있습니다.

경찰은 위험한 업무를 늘상 수행하다 보니 스트레스, 트라우마 등을 경험하여 우울, 자살 등의 정신 질병에 시달리게 된다. 이에 병원과 연계한 '마음동행센터'를 개설하여 운용하고 있다.

예시 저는 아침마다 7시면 일어나서 아파트 단지에서 달리기를 합니다. 단지 내에 있는 헬스 기구를 이용해 운동하면서 근력과 지구력을 키우면 경찰 체력 시험을 준비하기도 하였습니다. 운동 이후에는 주변 정리나 청소를 하는 저만의 습관으로 하루를 시작합니다.

몸도 마음도 편안해지는 것을 느낍니다. 특히 주말에는 바쁘더라도 교회를 찾아갑니다. 목사님의 설교를 들으면 나누고 양보하는 균형된 마음이야말로 행복의 시작이라는 것을 느낍니다.

욕심이 날 때마다 무리할 때마다 기도를 합니다. 아니면 눈을 감고 깊은숨을 쉽니다. 혹시 조급한 것은 아닌지… 저의 스트레스 해소 방법은 명상과 운동입니다.

[연관 기출]

경찰관의 상황별 스트레스 요인은

1) 스트레스 원인
- 민원인의 문제 행동, 징계·승진 등 인사 문제.

- 근무환경·여건: 야간 근무, 잦은 출동,

- 동료나 상관과 마찰: 엄격한 상명하복, 비인격적 대우

- 강력범과의 대치: 살인, 강도, 절도 등 강력범과 대치 시 위해를 입을 우려가 큽니다.

- 민원인들의 문제 행동을 유형별로 보면 억지주장이나 부당한 요구가 어렵다고 들었습니다.

- 욕설과 음담패설 등 무례한 언행, 소란 및 난동, 경찰관들은 악성 민원이 힘들다고 합니다.

- 민원인이 문제 행동을 일으키는 원인으로 응답자들은 민원인의 왜곡된 권리 의식, 사회에 대한 불신·불만, 국가 정책·법 규정 미비 등의 순으로 꼽았습니다. 경찰의 실수 또는 미숙한 대응이 민원인의 문제 행동을 유발한다고 여기는 응답자는 2.5%에 불과했습니다.

출처: SBS 뉴스

2) **스트레스 해결 방안**
① 야간 근무의 피로를 풀 수 있는 충분한 휴식 시간을 부여
② 스트레스를 풀 수 있는 방법 개발: 운동, 취미 활동 등
③ 공안직 수준의 봉급 인상

08 치매 할머니 찾는 방법은

치매 할머니 구조는 위해서는 구청 관제센터와 공조하고 폐쇄회로(CC)TV를 분석, 추적하는 방법이 있습니다. 뉴스를 통해 112신고 후 CCTV 분석으로 치매 할머니가 횡단보도에서 교통사고 위험 직전에 구조된 사례를 본 일이 있습니다.

치매 할머니 실종 등 사건을 사전에 예방하기 위해서는 경찰에서는 실시간 위치 추적이 가능한 **배회감지기 보급 및 지문 등 사전 등록**을 시행하고 있다고 합니다.

'스마트 깔창'에는 위성위치확인시스템(GPS)이 내장돼 보호자가 스마트폰을 통해, 실시간으로 발달장애인의 위치를 확인할 수 있습니다. 지정된 거리나 위치를 벗어났을 때는 보호자에게 경고 메시지가 발송된다고 합니다.

09 지원자는 유연한 사람인가 지조 있는 사람인가?

저는 지조 있는 사람이라고 생각합니다.
저는 신흠의 시를 좋아합니다.

매불매향(梅不賣香): 매화는 향기를 팔지 않는다.

상촌(象村) 신흠(申欽)의 야언(野言)에는
"동천년로항장곡, 매일생한불매향(桐千年老恒藏曲, 梅一生寒不賣香)"이라는 글이 있는데,
"오동나무는 천년의 세월을 늙어가면서도 항상 거문고의 가락을 간직하고, **매화는 한평생을 춥게 살아가더라도 결코 그 향기를 팔아 안락(安樂)을 추구하지 않는다.**"라는 시가 있습니다.

저도 어떠한 순간에도 신념을 굽히지 않고 불의와 타협하지 않는 매화의 지조를 간직하는 경찰이 되고 싶습니다.

* 신흠(申欽, 1566~1628)
조선 중기의 문신(文臣)으로 선조의 신망(信望)을 받았다. 뛰어난 문장력으로 명나라 외교 문서의 제작, 시문(詩文)의 정리, 각종 의례문서 제작에 참여하였다. 정주학자(程朱學者)로 이름이 높아, 이정구, 장유와 함께 한문학의 태두(泰斗-태산과 북두칠성)로 일컬어진다.

의사소통(communication)은 두 사람 이상이 언어, 비언어 등의 수단을 통하여 의견, 감정, 정보를 전달하고 피드백을 받으면서 상호 작용하는 과정입니다.

소통은 크게 두 가지 중요한 요소를 가지고 있습니다.
내 뜻을 상대에게 잘 전달하는 것과 상대의 의사를 잘 파악하고 받아들이는 것인데 둘 중 어느 한쪽으로 기울게 되면 원활한 소통이 이루어질 수 없습니다.

훌륭한 의사소통을 위해서는 자신이 주장하고자 하는 만큼 타인의 의견을 경청할 줄 알아야 하고, 자신이 상대를 설득하고자 하는 만큼 상대의 진지한 대안 제시에 자신도 설득당할 수 있다는 마음의 자세를 갖추어야만 합니다.

자신의 주장만 하고 상대의 의견을 무시한다면 상대 역시 자신의 주장에 귀를 기울이지 않게 됩니다. 상대를 배려하는 마음, 입장을 바꿔서 생각하는 **역지사지 등이 소통에는 가장 중요한 덕목**이라고 할 수 있습니다.

경찰에서도 하위직 경찰관의 고충이 상부에 전달되고 시민의 의견이 경찰조직 내부에 전달될 수 있다고 생각합니다. 소통하지 못하는 조직은 부패하고 퇴보할 수밖에 없다고 생각합니다. 발전과 개혁을 위해 경찰조직도 조직 안에서 상하계급 간, 조직 외부에서 시민과 소통이 원활해야 시민의 경찰에 대한 신뢰와 만족감도 높아질 것입니다.

〔 유사 기출 〕

경찰 과도한 서비스 비난, 계속 서비스 제공해야 하는가

경찰서비스의 한계(경찰 활동 영역 어디까지)

경찰이 본연의 업무보다 서비스에 치중한다는 비판이 내부에서 제기되고 있다. 이에 대처할 경찰의 자세에 대해 말해 보라(합목적성과 법적 안정성 중 무엇이 더 중요)

한겨울 추위 속에 주취자가 자고 있다. 그리고 112신고로 강력 범죄 신고를 받은 상태 어떻게 대처

국민들이 경찰을 불만족스러워하는 이유는

지구대, 민원인들에게 만족도 높이는 방법은

경찰서비스와 공정한 법 집행 중 어느 것이 더 중요

급한 신고가 들어와서 갔는데 문 열어달라는 거였다. 어떻게 대처
(근데 그분이 문 열어달라고 했는데 해결을 안 하고 갔다고 따진다면 어떻게 대처)

경찰이 서비스 위주로 하는데 욕을 먹는다. 어떻게 대처

PART 8

경찰 관련
정책

CHAPTER 01 경찰 개혁

01 자치경찰제의 장단점과 향후 한국형 자치경찰제에 대한 의견을 말해 보세요 (2020년 기출/단체 면접)

1) 개념

자치경찰제란 지방자치단체에 경찰권을 부여하고 설치·유지·운영에 관한 책임을 지방자치단체가 담당하는 제도를 의미합니다.

각 시도에는 현 지방경찰청에 해당하는 자치경찰본부가, 시·군·구에는 경찰서에 해당하는 자치경찰대가 생긴다고 합니다. 본부장과 대장은 시·도 경찰위원회의 추천을 받아 시·도지사가 임명.

2) 장점

경찰력에 대한 민주적 통제가 가능하고, 각 지방 특색에 맞는 치안 서비스를 제공하고, 국가의 재정 부담이 경감된다는 장점이 있습니다.

3) 단점

지방 토호 세력들과 자치 경찰의 유착 위험성이 있고, 전국적 사안인 경우 신속한 대처를 취하기 어렵고 업무의 혼선이 예상됩니다. 자치단체의 재정 부담이 증가하고 지방자치단체에서 자치경찰교부세를 징수할 예정이라고 알고 있습니다. 자치단체별 재정 자립도에 따른 치안 서비스 차이가 발생할 우려가 있습니다.

4) 국내 도입안은

경찰 업무는 **국가 경찰·자치경찰·수사경찰 사무** 등 3개 분야로 나눠, 국가 경찰 사무는 종전대로 경찰청의 지휘·감독을 받고 자치경찰 사무는 시·도지사 소속의 시·도자치경찰위원회의 지휘·감독을 받습니다. 수사경찰 사무는 경찰청 산하에 설치될 국가수사본부장이 지휘·감독하게 됩니다.

경찰은 '자치경찰담당관'을 신설하여 자치경찰의 정책 수립을 총괄하고 지자체 간 협력을 원활히 한다고 합니다. 시도경찰청은 기존 차장·부장을 **3차장 또는 3부장 체제**로 개편하여 업무를 담당한다고 합니다.

국수본 산하에는 2관(수사기획조정관·과학수사관리관),
4국(수사국·형사국·사이버수사국·안보수사국), 1담당관(수사인권담당관)을 두고 안보수사국은 기존 보안 업무와 국가정보원에서 이관받을 대공수사업무,
산업기술유출·테러·방첩수사 등 수사 업무를 담당한다고 합니다.

확대된 수사권에 따라 경찰은 시도경찰청 수사대를 개편하여
지능범죄수사대는 반부패공공범죄수사대와 금융범죄수사대로, 광역수사대는 강력범죄수사대와 마약범죄수사대로 나뉘게 됩니다. 수사의 완결성과 적정성 등을 심사하기 위해 시도경찰청과 경찰서에는 수사 심사 전담부서를 만듭니다.

현재의 지방경찰청, 경찰서로 이어지는 조직은 그대로 두면서 정보 · 보안 · 외사 등 국가적으로 통일해야 하는 사무는 국가 경찰이, 수사는 국가수사본부가, 교통 · 경비 · 여성청소년 등 지역 사회와 밀접한 업무는 자치경찰이 맡는 방식입니다. 달리 말해 한 조직에 지휘 · 관리 · 감독을 경찰청장, 국가수사본부, 시 · 도자치경찰위원회가 나눠 담당하는 것입니다.

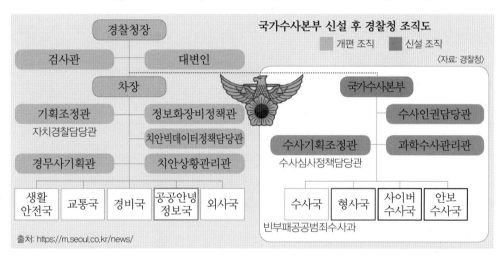

[관련 문제] 제주 자치경찰 현황

도 단위 자치경찰제. 도지사 산하에 자치경찰단을 두고, 주요업무로는 생활안전 · 교통 · 지역 경비 · 특별사법경찰(산림 · 축산 · 식품위생 등) 업무 수행. 제한된 인력 사정(140여 명)으로 인해 관광지, 공항 등을 중심으로 활동. 제주도에서 예산 배정받아 업무 수행.

구분	제주자치경찰
관리 기구	치안행정협의회 (사무 분담, 목표 수립, 운영사항 논의)
집행 기구	도 단위 자치경찰단
인력	국가 경찰 인력 10%에서 출발 (120 : 1,200여 명) ※ 현재는 자치경찰 140여 명 : 제주 국가 경찰 2,600여 명
업무 범위	– 생활안전, 여성청소년(수사권 없음) – 교통관리(교통사고 조사권은 없음) – 지역경비(행사장, 5알장 등) – 특별사법경찰(산림, 식품 등)
권한	– 음주 단속권, 범칙금 통고서 발부 및 즉결 심판 청구권 – 범죄와 관련 수사권은 물론 초동조치권한도 없음

1) 현황

7월 1일 전면 도입된 자치경찰은

지역 내 범죄예방 활동, 아동 · 청소년 · 여성 등 보호,

교통 법규 위반 지도 · 단속과 교통질서 유지 등의 업무

2) 문제점

– 자치경찰 사무의 법적 성격이 모호

– 실질적 인사 권한이 미비

– 안정적 재원이 부재

3) 개선안

① 인사권 실질화:

– 자치경찰 승진 정원을 별도로 확보

– **경정 · 총경 승진 추천권**을 부여

– 시도별 승진 정원 배정 시 자치경찰 승진 정원 분리 위원회에 별도 배정

– 경감에서 경정, 경정에서 **총경으로 승진 시 추천권을 위원회에 부여**

– 자치경찰위원회 안에 **보통승진심사위원회와 보통징계위원회**를 설치

– **지구대 · 파출소의 자치경찰부 이관**

– 자치경찰부 조직 · 정원과 사무조정 시 위원회와 사전 협의 조항도 반영.

② 안정적인 재원 확보

– 주세의 5~10%를 세입으로 하는 **자치경찰교부세**를 신설

– 과태료 · 범칙금 등 자치경찰 분야 세외수입의 시도 이관

4) 향후 방향

– 국가경찰과 자치경찰의 조직 운영을 **이원화하는 방안**

– 자치경찰제 규정 사항을 경찰법에서 분리해 **자치경찰법** 제정

– 자치경찰 사무 **개념의 명확화**

– 지방자치법 13조를 개정, 지방자치법상 자치사무에 자치경찰 사무를 명시

1) 수사권 조정이란

검찰의 '수사 지휘 폐지'에 따라 경찰은 검사의 지휘를 받지 않고 독자적으로 수사할 수 있게 되어 사건 피의자가 무혐의라고 판단되면 경찰 선에서 수사를 종결지을 수 있습니다. 다만 검찰이 사건 기록과 증거물을 90일 동안 살펴본 뒤, 재수사를 요청할 수 있고 합니다.

2) 변경 내용

검사 작성 피의자 신문 조서 증거 능력 제한도 개정 형사소송법은 공포 후 4년 내 시행하도록 되어있습니다. 4년 뒤에는 검찰 조서 역시 피고인이 '내용을 인정'하는 경우에만 증거 능력을 인정받게 되는 것입니다.

개정 검찰청법은 검찰의 직접 수사 범위를

부패범죄 · 경제범죄 · 공직자범죄 · 선거범죄 · 방위사업범죄 · 대형참사 등

대통령령으로 정하는 중요범죄, 경찰공무원이 범한 범죄 등으로 제한했습니다.

다만, 직접수사 범위를 '부패범죄', '경제범죄'라는 식으로 표현하고 세부적인 것은 대통령령에 맡겼습니다. 검찰과 경찰의 의견 대립이 있고 이에 대한 공식적 의견 수렴과 제정 절차가 이뤄질 것이라고 알고 있습니다.

◀참고▶ 검경 수사권 조정 · 자치경찰 도입 시 바뀌는 부분

① 수사종결권
  검찰만 보유 ⇒ 무혐의 판단 시 경찰도 수사 종결 가능
② 검찰의 경찰 수사 지휘
  경찰 초동수사 때부터 가능 ⇒ 경찰 수사 끝나기 전 수사 지휘 불가
③ 영장청구권
  검찰만 보유 ⇒ 검찰만 보유. 단. 검찰이 부당하게 영장 청구를 안 할 경우 경찰이 외부인으로 구성된 영장심의위에 이의 제기 가능
④ 경찰조직
  경찰청장이 수사와 치안 총괄 ⇒ 경찰청장은 행정만 담당. 수사는 국가수사본부. 치안은 지방의 자치경찰이 담당

– 개정 형소법195조(검사와 사법경찰관의 관계 등)

검사와 사법경찰관은 수사, 공소 제기 및 공소 유지에 관하여 서로 협력하여야 한다.

– 개정 형소법 제197조(사법경찰관리)

경무관, 총경, 경정, 경감, 경위는 사법경찰관으로서 범죄의 혐의가 있다고 사료하는 때에는 범인, 범죄 사실과 증거를 수사한다.

– 개정 형소법 312조(검사 또는 사법경찰관의 조서 등)

① 검사가 작성한 피의자 신문 조서는 적법한 절차와 방식에 따라 작성된 것으로서 공판준비, 공판 기일에 그 피의자였던 피고인 또는 변호인이 그 내용을 인정할 때에 한정하여 증거로 할 수 있다. 〈개정 2020. 2. 4.〉

국가인권위원회는 인권영향평가제도를 통하여 경찰 법령, 규칙의 제정 및 개정, 국민에게 영향을 미칠 수 있는 제도의 시행, 인권 침해의 소지가 큰 대형 집회 시위 등을 평가하여 인권 침해 요인을 사전에 발굴하여 시정 함으로써 경찰의 국민의 인권 보호에 대한 노력을 평가하고 있습니다.

경찰에서도
- 경찰 인권 영화제 개최하여 인권을 주제로 한 단편 영화를 공모, 상영하고 시민과 경찰이 교감하는 소통의 장을 마련하고
- 시민과 함께하는 인권 아카데미 개최하여 인권과 관련된 다양한 주제를 선정하고 시민과 경찰이 함께 인권을 배우고 토론하는 심화 교육
- 인권 경시대회 개최를 통해 각 경찰서별로 인권에 관한 주제를 선정하여 발표하는 대회를 개최하여 인권 의식을 높이고 있습니다.

05 경찰직장협의회와 경찰노조의 차이점은?

[예시] 경찰직장협의회의 경우 경찰공무원의 복리와 후생 등은 교섭의 대상이 될 수 있으나. 경찰관들이 관심이 높은 임용, 승진, 징계 등의 문제가 제외될 것이라고 봅니다. 경찰노조에서만 임용, 승진, 징계의 문제를 다룰 수 있기 때문에 가장 큰 차이는 논의의 대상입니다.

이러한 경우 경찰관들이 경찰직장협의회의 가입이나 관심이 낮아질 수밖에 없고 결국은 인사 등 경찰 전반의 문제를 협의하기 위한 법령 개정을 통해 경찰노조로 발전될 것입니다.

미국의 경우 1990년대 초반 미국 LA 경찰이 파업하는 장면이 소개되기도 하였고 유럽연합에는 '경찰연맹(EuroCOP)'이 조직되어 있고 26개 국가의 33개 노동조합이 가입되어 있습니다. 영국, 독일, 프랑스 등 경찰노조는 대다수의 국가에서 활동하고 있습니다.

하지만 경찰공무원 또한 노동자이므로 노동기본권을 보장하는 것은 당연하지만 직무의 특수성이 있기 때문에 신중할 필요가 있습니다.

경찰노조가 있는 나라들에서도 대부분 단체교섭권은 인정하지만 단체행동권은 일부만 인정하고 있습니다. 경찰공무원의 특성상 집단행동이 발생하면 심각한 사회적·국가적 부작용이 발생할 수 있기 때문입니다.

그럼에도 경찰노조는 인권 친화적인 경찰 활동을 가능하게 하고, 시국 치안이 아니라 민생 치안에 몰두하는 경찰이 가능하게 할 수 있기 때문에 시간을 두고 고려해봐야 할 것입니다.

경찰노조에 대한 의견은

예시 미국, 독일, 프랑스에서는 경찰의 노조 가입이 허용되어 있고, 영국도 직장협의회가 있어 단결권이 보장되어 경찰 조직 내부 문제에 관해 협의가 가능한 것으로 알고 있습니다. 2006년과 2007년 ILO의 국제 노동기준에서는 '업무 및 기능과 무관하게 예외 없이 모든 직급의 공무원이 자신의 권익을 보호하기 위해 스스로 조직을 결성할 수 있는 권리를 보장하고 소방, 교도관, 교육 관련 기관 공공 서비스 노동자, 지자체 공공서비스 노동자 및 근로 감독관이 스스로의 선택에 따라 조직체를 결성하고 가입할 수 있도록 보장할 것'을 한국 측에 권고한 바있다고 알고 있습니다. (ILO 결사의 자료위원회 324보고서)

하지만 한국에서 경찰은 특별권력관계에 의하고 국민 전체에 대한 봉사자의 위치에 있어 단체 활동에 대한 제한을 할 수 있고 공무원의 근로 조건 유지 개선은 단체 행동에 의하지 않고, 각종 특별 보호에 의해 그 권익을 보호받을 수 있다는 근거로 경찰노조 설립에 반대하는 여론도 있다고 알고 있습니다.

경찰에서도 경찰공무원은 노동조합 가입이 금지되어 있고 집단행동 시 형사 처벌의 대상이 된다고 경찰의 노조 가입을 금지하고 있고 하위직 경찰관과 퇴직 경찰관으로 구성된 무궁화 클럽과 폴네띠앙 등은 '경찰 노조 추진위'를 구성하여 경찰노조 설립을 추진하고 있습니다.

경찰노조가 설립된다고 해도 공적노조로서 노조원의 이익도 중요하지만 시민의 안녕과 질서 유지를 최우선으로 해야 한다고 생각합니다. 노조 설립은 아직은 시기상조라 생각되며 설립된다 해도 국민의 지지를 받을 수 있는 목표와 활동이 먼저 수립되어야 한다고 봅니다.

06 공수처란

(2020년 기출)

공수처란 고위공직자의 직무 관련 부정부패를 수사·기소하는 독립기관입니다. 1990년대 후반부터 참여연대 등 시민 단체를 중심으로 권력형 부패 범죄 처벌을 위해 신설해야 한다는 주장으로 시작된 것으로 알고 있습니다.

권력형 비리나 수사 기관 종사자들이 연루된 사건을 독립적으로 수사한다는 점에서 특별검사제도를 상설화한 것이라고도 할 수 있습니다.

공수처 설립은 검찰 권력의 분산과도 관련이 있다고 알고 있습니다.

검찰이 수사권과 기소권을 독점함으로써 검찰 권력이 비대해지고 정치권력과 결탁할 가능성이 커졌기 때문입니다. 이런 이유로 검찰을 감시하고 견제할 기관으로 공수처 설립의 필요성이 대두하였습니다.

한편, 검찰 권력 견제 측면에서 공수처 설립과 함께 검찰이 가진 수사권과 기소권을 분리하여 경찰에게 독립적인 수사 권한을 부여하는 이른바 '검경 수사권 조정'에 관한 논의가 진행되기도 합니다.

1) 감찰 활동에 대한 엄격한 통제 시스템 마련
   - 현장 모니터링단 운영하여 부적절한 감찰 행태를 수시 모니터링 및 가감 없는 의견 수렴
   - 사전 통제시스템 마련하여 별건 감찰 등 자의적 감찰 활동 방지를 위한 사전 보고
   - 감찰 담당관 핫라인 개설하여 일선의 목소리를 직접 접수 후 즉시 피드백

2) 감찰관 인적 쇄신 및 전문 교육 강화
   - 감찰관 인적 쇄신을 통해 부적격자는 과감히 강제 전보 조치
   - 인성, 소양 교육 실시하여 감찰관으로서의 기본 역량 집중 교육

3) 징계 양정 합리화 등 징계 행정의 투명성, 공정성 제고
   - 징계 양정의 적정성을 확보하여 과도한 징계 처분 방지
   - 징계 행정의 일관성을 유지하고 유형별 양정 기준 구체화

4) 감찰시스템 개선을 위한 실천 과제 추진
   - 성과 평가를 개선하여 비위 적발 실적을 반영하는 성과 지표 폐지
   - 익명 민원 처리를 개선하고 별도의 심사위원회를 통 감찰 착수 여부 판단
   - 영상녹화제를 도입하여 희망자에 한하여 감찰 조사 과정 영상 녹화 실시

1) 국민참여 · 소통 채널 다양화

전화 · 문자 메시지 · SNS(트위터, 페이스북 등) 등 다양한 수단을 통해 아이디어 및 국민 불편 사항 · 의견 등 들어 범죄 예방 지식에 대한 홍보와 의견을 수렴

2) 데이터 기반의 과학적 정책 수립 지원

(1) 다양한 공공 · 민간 정보를 구체적으로 분석하여 정책 품질 향상 지원

(2) (교통 안전) 주민참여형 교통사고 감소 체계 구축(경찰청, 지자체 등)

    − 교통사고 이력, 자동차 보험, 의료 정보 등 교통사고 관련 정보와 트위터, 민원 게시판의 국민 의견 분석을 통해 교통사고율 감소 방안 마련

    − 데이터 분석을 통해 사고 유형, 시간대별 현황을 파악하고 이를 바탕으로 경찰 배치, 신호등, 과속방지턱 설치 등 개선 방안 도출

    − 일반 운전자, 일선 근무자의 의견을 정책에 반영할 수 있는 교통안전 관련 자료 분석 모델을 구축하여 교통사고 발생 최소화

3) 각 부처가 공동으로 활용할 수 있는 **빅 데이터 기반시스템 구축**을 기반으로 국민의 불편 해소

(1) 경찰청(도로교통공단) − 복지부(건강보험공단) − 안행부(공동이용센터)간 시스템 연계

    − 운전면허 적성검사시 별도 신체검사 및 검사비용 생략으로 국민 편의 증진

(2) 범죄 발생 장소 · 시간 예측을 통한 범죄 발생 최소화

    − 범죄 기록, 지역별 인구 통계 등 정형 데이터와 주민 신고 등 비정형 데이터를 연계 · 분석하여 장소별 · 시간대별 범죄 발생 가능성 도출

    − 범죄 가능성이 높은 장소에 순찰 인력을 우선 배치, 범죄 발생 최소화

4) 범죄수사(경찰청)에서는

(1) (현행) 식품 · 환경 · 위생 사범 등 기획 수사 단속 실적

(2) (개선) 기획 수사 계획(성폭력 사범, 사회복지시설 비리 등)

(3) 학교 폭력 검거 현황 (경찰청): 연도별 학교 폭력 가해자 검거 현황

(4) 범죄 위험지수(경찰청): 특정지역, 시간대별 범죄위험지수

(5) 소년범 검거 현황(경찰청): 연도별 소년범 검거 현황을 데이터로 관리

(6) **경찰 차세대 정보시스템 구축**으로 범죄, 치안, 안전 관련(방재청, 복지부 등) 분산 정보 간 연계 · 통합으로 안전증진

징계에는 파면, 해임, 강등, 정직, 감봉, 견책의 6종이 있습니다.

파면, 해임, 강등 또는 정직은 중징계이고, 감봉 또는 견책은 경징계입니다.

파면 · 해임은 공무원 신분을 완전히 해제함을 내용으로 하는 배제 징계이고, 강등 · 정직 · 감봉 · 견책은 공무원의 신분을 보유하면서 신분상 · 보수상 이익의 일부를 제한함을 내용으로 하는 교정 징계입니다.

강등은 1계급 강등에 3개월 정직이며, 정직은 신분은 보유하나 직무 종사는 불가하고 처분 기간은 1~3개월입니다. 감봉은 보수 감액으로 처분 기간은 1~3개월입니다.

10 경찰서비스 활동에 치중하는 것에 대한 의견은   (2020년 기출)

경찰 활동은 두 가지 측면이 있습니다.

질서 경찰은 강제력을 수단으로 사회 공공의 안녕과 질서 유지를 위한 법 집행을 주로 하는 경찰 활동을 말하고 봉사 경찰은 강제력이 아닌 서비스, 계몽, 지도 등을 통하여 직무를 수행하는 경찰 활동을 의미합니다. 따라서 경찰의 서비스 활동은 중요성에서 소홀할 수 없습니다. 과거의 전통적 경찰 활동은 범인 검거 위주의 질서 경찰이라면 현대의 경찰 활동은 봉사 활동 혹은 서비스 활동으로 변화되어 가고 있습니다. 따라서 서비스 활동과 봉사 활동을 더욱 중요시하는 것은 시민의 요구에 부응하는 당연한 방향이라고 생각합니다.

1) 개념

전통적 경찰 활동은 범죄를 해결하고 경찰 기관에서 범인 검거율로 성과를 평가하고 범죄 신고에 대한 반응 시간이 얼마나 신속한지를 통해 경찰 활동의 효율성 측정하였습니다. 검거 건수를 효율성 평가의 기준으로 삼았습니다.

하지만 현대 경찰 활동은 시민과의 상호 신뢰 및 연대감을 중요시하고 시민으로부터 공감을 받는 경찰 활동 즉 예방적 경찰 활동을 중심으로 삼고 있습니다. 예방적 경찰 활동은 시민들이 원하는 경찰 활동이 무엇인지를 파악하고 수요에 맞추어가는 활동을 의미합니다.

2) 예시

- 주민밀착형 탄력순찰제도(주민이 순찰을 희망하는 시간과 장소를 온라인 및 오프라인을 통해 요청하면 경찰관이 기존의 순찰 노선을 변경해 주민의 요구에 응하는 맞춤형 치안 서비스 활동)
- 시민들이 제공한 112신고들의 시간 및 장소적인 패턴을 분석하여 치안 수요가 요구되는 여성안심귀갓길 등의 특정 지역들을 중심으로 특별 순찰 및 거점 근무를 통한 예방 활동
- 주민 및 상가 업주에게 문고리형 순찰 카드 투입, 특별 순찰 구역 스티커 부착, 치안 소식지 배부 등을 통해 실질적인 접촉을 함으로써 시민들과 교류하고 그들의 요구와 의견 청취

---

12 경찰대 개혁에 대한 의견은

경찰대는 경찰개혁위원회가 전달한 경찰대 개혁 권고안에 따라
△문호개방 △학사운영·생활지도 개선 △대학 자율성·독립성 확보를 하고 있다고 합니다.
경찰대학은 입학 정원 축소와 편입생 허용 또 신입생 입학연령 상한도 현재 입학연도 기준 21세에서 41세로, 편입생은 43세로 완화한다고 합니다. 기존 12%로 제한하던 여학생 선발 비율도 폐지되고 남녀 구분 없이 통합 모집한다고 합니다. 이는 양성평등 정책의 일환이라고 생각합니다.

경찰대는 2020년부터 1~3학년에 대해 의무 합숙과 제복 착용을 폐지하기로 했는데 사회성과 인성을 중요시하는 대책이라고 생각됩니다.

다만 경찰관 임용을 앞둔 4학년은 의무 합숙·제복 착용 등 기존과 동일한 방식으로 교육을 받게 된다고 합니다. 또 학비·기숙사비 등을 국가가 부담하고, 순경 공채·간부후보생과 같이 일정액의 수당을 지급할 방침이고 경찰대 군역(軍役) 혜택도 폐지되고 학비도 국립대 수준으로 내야 한다고 합니다.

경찰대는 운영의 자율성·독립성 확보를 위해 현재 '치안정감'인 경찰 대학장 직위를 개방직·임기제로 전환할 방침이라고 합니다.

갑질이란 갑을관계에서의 '갑'에 어떤 행동을 뜻하는 접미사인 '질'을 붙여 만든 말로 권력의 우위에 있는 갑이 권리관계에서 약자인 을에게 하는 부당 행위를 통칭하는 개념으로 인격 모독, 물리적 폭행, 과도한 업무 지시 등입니다.

1) 원인은

성격적 원인 – 자기중심적 사고, 공감 능력 저하, 생활 환경, 신체적 능력(외모지상주의), 평상시 습관, 배려심 결여 등
사회적 원인 – 권위주의적, 금권주의, 대기업 지배구조 문화 등이 있습니다.

2) 대책으로는

총경 이상 고위 간부의 경우 경찰서장 등 지휘관으로 재직했을 때 소속 관서의 갑질 발생 현황 자료도 함께 제공해 승진 심사에 반영하고 갑질 행위로 징계가 확정되면 행위 유형, 내용, 처분 결과 등을 경찰청 내부망인 '폴넷' 등에 게시하고 중대 갑질 행위자의 명단을 공개하는 방안도 시행할 예정이라고 알고 있습니다.

또 갑질로 감봉 이상 처분을 받는 경우 성과급 지급을 하지 않고, 견책 처분을 받는 경우에는 성과급 최하 등급을 부여할 계획이고 갑질 신고가 은폐·축소되거나 2차 피해가 발생한 경찰관서는 관서명을 공개하기로 하였다고 합니다.

1) 현장법률지원계 신설

– 현장법률지원계는 경찰 업무 수행 과정에서 발생하는 각종 민원과 법적 분쟁에 대한 **종합적인 법률 지원 서비스를 제공**하는 경찰청 내 전담 부서
– 변호사 자격증을 소지한 경정급, 실무 경험을 갖춘 5명의 전문가로 구성

2) 업무
△ 소송·심판과 손실 보상 절차 수행
△ 권익위원회·인권위원회 제소 시 답변서 작성 조력
△ 법률 자문, 법리 검토·제도 개선 등을 담당한다.

1) 사례

인천 흉기 난동 사건 부실 대응으로 질타를 받았던 경찰

– 신임 경찰관 1만여 명을 재교육하고 각종 첨단 장비를 도입하기로 함

– 현장 교육, 최신 기술 · 법 제도 개선

2) 대응책

– 경찰청은 1 · 2년 차 신임 경찰관을 재교육

– 시도 경찰청에서 위험 단계별 물리력 행사 훈련과 경찰 윤리 교육을 시행

– 물리력 행사 훈련에는 수갑 · 삼단봉 · 테이저건 및 권총 사격 훈련

– 테이저건 특별 훈련도 1개월간 실시

– 중앙경찰학교의 교육 기간을 현행 4개월에서 6개월로 연장

CHAPTER 02 경찰 정책

01 범죄 위험 정신 질환자 관리 및 행정입원에 대해 이야기해 보세요

조현병을 앓고 있는 20대 남성이 집에서 난동을 부려 아버지를 다치게 하고 출동한 경찰을 폭행해 징역형을 선고받았다. A 씨는 지난 8월 중순께 인천시 동구에 있는 자신의 집에서 안방에 있던 옷장을 부수고, 전동 드릴을 아버지에게 던져 폭행한 혐의로 기소됐다. 또 신고를 받고 출동한 경찰관에게 달려들어 얼굴을 때리는 등 상해를 입힌 혐의도 추가됐다.

1) 조현병이란

정신분열증의 다른 이름으로 사고(思考), 감정, 지각(知覺), 행동 등 인격의 여러 측면에 걸쳐 광범위한 임상적 이상 증상을 일으키는 정신 질환으로 망상, 환각, 와해된 언어, 심하게 와해된 행동 혹은 긴장하는 행동, 음성 증상 중 2가지 이상이 나타나고, 이러한 증상이 일시적이 아니라 6개월 이상 지속될 때를 조현병이라고 합니다.

2) 조현병 환자가 범죄를 일으키는 원인

(1) 치료 중단이 범죄 발생에 영향을 미침

(2) 장기간 약물치료 중 스스로 복용을 중단했을 때 범죄가 많이 발생

(3) 증상이 악화될 경우 자신을 보호하기 위해 타인을 공격하는 강력 범죄 형태로 발현

(4) 전체 환자 50만 명에 이르나 실제 치료받는 환자는 5명 중 1명꼴

(5) 조현병 환자 치료 프로그램 부족

(6) 치료 시설과 인력 부족

3) 대책

행정입원은 범죄를 일으킬 위험이 있다고 의심되는 정신 질환자를 경찰관이 발견하면 정신과 의사 등 전문가를 통해 지자체장에게 진단과 보호를 신청할 수 있도록 하는 제도로, 관련법 개정안이 국회 본회의를 통과해 근거가 마련된 것으로 알고 있습니다.

경찰은 긴급 상황 발생 시 정신 질환자를 72시간 이내에 정신병원에 입원시킬 수 있는 기존의 **응급입원제도**도 활용하는 것으로 알고 있습니다.

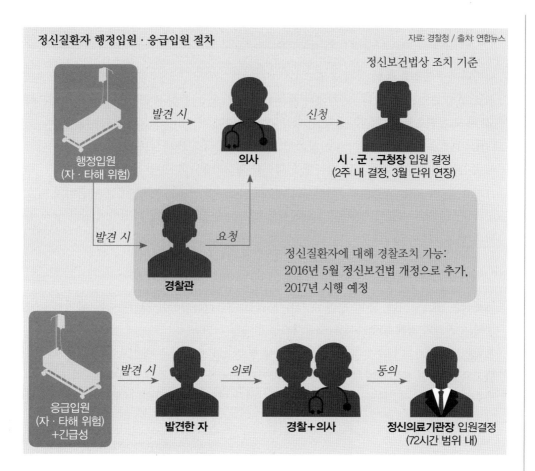

정신질환자 행정입원·응급입원 절차

자료: 경찰청 / 출처: 연합뉴스

정신보건법상 조치 기준

행정입원
(자·타해 위험)

발견 시 → 의사

신청 → 시·군·구청장 입원 결정
(2주 내 결정, 3월 단위 연장)

발견 시 → 경찰관

요청 →

정신질환자에 대해 경찰조치 가능:
2016년 5월 정신보건법 개정으로 추가,
2017년 시행 예정

응급입원
(자·타해 위험)
+긴급성

발견 시 → 발견한 자

의뢰 → 경찰+의사

동의 → 정신의료기관장 입원결정
(72시간 범위 내)

1) 뉴미디어 콘텐츠를 통한 정책 홍보

주요 국정 과제를 홍보하는 과정에서 웹툰이나 UCC 등 다양한 콘텐츠를 활용하고 있는데요, 홍보 콘텐츠로는 PIB와 Ap의 Ap라는 게 있습니다.

PIB는 Police In Bottle의 약자로 항아리 속의 요정에서 착안해 '어떤 주제라도 다 이야기해 주는 경찰'이라는 제목으로 친근한 이미지를 형상화했다고 합니다.

그리고 Ap의 Ap는 Auxiliary Police의 About police의 약자로 '경찰 계급 궁금하지 않으신가요?'로 경찰 계급에 대한 시민의 궁금증 해소를 위해 계급별로 나열하여 알기 쉽게 만화로 설명했다고 합니다.

2) 스페이스 마케팅을 활용

스페이스 마케팅이란, 주변 생활 공간을 창의적으로 디자인하고 사람들에게 볼거리를 제공하여 공간의 경제적인 가치를 향상시키는 마케팅 기법입니다.

흥덕경찰서에서는 다중운집시설의 전광판에 콘텐츠를 현출하는 방법으로 홍보를 하기도 했고요. 민원실 출입문에 '우리함께 하이파이브!', 봉명고등학교 교실 창문에 '학교폭력예방!'과 같은 공공시설물을 재미있게 활용한 사례가 여러 신문을 통해 보도되기도 하였습니다.

3) 행사주최 및 지역 커뮤니티를 활용한 이벤트

'함께그려요~ 안전한 청주', '경천동지'라는 행사들이 있었는데요. '함께그려요~ 안전한 청주'의 경우 체감 안전도 향상을 위해 기획한 행사로 여성 안심 치안 앱 홍보, 실종 아동 예방 사전지문등록, 어린이 교통안전 캠페인을 주축으로 하여 20~30대 주부 사이에서 큰 호응을 얻었다고 합니다.

'경천동지'의 경우는 지역 주민과 소통을 위해 자체 MD 상품을 제작하고 지역 커뮤니티를 활용하여 찾아가는 경품 증정 행사로 진행했다고 합니다.

이처럼 경찰에서는 새로운 방법을 찾아 시민과 친숙해지고 신뢰 관계를 다질 수 있는 다양한 방법을 마련하고 있다고 합니다. 단순한 영상이 아닌 기념품, 앱, 주민 친화 활동, 캠페인 등을 활용하고 있습니다.

언론에서 경찰 부정적인 모습 비춰진다. 경찰 되면 어떻게 개선할지 구체적 설명(예: 소통 대답 - 면접관에게 설명)

경찰 이미지 나쁜점과 개선점

익명성 댓글에 대한 문제점

경찰에 대한 언론의 부당성과 본인이라면 어떻게 할 것인가?

경찰청장이 당신에게 홍보를 시켰다. 어떻게 홍보할 것인가?

드라마 라이브에 나왔듯이 경찰 홍보에 관한 것과 보면서 아쉬웠던 점은

충남지방경찰청 홈페이지 어떻게 개선할 것인가?

부산청의 SNS 홍보에 대한 의견과 홍보하는 것에 대한 적절한 기준과 선은

광주 폭행 사건 관련해서 본인이 서장이라 생각하고 기자회견 하는 상황극 해봐라

내 업무를 언론이 잘못 보도하면 어떻게 할 것인가?

포돌이, 포순이 같은 친근한 이미지 때문에 경찰이 권위가 약화되는 경향이 있는데 어떻게 생각

치안 한류 홍보

SNS나 애플리케이션 활용 국민께 어떤 방향으로 정책 집행할 건지 어느 부분에 요점 두고 진행할 것인지

최근 인상 깊게 봤던 경찰 관련 기사

언론이 경찰 질타하는 기사 연재. 사실은 사건 관련 사실을 언론에 말을 안 해줘서 그런다. 왜 이와 같은 일이 발행하는지 사례와 개선 방안

언론 경찰 질타 겸허히 받아들일 것인지 강력히 대응할 것인지

경찰 바라보는 시선과 개선 방안(청렴한 조직으로 변화 방안)

국민이 경찰에 불만 갖는 원인

SNS의 장단점 및 필요성

스마트 치안은 전략적 관리(Strategic Management), 분석과 연구(Analysis & Research) 그리고 기술(Technology)을 통한 경찰 활동을 의미하는데요.

인구 통계, 지형 정보, 기상 정보 등 정부 각 부처의 공공 데이터는 물론이고, 범죄 정보, 교통 정보 등 치안 데이터에 CCTV, 민원, 신고 정보 등 실시간 데이터까지 치안 관련 각종 자료를 수집과 동시에 '치안 빅 데이터'로 저장해 활용 가능하도록 지원하는 가칭 '치안 빅 데이터 공통 기반 플랫폼'을 구상 중에 있다고 알고 있습니다.

구축된 **'치안 빅 데이터'를 기반으로 분석된 범죄 및 불안 요인** 등 치안 정보는 다시 현장으로 환류되어 각 지구대·파출소에서 순찰 경로를 편성하는 데 사용하거나, 범죄 조직, 계좌, 통신 관계도 등에 분석에 활용된다고 합니다.

드론 탑재 순찰차 등 신기술을 지속적으로 도입하고, 영상 자동 분석 시스템을 동원한 빠른 검거 활동으로 시민 불안감을 해소하는 한편, 신고자, 구조 요청자에 대해서는 정밀 위치 확인 기술을 개발해 현장 대응력을 높이고자 한다고 알고 있습니다.

과학기술정보통신부와 협업한 '폴리스랩 사업'에서는 2차 교통사고를 막기 위한 '드론 탑재 순찰차 탑재', '버튼으로 작동하는 접이식 초경량 방검 방패', '자동차 블랙박스 영상 제보·분석 시스템' 등을 개발할 예정이라고 합니다.

무궁화클럽에서는 1990년대에 뉴욕 시경이 살인사건과 마약 사범의 검거를 높이기 위해 시행했던 성과주의 확대 정책으로 인해 과장·허위 보고 발생, 유색인종에 대한 차별적 단속 등의 폐해와 삼청교육대와 범죄와의 전쟁 선포로 인해 각 파출소마다 할당량을 정해놓고 그것을 채우지 않으면 문책을 당했던 시기, 엄한 국민을 폭력배로 몰아 실적 올리기에 급급했던 한국의 80~90년대 사례를 예로 들며 성과주의 확대 정책에 대해 심각한 우려를 제기했습니다.

"그 어떤 조직보다 경찰 조직에 성과주의를 도입하면 그 폐해는 심각하다. 여기 계신 분들부터 경찰의 성과주의 채택을 적극 반대해 달라"는 조직 내부의 목소리도 있다고 알고 있습니다.

경찰서장 한 분은 검거 만능주의 실적평가 시스템의 문제를 지적하며 "일선 경찰서 평가 기준의 핵심은 검거"라고 전제한 뒤, "평가에서 검거 점수가 제일 비중이 높으니 모든 직원이 검거에 매달릴 수밖에 없고 결국 주민들한테 피해가 간다"고 비판한 적이 있습니다.

성과주의는 경영에서 경쟁을 통해 실적대로 성과급을 지급하고 승진에 반영하는 시스템이나 공적 영역에서 활용할 때는 시간을 두고 부작용을 고려하고 적용해나가야 한다고 생각합니다.

1) 여성을 위해서는

정 폭력 예방 활동과 여성 안전 귀가 앱, 성폭력 전담수사반 활성화, 여성안심귀갓길 시설 점검 및 순찰 112신고 위치 안내판, 보안등, 노면 표시 등 시설을 보완하는 한편, 안전한 귀갓길이 될 수 있도록 꼼꼼하게 순찰하고 있습니다.

(1) 여성 밀집 거주 지역 내 원룸 공동 현관 도어락 설치 추진

　－ 구청 협업을 통해 건축 허가 조건에 공동 현관 도어락 설치 규정 추가(강북경찰서)

　－ 부동산 중개소를 통해 공동 현관 도어락 설치 홍보 및 건물주 연계(수서경찰서)

(2) 구청 전광판 및 홈페이지, 대학교 등 여성 원룸 안전 외부 홍보

(3) 범죄 예방경찰관(CPO)이 공동 현관 출입구에 적힌 현관 비밀번호 제거 활동

2) 어린이를 위해서는

초등학교 주변에 대해서는 고정식 과속 단속 카메라, 과속 방지턱, 고원식 횡단보도, 대각선 횡단보도, 횡단보도 등 어린이 보호를 위한 안전시설을 확충

3) 노인을 위해서는

어르신 보행자가 많은 장소에 대해서는 투광기, 과속 방지턱, 신호기 등 차량 속도 감속을 위한 시설을 보강하여 안전한 교통 환경을 조성 노력을 하고 있다고 합니다.

※ '사회적 약자 보호 3대 치안정책'의 주요 내용

▷ '젠더폭력 근절'을 위한 성폭력·가정폭력 근절정책 내실화, 스토킹·데이트폭력 대응 강화, 취약환경 개선 등 여성안심환경 조성

▷ '아동·노인·장애인 학대 및 실종 대응 감화'를 위한 아동·노인학대 사각지대 해소, 실종자 신속 발견 추진, 학대예방경찰관 증원 등 인프라 구축

▷ '청소년 보호'를 위한 위기청소년 발굴 및 보호·지원 강화, 학교폭력 근절 정책 및 학교전담경찰관(SPO) 운영 내실화

빅 데이터의 특징은 기본적으로 다음 3가지로 요약됩니다.
일명 3V. 크기(Volume), 다양성(Variety), 속도(Velocity)입니다.

데이터의 물리적인 크기를 말하는 크기 – Volume,
데이터의 형태 유무와 연산 가능 여부에 따라 나누어지는 데이터의 다양성 – Variety,
그리고 이를 빠르게 분석하고 처리하는 능력인 속도 – Velocity로 나눕니다.

실시간으로 생산되는 데이터의 크기와 특징이 다양한 만큼, 빅 데이터의 활용을 위해서 이를 처리하는 속도도 빼놓을 수 없는 요소인 것입니다.

경찰청은 행정안전부 국가정보자원관리원과 빅 데이터를 활용해 5대 범죄(살인·강도·성폭력·절도·폭력), 무질서(주취자·시비 등 10종) **위험도 예측 모델 분석**을 실시했습니다.

지역을 200㎡씩 2만 3,000여 개로 나눠 각종 빅 데이터를 분석하는 방법으로 범죄와 무질서 위험을 예측합니다. 경찰 치안 통계와 항공 사진, SK텔레콤 유동 인구와 신용카드 매출 정보 1,000만여 건이 쓰였습니다.

월, 일, 2시간 단위로 나눠 범죄·무질서 발생 위험 지역을 예측하고 영향을 미치는 주요 요인을 파악하는 방식입니다. 조사 결과 '범죄·무질서'가 많이 발생하는 지역은 유동 인구는 많고 거주 인구가 적은 유흥가입니다. 주말과 심야 시간대 112신고가 가장 많이 발생했습니다. 반면 거주·유동 인구가 적은 지역일수록 신고가 적었습니다.

경찰은 인공지능 알고리즘이 데이터를 학습해 사람이 발견하기 어려운 환경적 요인을 찾아낸 것으로 판단했습니다. 누구나 유흥가 심야 시간에 범죄 발생이 높을 것으로 예상할 수 있으나 빅 데이터는 지역과 시간대를 구체적으로 분석합니다. 범죄 발생 예측, 예방 검거에 빅 데이터를 활용하고 있습니다.

〔 유사 기출 〕

최근 경찰 시사 이슈 중 잘한 것과 잘못한 것

북한과 통일을 대비하여 경찰 활동 중 강화해야 할 것은

치안 한류

국정원 특수활동비 문제, 경찰 특수활동비 의견

인공지능 발달 미래 경찰이 로봇으로 대체 찬반

경찰의 사회적 자본에 대한 생각

경찰 경제적 기여 방안

외국인 체류자 다수 유입 후 외국인 범죄 사회적 큰 파장, 대처 방안 토론(토론 중 도움 및 칭찬받은 것 하나씩 발표)

보이스 피싱 과잉 진압 사건 토론

코로나19 확산 이후에는 경찰은 방역 활동까지 수행하고 있습니다. 정부의 집합 금지 명령이 없는 사회적 거리 두기 1단계에서는 집회가 진행될 경우 마스크 준비, 손 소독제 비치, 사람 간 일정 거리 유지 등 방역 수칙을 준수토록 지도합니다.

코로나19 상황에 따른 집회 개최 장소 및 방식 등을 조율해 감염 위험을 최소화하는 활동, 주변 상인 및 주민들의 민원과 마찰을 방지하는 활동 등도 경찰이 하고 있습니다.

1) 내부
   - 비대면 결재, 회의, 교육 증가
   - 전자 결재, 화상 회의, 사이버 교육이 증가함

2) 외부
   - 코로나 관련, 112신고 처리 증가
   - 코로나 관련, 질병관리청 지원 업무 증가(자가 · 치료 시설 이탈자 위치 추적 등)
   - 집회 · 시위 금지에 따른 집회 · 시위 차단 업무 증가

08 코로나 이후 경찰의 대응책 (2020년 기출)

코로나19로 인한 경제 위기 극복을 위해 글로벌 기업들이 4차 산업혁명을 가속하고, 산업의 스마트화를 더욱 빠르게 추진하게 될 것으로 보입니다. **인공지능과 빅 데이터로 대표되는 4차 산업혁명**이 활성화됩니다.

사회적 거리 두기로 인한 비접촉 중심의 새로운 산업적 변화는 다양한 분야에서 어쩔 수 없는 혁신의 수용을 요구하고 있습니다. 예컨대, 온라인 교육, 생필품으로 확산된 전자 상거래, 디지털 헬스, 원격 사무, 제조 및 서비스 로봇 등이 나타날 것입니다.
앞으로의 경찰 활동도 온라인과 관련된 디지털 성범죄, 사이버 범죄 수사 대응책이 더욱 필요할 것으로 보입니다. **4차 산업혁명과 관련된 인공지능, 빅 데이터를 활용한 범죄 분석과 범죄 지도를 활용한 범죄 예방적 측면이 경찰**에 도입될 것이고 이러한 정보와 기술에 적응하는 태도도 필요하다고 생각합니다.
코로나 이후에는 경찰은 **언택트, 디지털, 온라인 문화를 통해 경찰 홍보, 범죄 예방, 신종 범죄에 대응하는 과학 기술 기반 치안 시스템 구축을 도모**해야 할 것입니다.

PART 9

경찰 부서별
질문

CHAPTER 01 생활 안전

01 정책

01 셉티드란 무엇인가요

셉티드란 영어로 Crime Prevention Through Environmental Design이라고 하고 환경 분석, 위험분석을 통해 범죄 및 범죄공포의 감소를 목적으로 하는 범죄 예방 시스템입니다.

밝은 조명의 주차장, 노란 가로등 대신 푸른 가로등, 도로변에 가꾼 꽃밭 등을 통해 많은 사람들을 유인하면 자연스럽게 주변을 감시, 관찰할 수 있기 때문에 잠재적 범죄자를 심리적으로 위축시켜 범죄를 예방할 수 있다는 것입니다.

담을 낮게 짓거나 주변 건물에서 해당 공간이 어떻게 이용되는지 충분히 관찰 가능하도록 설계하는 자연적 감시와 목적지로 접근하는 사람들이 정해진 공간을 통해서만 출입할 수 있도록 하는 접근 통제를 원리로 하고 있습니다.

역기능은 자연 감시를 위해 낮게 설치된 담장이 사생활 침해 문제를 일으킬 수 있고 많은 보안 설비가 폐쇄적 공동체를 유발하기도 합니다.

따라서 가로등 CCTV, 몰카 탐지기 등 다양한 공학적 기법을 통해 범죄를 사전에 차단하는 것은 범죄 예방 효과와 두려움 감소에 도움을 줄 수 있다고 생각합니다.

1) 사건 개요

서울 강남구에 있는 르 메르디앙 서울 호텔에 있던 나이트클럽 "버닝썬"에서 벌어진 폭행 및 경찰 유착·마약·성범죄 및 불법 촬영물 공유 혐의 등을 아우르는 대형 범죄 사건이다.

클럽 버닝썬에서 김상교 씨가 폭행을 당했지만 경찰은 오히려 김상교 씨를 가해자로 체포하고 폭행까지 가하였다. 김상교 씨는 경찰이 클럽 측을 옹호하였다고 폭로하고, 이를 계기로 클럽 버닝썬과 관련된 여러 의혹에 대해 언론 등에 제보가 이뤄지면서 드러나게 되었다. 버닝썬의 지분 42%는 메르디앙 서울 호텔을 소유한 전원산업의 대표 최 모 씨가 가지고 있으며 그는 서울강남경찰서 경찰발전위원으로 활동해 왔다.

2) 문제점

(1) 경찰과 유흥업소 간 유착

대지분 소유자가 경찰서 협력 단체원으로 활동하고, 전직 경찰관이 현직 경찰을 상대로 로비 활동을 하는 등 경찰과 유흥업소 간 유착이 이루어짐

(2) 유흥업소 불법 행위에 대한 단속이 제대로 이루어지지 않음

마약, 강간 등 성범죄, 불법 촬영물 공유 등 각종 범죄가 나이트클럽에서 횡횡하였음에도 경찰의 단속의 손길이 미치지 아니함

(3) 불공정한 사건 처리

폭행 피해자 김상교가 피해자로 신고하였음에도 역삼지구대 출동 경찰관이 클럽 측 얘기만 듣고 김상교 씨를 오히려 가해자로 체포함

3) 대책

(1) 협력 단체 정비 등 경찰과 대상 업소 간 유착 근절

- 경찰발전위원회, 청소년육성회, 보안협력위원회 등 경찰협력 단체 회원가입시 면밀한 조사를 통해 대상 업소 종사자 사전 가입 차단

- 근본적으로는 법 집행 기관에 각종 협력 단체를 폐지하여 공정성 제고

(2) 불법 유흥업소 주기적 단속 등 엄정한 법 집행

- 대형 나이트클럽에 대해 주기적 점검 및 단속을 통해 불법 행위 발본색원

(3) 공정한 사건 처리

- 신고 내용의 정확한 청취 및 증거자료 수집으로 가해자와 피해자가 뒤바뀌는 일이 없도록 공정한 사건 처리

(4) 청렴성·공정성 및 엄정한 법 집행 등 공직 가치 내면화

- 발단 실무자부터 최고위층까지 경찰의 기본 임무(위험 방지 및 범죄 수사), 공정성과 청렴성 교육을 통해 정신을 재무장 필요

9살 여자아이가 의붓아빠와 친모에게 학대를 당한 '창녕 아동 학대 사건' 경찰은 지난 5일, A 양의 집을 압수 수색하고 아동 학대에 사용된 것으로 추정되는 물건을 확보했습니다. A양은 경찰 조사에서 집에 있을 때 목줄에 채워졌고, 일을 시킬 때만 풀어줬다고 진술했습니다.

훈육 목적이라며 아들을 여행 가방에 가둬 숨지게 한 의붓엄마 사건은 검찰로 넘겨졌습니다. 이 같은 아동 학대가 잇따르자 법무부는 아동 체벌을 명시적으로 금지하는 민법 개정을 추진하기로 했습니다.

민법은 친권자에게 보호 · 교양의 권리 · 의무가 있고 이를 위해 필요한 징계를 할 수 있다고 규정했고 사회 통념상 허용될 수 있는 수준을 넘어 신체적 · 정신적 고통을 가하는 방식은 여기서 말하는 징계에 포함되지 않는다고 합니다.

그러나 징계권 조항이 자녀에 대한 부모의 체벌을 허용하는 뜻으로 오인되고, 자녀를 부모의 권리 행사 대상으로 바라보는 권위적 표현이라는 지적이 있습니다.

지난 4월 민법상 징계권 조항을 삭제하고 '훈육'으로 대체하라고 권고했습니다.

훈육에 대한 부모의 권리와 의무를 일단 명시하되 추후 가정 내 처벌에 대한 인식이 개선되면 이마저도 삭제하라고 했고 친권자의 권리 · 의무에 체벌을 명시적으로 금지하는 조항을 신설할 것도 권고했습니다.

1) 범죄 피해자 · 가해자 및 관련자들이 경찰관 및 전문가와 함께 자발적인 대화 모임을 실시하여 피해회복 및 관계 회복을 도모
   ※ 회복적 정의: 응보적 정의에 기초한 전통적 형사 사법 체계는 가해자 처벌에만 초점을 두고 있어 정작 당사자인 피해자는 소외되고 범죄로 인한 피해를 회복할 기회조차 얻지 못한다는 점에서 많은 비판을 받아 왔으며, 이에 대한 대안으로 회복적 정의가 등장

2) 운영 절차
   가해자 · 피해자 참여 의사 확인 → 경찰 전문 기관 검토 및 진행 결정 → 이해관계자 참여, 회복적 대화 활동 진행 → 활동 결과를 수사 결과에 반영

3) 기대 효과
   (1) 합의된 해결 방안을 통해 피해자의 신속한 피해 회복과 상처 치유 도모
   (2) 합의 후 작성된 결과 보고서는 경미 범죄심사위원회와 선도심사위원회에 참고 자료로 활용될 수 있고, 수사 서류에 첨부하여 검찰과 법원 단계에서 참고할 수 있음

1) 이웃순찰제

이웃순찰제는 지구대·파출소 팀원 중 주민 친화력이 높은 경찰관을 이웃경찰관으로 지정해 도보 순찰 전담으로 운영(4~6시간)하는 것입니다.

주요 활동은 △지역 주민의 애로 사항 청취 및 문제점 해결 △친근감 있는 순찰로 지역 안정감 제고 △담당 구역 취약지역 지속 방문 △불심 검문 등 도보 전문 순찰 활동 등입니다.

2) 주민친화적 자치경찰제

자치경찰제는 지역 실정을 반영한 신속한 서비스를 제공하고 치안 공백에 경찰력을 투입해 치안 수요를 신속하고도 유연하게 대응할 수 있습니다.

'어린이 우선의 안전한 보행환경개선 사업'은 지방 행정과 경찰 치안을 융합한 주민밀착형 치안 서비스 가능성을 보여주었습니다.

자체적으로 군민이 체감하는 **치안 서비스를 위해 빅 데이터·공간 분석을 통한 범죄 현황, 범죄 관련 민원 발생 빈도 등의 맞춤형 범죄 예방 환경설계(CPTED)**를 통해 주민의 요구에 부합하는 치안 활동이 가능합니다.

범죄 예방 설계가 자치경찰제와 연계가 된다면 가정 폭력, 여성·청소년, 노인, 장애인, 교통 등의 생활 범죄 예방 활동에 종합적 대응이 가능해집니다.

3) 사회적 약자에 대한 배려

여성안심귀가서비스, 노인 대상 범죄 예방, 청소년 범죄 예방, 학교 폭력전담경찰관 등 여성, 노인, 청소년에 대한 집중적인 관리와 순찰로 범죄에 노출되어 피해자가 될 우려를 방지해야 합니다.

출처: 울산신문(https://www.ulsanpress.net)

경찰에서는 도시공간에 대한 물리적 설계부터 주민 참여, 경찰 출동을 함께 고려한다고 합니다. 예컨대 경찰청이 보유한 범죄 다발지역과 112신고 건수 통계 등 관련 자료를 서울시에 제공하고, 서울시는 이 자료를 토대로 도시나 건축물의 설계단계부터 범죄 예방디자인(CPTED)을 적용한 '여성안전마을'을 조성하는 것입니다.

【사례】

- '표준형 비상벨'이나 고화질 CCTV를 설치할 때도 경찰청과 협조해 범죄 예방이 필요한 최적의 지역을 선정한다. 지하차도나 터널에 설치된 조명은 LED 조명으로 바꿀 예정

- 위급 상황 시 안전 취약 계층이 쉽게 인지, 이용할 수 있고 비상벨로 음성 통화를 하면 112에 자동신고 돼 경찰이 즉시 출동, 범죄 예방에 효과가 있다.

- 여성안심지킴이집, 여성안심택배함, 여성안심귀가스카우트 등 서울시가 각종 여성 안전 사업을 시행할 때도 경찰청과의 긴밀한 협조를 통해 효과를 극대화할 수 있는 곳을 대상지로 선정한다.

- 필요시엔 서울지방경찰청이 직접 현장에 나가서 범죄 예방 진단 및 분석 결과를 제공하고 사업비 범위 내에서 해결 방안도 제시할 계획이다.

07 우범자 관리 대책(강력 범죄 저지르고 출소한 사람 정보 수집 하는 것이 인권 침해라는데 그에 대한 의견은?)

(2020년 기출)

1) 배경

경찰이 최근 범죄 우려가 있는 '우범자'에 대한 첩보(정보) 수집 규칙 개정안(경찰청 예규)을 잠정 확정했다. 정보 수집 대상을 '우범자'에서 '주요 강력 범죄 출소자 등'으로 바꿨다. 정보 수집 목적을 '죄를 범할 우려가 있는 사람의 재범 위험을 방지하고 수사 자료로 활용한다'는 현행 조항에서 '재범 방지를 위한 정보를 수집함으로써 건전한 사회 구성원으로서의 복귀를 도모한다'로 개정했다.

강력 범죄자의 재범을 예방하기 위해 정보 수집을 유지해야 한다는 게 경찰 입장이다.

2) 문제점

첫째 정보 수집 대상의 광범위성이다. 대상이 되는 주요 강력 범죄에는 절도라는 경범죄도 포함된다. 정보 수집 범위가 지나치게 넓어질 가능성이 있다.

둘째 인권 침해 가능성이다. 우범자 구분 자체가 낙인찍기가 될 수 있다. 형을 마친 출소자에 대해 또다시 정보 수집 등 일종의 수사 행위를 하는 것은 이중처벌이 될 수 있다. 경찰의 탐문 등 정보 수집 과정에서 출소자의 전과 사실이 주변에 알려져 출소자의 재사회화를 더욱 어렵게 한 경우가 실제로 있었다. 이는 '건전한 사회 구성원으로서의 복귀를 도모한다'는 목적에 반한다.

셋째 우범자 정보 수집 활동이 범죄 예방 효과가 있는지도 의문이다. 경찰은 진주 아파트 방화·살인사건을 벌인 안인득에 대해 사건 발생 전 범죄 첩보를 작성해 보고했지만 범행을 막지 못했다.

경찰은 4차례나 주민 신고를 받아 출동했지만 신변 보호 요청 등 현장 조치가 이뤄지지 못하면서 참혹한 결과가 발생했다. 정보 수집보다 적절한 현장 조치가 더 필요했던 것으로 판단된다.

범죄 예방 및 신속한 112신고 출동을 위해 범죄 취약 지역·신고 다발 지역 등을 위주로 해당 지역을 순찰해왔습니다. 하지만 주민이 원하는 순찰 희망 장소와 실제 순찰 장소가 일치하지 않는 경우가 있다고 합니다.

'주민밀착형 탄력순찰' 제도란 지역 주민이 요청하는 장소 및 시간을 지역 순찰 계획에 반영하여 주민 친화적인 순찰 서비스를 제공하는 새로운 방식이고 현재 시행 중인 탄력순찰은 치안 수요자인 '지역 주민의 입장'에서 해당 지역의 순찰 시간·장소를 선정하고 주민의 요청 사항을 적극적으로 반영할 수 있다고 합니다.

주민밀착형 탄력순찰을 시행함에 따라 범죄 우려 지역이나 신고 다발 지역 등에서 거주하는 주민들의 불안감을 해소할 수 있다고 합니다.

유동인구가 많은 지역이나 공공 기관, 아파트, 학교 등에 게시된 관내 지도에 원하는 순찰 장소와 시간을 주민이 직접 스티커로 표기토록 하거나 경찰관이 현장에서 의견을 청취 및 수렴하여 순찰 장소와 시간대를 취합하고 농촌형 지역관서(지구대·파출소)에서는 지역 주민들이 주로 농업에 종사하는 지역 특성에 맞게 각 마을회관, 경로당 등을 방문하여 문안 순찰을 실시하고, 이와 동시에 주민이 필요로 하는 순찰 일시 및 장소를 취합하여 관내 탄력순찰 장소·시간대 등을 선정하고 있다고 합니다.

탄력순찰 제도를 운용하면, 주민들과 직접 만나 범죄 취약·우려 장소 등에 대한 애로·요청 사항 등을 청취하면서 관할 지역만의 지역적 특성을 잘 이해할 수 있고 동시에 관내 범죄 예방 활동을 진행하는 등 탄력순찰이 지역 주민과 소통을 통한 주민 친화적 제도가 될 수 있다고 합니다.

09 대화경찰제도

대화경찰관제는 별도 식별 표식을 부착한 대화경찰관을 집회 현장에 배치해 집회 참가자나 주최자, 일반 시민들이 집회와 관련해 경찰의 조치와 도움이 필요할 경우 언제든지 쉽게 찾을 수 있도록 쌍방향 소통채널을 마련한 것으로, 집회 시위 자유를 보장함과 동시에 시민과 경찰 간 상호 신뢰 형성을 돕는 제도이다.

전국 확대 시행에 앞서, 8. 15. 서울 도심권 집회에 첫 시범 도입한 이후 9. 18. 인천 '신천지 만국회의' 등의 다수 시범 운영으로 집회 현장에서 시민과 경찰 사이의 소통이 원활해지고, 집회 주최자와 참가자의 애로 사항을 해결하여, 불필요한 마찰을 방지하는 등의 긍정적 효과가 있음을 확인하였다.

앞으로 대화경찰관 제도를 적극적으로 활용하면, 장기적으로는 집회 시위 현장에서의 경찰력도 필요한 범위 내 최소한의 인원만 배치하는 등 대화경찰관제가 '자율과 책임' 아래 평화적 집회를 보장하는 촉매제 역할을 할 것으로 기대한다.

출처: 화이트페이퍼(http://www.whitepaper.co.kr)

⑫ 현장 조치(무기, 장구 사용)

01 주취자 난동에 대한 대처 방법은?

(2020년 기출)

주취자는 술에 취하여 자기 또는 다른 사람의 생명 · 신체 · 재산에 위해를 끼칠 우려가 있는 사람입니다. 보건의료 기관 공공구호기관에 긴급구호요청 또는 경찰관서에서 보호할 수 있고 강제 조치 가능 합니다.(경찰관 직무집행법 제4조 1항)

1) 파출소, 지구대 주취 소란 시

대화로 가능 시는 대화로 처리하고 무전으로 동료들 지원 요청해야 합니다. CCTV 동영상 촬영 사실 알려주고 공무집행방해, 폭행, 공용물 손괴 시 경찰 장구로 제압이 가능합니다.(수갑, 테이저건 등 사용) 보고서 작성 후 본서에 인계하도록 합니다.

2) 응급 의료의 거부 금지 조항에 의하면

경찰의 응급 의료 요청 시 정당한 사유 없이 거부하거나 기피할 수 없기에 처벌이 가능합니다.(위반 시 5년 이하 징역, 5,000만 원 이하 벌금)

〔 관련 문제 〕 주취자 ONE STOP 응급의료센터

– 09년 금천에서 술에 취해 정신을 읽고 쓰러져 있는 취객을 지구대에 옮긴 후 2시간 후 사망한 사건

– 12년 마포에서 40대 남성이 술에 취해 도로 위에 누워 있다가 차에 치여 중상을 입은 사건

경찰은 『주취자 ONE STOP 응급의료센터』를 열어

주취자는 범죄의 표적이 되고 안전사고 등에 심각히 노출되어 있었음에도 불구하고, 주취자를 의료 비전문가인 경찰관이 지구대에 보호하고 있어 안전사고의 위험성이 있고, 병원에 인계할 경우에도 의료 기관이 인수를 기피하는 등의 이유로 주취자에 대한 보호 및 치료 시스템이 필요해 마련하였다고 합니다.

주취자 신고가 접수되면 지역 경찰관이 현장에 진출《주취자 상태》를 확인하여, 주폭인 경우에는 형사입건 · 경찰관서로 신병 처리하고, 만취 주취자 및 알코올 중독이 의심되는 상습 주취자로서 의학적 개입이 필요한자, 경찰관 직무집행법상 보호 조치 대상자(행려환자, 노숙인 등)는 『주취자 ONE STOP 응급의료센터』로 인계, 보호 · 치료조치를 취한다고 합니다.

주취자에 대한 보호 및 치료 조치가 종료된 뒤에도, 심각성을 판단해 추가적 치료가 필요한 경우에는 2차 의료 기관(정신병원)에 입원 치료를 받도록 인계하게 됩니다.

서울경찰은 주폭에 대해서는 엄정한 법 집행을 집행해 나갈 것이며, 주폭과 관련이 없는 주취자에 대해서는 『주취자 ONE STOP 응급의료센터』로 인계, 보호 · 치료 조치를 취하게 하는 등 주폭 척결과 주취자 보호에 대해 최선을 다해 나갈 것입니다.

주취자 발견했는데 괜찮다고 하여 돌려보냈는데 다음날 사망, 가족들이 경찰 때문이라고 할 경우 어떻게 할 것인가?

주취자 경찰서에 끌려 왔을 때 어떻게 하여야 하는가?

주취자 어떻게 대화 시도

주취자 왜 난동 부린다고 생각

주취자 말도 안 되는 요구를 한다면 어떻게 할 것인가?

공무집행방해 70% 이상 주취자, 어떻게 생각하는가?

주취자가 지구대에 와서 행패 부리고 폭행도 한다. 어떻게 할 것인가?

주취자 대응 법률적 근거

주취 폭력에 따른 공권력 약화에 대한 해결 방안 또는 제도

술에 취한 일반인이 칼을 들고 난동을 부리는데 어떻게 할 것인가?

주취자가 경찰차 보닛 위에서 난동을 부린다면 어떻게 할 것인가?

주취자 보호 조치 어떻게 할 것인가?

주취자 감형해야 하는가?

노숙자 해결 방안

지하철 구걸 장애인 경찰로서 자신 어떻게 대처할 것인가?

대전역 순찰 중 노숙자 상습적 주변 상점 물건 훔친다는 제보 업무 절차 설명

대전역 노숙자 많다. 해줄 수 있는 일은 무엇인가?

사복을 입고 집에 가는데 노숙자 한 분 계시면 어떻게 할 것인가?

부산역에 노숙자들이 굉장히 많은데 노숙자 관련 민원이 들어오면 어떻게 대처할 것인가?

공원에 노숙자가 자고 있어서 주민들이 다른 곳으로 옮겨 달라 하면 어떻게 할 것인가?(근데 그분이 아파서 그런 건지, 자는 건지 모르지 않나. 그럼 어떻게 할 것인가?)

가족이나 주변인이 신원 조회를 요청하더라도 아래의 법률에 의해 절대 조회는 안 되는 일이라고 설명하고 정중히 거절하겠습니다.

이와 관련된 법률로 형의 실효 등에 관한 법률이 있고 제6조(범죄경력조회·수사경력조회 및 회보의 제한) 등에 의해 다음의 경우만 회보가 가능합니다.

1) 범죄 수사 또는 재판을 위하여 필요한 경우

2) 형의 집행 또는 사회봉사명령, 수강명령의 집행을 위하여 필요한 경우

3) 보호 감호, 치료 감호, 보호 관찰 등 보호 처분 또는 보안 관찰 업무의 수행을 위하여 필요한 경우

4) 수사 자료표의 내용을 확인하기 위하여 본인이 신청하거나 외국 입국·체류 허가에 필요하여 본인이 신청하는 경우

5) 「국가정보원법」 제3조 제2항에 따른 보안 업무에 관한 대통령령에 근거하여 신원 조사를 하는 경우

6) 외국인의 귀화·국적 회복·체류 허가에 필요한 경우

7) 각군 사관생도의 입학 및 장교의 임용에 필요한 경우

8) 병역 의무 부과와 관련하여 현역병 및 사회복무요원의 입영(入營)에 필요한 경우

9) 다른 법령에서 규정하고 있는 공무원 임용, 인가·허가, 서훈(敍勳), 대통령 표창, 국무총리 표창 등의 결격 사유, 징계 절차가 개시된 공무원의 구체적인 징계 사유(범죄 경력 조회와 그에 대한 회보에 한정한다) 또는 공무원 연금 지급 제한 사유 등을 확인하기 위하여 필요한 경우 등에 가능합니다.

이를 누설할 경우

① 전과 기록이나 수사 경력 자료를 관리하는 사람이 부정한 청탁을 받고 다음 각 호의 어느 하나에 해당하는 행위를 하였을 때에는 1년 이상의 유기징역에 처한다.

② 수사 자료표를 관리하는 사람이나 직무상 수사 자료표에 의한 범죄 경력 조회 또는 수사 경력 조회를 하는 사람은 그 수사 자료표의 내용을 누설하여서는 아니 된다.

③ 누구든지 제1항에서 정하는 경우 외의 용도에 사용할 목적으로 범죄 경력 자료 또는 수사 경력 자료를 취득하여서는 아니 된다.

④ 제1항에 따라 범죄 경력 자료 또는 수사 경력 자료를 회보받거나 취득한 자는 법령에 규정된 용도 외에는 이를 사용하여서는 아니 된다.

내용을 회보하거나 누설한 사람은 5년 이하 징역 5천만 원 이하의 벌금에 처해질 수 있습니다.

경미 범죄 심사 제도는 비교적 경미한 범죄를 저지른 초범 피의자의 사정을 참작해 구제해주는 제도입니다. 형사 입건자는 즉결 심판으로 감경하고, 즉결 심판 대상자는 훈방 처분으로 선처하여 감경하기도 합니다.

심사위원회는 경찰서장이 위원장을 맡고 경찰 내외부 인사 등 5~7명으로 구성되어 있으며 심사 대상 사건은 사안이 경미하고, 피의자가 고령이거나 장애인, 기초생활보장 수급자 등 사회적 약자인 경우로, 재범 우려 등을 고려해 감경 여부를 결정하고 있습니다.

경미한 형사 사건 피의자의 전과자 양산을 방지하기 위하여 '경미 범죄 심사위원회'를 설치 취지에 맞도록 엄격한 법 집행보다는 구제와 선처에 초점을 맞춘 것입니다.

〔 유사 기출 〕

장발장과 같이 생계형 범죄일 경우 주인은 처벌을 원하고 초범일 때 어떻게 할 것인가?

사회적 약자 범죄 저지른 경우 온정주의 무관용 찬반

생계형 절도 발견 시 어떻게 할 것인가?

한 아이 문구점 아이스크림 사 먹고 배탈. 부모 문구점 사장 처벌 요구. 처벌할 것인가?

영세민과 정부 사이 경찰 어떤 역할(현 정부 경제 민주화 차원 영세업자 보호 중시)

한적한 시골 길 가운데에 차를 세워놓고 짐을 옮기고 있는 시민이 있는데 어떻게 할 것인가?

생활 신문을 모두 가져간 할머니 어떻게 처리할 것인가?

1) 실종 아동 등이란

"실종 아동 등의 보호 및 지원에 관한 법률"에 의해 실종 당시 18세 미만 아동과 "장애인복지법 제2조"의 장애인 등 정신지체인, 발달장애인, 정신 장애인을 말하는데 약취, 유인 유기, 사고 또는 가출하거나 길을 잃어 보호자로부터 이탈된 아동을 말함

2) 실종 아동에 대해서는

(1) 경찰 현장 출동하여 수색 실시하고

(2) 실종경보: 상습적 가출 경력이 없는 아동의 실종 신고 접수 시

유괴경보: 유괴나 납치 사건으로 의심할만한 증거나 단서가 존재하는 실종 아동

(3) 유전자 검사: 보호 시설 입소자, 정신병원 입원 환자 중 보호자가 확인 안 된 아동, 무연고 아동 등

3) 경찰의 실종 아동 예방 대책은

(1) 지문 등 사전등록 서비스

– 실종에 대비해 18세 미만 아동, 정신장애인, 치매 환자 등 "경찰실종관리시스템"에 등록하여 자료활용 대처

– 신청

① 지구대, 경찰서 방문 신청

② 안전드림 홈페이지 신청

③ 보건소 등 경찰청과 연계된 기관에 신청

④ 찾아가는 사전 등록제 서비스: 어린이집, 유치원 방문

(2) 실종 예방 "코드 아담" (미국 – 1984년/우리나라 – 2014년도 도입 시행)

대형 마트, 경기장, 백화점 등 다중 이용 시설 내 실종 사건 발생 시 시설 운용자가 실종자를 초기 단계에 빠르게 찾을 수 있도록 의무화한 시스템

① 실종 예방 지침 준수 의무: 경보 발령, 수색, 출입구 감시

② 다중 이용 시설 관리 주체: 연 1회 교육 및 훈련 실시(해당 경찰관서에 보고)

1) 위해를 수반하지 않는 무기 사용 요건

    (1) 범인의 체포 · 도주 방지

    (2) 자신이나 다른 사람의 생명 · 신체의 방호 및 보호

    (3) 공무집행에 대한 항거의 제지

2) 위해를 수반하는 무기 사용 요건

    (1) 정당방위 · 긴급 피난에 해당할 때

    (2) 중범죄인(또는 중범죄 혐의자)이 공무집행에 대해 항거 또는 도주 시

    (3) 영장 집행 과정에서 경찰관의 직무 집행에 항거하거나 도주하려 할 때

    (4) 제3자가 중범죄인(또는 중범죄 혐의자)의 항거 · 도주 또는 영장 집행에 항거 · 도주하
려는 자를 도주시키려고 경찰관에게 항거할 때

3) 현행법의 문제점

    (1) 경찰 무기 사용 매뉴얼은 모호한 사용 기준을 명확히 한 것인데, 우선 상대방이 엽총,
날카로운 흉기, 금속성 둔기 등으로 공격해 생명의 위협을 느끼면 최후의 수단으로 권
총을 쓸 수 있고 테이저건은 상대방이 경찰관을 주먹이나 발로 때릴 경우 사용 할 수
있습니다.

    (2) 하지만 매뉴얼대로 무기를 사용하여도 피해가 발생한 경우 대부분 해당 경찰관에 대한
징계로 이어집니다.

    (3) 인권위의 징계 요구, 손해 배상 청구, 구상권 행사 등 민형사상의 책임이 이어져 현장
에서 무기사용이 거의 불가능하다는 문제점이 제기되고 있습니다.

예시 경찰관 직무집행법 제10조(경찰 장구의 사용)에 규정에 따라 합리적인 판단하에 범인의 제압을 위하여 필요하다고 인정될 때 사용한다고 나와 있습니다.

특히

① 현행범, (사형 무기. 장기 3년 이상의 징역이나 금고에 해당하는 죄를 범한) 범인의 체포, 도주의 방지

② 자기 또는 타인의 생명 신체에 대한 방호

③ 공무집행에 대한 항거의 억제

④ 주취 상태, 마약에 취해 난동, 흉기 등 소지 타인 위협, 흉기 소지 자해 등에 경찰 장구를 사용할 수 있습니다.

하지만 총기처럼 3회 투기 명령 없이 사용하더라도 가능 상대방 얼굴 가격은 금지되고 14세 미만자나 임산부 사용 불가, 우천, 강설 시 사용을 자제하고 있습니다.

2017.6.15. 경남 함양에서 "아들(조현병=정신분열증)을 정신병원에 입원시켜야 되는데 낫을 들고 위협"한다는 신고 접수. 경찰관 5명 출동 177cm 체중 100kg 이 모 씨(44세) 난동 중 1시간쯤 설득하다 3~4m 거리에서 사용, 전극침 2개 오른쪽 갈비뼈 아래와 팔뚝 부위 꽂히기도 하였습니다.

테이저건은 2004년 8월 서울 서부서 경찰관 2명이 성폭행 피의자가 휘두른 흉기에 찔려 순직한 것을 계기로 2005년부터 미국산 제품으로 사용하고 있고 장구이기는 하지만 장구 사용 요건과 위험성에 대한 충분한 숙지와 신중한 사용이 필요하다고 생각합니다.

1) 일단 무전으로 추가 증원 요청을 하고

2) 당장 폭력 행위를 중지할 것을 경고하고,

3) 경고에도 불구하고 계속해서 폭력 행사가 이루어질 경우 공포탄을 발사하고,

4) 그럼에도 계속해서 인명 살상이 이루어질 정도의 위험한 행동이 계속된다면 위험성이 가장 큰 범인을 향해 대퇴부 이하를 조준하여 실탄 사격을 실시할 것임

1) 불심(不審)은 '의심스럽다'는 의미이고 경찰관직무집행법에 명시된 행정 작용의 일부입니다.

　불심 검문의 요건은

　(1) 범죄혐의자(수상한 행동이나 그 밖의 주위 사정을 합리적으로 판단하여 볼 때 어떠한 죄를 범하였거나 범하려 하고 있다고 의심할 만한 상당한 이유가 있는 사람)

　(2) 준참고인(이미 행하여진 범죄나 행하여지려고 하는 범죄 행위에 관한 사실을 안다고 인정되는 사람)입니다.

2) 대상

　일명 '거수자'라고 불리우는 '거동이 수상한 사람'입니다. 경찰관이 봤을 때, 범죄를 저질렀거나 저지르려고 한다는 합리적 의심(reasonable doubt)이 있는 사람이 주된 대상입니다. 거기에 범죄에 대해 뭔가 아는 것 같아 보이는 사람도 불심 검문의 대상에 포함됩니다. 누군가가 수상한 행동을 한다는 사실에 덧붙여 경찰관 개인의 정보 · 지식 · 관찰 등 주관적 요소를 토대로 합리적으로 판단해야 합니다.

　－ 국가 주요 시설의 경우 대게 테러리스트로 의심되는 사람이 불심 검문 대상이다.

　－ 마약 상습 복용자나 성범죄자, 강도 등으로 의심되는 사람이다. 예를 들면 한밤중 인적이 드문 골목을 젊은 남자가 배회하거나, 은행 등 근처를 배회하며 품속에서 무언가 만지작거리거나 하는 등의 행동을 할 경우를 말한다.

　－ 집회 시위 시에는 폭력 시위를 벌일 것으로 의심될 경우 경찰관직무집행법에 의거 불심 검문이 가능하다.

3) 방법

　(1) 경찰관은 거동이 수상한 사람의 행동을 멈추게 하고 자신의 신분이 명시된 증표를 제시하며 소속과 이름을 밝힌 뒤, 질문을 합니다. 그 사람이 어디를 왜 가는 것인지, 몇 살이고 어디에 사느냐 등의 내용을 물어볼 수 있습니다. 신분증을 보여달라고 할 수도 있습니다.

　(2) 행동을 멈추게 하는 것도 강제 수단을 동원하는 것도 허용되지 않습니다. 하지만 상황에 따라서 "길을 막거나 몸에 손을 대는 정도"의 힘을 동원하는 것은 허용된다는 것이 학계의 다수설입니다.

　(3) 다만 이때 수갑을 채운다든지 소지품을 뺏어 못 가게 만든다든지 하는 방법은 안 됩니다.

4) 임의동행

불심 검문을 한다고 멈추긴 멈췄는데, 그 장소가 도로 한복판이라는 등 '당해인에게 불리하거나 교통에 방해된다고 인정'될 때도 있습니다. 경찰관은 이럴 때 불심 검문 당사자에게 근처 경찰서 등에 "같이 좀 가자"고 요구할 수도 있습니다. 물론 당사자는 그때도 경찰관의 요구를 거절할 수 있습니다.

"경찰관이 임의 동행 요구에 응하지 않는다 하여 강제 연행하려고 대상자의 양팔을 잡아끈 행위는 적법한 공무집행이라고 할 수 없다."(91다38334)

5) 소지품 검사("Stop and Frisk")

경찰관은 불심 검문 당사자가 흉기 등을 가졌는지 확인하기 위해 소지품을 검사할 수 있습니다. 법률에 명시돼 있듯이, 검사 목적은 어디까지나 흉기 등 위험한 물건의 소지 여부 확인입니다.

– 상대방을 정지시키고, 손으로 옷이나 휴대한 물건의 겉을 손으로 만져서 확인하는 방법이다. 주머니나 가방 속 물건에 대해서는 강요적 언동에 의하지 않는 한 허용된다. 흉기나 폭탄 등 위험한 물건이 있다고 의심된다면 폭력을 사용하지 않는 범위 내에서 조사가 가능하지만, 그 외에 실력을 행사해서 조사하는 것은 허용되지 않는다.

6) 불심 검문의 문제점은

(1) 임의 조항으로 되어 있어 불심자가 거부하면 강제할 방법이 없어 신원 확인이라도 가능하도록 법 개정이 필요합니다.

(2) 불심 검문은 외부로는 공권력과 개인 인권의 충돌이고 내부적으로는 범죄 예방과 적법 절차라는 가치의 마찰이 있습니다.

(3) 외국이라고 크게 다르지 않아서 뉴욕 지법은 흑인을 상대로 한 불심 검문에 대해 위헌 판결을 내린 적도 있습니다. 거기다 이쪽은 백인보다 흑인을 더 많이 검문한다는 인종 문제까지 있습니다.

우리나라 쪽으로 돌아가서 보면, 우선 불심 검문이 수사의 단서로서 도움이 된다는 점은 있지만 불심 검문이 지나치다는 비판이 있습니다.

(4) 법원도 비교형량상 대상자가 얻는 주관적 불쾌감이나 약간의 시간 손실보다는 미래의 범죄 예방이 중요하다고 하며 어느 정도 인정하고는 있으나 경찰이 강압적이었던 역사가 있는 데다 현대에도 불심 검문 원칙이 잘 지켜지지 않는 경우가 많아서 시민들이 믿지 못하는 상태이고 이로 인해 신원 확인을 의무화하더라도 부정적인 인식 개선을 선결해야 한다는 의견입니다.

주민밀착형 탄력순찰제도는 공동체 치안 활동의 일환으로 주민 의견을 직접 반영해 평소에 불안감을 느끼는 범죄 취약 시간대 및 위험 개소를 파악하여 하는 예방 위주의 순찰을 말합니다.

특히, 수요자 중심의 치안 활동을 위해 지역 주민들이 순찰을 원하는 시간에 위험 개소를 파악하여 자율 방범대 등과 민·경 합동 순찰을 실시, 공동체 치안 활동을 강화하고 있으며, 범죄 의심이 가는 사람이나 차량을 발견했을 때에는 신속한 112신고 등 범죄 예방을 위한 요령을 홍보도 함께하고 있습니다.

- 19. 08. 제주지방경찰청을 시작으로 전국경찰관서로 확대 시행하고 있으며 주민접촉 시 불안 요인, 지역 등 파악, 상가 금융 기관 등 방문 시 체감 안전도, 범죄 예방 의식도 진단 하는 등 간이 범죄 예방 진단을 병행하는 것

예시 서울 시민안전 최우선거점순찰, 인천 안심순찰존, 울산 자전거 순찰 활성화, 대전 자기주도 형 공동체 치안 근무, 경기 우리 동네 안심순찰 등

10 사제 총기 규제 방안

사제총기는 개인이 은밀하게 몰래 만들기 때문에 정확한 파악이 어려운데 그래도 간접적으로 알 수 있는 것들 보면 인터넷에 게재된 총기 제조법 관련 단속 건수는 3건, 매년 자진 신고로 적발되는 불법 무기류는 4,400여 개입니다. 또 해외에서 총기로 개조 가능한 장난감 총기나 부품 등을 우리나라에 밀반입하는 사례들도 있습니다.

- 인터넷상의 무분별한 불법 거래와 사제 총기 제작법 유통이 지적되고 있는바, 동영상 채널 유튜브에는 '총기 제작' 같은 간단한 검색어만 입력해도 8,000여 개 이상의 나타나고
- 실제 유튜브에는 플라스틱 통과 호스, 공기 주입기 등 쉽게 구할 수 있는 소재로 만든 공기총부터 공업용 기계로 만든 엽총까지 다양한 제작법이 등장하였고, 제작에 필요한 도면과 재료도 소개하고 있습니다.
- 현행법률(총·포 도검 화약류 등의 안전관리에 관한 법률)에 제조 방법이나 설계도 등을 인터넷 카페나 블로그, 유튜브에 올리면 2년 이하의 징역이나 500만 원 이하의 벌금형에 처하도록 하였지만 미흡한 편이고, 유튜브처럼 국내에 서버를 두지 않은 사이트는 규제에 한계가 있습니다.

대책으로는

① 총포와 화약류를 분리하여 입법 및 현행법률 강화하고

② 사제 총기 단속하고 수사할 주무 부서 인력 충원, 방탄복 구입 등 장비 예산 증액해야 합니다.

③ 총기를 반출할 때 당사자의 정신 상태, 심리 상태, 채무 관계 확인하고

④ 신고 포상 제도 운용
   (사제 총기 제작 및 보관 신고 시 적절한 인센티브를 활용해서 잠재적 범죄 예방)

⑤ 사이버 수사대에서 사제 총기 관련 단속을 지속적으로 해나가야 할 것입니다.

11 웨어러블 폴리스 캠이란

폴리스 캠은 영상과 음성을 녹화 · 녹음할 수 있는 소형 카메라인데 경찰은 폴리스 캠을 경찰관 상의 주머니나 옷깃에 달아 사용한다고 합니다.

폴리스 캠으로 녹화한 영상과 음성은 지구대나 경찰서에서 보유한 영상기록저장장치에 저장되며 임의로 편집하거나 삭제할 수 없도록 설계되었습니다.

경찰은 폴리스 캠의 오 · 남용을 막기 위해 피의자를 체포 · 구속할 때, 피의자가 범행 중일 때, 녹화에 동의할 때 등으로 사용 범위를 제한할 계획이라고 합니다. 불심 검문, 집회, 시위 현장에서 증거 수집용으론 금지된다고 합니다.

하지만
폴리스 캠은 개인 정보 자기 결정권에 대한 침해 가능성을 최소화하고, 보다 효과적인 수사와 범죄 예방을 위해 폴리스 캠 운영과 관련해 법률에 명시적인 근거를 두는 것이 필요하고, 이를 바탕으로 폴리스 캠 확대 · 보급, 예산 확보 등의 조치가 수반돼야 한다고 합니다.
폴리스 캠의 활용 실적을 제고하기 위해 촬영 장비 업그레이드, 운영의 투명성 · 중립성 강화, 개인 영상 정보 유출 가능성 차단 등 대응책 마련도 필요하다고 합니다.

즉결 심판의 대상이 되는 사건에 대하여는 즉결심판에관한절차법 제19조(형사소송법의 준용)를 근거로 훈방할 수 있는바, 경범 위반자나 소액 절도 사건의 경우 훈방의 대상이 될 수 있다. 단, 훈방권의 한계를 준수하여 남용하지 않도록 주의하여야 한다.

1) 법적 근거

경찰의 훈방권은 법률상 명문의 근거는 없으나, 즉결심판에관한절차법 제19조(형사소송법의 준용)를 근거로 검사의 기소편의주의의 근거인 형사소송법 제247조를 준용하면, 경찰서장도 즉결 심판의 대상이 되는 사건에 대하여 훈방권을 가진다고 보는 것이 학계의 다수설이다.

대법원 또한 82도117판례에서 "사법경찰관리가 직무 집행의 의사로 위법 사실을 조사하여 훈방하는 등 어떤 형태로든지 그 직무 집행 행위를 하였다면 형사 피의사건으로 입건 수사하지 않았다 하여 곧 직무 유기죄가 성립한다고 볼 수 없다."라고 훈방권을 인정하는 취지로 판시한 바 있다.

2) 훈방의 대상

즉결 심판의 대상(20만 원 이하의 벌금, 구류, 과료에 처할 수 있는 죄)이 되는 사건에 한하여 훈방할 수 있는바, 경범 위반자나 소액 절도 사건의 경우 대상이 될 수 있다.

3) 훈방권자: 경찰서장 및 지구대(파출소)장

4) 훈방 요건(각 호의 1) 범죄 사실 경미, 개전의 정이 현저
  (1) 연령상: 60세 이상 고령자, 미성년인 초범자
  (2) 신체상: 정신박약, 보행불구, 질병자
  (3) 신분상: 주거·신원 확실, 부득이한 정상 참작의 사유 있는 자
  (4) 죄질상: 공무방해 또는 상습범이 아닌 자, 과실범
  (5) 기타 경찰서장이 특히 훈방할 사유가 된다고 인정하는 자

5) 절차

피해자가 처벌을 원하지 않고, 초범 여부, 나이, 성별, 정황 및 반성의 정도, 피해 회복 여부 등을 판단하여 생활안전과장(야간·공휴일: 상황실장)을 위원장으로 하는 경미 범죄 심사위원회를 구성하여 처리할 수 있다.

층간 소음이란 공동 주택에서 흔히 일어나는 일로 이웃집에서 내는 소음이 지속적으로 나를 괴롭히는 일을 이야기합니다. 요즘은 특히 이 층간 소음에 사람들이 예민하게 반응하기 때문에, 아이를 키우는 집은 층간 소음 매트를 깔거나 슬리퍼를 신는 등 이웃을 배려하고자 하는 행동을 해야 합니다.

층간 소음은 사람이 뛰거나 걷는 동작으로 인해 생기는 소리, 가구를 끄는 소리, 물건을 떨어뜨렸을 때 내는 소리와 같은 '**직접충격소음**' 그리고 TV, 라디오, 노랫소리 등과 같은 '**공기전달소음**'으로 구분 지을 수 있습니다.
화장실, 세탁실 등에서 발생하는 급수/배수 소리와 동물이 짖는 소리, 에어컨 실외기 소리 등은 층간 소음에 해당하지 않는다고 알고 있습니다.

층간 소음에 대해 **경범죄 처벌법 3조** 21항(인근소란 등)을 근거로
악기·라디오·텔레비전·전축·종·확성기·전동기(電動機) 등의 소리를 지나치게 크게 내거나
큰 소리로 떠들거나 노래를 불러 이웃을 시끄럽게 한 사람은 경찰이 강제적으로 처벌이 가능합니다.
하지만 **서로가 마음을 가라앉히고 대화를 통해 갈등을 풀어야 한다고 중재하는 것이 바람직합니다.**

또한 적극적으로 이 문제를 해결하고 싶다면 '**중앙 공동 주택관리 분쟁조정위원회**'를 통해 신고하거나 '**층간 소음 이웃사이센터(www.noiseinfo.or.kr)**'를 통해 방문 상담을 요청해서 소음을 직접 측정해 달라고 의뢰하는 방법이 더 좋습니다.

〔유사 기출〕

층간 소음 경찰 개입하여야 하는가?

층간 소음 신고 출동 시 업무 처리 어떻게 할 것인가?

층간 소음 신고 귀찮아서 미출동 피해자 자살 어떻게 할 것인가?

한국은 지난 2003년 OECD 국가들 중 자살률 1위라는 오명을 쓴 이후 2016년까지 13년 연속 자살률 1위 국가로, 연령별로는 80대 이상의 자살률이 10만 명당 70명으로 가장 높았고, 20대의 자살률도 10만 명당 16.4명이나 되는 것으로 알고 있습니다.

경찰에서는 특히 자살 시도는 2차, 혹은 3차로 이어지는 경우가 많은 만큼 자살 시도 재발 예방에 초점을 맞추고 자살 기도자들의 정신건강까지 보살핀다고 알고 있습니다.

경찰청은 자해나 자살 시도 등의 상황을 발견하면 구조를 진행하며 자살예방센터에도 출동을 요청해 현장에서 신속한 상담을 진행할 수 있도록 했고 휴일이나 야간에 자살 시도가 발생해 자살예방센터 직원의 출동이 어려운 경우에는 **'정신건강 위기상담 전화 서비스'**를 통해 이 같은 상담을 대체하기로 했습니다.

또 자살 기도자가 정신 질환을 앓고 있다거나 간단한 상담만으로 상황이 호전되지 않는 것으로 보일 경우에는 **병원과 연계해 응급 입원 절차를 밟는다고 합니다.**

경찰 관계자는 "사고 현장에서의 **신속한 전문 기관과의 연계**를 통해 자살 피해를 미연에 방지하고, 이 같은 내용을 **지방청 등에 하달하고 전수 교육을 실시할 예정**"이라고 합니다.

〔 유사 기출 〕

남편이 유서 써놓고 집을 나가 연락 안 된다. 부인 지구대 전화 어떻게 할 것인가?

자살 기도자 대처 방안

민원인이 매일 찾아와 무리한 요구를 하며 자존심을 긁는 말을 한다면

물에 가족과 시민이 빠졌을 때 대처 방법

폭행 현장에 출동했는데 4:1의 집단 폭행 사건이 있었다. 피해자부터 구할 것인가 동료를 구할 것인가?

범인에게 총을 빼앗긴다면 어떻게 할 것인가?

시위 진압 중에 상사가 지하철 막으라고 명령, 시민들은 지하철에 들어가게 해달라고 한다. 어떻게 할 것인가?

동료와 출동을 나갔는데 범인이 휘두른 흉기에 동료가 다쳤고 범인은 계속 시민을 위협한다. 어떻게 할 것인가?

지진이 발생했습니다. 청각 장애인은 어떻게 구할 것인가?

노인과 아이 중 물에 빠지면 누굴 구할 것인가?

절도범이 절도품을 들고 가는 것을 목격했다. 동시에 빨간불에 길을 건너는 맹인을 보았다. 어떻게 할 것인가?

업무 중 상사가 피습을 당해 쓰러져 있다. 어떻게 할 것인가?

순찰 중 남녀가 섞여서 3:3으로 싸우고 있다. 너는 그때 혼자고 총기를 휴대하고 있다. 어떻게 대처할 것인가?

순찰 두 명이 나갔는데 동료 한 명이 권총을 빼앗겼다면 어떻게 할 것인가?

※ 112신고 처리는 서울청 기준으로 지방청 112종합상황실 → 경찰서 112종합상황실
→ 지구대 · 파출소 112순찰차에 무전 지시에 의해 수행됨

※ 112센터는 경찰청은 치안상황관리관 밑에, 지방청은 차장 직속(서울청 기준)으로 112종합
상황실이, 경찰서에는 과 단위로 112종합상황실이 운영되고 있음

1) 단기 대책(당장 112신고된 사건 처리하는 방법)
  (1) 인접관서 지원 지시
    − 당해 경찰서 내에서는 인접 지구대 · 파출소
    − 인접 경찰서의 인접 지구대 · 파출소에서 지원 지시
  (2) 여성청소년·형사·교통 업무의 경우는 해당 부서에서 먼저 출동 처리(원래 112신고 1차
    출동 부서는 지구대·파출소이나 여력이 없으므로 해당 부서에 양해를 얻어 출동시킴)
  (3) 강도 · 절도 · 폭력 등 우선순위가 급한 것부터 우선 출동시키고, 나머지는 신고자에게
    양해를 구해서 후순위로 처리

2) 장기 대책(112신고를 줄이는 방법)
  (1) 셉테드(CPTED: 환경 설계를 통한 범죄 예방)를 통해 범죄 발생 기회를 줄임
    − CCTV 증설, 가로등 증설로 골목길을 밝게 하기, 여성안심귀갓길 조성 등
  (2) 홍보활동을 통해 경찰 민원에 대한 전화는 182센터로 유도, 일반 행정 기관 민원에 대
    해서는 다산콜센터 등으로 전화하도록 유도
  (3) 도보 순찰 등 '주민접촉형' 순찰을 통해 112신고 건수를 찾아내 현장에서 해소
  (4) 112 허위 신고를 강력히 처벌하여 허위 신고 건수를 줄임

1) 2단계 격상 기준

지역 유행 단계 중 거리 두기 2단계는 유행 권역에서 1.5단계 조치를 실시한 후에도 지속적 유행 증가 양상을 보이며, 유행이 전국적으로 확산되는 조짐이 관찰되는 상황일 때 세 가지 상황 중의 하나를 충족할 경우 2단계 격상을 검토하게 됩니다.

(1) 유행 권역에서 1.5단계 조치 이후 1주가 경과한 후에도 1.5단계 기준의 2배 이상으로 유행이 증가하는 경우 해당 권역의 2단계 격상을 검토한다.

(2) 2개 이상의 권역에서 1.5단계 수준의 유행이 1주 이상 지속되며 유행이 증가하는 양상을 보이는 경우 해당 권역들의 2단계 격상을 검토한다.

(3) 전국적으로 신규 일일 확진자가 300명을 초과하는 상황이 1주 이상 지속되며 유행이 증가하는 양상을 보이는 경우 전국을 2단계로 격상할 수 있다.

2) 2단계 시 경찰의 역할

경찰은 특히 방역 업무를 방해하는 허위 사실을 유포한 사람도 수사 중입니다.

예컨대 페이스북에 '민노총 집회에 갔다고 하면 검사를 안 받아도 된다' 등을 올린 사람에 대해서 엄정하게 처벌한다는 것입니다. 아울러 특정 지역이나 장소에 확진자가 다녀갔다는 허위 사실을 유포한 사람도 조사하고 있습니다.

이를 위해 경찰청은 사이버안전국을 중심으로 한 대책상황실을 설치하고 보건복지부와 방송통신심의회 등 관계 부처와 긴급 공조 체제를 구축했습니다.

경찰관 물리력 사용 5단계에 의하면

경찰관이나 제3자의 생명·신체에 급박하고 중대한 위해를 초래할 가능성이 높은 상황인 '치명적 공격'인 경우에 경찰관은 경찰봉, 방패로 급소를 타격하거나 최후의 수단으로 권총을 사용할 수 있다고 알고 있습니다.

경찰은 대상자가 무조건 흉기를 들었다고 해서 폭력적·치명적 공격으로 간주해 제압하는 것이 아니고 현장 상황을 객관적으로 평가해 언어적 통제부터 시작해 강도를 높이는 '위해감소 노력'을 하고 상황이 급박하거나 대상자가 생명·신체를 위해할 가능성이 높다고 판단될 때는 곧바로 전자 충격기 등의 무기·장구 사용이 가능하다고 알고 있습니다.

경찰위원회가 심의·의결한 '경찰 물리력 행사의 기준과 방법에 관한 규칙 제정안'에 명시된 '경찰 물리력 사용 연속체' 개념도(사진: 경찰청 제공)

출처: 경찰청

18 택시에 귀중품 두고 내린 시민이 찾아달라고 경찰에게 왔는데 CCTV는 구청 관할이라 해도 계속 요구할 때 대응책은? （2020년 기출）

경찰청 유실물 센터를 이용하도록 안내하겠습니다.

경찰청 유실물 센터에서는 분실 휴대폰 찾기, 분실물 신고, 1:1 문의, 습득물 상세 검색 등 분실물에 대한 유실물 종합안내를 제공하고 있다고 알고 있습니다.

우선 경찰청 유실물 종합 안내 사이트에 접속해서서 습득물 신고, 분실물 신고, 핸드폰 찾기 등 분실물에 대한 여러 가지 정보를 확인하고 유실물 신고 절차, 유실물 처리 절차, 경찰청 유실물 포털, 유실물 발생 시 대처 요령, 전국 유실물 관할 센터, 전화 통역 서비스, 유실물 입찰 안내, 유실물 법령을 안내하겠습니다.

19 인권'과 '공권력' 사이, 경찰 '총기' 사용의 기준은?

1) 사례

- 광주 집단 폭행 사건. 온몸에 문신을 두른 조폭들이 한 남성을 마구 때리고, 경찰이 말리는데도 아랑곳하지 않습니다. 이 영상이 퍼져 나가자 총은 뭐하러 갖고 다니느냐는 비난

- 경북 영양 경찰관 피습사건. 조현병 환자가 휘두른 흉기에 경찰관 한 명이 숨졌는데, 당시에도 출동 경찰은 권총과 테이저건을 사용하지 않았습니다.

2) 현황

- 경찰관은 "총은 쏘는 게 아니라 던지는 것이다 차라리 그게 더 낫다는 반응

- 장기 3년 이상 범죄나 뭐 급박할 때 (권총을) 쓰라는 메뉴얼이 있어도 쓰기 어려운 게, 나중에 불이익 같은 게 있지 않습니까."

- 감사받고 징계받는 게 두려워 총기 사용을 꺼린다.

3) 대책

경찰청이 인재근 의원실에 제출한 '물리력 사용 가이드라인'

- 사형, 무기징역, 또는 3년 이상의 범죄라는 용어 대신

  '상대방이 엽총, 칼, 낫, 쇠파이프 등을 들었을 때'로 규정

- 테이저건 규정도

  경찰의 제지를 무시하고 주먹질과 발길질 등의 폭력을 행사해 상대방이나 경찰에게 부상을 입힐 경우라는 조항 추가

01 가정 폭력 대응 방법을 말해 보세요

(2020년 기출)

예시 - 가정 폭력(가정 폭력 범죄의 처벌 등에 관한 특례법 제2조)이란 가정 구성원간 신체·정신·재산상의 피해를 수반하는 행위입니다.

- 가정 구성원은 배우자, 자기 또는 배우자의 직계 존속, 계부모와 자녀 관계 또는 적모와 서자 관계, 동거하는 친족 관계에 있는 자를 포함합니다.

- 모욕, 폭행(존속 폭행), 협박, 명예훼손, 공갈, 상해, 학대, 체포, 감금, 강요, 주거·신체 수색, 재물손괴, 강간, 강제 추행, 유사 강간, 미성년자 간음, 추행으로 나타납니다.

- 신고 시 대응 방법은 현장 출동 → 응급조치, 긴급 임시 조치 → 현행범 체포 검토입니다.

- 출입문은 개방되어 있으나, 출입·조사 거부하더라도 경찰관에게 현장 출입 및 조사권이 있음(가정 폭력방지 및 피해자보호법 제9조의4)을 고지 후 진입 가능합니다.

  ① 폭력 행위 제지, 행위자와 피해자 분리 조사

  ② 피해자 가정 폭력 상담소·보호 시설 인도(피해자 동의 시)

  ③ 피해자 의료 기관 인도(긴급 치료 필요 시)

  ④ 폭력 행위 재발 시 임시 조치 신청할 수 있음을 통보

사건처리 시 KICS 상 응급조치 보고서 작성하여 사건 기록부에 편철. 사건처리를 하지 않으면 상담소·의료 기관 인계서 등 작성하면 됩니다.

아내 112신고 남편이 칼 들고 죽이려 한다. 비명 지르고 전화 끊어서 출동, 현관 앞에 나와 다 해결됐으니 가라고 한다. 어떻게 할 것인가?

가정 폭력 강력 범죄화 찬반

상습 가해자 남편, 경제적 이유로 처벌 불원 피해자 부인 어떻게 할 것인가?

가정 폭력 사후 조치

가정 폭력 출동 문 안 열어 주면 어떻게 할 것인가?

가정 폭력(남편 개인 문제다 돌아가라, 집안 비명 상황) 신고 시 행동 요령(현장 조치 요령 포함)

엄마 신고, 출동, 아들 집안 물건 부수고 있다. 어떻게 대처할 것인가?

가정 폭력 해결 방안

지인 가정 폭력 피해자. 피해 사실 외부에 알려지는 것 꺼려. 어떻게 대처할 것인가?

다급한 목소리 남편 때린다 신고 출동해서 별일 아니라고 끝까지 문을 안 열어주면 어떻게 할 것인가?

가정 폭력 출동, 문 안 열어 주면 어떻게 할 것인가?

가정 폭력 방지를 위한 실효성 있는 대응 방안

가정 폭력 신고받고 출동하였는데 문을 열어주지 않는다. 어떻게 할 것인가?(다른 사람하고 다르게 관련 사례나 법 조항 이야기, 문을 열고 들어갈 것인데 상황을 어떻게 판단해서 들어갈 것인가, 불이 꺼져 있다면, 조용하다면, 계속 가라고 한다면)

어린아이가 아빠가 엄마를 때린다고 가정 폭력으로 신고하였다. 출동을 하였지만 문을 열어주지 않는다. 어떻게 할 것인가?(진입할지 말지 고민되는 상황이면 어떻게, 진입할 수 있는 관련 법 근거 알고 있나, 아빠가 칼을 들고 있는 상황이라면, 임시 조치는 아는 것이 있는가?)

아파트 가정 폭력 신고 들어왔는데 경비원이 현관문을 열어주지 않는다. 어떻게 할 것인가?

가정 폭력 대처 방안

〔 관련 문제 〕 긴급 임시 조치 요령(동법 제8조의 2 · 3)

응급 조치에도 불구, 가정 폭력 재발의 우려 및 긴급을 요하는 경우, 피해자 신청 또는 경찰관 직권으로 결정하여

- 피해자의 주거 또는 점유하는 방실로부터 퇴거 등 격리
- 피해자의 주거, 직장 등에서 100m 이내 접근 금지
- 피해자에 대한 전기 통신을 이용한 접근 금지
- 피해자가 직접 법원에 청구하여 단순히 격리나 접근 금지만을 원하는 경우, 형사 절차와 별개인 민사상 절차인 「피해자보호명령제도」를 안내

〔 관련 문제 〕 신변 안전 조치 내용은?

직권 또는 피해자 청구에 의해 신변 안전 조치 요청이 있는 경우 신변 안전 조치 집행 가능

① 피해자 보호 시설 · 치료 시설 인도: 여청 기능(학대예방경찰관)에서 수행

② 참고인 또는 증인 등으로 법원 출석 · 귀가 시 또는 면접교섭권 행사 시 동행

③-1: 피해자의 주거에 대한 주기적 순찰 – 관할 지구대 · 파출소에 협조

③-2: 피해자 주거에 대한 폐쇄회로 텔레비전 설치

청구서 작성(피해자 또는 법정대리인) → 법원 접수 · 검토 → 검사에게 요청 및 검사의 검토 → 관할 경찰서장에게 요청 → 관할 경찰서장 조치의 순서입니다.

〔 관련 문제 〕 출입문을 개방하지 않고, 출입 · 조사 거부 시 대처 요령은?

폭력 진행 중 또는 직후로 판단되면 경고 후 유형력 행사하여 신속히 현장 진입

경찰관에게 현장 출입 및 조사권이 있으며, 거부 시 500만 원 이하 과태료 부과가 가능합니다.

출동 경찰관은 "현장 조사 방해 행위자 통보서" 작성하여 학대 예방 경찰관에 통보하고

전담경찰관은 시 · 군 · 구에 통보하여 시 · 군 · 구에서 과태료 부과하여 진행하면 됩니다.

- 피해 아동 보호를 위한 응급조치는 가해 행위를 제지하고, 격리, 보호 시설 및 의료 기관 인도합니다.

  ※ 응급조치 후 현장 조사 체크리스트, 응급조치 결과 보고서 작성하여 여청수사팀 및 APO에 송부.

- 재발 우려 및 긴급성이 있는 경우 긴급 임시 조치가 가능합니다.
  (① 퇴거 등 격리, ② 100m 접근 금지, ③ 전기 통신 등 접근 금지)

- 응급·긴급임시조치를 하지 않은 경우: 현장 조사 체크리스트 작성, APO(학대예방경찰)에 전달하고 법원에 피해자 보호명령제도(퇴거 등 격리, 접근 금지, 보호 위탁 등) 고지 및 안내합니다.

〔 유사 기출 〕

신고 출동 시 대처 요령

피해 아동 식별 어떻게 할 것인가?

아동 학대 증가 원인과 대책

부모 부인 시 어떻게 할 것인가?

훈계와 학대의 차이, 그리고 해결 방안(부모님께 훈계나 학대받은 사례 있는가?)

아동 학대 처벌로 격리를 실시하는데 적절한지 부적절한지 이야기하고 해결 방안

아동 학대에 대한 사례와 대응 방안(순경으로서 신고를 받는다면 신고받을 때부터 끝까지 어떻게 조치할 것인지 설명, 아동의 정의와 경찰이 아동 학대에 개입해야 할 타당성은, 아동 학대는 가정이 해체되는데 해체되지 않게 할 수 있는 해결 방안은)

아동 학대 신고를 받고 출동하였는데 부모가 내 아이니 상관하지 말라고 하는 상황이다. 어떻게 대처할 것인가?

◀참고▶

※ 경직법 제7조(위험 방지를 위한 출입) ① 경찰관은 제5조 제1항·제2항 및 제6조에 따른 위험한 사태가 발생하여 사람의 생명·신체 또는 재산에 대한 위해가 임박한 때에 그 위해를 방지하거나 피해자를 구조하기 위하여 부득이하다고 인정하면 합리적으로 판단하여 필요한 한도에서 다른 사람의 토지·건물·배 또는 차에 출입할 수 있다.

※ 경직법 제6조(범죄의 예방과 제지) 경찰관은 범죄 행위가 목전(目前)에 행하여지려고 하고 있다고 인정될 때에는 이를 예방하기 위하여 관계인에게 필요한 경고를 하고, 그 행위로 인하여 사람의 생명·신체에 위해를 끼치거나 재산에 중대한 손해를 끼칠 우려가 있는 긴급한 경우에는 그 행위를 제지할 수 있다.

※ 형법 제216조(영장에 의하지 아니한 강제처분) ③ 범행 중 또는 범행 직후의 범죄 장소에서 긴급을 요하여 법원 판사의 영장을 받을 수 없는 때에는 영장 없이 압수, 수색 또는 검증을 할 수 있습니다. 이 경우에는 사후에 지체 없이 영장을 받아야 한다.

1) 학교 폭력이란

학교에서, 학생 간에 일어나는 폭력으로 '학교 폭력 예방 및 대책에 관한 법률 제2조'에 따르면 학교 내외에서 학생을 대상으로 발생한 상해, 폭행, 감금, 협박, 약취·유인, 명예 훼손·모욕, 공갈, 강요·강제적인 심부름 및 성폭력, 따돌림, 사이버 따돌림, 정보 통신망을 이용한 음란·폭력 정보 등에 의하여 신체·정신 또는 재산상의 피해를 수반하는 행위를 말합니다.

2) 학교 폭력의 원인은

(1) 학교 원인

입시 위주의 학교 교육으로 인한 스트레스, 소외된 학생들의 불만 표출, 범죄 의식 부재

(2) 가정 원인

부모와의 대화 등 소통 부재, 이혼 등 결손 가정, 맞벌이 등으로 인한 무관심 등

(3) 사회적 원인

– 경제 성장과 도시화로 인한 사회 규범 부재

– 빈부 격차로 인한 상대적 박탈감, 배금주의 만연으로 인간 가치 경시

3) 경찰 대응책

(1) 「학교 폭력 안전Dream팀」 운영

「학교 폭력 안전Dream팀」을 운영하여 학교 폭력 사건 발생 시 찾아가는 범죄 예방 교육을 실시, 추가 피해를 접수하고, 전담 조사관을 지정하여 피해자가 원하는 시간·장소·방법을 선택하는 '맞춤형 조사' 시스템을 갖춰 최대한 피해자 입장을 배려한 조사를 실시하며, 가해 학생에 대해서는 재범방지 선도프로그램(전문가 참여제, 사랑의 교실)을 운영할 예정입니다. 또한 피해자에 대해서는 '경찰관(여경) 서포터'를 지정하여 피해자를 상담·지원하는 등 사후에도 피해자 보호하고 있습니다.

(2) 학교 폭력 근절을 위한 유관 기관·단체 간담회 개최

경찰, 도교육청, 학생대표, 학부모 대표, 청소년 NGO 등이 함께 '학교 폭력 예방을 위한 공감대 형성 및 협력 방안'에 대해 기관·단체별로 대책을 발표하고 토론회를 실시하고 있다고 합니다.

(3) 학교 폭력 관련 수사 철저 및 가해자 엄중 처벌

① 청소년 변사 사건 발생 시 학교 폭력 관련 여부를 철저히 수사하고

② 지속적인 괴롭힘, 집단 폭력 행사, 금품 갈취 등 상습적·고질적 학교 폭력 행위에 대한 첩보 수집을 강화하고 발생한 폭력에 대해서는 엄중 처벌할 방침이며

③ 중한 학교 폭력 및 학생 자살사건의 경우 강력 사건에 준하여 적극 수사하고 있습니다.

(4) 범죄 예방 교실 운영 내실화

    ① 학교 폭력에 대한 심각성을 초·중·고교생 등 수준별로 구분하여 수요자 눈높이에 맞는 교육을 3월 학기 초에 집중적으로 실시

    ② 중학교 학생회장 등과 학교 폭력 근절을 위한 MOU 체결

    ③ 학기 초(3월 중)에 도내 중학교(132개교) 학생회장 등 학생 대표와 공동으로 학교 폭력 예방 방안, 졸업식 문화 개선 등을 위한 네트워크 구축. 학교 폭력 신고 방법, 학교 폭력 예방을 위한 의견 청취 및 피해사례 수집하는 등 노력하고 있는 것으로 알고 있습니다.

【 유사 기출 】

사이버상 이루어지는 따돌림 원인과 해결 방안

학교 폭력 개입 정도

요즘 청소년들에 대한 시각, 긍정적인가 부정적인가 의견

아이가 있는지, 교육이 무엇이라고 생각하는가?

경찰 상주, 학교 이미지 하락 의견

아버지 살인 피해자로 죽고 아이 혼자, 아이 어떻게 할 것인가?

학교전담으로서 아이들에게 해줄 수 있는 것은

학교전담 끝나면 어떤 부서에 근무하고 싶은가?

학교전담으로서 남들보다 잘할 수 있는 것은

학교에서 학생 자살

학생들과 어울려 활동 경험

학교 강연 중 학생들 졸고 집중하지 않는다. 어떻게 할 것인가?

학교전담 업무와 교권 침해, 업무 중복 교권 침해 어디까지 개입

- 학교전담경찰관의 역할을 '학교 폭력 대응 및 범죄 예방' 사안 등 '안전' 관련 업무에 집중하고, 일반 상담 등 '교육' 관련 업무는 교육 당국에 연계하거나 협업하도록 역할을 재정립하였으며, 선발과 배치 등 운영 전반에 걸쳐 전문성과 도덕성을 높일 수 있도록 경력 경쟁 채용을 확대하고 내부 선발 기준을 마련하는 한편, 직무·인성교육을 대폭 강화해 나가기로 했습니다.

- 교육 당국과의 정보 공유 및 협업을 강화하기 위해 단위별 협의체 구성을 의무화하여 주기적으로 관련 사항을 논의하고, 각 지역 특성에 맞는 세부 활동 지침을 마련하였다고 합니다.

〔 유사 기출 〕

학교전담 임무와 역할

학생 말 듣지 않으면 어떻게 할 것인가?

학교 폭력 신고 처리 학교전담 또는 112순찰팀 누가 할 것인가?

112신고 방법 어떻게 가르칠 것인가?

본인이 SPO가 되면 무엇을 할 것인가?

〔 관련 문제 〕 신고 시 초동 조치 요령은?

① 피해 학생 우선 구호

② 가해 학생 인적사항 파악

③ 증거 수집(문자 · SNS · 현장 촬영 등) 및 목격자 확보

④ 피해 학생 진술서 작성(피해 학생 동행 거부 시 학생이 희망하는 장소에서 진술서 작성, 지구대 등 가해 학생 동행 · 조사 시 보호자에게 연락)

⑤ 경찰서 인계

〔 관련 문제 〕 교내 신고 출동 시 유의사항은?

- 학교장, SPO에게 사전 통지, 학교장 등 협조하에 초동 조치 수행

- 폭력이 진행 중인 경우에는 학교장과 협조하여 즉시 폭력 중단토록 조치

- 폭력이 종료된 경우에는 학생 신분 고려 수업 종료 후 비공개 장소에서 면접

- 교사 체벌 관련 신고의 경우, 교권 침해 논란 있을 수 있으므로 언행에 유의(학생들 앞에서 선생님이 잘못했다는 말 등은 지양)

[유사 기출]

놀이터에서 담배 피우는 아이들을 발견했습니다. 조치 요령은?

청소년기는 유년기에서 성인기로 넘어가는 과도기적인 단계로 이성이나 논리보다 감정과 충동에 의한 행동이 대부분입니다. 이러한 청소년기의 **심리적·생물학적 특징**과 더불어 사회의 복잡화·유해 환경의 증가 등과 같은 **환경적 원인** 및 산업화에 따른 핵가족화로 인해 통제 요인의 감소, 학교의 전인교육 상실 등과 같은 **사회적 원인**에 의해 청소년 비행 및 범죄의 심각성은 나날이 증가하고 있습니다.

그리고 청소년 범죄의 원인으로 중요한 요인이 바로 가정입니다.
즉, 긍정적인 가정환경은 사회적 유대를 형성하고 발전시킬 수 있는 중요한 공간이지만, 부정적인 가정환경은 청소년들에게 사회적 유대를 약화시켜 청소년 범죄로 나아가게 하기 때문입니다.
우리나라 청소년들은 입시 위주의 교육 환경, 성인 중심의 소비·향락적인 유해 환경, 사회의 폭력 문화의 영향, 그리고 부모 이혼 등 가정 해체로 가치관의 혼란을 겪고 있는가 하면, 청소년들의 미래의 삶에 대한 희망보다는 절망과 불안감이 커지고 있습니다.

이러한 혼란과 절망감에서 벗어나기 위해 청소년들은 폭력, 절도, 자살, 가출, 환각제 복용, 외래문화에의 도취, 약물·술·담배 등에 의존하고, 같은 처지에 또래들과 집단으로 가출과 학업 포기 등 어울려 다니면서 범죄에 가담하고 있습니다.

이러한 다양한 문제들은 청소년 자신들에게도 책임이 있지만, 근본적으로는 입시 위주의 교육과 부모 이혼 등 자녀들에 대한 무책임과 무관심에 원인이 있다고 할 수 있습니다.

대책은
  − 치열한 경쟁 사회에서의 교육 체제의 정비와 청소년들에게 효 문화 중심의 바른 인성을 갖출 수 있도록
  − 가정과 학교, 부모와 교사가 함께하는 공감대 형성 인성 교육과 부모와 교사들의 교육 문제 의식 전환, 청소년들과 공감적 지지 구축과 대화를 통한 소통으로 고민 해결 등 문제점을 스스로 해결할 수 있는 능력을 키워주어야 한다고 생각합니다.

강력 사건으로부터 사회적 약자인 여성들을 보호하기 위해 경찰에서는 '검거'보다는 '예방'을 주력으로 하는 범죄 예방진단팀(CPO)이 있다.

범죄 예방진단팀(CPO)란 CPTED(환경 설계를 통한 범죄 예방)를 기반으로 여성들이 불안을 느끼는 장소, 인물뿐만 아니라 평소 일반적인 공원 등이나 원룸, 편의점 등 시설들의 범죄 취약 요소를 '진단'하고 범죄 요소를 '제거', '개선'하는 역할을 한다.

최근 중부경찰서 범죄 예방진단팀(CPO)에서는 **구도심 및 공·폐가 밀집지역인 정이송송 마을을 주민, 지자체 등 협업으로 꽃밭 조성, 벽화, 노면 컬러링, CCTV 설치 등 CPTED를 통한 범죄 환경 개선을 한 결과 절도범죄가 12% 감소**하였으며 지역 주민에게 범죄 예방에 도움이 되었다는 호평을 얻었다.

또한, 강력 범죄로부터 여성을 보호하기 위하여 노후된 아파트 및 대형 마트 주차장을 방범 진단한 결과 송림이마트, 롯데 팩토리 아울렛 등 2곳에 안심 주차장 인증제를 실시하여, 범죄가 발생할 기회를 줄이고 범죄로부터 안전감을 유지하도록 하여 최종적으로 인천시민의 삶의 질을 향상시키는 종합적인 환경 설계를 통한 범죄 예방을 하였다.

'범죄의 척결자'로서의 역할을 하던 경찰이 앞으로는 위해를 사전 예방하고, 흉악 범죄에 선제적·적극적으로 대응하는 '안전의 수호자'로서의 경찰 역할 패러다임 전환이 이뤄지고 있다.

07 사이버불링이란?   (2020년 기출)

사이버불링은(cyber bullying)은 가상공간을 뜻하는 사이버(cyber)와 집단 따돌림을 뜻하는 불링(bullying)의 합성어다.

사이버불링의 수법은
1) **'카톡 감옥'**
   카카오톡 단체 대화방에 특정 학생을 초대한 뒤 단체로 욕설을 하는 것이 대표적이다. 피해 학생은 이를 견디다 못해 방을 나가도 가해자들은 지속해서 방으로 초대해 온갖 욕설을 퍼붓는다.

2) **'온라인 왕따'**
   학생을 초대한 뒤 방에 있던 사람들은 일순간에 퇴장한다.

3) '아이템 셔틀'

게임 속 아이템을 대신 구하라며 괴롭히는 가해 방식 중 하나다.

이어 한국인터넷자율정책기구(KISO)에 따르면 △인터넷 서비스 아이디를 도용하여 거짓 정보 올리기, △문자로 루머 퍼뜨리기, △동성애자라고 폭로하기, △휴대폰으로 음해 문자 보내기, △온라인에 거짓 소문 퍼뜨리기 등이 있다. △금품 갈취(사이버머니, 아이템, ID), 동영상 촬영 유포 등도 사이버불링에 해당한다.

4) 외국의 대응

다른 나라의 경우 사이버불링 문제에 대해 **교사에게 문제 해결을 할 수 있는 권한을 부여**하는 등의 대처를 하고 있다.

미국 보건복지부는 사이버불링 사이트를 만들어 학생, 학부모, 교사가 사이버불링에 어떻게 대처해야 할 것인지 안내하고 있다.

영국의 경우에도 교육 시간이나 보건 건강 수업을 이용해 사이버불링의 위험성과 대처 요령을 교육하고 있다. 공영 방송인 BBC도 나서서 사이버불링과 관련된 영상과 그에 대한 설명을 제공하고 있다.

특히 교사들에게 더 강력한 권한을 부여해 사이버불링 발생 시 교사가 필요하다고 판단되는 경우 학생의 핸드폰을 포함한 부적절한 이미지나 파일을 찾아내 삭제하는 권한까지 부여하고 있다.

5) 한국경찰의 대응은

- SNS 메신저를 통해 욕설한 경우 형사 처벌을 받을 수 있다.
- 모욕죄 1년 이하의 징역이나 금고 또는 200만 원 이하의 벌금(① 형법 제311조 (모욕) 명예훼손죄 3년 이하의 징역 또는 3천만 원 이하의 벌금 허위 사실의 경우 7년 이하의 징역, 10년 이하의 자격정지 또는 5천만 원 이하의 벌금 ② 정보통신망 이용촉진 및 정보보호 등에 관한 법률 제70조 1항(벌칙))

6) 조치요령

① 상대방 ID가 확인될 경우: 게시일시, 공간, 글 내용이 나오도록 화면을 캡처

② 상대방 ID가 확인되지 않을 경우: 게시일시, 인터넷 주소 전체, 접속 IP 등 작성자를 알 수 있는 자료를 캡처

7) 신고 방법

① 경찰서 민원실 방문 신고

② 온라인 신고: 경찰청 사이버안전국(www.cyber.go.kr)

1) 촉법소년 여부 확인

  (1) 촉법소년(만 10세~만 13세)이라면 관련 부서인 여성청소년과(아동·청소년계)로 인계

  (2) 초범이거나 벌금형이 있는 범죄이거나 피해가 회복된 경우에는 청소년선도심사위원회에 회부하여 즉결 심판 회부 또는 훈방 처리

  (3) 청소년선도심사위원회 회부 요건에 해당되지 않는다면, 소년보호사건으로 처리. 즉, 우범 송치라 하여 검찰을 거치지 않고 바로 가정법원으로 송치하여 보호 처분을 받게 함

2) 촉법소년이 아닌 만 14세 이상 형사성년자인 경우, 3가지로 나누어 처리

  (2) 초범이거나 벌금형이 있는 범죄이거나 피해가 회복된 경우에는 '청소년선도심사위원회'에 회부하여 즉결 심판이나 훈방조치

  (2) 단순 절도는 벌금형이 있어 청소년선도심사위원회에 회부 가능하나 두 사람 이상 가담한 특수 절도는 벌금형이 없어 청소년선도심사위원회에 회부 불가

  (3) 초범이거나 벌금형이 있는 범죄시에는 검찰을 거치지 않고 바로 가정법원으로 송치(이것을 '우범 송치'라 함)하여 보호처분을 받게 함(앞 1)과는 피해 회복이 되지 않음에 차이가 있음)

  (4) 초범이 아니거나 벌금형이 없는 범죄에 대해서는 일반 형사 사건으로 처리. 즉, 검찰에 송치하여 형사 처벌을 받게 함

※ 청소년선도심사위원회(소년업무규칙)

  (1) 요건: 초범이거나 벌금형이 있는 범죄로서 피해가 회복된 경우

  (2) 위원회 구성: 경찰서장이 위원장이 되고 외부위원 2명(의사, 변호사, 교사, 상담사 등), 내부위원 등 총 5명 이상으로 구성. 월 1회 이상 회의 소집

  (3) 사건처리: 입건된 사건은 즉결 심판으로, 입건되지 않은 사건은 훈방 처리

    → 경미범죄심사위원회와 아주 유사

※ 경미범죄심사위원회

 (1) 개요: 비교적 경미한 범죄를 저지른 초범 피의자의 사정을 참작해 구제해 주는 제도로, 전과자 양산 등을 방지하기 위함임

 (2) 대상: 20만 원 이하 벌금·구류·과료에 처하는 즉결 심판 청구 대상 모든 경미 형사 사건

 (3) 요건

  ① 같은 종류의 범죄 경력 기록과 최근 2년 이내 즉결 심판 청구 사건 기록이 없을 것

  ② 피해자가 처벌을 원하지 않을 경우

  ③ 만 65세 이상 고령자, 장애인, 기초생활수급자 등(단, 19세 미만 청소년은 청소년 선도심사위원회에 우선 회부)

 (4) 위원회 구성 및 의결

  ① 경찰서장이 위원장을 맡고, 내외부 위원 등 5~7인으로 구성(2명 이상 내부 위원, 3명 이상 시민 위원(법률가, 교육자, 의사 등))

  ② 심사위원 2/3 이상 찬성으로 의결

  ③ 형사 입건 사항은 즉결 심판으로, 즉결 심판 사항은 훈방으로 처리

09   아동 학대에 대해 교육한다면 어떻게 하겠는가?

1) 아동 학대는(경찰, 의료 기관, 학교 긴밀히 협조 체계 구축)

 – 112신고 등에 의해 경찰 단독으로 인지하고 처리하는 경우도 있지만

 – 보건소 및 의료 기관에서 예방접종 시 아동의 건강 상태, 신체 상태(멍 자국 등)를 관찰하여 부모로부터 학대 정황을 인지하여 경찰에 신고하기도 함

 – 또한 학교에서는 장기 결석 아동에 대하여 문제의식을 갖고 관찰하면 보호자(부모, 시설)로부터 학대를 당하는 아동을 발견하여 경찰에 신고하는 경우도 있음

 – 현장 출동 시 아동보호전문기관과 함께 출동해서(아동보호전문기관에 의뢰하면 출동) 보다 전문적으로 대응

2) 학교에서 아동 학대에 대해 교육

 – 나 자신은 이 세상에서 가장 소중한 존재이다.

 – 아울러 나와 함께 학교 생활하는 친구들 또한 소중한 존재이다.(신고 의식 고취)

 – 그리고 아동 학대 사례를 언론 보도를 활용해서 객관적 사실을 알려주고 112신고 하도록 한다.

3) 유치원의 CCTV

- 현행 영유아보육법에서 아동 학대 행위자에 대한 어린이집 설치 · 운영 및 근무 제한
  강화 **"보육**교사의 처우 개선" 목적으로 **어린이집의 CCTV 설치는 의무화**하고 있으나,
  유치원의 경우 권장 사항이지만 지속적으로 정부(교육부 → 교육지원청)에서 예산 지
  원을 통해 대부분 유치원도 CCTV 설치하고 있습니다. - 보호자가 유치원을 보낼 때
  CCTV 설치 여부 확인

- 어린이집의 CCTV는 아동의 안전확인, 범죄수사 공소제기 및 유지 재판업무 수행을 위
  해 필요한 경우 열람을 요청할 수 있음

- 하지만 유치원의 경우는 의무화되어 있지 않아 열람 또한 쉽지 않을 것이므로 피해 아
  동 및 보호자의 진술과 진단서 등 학대의심 정황을 설명하고 CCTV 영상으로 객관적
  상황을 증명하도록 설득하겠다.

---

10 | 정인이법의 내용과 아동 학대의 경찰 예방책은?

아동학대범죄의 처벌 등에 관한 특례법 일부 개정 법률안은
아동 학대 신고 즉시 수사 및 조사 착수를 의무화했습니다.
경찰이나 아동 학대 전담 공무원이 현장 조사를 위해 출입할 수 있는 장소를 확대했으며, 아
동 학대 제지 등 응급조치 **시 가해자의 주거지나 자동차에 출입**할 수 있도록 명시했다고 알고
있습니다.
또한 가해자와 피해 아동은 분리해 조사하도록 했고, 경찰관과 전담 공무원의 업무를 방해하
는 경우 벌금형 상한은 **1,500만 원에서 5,000만 원**으로 높였습니다.

7개 법안을 병합 심사한 민법 일부 개정안은
친권자가 아동의 보호나 교양을 위해 필요한 **'징계'를 할 수 있다고 규정한 조항을 삭제**해 부
모의 자녀 체벌을 원칙적으로 금지했습니다.

경찰에서는
'아동학대 대응시스템 마련을 위한 TF팀'을 구성
'학대 신고-학대 여부 판단-분리 조치-사후 모니터링'의 단계별 공동 대응 시스템을 마련키
로 했습니다.

특히 **예비 소집 불참 아동, 양육 수당, 보육료 미신청 가정 아동, 예방 접종 미접종 아동 등을
대상으로 자치구 아동학대전담공무원, 아동보호전문기관** 등과 합동으로 전수 조사를 실시해
서 아동 학대 의심 가정에 대한 조사를 강화한다고 알고 있습니다.

1) 현황

스토킹 처벌법 시행으로 응급조치, 긴급응급조치, 잠정조치 등을 통해 국가기관이 범죄에 적극적으로 개입할 수 있는 명확한 법적 근거를 마련했다는 점에서 긍정 평가하고 있다.

  – 경찰의 스토킹 범죄 대응 단계는
    △ 제지와 경고를 하는 '응급조치' △가해자를 주거지 100m 내 접근 금지하고 전기 통신을 이용한 접근을 막는 '긴급 응급조치'
    △ 접근 금지 등과 더불어 가해자를 유치장이나 구치소로 보낼 수 있는 '잠정조치'로 구분된다. 이를 어기고 지속적인 스토킹 행위를 저지르는 경우 3년 이하의 징역 또는 3,000만 원 이하의 벌금형
    흉기 등을 휴대해 범죄를 저지르는 경우 최대 5년의 징역 또는 5,000만 원 벌금형

다만 법의 실효성과 명확성을 높이고, 실질적인 피해자 보호를 위한 법령 재정비가 필요하다는 목소리도 많다.

2) 개선안
  – "신고자 또는 피해자의 신청이 있으면 즉시 일정기간 동안 신변안전을 위해 조치 강구
  – 스토킹 행위의 제지나 방식, 정도에 메뉴얼이 도입
  – 상대방에게 불안감이나 공포심을 일으켜야 한다'는 모호한 요건개선

 형사, 수사

01 정책

01 공수처란 무엇인가요 (서울청, 제주청, 2020년 기출)

고위공직자범죄수사처란 고위공직자 및 그 가족의 비리를 중점적으로 수사·기소하는 독립 기관으로 고위공직자의 범죄 및 비리 행위를 감시하여 공직 사회의 신뢰성을 높이려는 것이 목적이라고 알고 있습니다.

검찰이 하고 있는 고위공직자에 대한 수사권, 기소권, 공소유지권을 공수처에 이양해 검찰의 정치 권력화를 막고 독립성을 높이자는 취지입니다.

고위공직자범죄수사처는 판사, 검사, 경무관급 이상 경찰에 대해서는 기소할 수 있는 기관으로, 공수처는 고위공직자 관련 범죄에 관하여 검찰과 경찰에 대해 '우선적 관할권'을 가지며, 공수처장이 사건을 어느 기관이 하는 게 좋을지 판단해 결정할 수 있다고 알고 있습니다.

- 미국은 '정부윤리청'이 연방공무원의 부패를 막고 있으며, '검찰국'이 각 부처 공무 전담에 대한 조사를 진행하고 있고, '특별심사청'이 공직 사회 내부 고발자를 보호한다고 알고 있습니다.
- 영국도 중대범죄수사처(SFO: Serious Fraud Office)에서 사기, 뇌물, 부정부패 등 범죄를 직접 수사하고 기소하고 있습니다.
- 홍콩 염정공서, 싱가포르 탐오조사국 등이 공수처와 유사한 기구입니다.

따라서 영국, 미국, 홍콩 등의 경우처럼 검찰, 경찰, 법관이 관련된 수사의 공정성을 위해 고위공직자의 범죄를 독립적으로 수사할 수 있는 공수처의 설립이 필요하다고 봅니다. (각자 의견으로 정리 가능)

범죄피해자 보호법 제8조의 2(범죄 피해자에 대한 정보 제공 등)에 의하면 국가는 수사 및 재판 과정에서 다음 각 호의 정보를 범죄 피해자에게 제공하여야 한다고 규정하고 있다.

① 범죄 피해자의 해당 재판 절차 참여 진술권 등 형사 절차상 범죄 피해자의 권리에 관한 정보
② 범죄 피해 구조금 지급 및 범죄 피해자 보호, 지원 단체 현황 등 지원에 관한 정보
③ 그밖에 범죄 피해자 권리보호 및 복지 증진을 위해 필요하다고 인정되는 정보

03 　피해자보호명령제　　　　　　　　　　　　　　　　　　　　　　(2020년 기출)

형사 사건 처리를 원치 않는 피해자에게 알맞은 '피해자 보호명령제도'라는 것이 2011년 10월부터 시행되고 있다. 이 제도는 형사 처벌 절차와는 별개로 피해자 또는 법정대리인이 직접 법원에 '피해자보호명령'을 청구해 판사가 피해자에 대해 직접 보호 조치를 결정하는 제도이다.

주요 내용은 "피해자 주거지ㆍ방실에서 퇴거, 100m 이내 접근 금지, 전기 통신을 이용한 접근 금지, 친권 행사 제한" 등이 있으며, 이를 위반할 경우 2년 이하의 징역 또는 2천만 원 이하의 벌금에 처할 수 있다.
그리고 '주민등록 열람제도'는 가정 폭력 피해자들이 가해자의 폭력을 피해 이사했을 경우 본인 의사와 관계없이 주소지가 노출되는 일이 없도록 가해자를 지정하여 주민등록 열람을 제한할 수 있도록 하고 있다.

04 　범죄피해자 보호법이란　　　　　　　　　　　　　　　　　　　　(2020년 기출)

범죄 혐의를 받는 자(피의자=피고인)이 재판 결과 불기소 처분을 받거나 무죄를 받아 내가 받은 피해를 보상받지 못해 손해를 입었을 경우 국가 권력을 잘못 행사하여 국민이 손해를 입은 것이므로, 국가가 보상해 주도록 하는 취지의 제도로 형사 보상 제도입니다.

다만, 손해 발생의 원인이 잘못된 공권력 행사이어야 하므로, 기소 유예 등 피의자의 잘못이 있으나 사정을 참작하여 기소하지 않았을 때에는 형사 보상의 대상이 되지 않습니다.

절도나 폭행을 당했을 때 범인이 절도죄나 상해죄로 형사 처벌을 받아도 피해자가 피해 배상을 받으려면 따로 민사 소송 절차를 밟아야 합니다. 하지만 민사 소송은 시간과 노력이 많이 들기 때문에, 신속하게 피해 보상을 받기가 어려운데요. 그래서 피해자가 범인의 형사 재판 과정에서 간단한 신청 절차만으로 손해 **배상 명령**까지 받아 낼 수 있는 배상 명령 제도가 있습니다.

1) 범죄 피해자 구조 제도: 사람의 생명 또는 신체에 해를 끼치는 범죄 행위 때문에 피해를 보았으나 가해자로부터 피해에 대한 보상을 기대하기 어려운 경우 국가에서 피해자 또는 유족에게 일정한 한도의 구조금을 지급하는 제도입니다.

2) 형사 보상: 형사 보상 청구는 무죄 판결을 한 법원, 또는 불기소 처분을 한 검사가 소속된 지방 검찰청의 피의자 보상 심의회에 신청합니다. 재판 당일 또는 검사로부터 불기소 처분 통지를 받은 날로부터 1년 이내에 신청해야 합니다. 이때 무죄 판결의 이유가 형사 미성년, 심신 장애인, (수사를 그르칠 목적 등으로) 허위 자백을 하여 구금된 경우, 구금 기간에 다른 수사가 진행되고 범죄가 성립된 경우에는 형사 보상금의 전부 또는 일부를 지급하지 않을 수 있습니다.

3) 배상 명령 제도: 상해, 폭행, 절도, 사기, 횡령 등 형사 사건의 피해자가 형사 재판에서 간편하게 민사적인 손해 배상 명령까지 받을 수 있도록 한 제도로 이때 배상은 피고인의 범죄로 발생한 직접적인 손해 및 치료비로 한정되고 그 이상의 치료비는 별도의 민사 소송을 제기해야 합니다.

---

05 수사권 조정 관련 책임 수사의 핵심과 경찰 내부의 보완책은? (2020년 기출)

1) 수사권 조정의 핵심은 검찰의 수사지휘권을 폐지하고 경찰에 수사종결권을 주는 것이다.
   - 이 중 수사종결권은 **'불송치 결정권'**을 말한다.
   - 검경 수사권 조정에 따라, 경찰은 범죄혐의가 없다고 판단한 경우 사건을 검찰에 송치하지 않는다(형사소송법 제245조의 5 제2호). 즉, 검찰 없이 경찰 자체적으로 사건을 종결할 수 있게 된 것이다.
   - '검사의 수사 개시 범죄 범위에 관한 규정'으로 명명된 검찰청법 시행령은 **부패 범죄, 경제 범죄, 공직자 범죄, 선거 범죄, 방위 사업 범죄, 대형 참사 등 법률에서 정한 검사 수사 개시 범죄 범위**를 보다 구체화했다.

     또 함께 시행되는 시행규칙(법무부령)에 제한 조건을 추가로 두어 앞으로 **검찰은 4급 이상 공직자, 3,000만 원 이상 뇌물 사건, 5억 원 이상 사기 · 횡령 · 배임 등 경제 범죄, 5,000만 원 이상의 알선수재 · 배임수증재 · 정치 자금 범죄 등만 직접 수사**할 수 있다. 이렇게 되면 지난해 기준으로 검사의 직접 수사 사건은 총 5만여 건에서 8,000여 건으로, **약 84% 이상 대폭 축소**될 것으로 예상된다.

     따라서 불기소권시 불송치권과 검찰의 직접 수사 범위 축소로 인해 경찰 책임 수사의 범위가 확대될 것이다.

2) 책임 수사 범위 확대에 따른 대응책

- 현직 경찰이 퇴직 경찰 출신 변호사를 만날 때는 미리 신고를 해야 한다는 규정도 새로 생겼다. 수사권 조정 이후 경찰 권한이 강화되면서 경찰 출신 변호사가 늘어나고, 퇴직한 경찰 출신 변호사들이 현직 경찰 관계자에게 사건 청탁 등을 할 수 있다는 우려가 커진 것이 이유다.

- 총경급 전체를 대상으로 경찰서장에 필요한 요소인 청렴성, 업무성과, 수행 역량 등을 평가하는 수행능력 심사제를 도입한다. 수행 능력은 경찰청 차장을 위원장으로 해 위원 5~6명이 평가한다. 총경 이상 고위직에 대해 특정 지방청 장기 근무를 제한해 청탁·유착 고리를 차단하겠다는 계획도 밝혔다.

- 경무관 이상 승진자는 승진한 지역의 지방청에서 2년 이상 근무하지 못하도록 하는 규정도 시행할 계획이다.

- 수사권을 가진 경찰을 어떻게 정치권력으로부터 자유롭게 만들지, 수사권 남용과 인권 침해를 예방하기 위해 어떤 조치를 취해야 할지 구체적이고 세밀한 계획을 짜야 한다.

- 지자체 주민들에게 제공하는 치안·민생 서비스의 질이 떨어지지 않고 특정 유력 인사에게 집중되지 않게 할 방안도 세워야 한다.

3) 형사법적 측면에서 개정 필요한 조항

- 개정된 형사소송법(245조의 8)에 따라, 경찰의 불송치 결정 시 검사는 '90일' 이내에 재수사를 요청할 수 있다. **대통령령(제63조 제1항)은, 명백한 증거·사실이 나오거나 반대로 허위·위조의 정황이 있을 경우 90일이 지난 후에도 '언제든지' 재수사를 요청**할 수 있도록 했다.

  또한 검찰은 재수사 결과를 통지받은 날로부터 30일 이내에, 기소할 수 있을 정도의 명백한 채증 법칙 위반이 있을 경우 경찰에 사건 송치를 요구할 수 있다(제64조 제2항). 사실상 책임수사를 무력화하고 검찰의 지휘가 가능하게 한 조항이다.

경찰청은 인권 보호를 강화하고 경찰수사의 공정성을 높이기 위한 방안으로 '영장심사관제도'를 시행하였다.

영장심사관이란 수사팀에서 영장을 신청하기 전에 요건·사유 등의 타당성을 심사하는 전문가를 의미한다. 영장심사관의 자격은 변호사 자격자 중 경찰 경력 2년 이상인 사람 또는 수사 경력 7년 이상의 수사 전문가이며, 수사 난이도가 높은 영장 신청 사건을 심사한다는 점을 고려해 유능한 전문가를 배치할 계획이다.

영장심사관은
　　① 수사팀이 신청하는 영장 서류를 사전에 검토,
　　② 영장이 (검사)불 청구 또는 (판사)기각된 사건 분석,
　　③ 오류사례 수사관 교육 등의 역할을 수행하게 된다.

영장심사관 제도는 경찰의 강제 수사 절차를 보다 엄격하게 관리하여 오남용을 예방함으로써, 인권을 한층 두텁게 보호한다는 점에 의미가 있다.
영장 신청 사건 중 오류 사례를 분석하고 수사관에게 교육하는 절차를 통해, 수사 역량을 향상시키는 효과도 거둘 수 있을 것으로 기대된다.

살인죄의 공소시효는 15년에서 2007년 법 개정 후 25년으로 늘었다가 2015년 '태완이법'이 국회를 통과하면서 완전히 폐지됐다. 태완이법은 1999년 대구에서 김태완(사망 당시 6세) 군이 괴한의 황산 테러로 숨진 뒤 이 사건이 영구 미제로 남게 될 위기에 몰리자 살인죄의 공소시효를 폐지하자는 여론이 들끓으면서 만들어졌다.

그러나 이춘재 연쇄 살인사건은 태완이법 시행 전에 공소시효가 끝나 이 법의 적용을 받지 않는다. 경찰이 이춘재를 살인 등 혐의로 정식 입건했지만, 재판에 넘겨 단죄하는 것은 불가능한 이유이다. 이에 따라 검찰로 넘겨진 이춘재는 '공소권 없음'으로 처리될 전망이다.

이춘재가 이 사건의 유력한 용의자로 특정된 직후인 지난해 9월 안규백 더불어민주당 의원 등 13명은 '화성 연쇄 살인사건(이춘재) 공소시효 폐지 특별법'을 발의했다.
안 의원 등은 "반인륜적이고 잔악무도한 이번 사건의 공소시효를 폐지해 범죄자를 사회로부터 격리하자는 취지"라고 했다.

출처: 중보일보

08 신변보호대상 여성이 피살된 사건

1) 사례

전 남친의 스토킹에 시달리던 신변보호대상 여성이 피살된 사건,
최근 경찰의 신변보호를 받던 40대 여성이 사망하는 사건 발생

2) 대응책

- 경찰이 현장 대응력 강화 TF(태스크포스)를 구성해 스마트워치 확대와 즉각대응 방안 마련.

- 전문가들 구속영장 발부 등 경찰과 검찰, 법원의 협조가 필요하고 데이트 폭력이나 스토킹범죄 등의 특수성을 고려해야 한다고 의견

- 영장신청, 영장실질심사까지 2~3일씩 더 걸려 검찰이 구속영장 신청을 반려하고 재신청하는 사이에 신변보호의 허점 발생 지적

09 경찰 수사에 관한 인권보호 규칙

피의자 · 사건관계인의 권리 보장 장치로

- 경찰에 따르면 피의자 · 사건관계인의 경우 전화로 출석 일정을 협의
- 일정과 사건명을 다시 **문자로 전송**
- 전자정보 탐색 시 별건 혐의가 발견될 경우 탐색을 중단하고 정당한 권원 없이 탐색을 재개하지 못한다는 내용도 명시했다.
- 임의제출물 **압수 시 이를 거부할 수** 있음을 알려줘야 한다
- 변호인의 전자기기 등을 이용한 메모도 보장
- 여성 대상 폭력범죄의 증거자료나 아동 대상 성범죄 관련 사진 · 영상물이 **제3자에게 비공개**
- 피해자가 사회적 약자인 경우 신뢰관계인이 동석해 조사하고, 동의를 받아 **영상녹화**

02 범죄수사

01 프로파일링이란?

프로파일링(Profiling)은 범행 현장에 있는 흔적과 범행 수법 등을 심리학적으로 분석해 범인 검거의 효율성을 높이거나, 범죄자의 심리나 행동을 분석해 범행 동기 및 숨겨진 의미 등을 밝히는 수사 기법이다.

이런 프로파일링을 담당하는 범죄 심리 분석 수사관을 '프로파일러(profiler)'라고 하는데 범죄 현장의 정황, 흔적 등을 토대로 범인을 유추하는 수사 전문가이고 범인 체포 전에 도주 경로나 은신처 등을 추정하고, 범인 검거 후에는 신문에 직접 참여해 자백을 유도하는 역할을 한다.

프로파일링은 1978년 미국에서 처음 범죄 수사에 도입됐고, 국내에는 2000년에 최초로 도입됐다.

한국에 프로파일링이 처음 도입된 것은 2000년 서울지방경찰청 권일용 경위가 담당하게 된 것을 시초로, 2004년 경찰청 과학수사과 내에 폭력적 범죄분석팀이 설치되었고 경찰청, 각 지방경찰청에 1~4명 정도 범죄 분석 요원(2015년 기준 경장부터 시작)을 배치하고 재소자에 대한 면담, 피의자 면담, 현장 실사 등을 통해 SCAS로 자료를 구축하고 있다고 한다.

프로파일링은 여러 분야나 상황에서 의도적, 비의도적으로 활용되고 경찰의 불심 검문에서 특정 계층이나 성별이 집중적으로 검문의 대상이 된다면, 이 역시 프로파일링이 개입되었다고 볼 수 있다.

02 스미싱이란 무엇이고 대응 방법이 있나요?

스미싱은 문자 메시지(SMS)와 피싱(Phishing)의 합성어입니다.

예를 들어, '무료 쿠폰 제공', '돌잔치 초대장', '모바일 청첩장' 등을 문자 메시지로 받은 후, 연결된 인터넷 주소를 클릭하면 악성 코드가 설치되어 버립니다.

악성 코드를 통해 소액 결제가 이뤄지거나 개인 정보가 유출되는 것이 스미싱입니다.

시민들이 활용할 수 있는 방지책으로는

1) 출처가 확인되지 않은 문자 메시지의 인터넷 주소를 클릭하지 말아야 합니다.

2) 미확인 앱이 함부로 설치되지 않도록 스마트폰의 보안 설정 강화가 필요합니다.

3) 또한 스마트폰용 백신 프로그램(스미싱가드, 엠엔메시지통 등)을 설치하고 주기적으로 업데이트를 해야 합니다.

경찰청 사이버테러 대응센터에서는 이통사, 게임사, 결제 대행사, 백신사, (사)한국전화결제산업협회 등과 함께

① 신청인에 한해 휴대전화 소액 결제 서비스를 제공하는 옵트인(Opt-in) 방식

② 사용자 인증 강화와 결제 한도를 제한

③ 악성 코드 실시간 탐지 · 치료 체계를 개발

④ 사업자별 피해 회복 절차 개선 등을 이통사 등에 권고하고 협력하고 있다고 알고 있습니다.

사후적 처리도 중요하지만 국민에게 지속적인 홍보와 예방책을 전하는 노력이 필요하다고 생각되고 현장 경찰관들에게도 기술적인 교육이 있어야 한다고 생각합니다.

03 보이스 피싱이란 무엇인가요?

(2020년 기출)

보이스 피싱(Voice Phishing)은 전화를 걸어 개인 정보를 알아낸 뒤 이를 범죄에 이용하는 전화 금융 사기를 말합니다. 피싱(Phishing) 사기는 전기 통신 수단 등을 통해 개인 정보를 낚아 올린다는 뜻으로 개인 정보(Private Data)와 낚시(Fishing)를 합성한 신조어입니다.
경찰은 지능범죄수사대와 각 경찰서에 보이스 피싱 전담 수사팀(31개팀 · 152명)을 설치하고, 강력팀까지 투입하여 단속을 강화했다고 뉴스 등을 통해 알고 있습니다.

단속대상은

① 보이스 피싱 범죄 조직 상위 직급자

② 가짜 애플리케이션 · 악성 코드 유통업자

③ 개인 정보 · 대포폰 · 대포통장 유통업자

④ 범죄 조직과 유착한 통신 사업자(전화번호 변작) 등

으로 알고 있습니다.

경찰에서는 개인 정보 · 대포폰 유통업자, 범죄 조직과 유착한 통신 사업자 등을 추적해서 상선 검거를 하고 있고 보이스 피싱 범죄는 형법상 '사기죄' 외에도 '범죄단체조직죄', '전기통신사업법' 등으로 처벌할 수 있습니다.

웹하드 카르텔이란 웹하드(인터넷상의 저장 공간)와 카르텔(동일 업종의 기업이 협정을 맺어 형성하는 독점 형태)의 합성어입니다. 즉, 불법 음란물을 유통하여 웹하드 · 필터링 · 디지털 장의 업체가 유착 관계를 맺어 부당 이득을 취하는 것을 의미합니다.
불법 촬영물을 유포한다면 5년 이하의 징역 또는 3,000만 원 이하의 벌금형(영리 목적 유포 시 7년 이하의 징역형)에 처해집니다.

피해 발생 시에는 디지털 성범죄 피해자 지원센터에 신고하면 상담 · 삭제 · 수사 및 법률, 의료 지원 등 지원을 하고 있는 것으로 알고 있습니다. 이런 강력한 처벌뿐만 아니라 불법 촬영물을 다운받는 행위 자체가 범죄가 된다는 것을 국민이 인식하는 것이 중요하고 생각합니다.

또한 불법 촬영은 단순한 호기심이 아닌 성폭력범죄의 처벌 특례법, 정보통신망 이용촉진 및 정보보호 등에 관한 법률에 의해 처벌되는 중범죄라는 경각심이 필요합니다.

05 사이버 범죄의 정의와 경찰 대응책은 무엇인가요 (2020년 기출)

사이버 범죄는 사이버 테러형 범죄와 일반 사이버 범죄로 분류할 수 있습니다.
사이버 범죄는 컴퓨터를 이용하거나 컴퓨터 시스템을 대상으로 하며 인터넷과 같은 정보 통신 네트워크를 통해 피해 지역이 광범위해지는 성향을 가지고 있습니다.
사이버 테러형 범죄는 해킹, 바이러스 유포와 같이 고도의 기술적인 요소가 포함되어 정보통신망 자체에 대한 공격 행위를 통해 이루어지는 범죄를 말하고, 일반 사이버 범죄는 전자 상거래 사기, 프로그램 불법 복제, 불법 사이트 운영, 개인 정보 침해 등으로 나누어집니다.

- 최근에는 파밍(정확한 웹 페이지 주소를 입력해도 가짜 웹 페이지에 접속하게 하여 개인 정보를 훔치는 것), 스미싱(문자 메시지를 이용한 피싱), 스푸핑(해커가 악용하고자 하는 호스트의 IP 주소나 e메일 주소를 바꾸어서 이를 통해 해킹하는 것), 스니핑(인터넷 상에서 전달되는 모든 패킷을 분석하여 사용자의 계정과 암호를 알아내는 가장 많이 사용되는 해킹 수법) 등 신종 수법들이 나타나기 시작했습니다.

- 사이버 범죄는 범죄 수법이 매우 지능적이며 고도의 전문 기술을 사용, 범행의 범위가 광역적 · 국제적이며, 범행자 스스로 범죄성에 대한 인식이 희박하거나 결여되어 있다는 특징을 가지고 있습니다.
  사이버 범죄는 각종 통장 계좌와 서버, PC들을 압수하여 수색하는 것이 기본수사 방법인데 현행법상 수사의 범위를 정하는 것도 확대하기도 어려우며 수사하는데 많은 시간이 소요되며 초기에 증거를 확보하지 않으면 증거가 없어져 버리거나 사라져 버리는 상황이 발생하게 되는 경우가 많아 수사하기 어려운 면이 있습니다.

특히나 큰 피해가 우려되는 것이 개인 정보를 누출해가는 경우가 있습니다. 예금을 교묘한 방법으로 이체해 가고, 피해자들은 자칫 잘못하면 극심한 생활고와 경제난을 겪게 되고, 이는 많은 이들의 금융권 신용도를 떨어뜨리기도 합니다.

예방책은
① 스마트폰 해킹을 방지하기 위해 각종 어플을 다운받아 사용하기 전에 백신 어플을 설치하여 새로운 어플 사용 시 백신을 실행하여 위험성을 항상 감지해 보도록 해야 합니다.
② 출처가 분명하지 않은 어플은 사용을 피해야 합니다. 또한 금융 기관 사이트 접속을 요구하는 문자 메시지나 모바일 메신저 글을 수신하였을 때는 접속을 하지 않도록 해야 합니다.

경찰에서는
'피싱 사기'에 대해서 지능범죄수사대 · 사이버 수사대를 중심으로 해외 콜센터 등 총책급 검거에 집중하고, 지방청 범죄수익추적팀을 활용하여 범죄수익에 대해 기소 전 몰수보전까지 한다고 합니다.
데이터베이스(DB) 분석을 통한 적극적인 인지 수사와 국외 사범 송환 요청 등 국제 공조 수사로 범죄 조직의 총책까지 추적할 예정이라 하고 (사이버 사기) 해킹 등 전문 기술을 이용해 사이버 공간에서 행해지는 몸캠 피싱, 스미싱, 이메일 무역 사기 등 조직적 범죄에 대응해 지방청 사이버 수사대 중심으로 단속을 진행하고, 방통위 · KISA와 협조하여 사기 범죄에 이용된 사이트를 신속하게 차단 및 삭제 조치할 것이라고 합니다.

06　묻지마 범죄 원인과 대책은?

묻지마 범죄는 피의자와 피해자와의 관계에 아무런 상관관계가 존재하지 않거나, 범죄 자체에 이유가 없이 불특정의 대상을 상대로 행해지는 살인 등의 범죄 행위를 말한다. 피해자와 가해자와의 관계가 명확하지 않고 불특정 다수인을 대상으로 행해지기에 묻지마 범죄라고 하는 것이다.
즉, 범죄학에서 보는 묻지마 범죄(무동기 범죄)는 사회에 대한 증오심으로 아무런 인과관계나 동기가 없이 막연한 적개심을 불특정 다수인을 대상으로 표출하는 범죄이다.

묻지마 범죄 원인은
개인의 성격결함과 사회적 스트레스 그리고 촉발요인 등 세 가지 요소의 결합이 원인이라고 합니다.
성격적인 결함을 가진 한 개인이 실직이나 좌절과 같은 사회적 스트레스와 접촉하면서 각성 상태를 유지하다가 사소한 사건을 계기로 폭발해 버린다는 원리입니다.

묻지마 범죄 대응을 위해서

① 전담 요원을 배치한 112종합상황실의 운영을 체계화해 실질적인 컨트롤타워로서 현장 상황을 관리할 계획입니다.

② '테이저건(전기 충격기)' 등 경찰 장구 사용에 대한 교육을 강화해 범인 검거 시 이를 적극 활용하는 한편 경찰관 피습 등 최악의 상황을 가정한 빈틈없는 초기 대응을 전개키로 했습니다.

③ 특별 예방 활동을 위해 우범자 정보 수집 활동 법적 근거 마련, 전담 관리 체제 구축을 통한 전문화 등이 반드시 필요하다고 보고 법령 개정 및 인력·예산 확보에 나설 계획이라고 합니다.

④ 경찰관 기동대 등 경비 경력을 적극적으로 민생 치안 현장에 투입해 방범 순찰을 강화하고, 특히 여성들이 많이 거주하는 다세대 주택·원룸 지역 및 터미널·지하철 등 다중 이용 시설에 대해 정밀 방범 진단을 실시하여 묻지마 범죄를 예방한다고 합니다.

07 어두운 밤 현행범을 쫓다가 본인 신변에 위험을 맞닥뜨렸다. 어떻게 해결할 것인가?

현행범인은 누구든지 영장 없이 체포할 수 있으나(형사소송법 제212조)

– 현행범인으로 체포하기 위해서는 행위의 가벌성, 범죄의 현행성·시간적 접착성, 범인·범죄의 명백성 이외에 체포의 필요성이 있어야 하고 도망 또는 증거 인멸의 염려가 있어야 합니다.
이러한 요건을 갖추지 못한 현행범인 체포는 법적 근거에 의하지 아니한 영장 없는 체포로서 위법한 체포에 해당합니다.

– 체포 당시 상황으로 보아도 요건 충족 여부에 관한 검사나 사법 경찰관 등의 판단이 경험칙에 비추어 현저히 합리성을 잃은 경우에는 그 체포는 위법하다고 할 수 있습니다.
우선 지원 요청을 하고 경찰 물리력 행사의 기준과 방법에 관한 규칙에 따라 대응해야 합니다.

물리력 사용 기준은 경찰은 대상자의 행위를
▷ 순응 ▷소극적 저항 ▷적극적 저항 ▷폭력적 공격 ▷치명적 공격, 5단계로 나누고 경찰의 물리력 사용도 이 단계에 맞추도록 하고 있습니다. 이 중 '치명적 공격'은 대상자가 '총기류·흉기·둔기'를 이용하거나 경찰관이나 제3자에 대해 폭력을 행사하거나 발생이 임박한 경우이므로 경찰은 테이저건, 권총 등을 사용해 대상자를 제압할 수 있습니다.

1) 사건 개요

(1) 2019.12.23. 새벽 인천광역시 연수구의 송도 롯데캐슬 아파트 내에서 발생한 중학생들 간 집단 성폭행 사건이다.

(2) 범인은 같은 중학교 2학년 남학생 2명(15세)으로 사전 성관계를 할 목적으로 피해자를 불러내 "오늘 너 킬(Kill)한다"며 술을 먹여 취해 몸을 가누지 못하자 성폭행을 하기 위해 사람들이 다니지 않고 CCTV가 없는 아파트 28층 옥상 계단으로 끌고 가 얼굴에 침을 뱉고 때려 깨운 뒤 가위 바위 보를 해서 순서 정해 차례로 강간한 혐의다.

(3) 이후 2020.3.29. 가해자 엄벌을 호소하는 피해자 어머니의 국민청원으로 40만 명 이상 서명을 받는 등 폭발적인 비난 여론이 커진 사건이다.

(4) 2020.4.6.일 가해자 2명(2005년생)을 구속했다. 하지만 가해자 중 1명은 국과수에서 DNA가 검출되지 않았다며 혐의를 부인하며 인천지방법원에 구속적부심을 요청했다가 기각당했다.

2) 사건 처리 절차상 문제점

(1) 방문중학교의 은폐 시도 논란

2020.1.3.일 해당 사건이 일어난 지 10일 만에 피해자 · 가해자가 다니던 박문중학교가 학폭위를 열었고 그 일주일 동안 2차 피해를 당했다고 주장했다.

학교 측은 절차대로 했다고 주장하지만 여론 대부분은 학교 측의 주장을 불신하고 있다.

(2) 경찰이 확보한 CCTV가 수사과정에 사라진 사실이 드러나 피해자 가족이 "경찰이 고의로 누락했다"며 인천지방경찰청에 계획적인 은폐든 직무 유기 든 둘 중의 하나라며 진상조사를 요청했다.

(3) 문제는 가장 강한 강제전학 처분은 가해자를 제대로 교화하자는 목적이 아닌 폭탄 돌리기 식으로 책임을 회피하며 그간 발생한 부작용은 나몰라라 하는 문제가 있다는 것이다.

(4) 강제 전학 목적지를 교육청에서는 규정상 비공개로 하고 있어 인터넷상에서 추측성 글이 난무하고 추측성 글에 나온 학교들은 문의와 항의 전화가 빗발치고 있다. 하지만 형식적 자발적으로 전학을 가는 것이기에 해당 학교 측이 결정에 반대할 수 없다.

3) 시사점

(1) 2차 피해 발생을 막지 못했다는 점(가해자 부모 측이 피해자 오빠가 가해 학생 2명을 만나 조사하고 녹음하는 과정에서 감금 등 불법성을 주장하며 고소)

(2) 피해자 인권이 더 우선시 되어야 하는 점 아직도 미흡

(3) 15세의 중학생이지만 사전에 계획된 잔인한 범행이고 반성의 기미가 없음

(4) 국민 80%가 소년법 개정 또는 폐지에 찬성한다는 점

1) 개요

경찰은 이춘재가 성적 욕구를 해소하기 위해 총 14건의 살인과 9건의 강간을 저질렀다고 결론지었다.

이춘재 8차 사건은 지난 1988년 9월 화성시 태안읍 진안리에서 13세 박아무개양이 자신의 집에서 성폭행을 당한 뒤 목이 졸려 살해된 사건이다. 당시 경찰은 윤 씨를 범인으로 검거했고, 이후 윤 씨는 무기징역을 선고받아 20년을 복역한 뒤 지난 2009년 가석방됐다.

지난해 화성 연쇄 살인사건의 진범이 이춘재로 밝혀지자 윤 씨 측은 11월 재심을 청구했고 검찰도 이를 받아들였다. 지난달 15일 두 번째 공판이 열렸다.

경찰은 "당시 경찰이 부당하게 윤 씨 신체를 구금했고, 조사를 하면서 폭행 및 가혹 행위로 허위 진술서 작성을 강요했고, 허위 공문서를 작성한 것도 확인되어, 담당 검사 등 8명을 직권 남용, 감금 등의 혐의로 입건했다."라고 밝혔다.

초등생 김 모 양 살해사건은, 이춘재가 "1989년 7월 실종된 초등학생 김 모 양을 자신이 살해했다."라고 자백하며 세상에 알려졌다. 이로 인해 당시 경찰이 사건을 단순한 실종 사고로 축소했다는 의혹이 일었다. 이와 관련 경찰은 "당시 형사계장 등 2명을 사체 은닉 및 증거 인멸 등의 혐의로 입건했다."라고 밝혔다.

이어 경찰은 "당시 경찰이 실종된 피해자의 유류품을 발견했음에도 유족에게 알리지 않았고, 피해자의 유골 일부를 발견하고도 은닉한 혐의가 상당하다."라고 입건 이유를 설명했다.

경찰은 "범인으로 몰려 20년간 억울한 옥살이를 한 윤 씨와 그의 가족, 당시 경찰의 무리한 수사로 피해를 입은 모든 분께 머리 숙여 사죄하고, 당시 경찰 수사의 문제점에 대해 깊은 반성과 성찰을 하고 잘못된 점을 자료로 남겨, 책임 있는 수사 기관으로 거듭나기 위한 역사적 교훈으로 삼을 것"이라고 밝혔다.

2) 문제점

'20년 억울한 옥살이' 논란을 낳은 8차 사건 수사에 참여한 경찰과 검사 등 8명을 직권 남용과 감금 등의 혐의로, '초등생 김 모 양 살해사건'과 관련, 당시 수사에 참여한 경찰 2명을 사체 은닉 및 증거 인멸의 혐의로 입건했다고 밝혔다.

공직자의 비트코인 거래에 대한 의견은?

1) 가상 화폐란?

실물 없이 가상의 공간에서 전자적 형태, 컴퓨터 정보의 형태 등으로 남아 사이버상으로만 거래되는 화폐를 뜻합니다. 경제 이슈 중 하나인 비트코인, 이더리움 등이 가상 화폐의 일 종입니다.

2) 범죄 유형은?

(1) 원금 보장과 고수익을 미끼로 자금을 모집

－ 가상 화폐를 구입하거나 투자하면 단기간에 수십 배의 고수익을 낼 수 있고 수급 조 절 기능에 의해 가격 하락은 없다고 거짓 선전합니다.

(2) 다단계 방식으로 가상 화폐를 판매, 투자자 모집

－ 다단계 조직을 이용하여 가상 화폐를 판매하거나 투자자를 모집하며, 하위 판매원 · 투자자 모집 실적에 따라 수당 지급합니다.

(3) 공개된 거래소에서 유통이 불가능

－ 가짜 가상 화폐이기 때문에 재화와 용역을 구매할 수 있는 기능이 없고 거래소를 통 한 유통이나 현금 교환이 불가능합니다.

3) 예방책

다단계 판매나 후원 수당 지급 권유를 받은 경우, 공정거래위원회 홈페이지(http://www. ftc.go.kr)에서 다단계 판매업 등록 여부를 확인하고 투자 권유를 받은 경우에는 금융감독 원 포털시스템 파인(http://www.fine.fss.or.kr)에서 제도권 금융 회사인지 여부를 확인 가능합니다.

가상 통화는 법정 화폐가 아니며 누구도 가치를 보장하지 않습니다. 불법 행위 · 투기적 수 요, 국내외 규제 환경 변화 등에 따라 가격이 큰 폭으로 변동해 손실이 발생할 수 있으므 로 가상 통화 채굴, 투자, 매매 등 일련의 행위는 신중해야 합니다.

포렌식(Forensic)이라는 단어는 고대 로마 시대의 포럼(Forum)과 공공(public)이라는 라틴어에서 유래했으며 '법의학적인, 범죄 과학 수사의, 법정의, 재판에 관한'이라는 의미를 가지고 있는 형용사이다.

이러한 포렌식 분야 중 하나인 디지털 포렌식은 범죄 수사를 위해 디지털 장비의 분석 등을 하여 증거를 수집하는 행위 등을 통칭하는 용어이다. 사진과 동영상 등의 문서를 지우기 위해 공장 초기화를 시행하는 경우가 있는데, 스마트폰은 내부에 흔적이 남기 때문에 디지털 포렌식 수사를 통해 기록을 복원할 수 있다.

1) 국내 사례

국내에서는 최순실 국정농단 사건을 통해 디지털 포렌식이 주목받기 시작했다. 당시 최 씨의 태블릿PC에 대해 디지털 포렌식으로 삭제된 파일을 복구하고 다양한 분석을 거쳐 태블릿PC가 최 씨 소유라고 알려졌다.

2019년 '버닝썬 게이트'에서도 디지털 포렌식이 이용된 바 있다. '불법 몰카 유포' 정준영의 '황금폰' 등도 디지털 포렌식을 통해 증거를 찾아냈다.

2) 경찰 대책

- 경찰청이 **한국 최초 디지털 포렌식 국제공인시험기관으로 인정**받았다. 산업통상자원부 국가기술표준원은 경찰청을 '디지털 포렌식 분야 제1호 한국인정기구(KOLAS) 국제공인시험기관'으로 승인했다고 밝혔다.

- 디지털 포렌식은 PC, 노트북, 휴대전화 등 저장 매체나 인터넷상에 남아있는 각종 디지털 정보를 분석해 범죄 단서를 찾는 수사 기법이다. 한국인정기구는 국제 기준에 따라 시험 기관의 조직·시설·인력 등을 평가해 특정 분야에 대한 시험 및 검사 역량이 있음을 국제적으로 공인하는 제도로, 국가기술표준원이 운영한다.

- 경찰청 사이버 범죄 수사 결과에 대한 국민 신뢰가 높아지는 것은 물론 **국제공조 수사 시 우리가 수행한 디지털 포렌식 결과가 즉시 증거로 채택되는 등** 경찰의 국제 수사 역량이 한층 강화될 것으로 기대했다.

【 관련 문제 】 인권 존중

경찰청 훈령인 '디지털 증거 수집 및 처리 등에 관한 규칙'을 '디지털 증거의 처리 등에 관한 규칙'으로 변경했다.

개정안은 우선 경찰의 **인권 보호 원칙**을 상세히 명시했다.

특히 경찰의 중립적 업무 수행과 사건 관계인의 사생활 비밀 보호, 명예·신용이 훼손되지 않도록 노력해야 한다는 내용이 담겼다. 구체적으로 경찰은 포렌식 작업에 착수할 시 피의자 및 변호인에 미리 일시와 장소를 통지해 참여를 보장해야 한다.

사건 관계인이 참여를 거부할 경우에도 경찰은 사진·동영상 촬영 등 신뢰성을 담보할 수 있는 방법으로 압수해야 한다. 압수 현장 외에서 **전자 정보의 압수·수색·검증을 계속하는 경우에도 피의자·변호인에게 통지하고, 압수 절차도 설명**해야 한다.

특히 혐의 사실과 관련된 전자 정보를 탐색하는 과정에서 별건 혐의를 발견하더라도 이와 관련된 추가 탐색을 중단하도록 했다. 이 경우 **반드시 영장을 따로 신청**해야 한다.

또 포렌식 절차가 완료되면 혐의와 관계가 없어 압수하지 않은 전자 정보는 **즉각 삭제·폐기**하도록 했다. 아울러 경찰 포렌식의 공정성·신뢰성을 담보할 장치도 마련했다.

12 심 스와핑이란?

1) 개념
   휴대폰을 해킹하고 가상 자산을 탈취하는 새로운 해킹 수법
   휴대폰이 갑자기 먹통이 되고 돈이 **빠져나가는** 수법

2) 방법
   특정인의 심 카드를 무단으로 복제한 후 휴대전화 본인 인증을 통과하는 방식으로
   다른 사람의 금융 자산을 탈취하는 범죄인 심스와프는 가상자산 등 금융자산을 훔치는 수법

3) 문제점
   – 심스와핑 수법은 공격 사실을 사용자는 물론 통신사도 사전에 인지하기 어렵다.
   – 가상 자산에 대한 법적 근거가 아직 부재

01 미란다 원칙의 정의와 미란다 원칙이 필요한 이유 (2020년 기출)

미란다 원칙은 경찰이나 검찰이 범죄 용의자를 연행할 때나 피의자를 구속, 자백을 받기 전 반드시 그 이유와 변호인의 도움을 받을 수 있는 권리, 진술을 거부할 수 있는 권리 등이 있음을 미리 알려 주어야 한다는 원칙을 말한다.

1) 일체의 진술을 하지 아니하거나 개개의 질문에 대하여 진술을 하지 아니할 수 있다.

2) 진술을 하지 아니하더라도 불이익을 받지 아니한다.

3) 진술을 거부할 권리를 포기하고 행한 진술은 법정에서 유죄의 증거로 사용될 수 있다.

4) 심문을 받을 때에는 변호인을 참여하게 하는 등 변호인의 조력을 받을 수 있다.

〔 연관 기출 〕

미란다 원칙에 진술거부권을 왜 포함하는지?

진술거부권은 강제적인 고문에 의한 자백의 강요를 방지하여 피의자 · 피고인의 인권을 옹호하려는 취지에서 나온 것이다. 강요에 의하여 받은 자백은 증거 능력이 부정된다.[1] 덕분에 수사관들은 범인이 자백하더라도 물증을 찾으러 지속적으로 수사를 한다.

피고인과 피의자는 이익과 불이익을 불문하고 묵비할 수 있으며, 성명, 연령, 등록기준지, 주거와 직업 등 본인 확인을 위한 심문의 경우에도 이러한 진술 거부가 인정된다. 진술거부권 행사 자체로 인해 법적 제재를 받거나, 불리한 추정을 받거나 양형상 불이익을 받는 것은 금지되어 있다.

수사 기관은 피의자 및 피고인에게 이러한 권리가 있음을 적극적, 명시적으로 고지할 의무를 진다. 수사 기관이 피의자를 신문하면서 진술거부권을 고지하지 않은 경우 그 피의자의 진술은 위법 수집 증거로서 증거 능력이 없어서, 그 증거 자체뿐만이 아니라 그걸로 얻어낸 모든 증거가 증거로 사용될 수 없다는 것이 통설이자 판례의 태도다.

1) 친고죄

피해자가 가해자의 처벌을 원하지 않는다는 의사를 표시하면 처벌할 수 없는 범죄로 '반의 사불론죄'라고도 한다. 이에 반해 '친고죄'는 피해자의 고소가 없으면 공소를 할 수 없는 죄 다. 주로 '죄질이 비교적 경미하거나 당사자끼리 해결해야 하는 범죄'가 많다. 사자명예훼 손죄, 모욕죄, 비밀침해죄가 해당된다.

2) 반의사불벌죄

피해자의 고소가 없어도 수사 기관이 수사해서 재판을 받게 하는 등 처벌할 수 있는 죄지 만, 그 과정에서 피해자가 처벌을 원치 않는다는 의사표시를 표명할 경우 처벌을 못 하는 것을 말한다. 단 1심 판결 이전까지 처벌을 원치 않는다는 의사표시를 해야 성립된다.

- 폭행죄 · 존속폭행죄(형법 제260조)
- 과실치상죄(형법 제266조)
- 협박죄 · 존속협박죄(형법 제283조)
- 명예훼손죄 및 출판물 등에 의한 명예훼손죄(형법 제307조 및 제309조)

1) 체포

체포(逮捕, 영어: arrest)는 형법에 의거하여, 사람의 신체에 대하여 직접적이고 현실적인 구속을 가하여 행동의 자유를 빼앗는 일을 말한다. 주로 형법에 의거하여 경찰, 군대 등 공권력을 가진 기관에서 현행범을 체포할 때 행해지며, 혹은 검사가 체포영장에 의거한 체 포나, 긴급 체포를 하기도 한다. 체포는 주로 수갑을 이용하여 행해진다.

2) 체포영장

체포영장(逮捕令狀, 영어: arrest warrant)은 **피의자가 죄를 범하였다고 의심할 만한 상당 한 이유가 있고, 정당한 이유없이 수사 기관에 의한 출석요구에 응하지 아니하거나 응하지 아니할 우려가 있는 피의자에 대해 검사의 청구**에 의하여 법관이 발부하는 체포를 할 수 있 는 권한을 가지는 공문서이다.

검찰이 법원에 증거를 제시하여 청구하고, 판사는 이를 검토하여 승인한다.
체포영장에 의하여 체포된 피의자의 소지품을 압수하거나 신체를 수색하는 압수수색영장 의 효과도 있다. 다만 체포영장으로 피의자를 체포하려고 할 때 타인의 주거나 타인이 간 수하는 가옥, 건조물, 항공기, 선차 내에서의 피의자를 수색하는 것은 헌법재판소가 2018 년 4월 26일에 위헌이라고 하여 입법자가 개정하지 않으면 2020년 3월 31일 효력 상실한다.

3) 구속

법원은 피고인이 범죄를 저질렀다고 의심할 만한 상당한 이유가 있고,

⑴ 일정한 주거가 없거나

⑵ 증거 인멸의 염려가 있거나

⑶ 도망하거나 도망할 염려가 있는 때에는 피고인을 구속할 수 있다.(형사소송법 제70조 제1항)

법원은 구속 사유를 심사함에 있어 범죄의 중대성, 재범의 위험성, 피해자 및 중요 참고인 등에 대한 위해 우려 등을 고려해야 한다.(제2항)

04 절도와 강도의 차이

절도죄(竊盜罪)는 **타인의 재물을 절취**하는 죄이다. 6년 이하의 징역이나 1천만 원 이하의 벌금에 처한다(형법 제329조). 재산죄의 가장 시원적인 형태로 재산죄의 분류상 재물죄, 영득죄, 탈취죄에 해당합니다. 침해범, 결과범, 상태범이다.

강도는 **다른 사람의 재산을 빼앗는 범죄자**를 말한다. 대한민국의 법(法)에서는 '폭행 또는 협박으로 타인의 재물을 강취하거나 기타 재산상의 이익을 취득하거나 또는 제3자로 하여금 이를 취득하게 하는 자'라고 규정하고 있다.

05 사기, 횡령, 배임의 차이

1) 사기죄

사기죄(詐欺罪)는 **사람을 기망하여 재물을 편취하거나 재산상의 불법한 이익을 취득하거나 타인으로 하여금 취득**하게 함으로써 성립하는 범죄를 말한다.(대한민국 형법 제347조, 일본 형법 제246조)[1]

사기죄의 보호 법익은 개인의 재산이고, 단지, '속였을'뿐인 경우와 재산 이외의 이익이 침해된 경우에는 성립하지 않는다. 그러므로, 사회 일반에서 말하는 '사기'의 개념과는 다소 괴리가 있다.

광의로는 사기죄와 사기이득죄 이외에, 준사기죄와 컴퓨터 등 이용 사기죄(일본 형법상 전자계산기사용사기죄)를 포함한다.

2) 횡령죄

횡령죄(橫領罪) **타인의 재물을 보관하는 자가 그 재물을 횡령하거나 반환 거부함**으로 성립하는 죄(형법 355조 1항)이다. 여기서 횡령(橫領)이란 공금이나 남의 재물을 불법으로 차지하여 가지는 것을 말한다.

3) 배임죄

배임죄(背任罪, 영어: breach of duty)는 **타인의 사무를 처리하는 사람이 그 사무에서 임무를 저버리고 불법 행위를 하여 재산상의 이익을 취득**하거나, 제3자로 하여금 이를 취득하게 하여 본인에게 손해를 가하는 범죄이다.

06 사이코패스란

사이코패스(Psychopathy)는 반사회성 인격장애에 속하는 하위 범주로서, **공감 및 죄책감의 결여, 얕은 감정, 자기중심성, 남을 잘 속임** 등을 특징으로 하는 종류이다. 실질적인 불만이 있지 않음에도 있다고 느끼고 있는 경우가 많으며, 정서, 대인관계에서는 공감 능력 부족, 죄의식, 양심의 가책 결여를 특징으로 한다. 대인관계에서 자기중심적이고, 교묘한 거짓말에 능하다.

행동 내지 생활 양식은 **충동적이고 지루함을 참지 못하며, 행동 제어가 서투르고, 자극을 추구하며, 책임감이 없고, 사회 규범을 쉽게 위반**한다. 이러한 정신 질환을 가진 사람을 사이코패스라 부른다. 망상, 비합리적 사고 등이 거의 나타나지 않는다는 점에서 정신증(psychosis)과는 분명히 구분된다.

07 죄형 법정주의 (2020년 기출)

죄형 법정주의란 "법률이 없으면, 범죄도 없고 형벌도 없다."라는 근대 형법의 기본 원리이다. 어떤 행위를 범죄로 처벌하려면 범죄와 형벌이 반드시 법률로 정해져 있어야 한다는 것으로, 국가의 과도한 형벌권의 행사로부터 시민의 자유와 권리를 보호하려는 근대 인권 사상의 요청으로 등장한 원리이다.

범죄와 형벌을 법률로 정하도록 하는 이유는, 법률이 국민의 대표라는 민주적 정당성을 가지는 의회에서 제정하는 법 규범이기 때문이다. 또한, 의회에서 제정하는 법률은 누구나 쉽게 확인할 수 있는 성문법의 형식으로 이루어져 있어, 일반 국민도 무엇이 범죄이며, 그 범죄에 대해 어떤 형벌이 부과되는지를 정확하게 알 수 있기 때문이다.

죄형 법정주의의 구체적인 원리로는, 법률로 정하지 않은 범죄와 형벌은 인정하지 않는 관습 형법 금지의 원칙, 행위를 할 때 범죄로 규정하지 않았던 행위를 나중에 범죄로 규정하여 처벌하는 것을 금지하는 소급효 금지의 원칙, 무엇이 범죄이고 각각의 범죄에 어떤 형벌이 부과되는지가 명확하고 적정해야 한다는 명확성의 원칙과 적정성의 원칙, 그리고 형벌 법규에 처벌 대상으로 명시되어 있지 않다면 아무리 그것과 유사한 성질의 것이더라도 유추하여 적용해서는 안 된다는 유추 적용 금지의 원칙 등이 있다.

08 집행유예, 선고유예

1) 집행유예란

선고된 형을 집행하지 않고 미루는 제도. 범죄의 정도가 약하거나 개선의 여지가 있는 범죄인에게 형의 집행을 받지 않으면서 사회에 복귀할 수 있는 길을 열어준다는 형사정책적 의지가 반영되어 있다. 집행유예를 선고하려면

(1) 3년 이하의 징역 또는 금고의 형을 선고할 경우에,

(2) 정상을 참작할 만한 사유가 있으며,

(3) 금고 이상의 형의 선고를 받은 사실이 없거나 금고 이상의 형을 선고받았던 경우에는 그 집행을 마친 후 또는 집행이 면제된 후로부터 3년 이상을 경과해야 한다(형법 제62조). 집행유예의 선고를 받은 자가 유예 기간 중 금고 이상의 형의 선고를 받아 그 판결이 확정된 때에는 집행유예의 선고는 그 효력을 잃게 되며, 유예되었던 형이 집행된다.

2) 선고유예란

형의 선고를 유예하여 피고인의 사회복귀에 도움이 되기 위한 특별예방적 목적을 달성하기 위한 제도. 선고유예는 1년 이하의 징역이나 금고, 자격정지 또는 벌금의 형을 선고할 경우에 개전의 정이 현저하고 자격형 이상의 형을 받은 전과가 없어야 한다. 선고유예도 일종의 유죄 판결이므로 범죄 사실과 선고할 형을 결정하여야 한다.

09 벌금, 과료, 과태료

(2020년 기출)

1) 벌금이란

범인으로부터 **일정액의 금액을 징수하는 형벌**. 금고보다 가볍고 구류보다는 무겁다. 형법의 규정에 의하면 그 금액은 원칙적으로 5만 원 이상으로 되어 있으며 벌금을 완납할 수 없는 자는 1일 이상 3년 이하의 기간 노역장에 유치하여 작업에 복무하게 된다(형법 제69조 2항). 이와 같이 벌금형은 빈궁한 자로서는 결국 자유형으로 전환되는 결과가 된다는 점에서 비판을 받고 있다.

2) 과료란

벌금과 같이 범인으로부터 일정액의 금액을 징수하는 형벌이지만 금액의 범위에서 벌금과 구별된다. 즉 형법의 규정에 의하면 과료는 2천 원 이상 5만 원 미만이지만(형법 제47조 → 벌금 등 임시조치법 제4조 참조), 벌금은 5만 원 이상으로 되어 있다.

과료는 **가장 가벼운 형벌**로서 구류와 같이 주로 경범죄에 대하여 과하게 된다. 과료를 완납할 수 없는 자는 1일 이상 30일 미만의 기간, 노역장에 유치하여 작업에 복무케 한다(형법 제69조 2항).

3) 과태료란

형벌의 성질을 가지지 않는 법령 위반에 대해 과해지는 금전적 징계. 법에 명시된 형식적인 의무 위반에 대한 제재인 질서벌로서의 과태료, 지방자치법의 규정에 의거하여 정하는 조례로서 과하는 과태료, 직무상의 의무위반을 범했을 때 부과하는 징계벌로서의 과태료, 행정법상의 의무위반에 대한 행정벌로서의 과태료가 있다. 형법 총칙이 적용되지 않고 비송사건절차법의 규정에 따른다.

---

10 제척, 기피, 회피   (2020년 기출)

1) 법관의 제척 원인으로는

(1) 법관 또는 그 배우자나 배우자였던 자가 사건의 당사자가 되거나, 사건에 관하여 당사자와 공동권리자·공동의무자·상환의무자의 관계가 있는 때,

(2) 법관이 당사자와 친족·호주·가족의 관계가 있거나 이러한 관계가 있었던 때,

(3) 법관이 사건에 관하여 증언이나 감정을 했을 때,

(4) 법관이 사건에 관하여 당사자의 대리인이 되거나 되었던 때,

(5) 다른 법원의 촉탁에 의하여 그 직무를 행하는 경우 이외에 법관이 사건에 관하여 불복 신청이 된 전심 재판에 관여했던 때이다.

제척 원인에 대한 다툼이 있는 경우 법원은 직권이나 당사자의 신청에 의하여 제척의 재판을 한다.

2) 기피란?

제척 원인이 있는 법관이 제척되지 않고 재판에 나서는 경우가 반드시 없다고는 할 수 없다. 또 제척 원인이 없더라도 법관이 불공평한 재판을 할 염려가 있는 경우가 있을 수 있다.

그러한 경우에 당사자는 그 법관을 직무 집행으로부터 배제할 것을 신청할 수 있다(형사소송법 제18조). 이것을 기피라 하며, 제척 제도를 보충하는 제도이다.

3) 회피란?

법관·법원서기관·법원사무관·법원주사 또는 법원주사보와 통역인이 사건에 관하여 제척 또는 기피의 원인이 있다고 생각하여 스스로 사건의 재판으로부터 피하는 것을 말한다. 회피는 소속법원에 서면으로 신청하여야 하며, 기피 신청의 경우와 같이 법원의 결정을 기다려야 한다(형사소송법 제24조·제25조).

1) 법률유보(法律留保)의 원칙이란

일정한 행정권의 발동은 **법률에 근거하여 이루어져야 한다는 공법상 원칙이다.**

법률유보는 인권의 내용이나 그 보장의 방법 등의 상세한 것은 법률로 정하지 않으면 안 된다는 의미의 규율유보, 인권을 제약하는 경우에는 반드시 법률에 의하지 않으면 안 된다는 제한유보가 있다.

법률유보의 원칙은 헌법상 민주주의 원리, 법치주의 원리, 기본권 보장 원리에서 도출되는 원리이다.

2) 법률우위의 원칙이란

국가의 모든 행정 작용은 **헌법에 부합하는 법률에 위반되어서는 안 된다**는 법의 원칙이다.

법률우위의 원칙은 공법적, 사법적 이건, 침익적, 수익적이건 모든 행정 행위에 무제한, 무조건 적용되는 것이 특징이며 법률의 적용 내지 집행은 행정의 자유로운 처분에 위임된 것은 아니고 행정은 오히려 법률을 집행해야 할 의무를 부담한다.

행정소송과 행정심판은 각각 행정소송법과 행정심판법에 따라 규율됩니다.

행정소송은 행정소송 절차를 통하여 행정청의 위법한 처분 그 밖에 공권력의 행사, 불행사 등으로 인한 국민의 권리 또는 이익의 침해를 구제하고, 공법상의 권리관계 또는 법 적용에 관한 다툼을 적정하게 해결함을 목적으로 하고 있습니다.

행정심판은 행정심판 절차를 통하여 행정청의 위법 또는 부당한 처분이나 부작위로 침해된 국민의 권리 또는 이익을 구제하고, 아울러 행정의 적정을 운영을 꾀하는데 그 목적이 있습니다.

행정소송과 행정심판 두 가지 다 행정청의 위법, 부당한 처분에 대한 권리나 이익을 확보하는 수단, 제도라는 점에서는 유사한 취지가 있으나 행정소송은 주로 '위법한 처분'에 대해서 청구하는 소송이고, 행정심판은 '위법하지는 않지만 부당한' 처분이 주요 대상입니다.

• 행정소송과 행정심판의 차이점

1) 행정소송은 행정 작용에 의하여 침해된 국민의 권익 구제를 위하여 독립된 사법권에 의한 **권리 구제적 기능**이 중시되는 반면, 행정심판은 행정 조직 내부에 있어서 행정의 적정한 운영을 위한 **행정 감독적 기능**이 강조됩니다.

2) 행정소송은 법원이 소송 절차를 통하여 하는 재판 작용으로 **형식적 의미의 사법 작용**이지만 행정심판은 행정 기관이 심판 기관으로 행정 처분의 위법성 및 타당성을 판단하는 작용이므로 **형식적 의미의 행정 작용**입니다.

3) 행정소송은 원칙적으로 행정의 적법성 유무 즉 **법률 문제의 판단**만을 대상으로 하지만 행정심판은 행정의 적법성 유무에 관한 판단뿐만 아니라 **합목적성(당, 부당)의 판단**도 대상으로 합니다. 단, 행정소송의 대상인 법률문제에는 재량권의 내적, 외적 한계를 벗어난 재량권의 **일탈, 남용이 포함**됩니다.

4) 행정소송에서는 사법부 기능의 한계상 의무 이행 소송은 인정되지 않고 **부작위 위법 확인** 소송만이 인정되고 있지만 행정심판에서는 **의무 이행 심판**이 인정되고 있습니다.

13 훈령과 직무명령

• 훈령과 직무명령의 비교

구분	훈령	직무명령
발령자 · 수명자	상급경찰행정기관청의 하급경찰행정관청에 대한 명령이다.	상급공무원의 하급공무원에 대한 명령이다.
구속의 대상	경찰행정기관청의 의사를 구속한다.	경찰공무원의 의사를 구속한다.
효력	경찰행정기관의 우성권이 변경 · 교체되어도 여전히 유효하다.	경찰공무원의 변경 · 교체에 의해 당연히 효력을 상실하게 된다.
규율 범위	하급경찰행정관청의 직무권한 행사에 대하여 가능하다.	직무 사항 외에 객관적으로 직무 수행에 필요하다고 인정되는 경찰공무원의 일상생활에 대해서도 관여할 수 있다.
비고	훈령은 동시에 직무명령으로서의 성질을 가지지만, 직무명령은 훈령으로서의 성질을 가지는 것은 아니다.	

착한 사마리아인의 법(Good Samaritan Law)은 자신이나 제삼자가 위험에 빠지지 않는데도 고의로 구조하지 않는 구조 불이행(Failure to Rescue)을 처벌하는 법규를 통칭한다.

신약성서 중 루가의 복음서 10장에 등장하는 착한 사마리아인의 비유에서 유래했다. 해당 구절에 따르면, 강도를 당해 쓰러진 유대인을 보고 당시 상류 계급인 제사장과 레위인은 그냥 지나쳤으나 유대인과 적대적 관계에 있던 사마리아인은 그를 구한다. **인간의 도덕적 의무에 대한 상징으로 널리 쓰이는 이야기로, 착한 사마리아인의 법 역시 도덕적 의무를 법적 책임을 지워 강제한다**는 특성이 있다.

15 용의자, 피고인, 피의자

1) 용의자란?

 범인으로 의심되기는 하지만 범죄 행위가 아직 드러나지 않은 사람입니다.

 범죄 행위가 드러나면 정식으로 수사 기관의 입건 절차를 받게 되는데 그러면 용의자에서 피의자로 지위가 바뀌게 됩니다.

2) 피의자와 피고인은 기소의 여부로 나뉩니다.

 먼저 기소(起訴)란? 검사가 일정한 형사 사건에 대하여 법원의 심판을 구하는 행위를 말합니다. 즉, 재판을 받기 위해 검찰에서 법원으로 넘어가는 것이지요.

3) 피의자란?

 수사 기관이 공식적으로 수사를 시작하면서 범죄를 행하였다고 의심되는 사람입니다. 수사의 객체가 되는 것이지요.

4) 피고인이란?

 소송당사자로서 검사가 법원에 범죄를 저질렀다고 알려서 법의 심판에 올리기로 한 사람입니다. 즉 기소된 것입니다.

체포를 하려면 사전에 검사의 신청에 의하여 법관이 발부한 영장을 제시하여야 하는 것이 원칙이나(헌법 제12조 3항, 형사소송법 제200조의2 제1항), 피의자가 사형·무기 또는 장기 3년 이상의 징역이나 금고에 해당하는 죄를 범하였다고 의심할 만한 상당한 이유가 있고, 증거 인멸 혹은 도망하거나 도망할 염려가 있는 경우에 긴급을 요하여 지방법원판사의 체포영장을 받을 수 없을 때 그 사유를 알리고 영장 없이 피의자를 체포하는 것을 말한다(헌법 제12조 3항 단서, 형사소송법 제200조의3).

17 고소 사건의 기각/각하

1) 기각

기각이란 민사소송법상 신청의 내용(예: 원고의 소에 의한 청구, 상소인의 상소에 의한 불복 신청 등)을 종국 재판에서 이유가 없다고 하여 배척하는 것을 말한다. 기각의 재판은 본안판결이며 소송·형식재판인 각하와 구별된다. 예외적으로 각하로 보아야 할 경우가 법전상 기각으로 쓰이는 경우가 있다(민사소송법 제429조).

2) 각하

각하란 광의로는 국가 기관에 대한 행정상 또는 사법상의 신청을 배척하는 처분을 말하고, 협의로는「민사소송법」상 소가 소송 조건을 구비하지 아니하거나 상소가 그 요건을 구비하지 아니한 때, 또는 상소를 부적법한 것으로 하여 본안재판에 들어가지 않고서 바로 소송을 종료시키는 것을 말한다.

적법 절차에 집중하면 실체적 진실 발견 곤란 어떻게 할 것인가?

폭탄 테러범 검거 고문할 것인가?

피의자를 체포하는 과정 중 피의자가 부상, 피의자가 소송을 건다면 어떻게 할 것인가?

범인 검거와 범죄 예방 어떤 것이 중요한가?

결정과 명령의 차이(선택 과목)

불법 사이버 도박 규모와 예방 방안

국가보안법상 불고지죄와 이적죄 개념

4대악 척결 방안과 홍보 방안

형사 보상 문제점

떳다방 신고 출동 대처 요령

경찰 계급

야심한 밤, 공중화장실 화장실에서 피 흐른다. 혼자일 때 어떻게 할 것인가?

근무 인원이 총 5명이다. 이어서 3명 근무 두 명 쉬어야 한다. 시간표 편성(토론)

여성이 남성에 접근 돈을 뜯어낸다. 근무 중 여성 발견. 어떻게 할 것인가?

여경이랑 둘이 근무, 조폭 올 경우 어떻게 할 것인가?

살인사건 발생 시 현장 대처 방법

경기북부청 핵심 과제

초동 조치 3가지

도박 신고, 모두 친구 판돈 천 원 어떻게(도박과 오락의 차이)

경직법상 경찰 임무, 경직법상 보호 조치 절차

현재 경찰에서 시행하고 있는 제도가 많다. 그것에 대한 자신의 의견이나 생각

고소불가분에 대해 설명

피의자 신문 조서 검사 작성과 사경 작성의 차이

버스나 지하철을 타고 자리에 앉아가는데 노인분이 다짜고짜 욕설을 한다. 어떻게 해결, 멱살을 잡는다면 어떻게, 말려도 난동을 피운다면 어떻게 할 것인가?

신고가 두려워 신고를 하지 않는 2차 피해자들을 위해 경찰이 해야 할 일

최근 강서구 PC방 살인사건이나, 데이트 폭력, 아동 학대, 가정 폭력 등 여러 가지 사회문제가 있는데 이와 관련하여 임시조치 조항이 실효성이 있느냐는 논란이 많다. 이것에 대해 대처 방안

피고와 피고인의 차이는(고소할 때 가장 먼저 고려하는 요건)

아동 학대 신고를 받고 출동했는데 엄마가 수배범이다. 어떻게 할 것인가?

112신고에 경찰 본연의 임무가 아닌 경우가 많다. 어떻게 생각하는가?(112신고 대응 방식을 어떻게 개선하는 것이 좋을까, 경찰 관할이 아닌 신고에 대한 민원인에 대해 어떻게 처리)

도박 하우스에서 도박이 이루어지고 있다. 민사 배상 문제 배상할 수 있는데 문을 열 것인가?

강도 사건이 발생해서 출동해 보니 동료 경찰이 피를 흘리고 쓰러져 있고 강도는 도망가고 있다. 어떻게 할 것인가?

당구장에 강도가 들었다는 피해 신고를 받고 출동, 당구장 문 앞에서 주인으로 보이는 사람이 피를 흘리며 생명이 위급한 상태로 있고 그 옆에는 마침 강도가 흉기를 들고 도망가고 있다. 동료는 여경 한 명이고 도와줄 시민은 없는 인적이 드문 곳이라는 가정하에 어떻게 하겠는가?

맥도날드 갑질 사건, 자신이 경찰관으로서 출동하면 어떻게 초동 조치할 것인가?

화재 발생했는데 보호장구 하나도 없는데 어떻게 할 것인가?(구해 달라고 급하게 요청하면 어떻게 할 것인가?)

도보 순찰 중 패싸움 현장을 목격했고 둘러싸이게 되었다. 어떻게 대처할 것인가?

동료와 함께 조직폭력배 여러 명에게 둘러싸였을 때 어떻게 대처

7층에서 강도와 대치했다. 강도가 자기를 잡으면 뛰어내리겠다고 할 때 어떻게 대처할 것인가?

강도를 추격하던 중 길가에 피를 흘리고 있는 시민을 발견, 119가 도착하기 전 응급조치를 해야 하는 상황이라면 어떻게 대처할 것인가?

사소한 민원과 긴급한 사건이 겹쳤을 때 어떻게 대처할 것인가?

여자 친구와 가다가 조폭 20명과 시비가 붙으면 어떻게 대처할 것인가?

출산이 임박한 임산부를 강도 사건 출동 중에 본다면 어떻게 대처할 것인가?

물에 빠진 사람이 있고 119가 오고 있는데 어떻게 할 것인가?

신고를 받고 출동 중 화재 현장을 발견, 화재 현장에 시민이 있을 때 어떻게 대처할 것인가?

긴급 상황에 여경과 함께 출동하였다. 어떻게 대처할 것인가?

거제 폭행 사건에서 경찰은 유기치사죄, 검찰은 살인죄로 적용, 여기서 경찰의 초동 조치가 잘못된 것 아닌가. 자신의 의견

거짓말 탐지기 증거 능력과 개선책

함정 수사의 정의를 말하고 함정 수사인 판례, 아닌 판례 1개씩 말해보라.

택시에 휴대폰을 놓고 내렸는데 택시 운전사가 돌려주지 않는다면 무슨 죄인가. 만약에 다음에 탄 승객이 가져갔다면 무슨 죄인가?

사람이 물에 빠졌다는 신고를 받아서 출동했다. 어떻게 할 것인가?

형사인데 정보 수집을 어떻게 할 것이며 어떻게 활용할 것인가?

시험 승진, 특별 승진 여러 가지 승진제도가 있는데 어떤 것이 좋고 어떤 것이 나쁜지 말해보라.

다른 기관의 업무로 출동한 동료가 사망, 하지만 국가의 배상은 받지 못하고 있다. 앞으로도 이러한 일로 신고가 들어올 경우 계속 출동할 것인가?(손실보상법과 경찰관 피해보상에 대해 아는 대로 말하라)

교통

☐01 정책

01 음주 운전 처벌 강화(윤창호법)에 대한 의견을 이야기해 보세요

예시 윤창호법은 2018년 9월 해운대구에서 만취한 운전자의 차량에 치여 뇌사 상태에 빠졌다가 사망한 윤창호 씨 사고를 계기로 마련된 법으로 음주 운전에 대한 처벌을 강화한 법입니다.

음주 운전으로 인한 처벌이

1) 면허 정지는 혈중알코올농도: 0.050% ⇒ 0.03% 이상
   - 처벌: 6개월 이하 또는 300만원 이하 ⇒ 1년 이하 또는 500만 원 이하

2) 면허 취소는 혈중알코올농도: 0.100% ⇒ 0.080% 이상으로 변경되었습니다.

3) 음주 운전 2회 이상은 기존 3회 이상과 동일(2년~5년 또는 1,000만~2,000만 원)하게 처벌하고 결격 기간도 1년에서 2년 경과해야 면허 재취득이 가능하게 되었습니다.
   경찰청에서도 전국 음주 운전 특별 단속을 시행하는 등 음주 운전에 대하여 강력하게 대처하고 있습니다.

음주 운전을 하게 되면 운전 행동 능력이 떨어지고 시야가 제한되고, 공간 지각 능력이 저하되며, 방향감각을 상실하고, 갑작스러운 빛의 노출에 일시적으로 시력을 상실할 수 있는 것으로 알고 있습니다.

또 도로교통공단이 실시한 연구에 따르면 음주 시 반응 속도는 비음주 시 반응 속도에 비해 크게 느려서 돌발 상황 발생 시 사고 위험성이 증가하기 때문에 절대로 음주 운전을 해서는 안 됩니다.

일본에서는 동승자나 권유자도 처벌하고 뉴욕에서는 1급 살인 혐의를 적용 최대 50년까지 구형하고 있다고 합니다. 호주는 신상 정보나 음주 사실을 지역 신문에 게재한다고 하고 합니다. 외국의 사례처럼 한국도 음주 운전에 대한 처벌 강화와 경각심을 높여야 한다고 생각합니다.

예시 민식이법은 어린이 보호 구역(스쿨존) 내 신호등 및 과속 단속 카메라 설치 의무화, 어린이 보호 구역 내 교통사고 사망 사고 발생 시 3년 이상 징역 부과 등 어린이 교통안전을 강화하는 내용을 담은 법입니다. 도로교통법 개정안과 특별범죄가중처벌 등에 관한 법률 일부 개정안이 포함됩니다.

불법 주·정차 때문에 시야가 안 보이는 상황에서 갑자기 튀어나온 아이를 쳐도 무조건 운전자 과실로 보는 '운전자 독박 씌우기 법'이라는 비판도 있고 과실 범죄를 고의범 수준으로 형량을 지나치게 무겁게 정한 것은 형벌 비례성의 원칙·과잉 금지의 원칙에 어긋난다는 의견도 있습니다.

◀ 참고 ▶ 하준이법이란

경사진 주차장에서 사고로 목숨을 잃은 최하준 군의 이름을 딴 개정 법률안으로 2019년 9월 무소속 이용호 의원이 대표 발의한 '〈주차장법〉 일부 개정 법률안'의 다른 이름이다.
주차장의 구조와 설비 이외에 경사진 곳에 설치된 주차장의 경우 고임목 설치와 미끄럼 주의 안내 표지 설치 등의 안전 기준을 제시하고 이를 지키지 않을 경우 6개월 미만의 영업 정지 또는 300만 원 미만의 과징금을 처벌하는 내용을 담고 있다.

예시 '자율 주행 자동차'란

운전자 또는 승객의 조작 없이 자동차 스스로 운행이 가능한 자동차입니다. 자율 주행 자동차는 IT 기술이 접목된 자동차로 인터넷이 연결되어 있기 때문에 외부로부터의 해킹에 취약할 수 있어 커다란 사고가 발생할 우려가 있어 이에 대한 사이버 수사 기술도 필요하다고 생각됩니다.

자율 주행 자동차는 사용자의 각종 개인 정보를 이용하기 때문에 해커에 의한 정보 유출도 가능하다고 생각됩니다. 특히 자율차 운행 중 사고로 인해 다른 사람에게 피해가 발생한 경우 자동차 보유자가 가입한 보험 회사가 우선 보험금을 지급하는 등 손해를 배상하고, 결함으로 인한 사고인 경우 제작사 등 책임자에게 구상할 수 있도록 하고 있습니다.

사고 원인을 기술적으로 규명할 수 있도록 자율 주행 정보 기록 장치를 부착하도록 하고, 이를 조사하기 위한 사고 조사 위원회를 설치하도록 하고 있습니다.
자율 주행차는 사고 책임자의 규명을 위한 기술적, 법적 보완과 기술적 장치가 보완된 후에 운행되어야 할 것이고 시민의 안전을 최우선시해야 할 것이며 경찰도 변화하는 교통 여건에 대비해야 한다고 생각됩니다.

단체 면접 찬반론	
찬성	– 운전자가 나이가 많아질수록 인지 능력이 떨어져 사고로 이어지므로 검사를 강화해야 한다고 생각합니다. – 반응 속도와 운동 신경의 저하로, 고령 운전자에 의한 교통사고 사망률이 매년 증가하고 있습니다.
반대	– 적성 검사 강화보다 면허를 자진 반납 시 일정 혜택을 주어 자발적 참여 유도가 바람직하다고 생각합니다. – 동일한 기준으로 검사에 통과했는데 노인분들만 더 강화하는 것은 형평성에 안 맞는다고 생각합니다.

※ 고령 운전자 안전 운전 지원 정책
 – 면허 갱신 시 체험형 교육 실시
 – 수시 적성 검사 강화(2019년 1월 1일부터 75세 이상은 3년 주기)
 – 고령 운전자 배려 문화 조성
 – 교육 홍보

05 스텔스 차량이란 무엇인가요?

답안 컴컴한 밤이나 비가 많이 와 흐린 날에 전조등을 켜지 않고 운전을 하는 차량을 스텔스 차량이라 하는데요. 레이더에 걸리지 않는 스텔스 전투기에서 유래한 것이라 합니다.

보이지 않다가 갑자기 나타나는 차량도 스텔스 차량이라고 하는데 차선 변경의 상황에서 스텔스 차량을 확인하지 못하면 큰 사고로 이어질 수 있습니다.

도로교통법 제37조 "모든 차는 야간에 도로에 있을 때 전조등, 차폭등, 미등을 등화해야 한다."라고 되어 있고 도로교통법 시행령 19조는 "차량이 통행할 때는 실내 등을 제외한 번호판 등 차량에 설치된 모든 등을 켜고 통행해야 한다."라고 나와 있습니다.
이를 위반하면 승용차, 승합차는 2만 원의 범칙금, 오토바이는 1만 원의 범칙금이 부과된다고 알고 있습니다.

스텔스 차량이 처벌받는다는 것을 잘 모르는 경우가 많은 만큼 국민들에게 홍보하고 시민들 스스로 차량이 불편을 초래한다면 자신의 차량에 대한 점검이 필요하다고 생각합니다.

전동 킥보드 등 개인형 이동 장치(PM · 퍼스널 모빌리티)를 자전거와 동일하게 현행 교통 체계에 편입하는 내용의 도로교통법 개정안이 시행된다. 개정안 시행 이후 보도에서 전동 킥보드를 타다가 보행자를 다치게 하면 중과실 사고에 해당해 보험 가입, 합의 여부와 관계없이 5년 이하의 징역 또는 2천만 원 이내의 벌금 등 형사 처벌받게 된다.

특가법도 적용된다. 음주 운전 인명 피해 사고나 스쿨존 내에서 어린이를 상대로 사고를 내면 가중 처벌된다. 뺑소니도 마찬가지. 또, 전동 킥보드를 타고 인도를 지나갈 경우, 적발되면 범칙금 3만 원이 부과된다.

서울지방경찰청은 연말연시를 맞아 '음주 운전 특별 단속'을 실시하는데, 전동 킥보드 운전자도 음주 단속 대상에 해당된다.

음주 운전 전력이 있는 20대 남성이 술에 취한 상태에서 전동 킥보드를 운전한 혐의로 재판에 넘겨져 벌금 500만 원을 선고 받았다. 검거 당시 운전자의 혈중알코올농도는 면허 취소에 해당하는 0.172%에 이른 것으로 알려졌다.

도로교통법 등에는 정지 신호 무시 등 긴급 자동차 특례 사항과 일반 자동차에 대한 우선 통행권이 명시되어 있으나 실제 교통사고가 발생할 경우에는 일반 자동차와 동일한 과실 비율이 적용되어 왔다. 교통사고 발생 시 적용할 수 있는 관련 기준이 없었다.

통상 긴급 자동차에게 100% 과실 책임이 산정되던 교차로 직진 신호 위반 사고, 중앙선 좌측통행 사고, 추월 사고에 대하여는 기본 과실 비율 40%를 부과하되, 긴급 자동차가 명백히 선 진입했거나 서행하는 등 제반 상황에 따라 0% 과실 책임까지 될 수 있도록 했다.

또 긴급 자동차가 소로에서 대로로 진입하다 발생한 사고에 대해서는 30%, 진로 변경 사고의 경우 10% 과실 비율을 부과하며, 특히 긴급 자동차 앞으로 일반 차량이 진로 변경한 경우 0% 과실 책임이 부과된다.

다만 신설한 긴급 자동차 과실 비율은 긴급 출동 중에서 발생한 사고에 한하여 적용되고 귀소 중이거나 비 긴급 출동인 경우 적용되지 않는다.

출처: 부산일보

1) 음주 측정을 3회 이상 거부한다면 구속은 물론 3년 이하의 징역 또는 1,000만 원 이하의 벌금에 처해지는 무거운 처벌을 받게 된다.(도로교통법 제44조)

2) 경찰공무원은 교통의 안전과 위험 방지를 위하여 필요하다고 인정하거나 제1항을 위반하여 술에 취한 상태에서 자동차 등을 운전하였다고 인정할 만한 상당한 이유가 있는 경우에는 운전자가 술에 취하였는지를 호흡 조사로 측정할 수 있다. 이 경우 운전자는 경찰공무원의 측정에 응하여야 한다.

3) 제2항에 따른 측정 결과에 불복하는 운전자에 대하여는 그 운전자의 동의를 받아 혈액 채취 등의 방법으로 다시 측정할 수 있다.

4) 제1항에 따라 운전이 금지되는 술에 취한 상태의 기준은 운전자의 혈중알코올농도가 0.03% 이상인 경우로 한다.

그래서 음주측정거부죄는 음주 운전 중에서도 불법성이 가장 큰 유형인 혈중알코올농도 0.2% 이상의 음주 운전과 같은 법정형으로 처벌받는 것입니다. 만약 음주 운전을 했고 측정을 거부한 운전자는 실제 혈중알코올농도 수치와는 관계없이 1,000만 원 이하 또는 3년 이하의 징역에 처하게 되는 것입니다.
따라서 이러한 법 조항을 고지한 후 측정 거부 시에는 혈액 채취도 가능하다고 이야기한 후 혈액 채취를 진행하겠고 음주 측정을 재차 독려하겠습니다.

출처: https://lawstandard.tistory.com

1종 대형·보통·특수면허 등 복수의 면허증을 가진 운전자가 오토바이를 음주 운전을 한 경우 '모든 운전면허를 취소한 것은 정당하다'는 것으로 '음주 운전 교통사고 예방' 등 공익적 목적을 위해 엄격하게 처벌한다는 것입니다.

 *「도로교통법 시행규칙」 제91조 제1항[별표28]에 의한 취소 처분 개별 기준을 보면, 혈중알코올농도 0.1% 이상에서 운전한 경우에는 사고를 야기시키지 않았어도 면허 취소가 가능하도록 되어 있다.

운전면허를 받은 사람이 음주 운전을 하다가 적발된 경우 운전면허의 취소 또는 정지 여부는 행정청의 재량 행위라 할 것인데, 그 기준은 일률적으로 정할 수 없으나 보통 음주 운전의 동기, 음주 정도, 무사고 운전 경력, 음주 후의 운전 거리 및 사고 여부, 운전면허의 취소로 입게 될 불이익(생계 수단 등) 등을 참작하여 판단하고 있습니다.

최근의 판례는 "화물운송업에 종사하며 가족의 생계를 책임지고 있는 장애인 운전자가 음주 운전으로 적발된 전력이 없다고 하더라도 음주 운전으로 인한 교통사고를 방지할 공익상의 필요가 크므로 행정청의 운전면허 취소 처분은 정당하다."라고 하였습니다.(2006. 2. 9. 선고 2005두13087 판결)

재판부는 "음주 운전으로 인한 교통사고의 증가와 그 결과의 참혹성 등을 고려할 때 음주 운전으로 인한 교통사고를 방지할 공익상의 필요는 더욱 중시돼야 한다."면서 "운전면허의 취소에서는 일반적인 수익적 행정 행위의 취소와는 달리 그 취소로 인해 입게 될 당사자의 불이익보다는 이를 방지하는 일반 예방적 측면이 더욱 강조돼야 한다."라고 밝혔습니다.

10 음주 단속 사전 예고제

'음주 단속 사전 예고제'는 경찰이 음주 단속 시 사전에 주민들에게 단속 일자를 고지하고 단속을 시행하는 것을 말한다. 단, 음주 단속 시간과 장소는 비공개로 한다.
'음주 단속 사전 예고제'는 음주 단속 일자를 고지하고 단속하는 것은 오히려 음주 운전을 할 수 있는 기회를 주는 것이 아니냐는 부정적인 인식도 있을 수 있으나
경찰은 "주민들이 사전 단속 통보를 받으면 음주 단속에 대한 경각심을 가지고 통보받은 날 만큼은 술자리에 자동차를 가져가지 않을 것이고 음주 교통사고도 많이 줄어들어 소중한 인명을 보호할 수 있을 것이다."라며 "주민들의 안전을 최우선으로 두고 추진할 계획이다."라고 말했다.

경찰서는 주민 중심 공동체 치안 활동을 위해 주민들과 소통의 장을 마련하는 주민 간담회를 실시하고 있으며, '음주 단속 사전 예고제'도 주민의 요청 사항 중 하나로 주민의 의견을 받아 음주 단속하는 날 이장들에게 문자 발송을 하여 사고를 예방하고 주민들에게 공감받는 음주 단속을 한다.

출처: 전북연합신문(http://www.jbyonhap.com)

국민권익위원회는 운전면허 정지·취소 처분을 받은 사람이 다시 운전하려면 차량에 시동잠금장치를 설치하는 방안 등을 경찰청에 권고했다.

이에 경찰은 음주운전 전력이 있는 운전자의 차량에 **알코올 성분이 감지되면 시동이 걸리지 않게 하는 장치**를 설치하는 방안을 도입하기로 했다.

1) 현황

　미국 일부 주와 유럽 몇몇 국가에서는 시동잠금장치를 이미 도입해 운영하고 있습니다. 국내에서는 이 장치가 도입되기에 앞서 술을 마신 운전자 대신 마시지 않은 동승자가 대신 숨을 불어넣는 것을 막고자 **얼굴 인식 기능 등을 장치에 탑재**하는 방안도 논의 중인 것으로 알고 있습니다.

2) 향후 방향

　경찰청에서는 '시동잠금장치의 규격 시스템 구축 방법에 관한 연구가 이뤄질 것'이라고 합니다.

　개정안은 일정 요건을 갖춘 음주운전 전력자에게 시동잠금장치가 설치된 차량만을 운전할 수 있도록 하는 조건부 운전면허를 발급하도록 규정했습니다.

3) 의견

　강력한 처벌에 앞서 음주운전 재발방지를 위한 기계적 장치와 알코올 중독 치료프로그램을 병행해야 한다고 생각합니다.

01 교통 위반을 단속하는데 서장이 전화해서 훈방으로 처리하라고 한다. 어떻게 할 것인가?

(부산청)

예시 저는 법규에 따라 교통위반 단속을 하였다면 외부의 청탁에 흔들려서는 안 된다고 생각합니다. 서장님이 전화하셔서 개인적인 부탁을 하신다면 사안을 정확히 설명해 드리고 해당 법규와 다른 처리 결과를 정중하게 말씀드리겠습니다.

하지만 저의 업무 처리 미숙이나 과도한 법 집행이었다면 좀 더 조사한 후 서장님의 조언을 따르도록 하겠습니다.

서장님의 지시나 조언이 정당한 것이라면 당연히 저의 단속을 취소하고 해당 시민에게 사과하여야 할 것이지만 개인적 청탁이라면 정중하고 공정하게 설명을 드리고 공정한 법 집행을 해야 한다고 생각합니다. 이런 것은 이해해 주실 것이라고 믿습니다.

02 본인의 운전 습관에 대해 말해주세요

예시 저는 운전한 지 **년 정도이지만 한 번도 범칙금을 낸 적이 없습니다.

신호를 잘 지키고 안전 운전을 하는 편입니다.

보행자 우선 안전거리 확보를 위해 정해진 속도로 가는 편입니다.

양보하는 운전 습관이 무사고 운전의 비결이라고 생각합니다.

평소에도 화를 내거나 경쟁적으로 사안을 해결하기보다는 자제하고 양보하는 편입니다.

조금 빨리 가려다 큰 사고를 당하기보다 양보하고 정해진 속도를 지키는 것이 현명하다고 생각합니다.

03 운전 띠 미착용 단속, 어린이 세 명이 뒤에 탑승하고 있다. 본인에게 재량권이 있다고 할 때 어떻게 할 것인가?

자동차(이륜자동차는 제외한다)의 운전자는 자동차를 운전할 때에는 좌석 안전띠를 매어야 합니다.

그 옆 좌석의 동승자에게도 좌석 안전띠(영유아인 경우에는 유아 보호용 장구를 장착한 후의 좌석 안전띠를 말한다)를 매도록 하여야 합니다. (도로교통법 제50조 제1항)

위반시에는

1) [범칙금]: 좌석 안전띠 미착용 범칙금 승합자동차 등·승용자동차 등 3만 원(도로교통법 제50조 1항의 위반)

2) [과태료]: 동승자에게 좌석 안전띠를 매도록 하지 않은 운전자에게 부과(도로교통법 제50조 1항·2항, 제67조 제1항 위반)

　① 동승자가 13세 미만인 경우 6만 원

　② 동승자가 13세 이상인 경우 3만 원으로 처벌됩니다.

단,

　– 어린이들 앞에서 가장의 권위를 세워주는 것도 필요

　– 안전 운행 하도록 계도하고 어린이들이 기분 좋게 여행할 수 있도록 배려하고

　– 따뜻한 경찰 이미지 제고하여야 합니다.

위험 방지를 목적으로 하는 경찰행정법 영역(경직법, 도교법 등)에서는 형사법 영역에 적용되는 법정주의와 대립되는 편의주의(재량원칙)가 적용된다고 합니다.

경찰권을 발동할 것이냐 말 것이냐(결정 재량) 여부와, 발동할 경우에도 어떤 수단을 선택할지 및 다수 경찰책임자(위험 야기자 또는 법 위반자) 중 누구를 대상으로 경찰권을 발동할지(선택 재량)는 현장 경찰관의 재량에 놓여 있다고 할 수 있습니다.

또한 경찰권의 발동은 경찰비례의 원칙에 따라 필요 최소한의 범위에서 발동되고, 단속 여부는 단속경찰관의 경찰상의 위해 여부를 고려하여 합목적적으로 판단되므로 사실상 단속 불능인 경우까지 단속할 수는 없습니다.

05 아들(아버지) 음주 운전 어떻게 처리할 것인가?

인천연수경찰서는 직무 유기 등 혐의로 남동경찰서 소속 A 경위를 검찰에 기소 의견으로 송치했다고 1일 밝혔다. A 경위는 지난 5월 인천 남동구 한 도로에서 아들 B 씨가 음주 운전을 하고 있다는 사실을 인지하고도 사건을 무마하려 한 혐의를 받는다.
당시 A 경위는 지구대 팀장으로 근무하면서 무전을 통해 B 씨의 음주 운전 관련 신고 내용을 전해 들었지만 사건 처리 결과에서 용의자를 찾지 못했다는 의미로 '불발견'이라고 기록하고 사건을 종결 처리했다.
남동경찰서는 A 경위가 사건 처리를 제대로 처리하지 않은 의혹이 있다고 보고 대기 발령을 내린 뒤 직무 유기 혐의 등으로 직무 고발했다.

예시 경찰은 업무 수행에 공정해야 한다고 생각합니다. 자신의 가족이라고 위법 사항을 눈감아 주다면 시민들은 경찰을 신뢰하지 않을 것이고 단속에도 저항할 것입니다. 나아가 공권력을 경시하게 되고 정당한 법 집행에도 불응할 것입니다.

또한 아버지(아들)의 음주 운전을 도로교통법에 따라 단속하지 않는다면 직무 유기에 해당한다고 알고 있습니다. 따라서 적법한 법 집행으로 경찰로서 업무를 처리해야 한다고 생각합니다. 가족들도 정당한 법 집행을 이해하고 따라 줄 것이고 오히려 미안해할 것 같습니다.

단속 중 부당한 단속이라고 항의하면 어떻게 처리할 것인가?

교통 단속 중 부당한 단속이라고 생각할 수 있는 상황이다. 민원인이 교통 혼잡 상황 아닌데 단속한다고 항의하면 어떻게 처리할 것인가?

교차로 단속 중 할머니, 젊은이 2명, 상관 무단횡단 어떻게 처리할 것인가?

할머니, 20대 청년, 아버지 무단횡단 어떻게 처리할 것인가?

부산에서 시행 중인 교통 캠페인이 무엇이고 자신이 경찰이 된다면 어떤 것을 할 것인가?

초보운전자 불법 유턴 단속 초보자이기에 실수 선처 요구 어떻게 처리할 것인가?

할머니 무단횡단 단속 또는 계도할 것인가?

서울시 암행순찰 현황

국민들 도교법 준법정신 몇 점이라고 생각하는가?

신호위반 단속 어떻게 처리할 것인가?

아버지가 음주 단속되면 어떻게(평소 아버지와의 관계, 아버지 단점) 처리할 것인가?

음주 운전 복합 면허 취소 찬반

암행순찰차 도입 찬반

교통 단속 중 친한 친구와 경찰 동료 위반 누구 단속

프랑스 교통 법규 위반 융통성(빨간불 교통량 없으면 통과), 독일 융통성 없이 무조건 처벌, 우리나라 어디에 가까운가? 앞으로 어느 방향 지향

17세 청소년 무단횡단 지도 방안(무단횡단 대처 방안)

남편 중구청 공무원, 밤낮 술 먹고 음주 운전 중구청 앞 음주 단속 요구 신고 어떻게 대처할 것인가?

무단횡단 아이가 2명 집이 가난 선처 요구 어떻게 처리할 것인가?

암행순찰에 대한 본인 의견과 암행순찰에 걸렸을 때 대처 방안

불법 유턴 단속 시민들 단속에 불만 토로 어떻게 설득할 것인가?

교통 단속 중 민원인 항의로 회의감 느낄 때

전동 킥보드 계도해야 하는가, 엄격히 처벌해야 하는가?(대리운전 기사들이 전동 휠 전동 킥보드 많이 타는데 생계가 어려운 대리운전 기사를 단속했다면 엄격히 처벌해야 하나, 전동 휠 킥보드 관련 보호장구 및 면허 등 나아가야 할 방안, 전동 휠 킥보드 관련 법안이 만들어졌다고 가정하에 내가 좋아하는 상사가 단속에 걸렸을 때 처벌할 것인가, 반대로 내가 타고 가다가 내가 아끼는 후배에게 단속당하면 어쩔 것인가?)

음주 운전 적발 도중 동료가 중상해를 입었다. 어떻게 대처할 것인가?

할머니께서 8차선 도로 가운데 고립된 상황에서 경찰로서 어떻게 대처할 것인가?

음주 단속을 위해 전 차선을 막고 단속을 하는 것에 어떻게 생각

노인 보행자나 운전자 사고 줄이는 방법은

정차한 차 안에서 음주 운전이 의심되는 사람을 발견하였다. 음주측정을 완강히 거부한다. 어떻게 처리할 것인가?

교통체증 개선 방안 3가지

농촌에서 매년 동일하게 일어나는 어르신들 교통사고에 대한 대책

우리나라 교통사고 사망률 높은데 낮추려면 어떻게 해야 하는가?

교통순경 임무 중 초행길이라며 꼬리 물기 한 운전자 어떻게 처리할 것인가?

자전거 사고 안전 예방법은

고령 사회 노인 교통사고 어떻게 예방

무단횡단 할머니 계도를 본 시민이 법대로 안 했다고 감찰에 신고. 감찰에 대처 방법

신호 위반 단속했는데 나만 잡고 저 사람은 왜 잡지 않는지 항의 어떻게 처리할 것인가?

오토바이 음주 운전 시 운전자의 운전면허 중 어떤 거 취소해야 하는가?

강남 경찰서에 근무하는 경찰. 시기는 크리스마스이브이고 시민들에게 음주 운전 강화 제도를 체험할 수 있도록 홍보해야 한다. 단 예산은 없고 스스로 기획안을 짜서 시민 참여를 유도해야 하는데 아이디어를 말해 봐라.

윤창호법이 앞으로 나아가야 할 방향

◀ 참고 1 ▶ 도로교통법 개정 사항 (2018. 9. 28.)

1) 차량
   - 전 좌석 안전띠 착용(위반 시 3만 원, 어린이 6만 원)
   - 교통범칙금 체납자: 국제 운전면허증 발급 거부
   - 경사지 미끄럼 사고 방지 조치 의무화

2) 자전거
   - 자전거 음주 운전 처벌: 위반 시 (수치 0.05)/3만
     음주감지 불응 시/10만
   - 자전거 안전모 착용 의무 (의무는 부과했지만 처벌 규정은 없음)

3) 전동 킥보드: 배기량 50cc 이하 원동기 차량
   - 차도만 이용(인도나 자전거 전용도로 이용 시/ 범칙금 4만 원)
   - 면허: 원동기장치 자전거 1, 2종 이상(무면허 운전 시: 30만 원 벌금)
   - 16세 미만 사용 안 됨

◀ 참고 2 ▶ 음주 측정 불응

1) 음주 측정 근거: 도로교통법 44조 2항 (술에 취한 상태에서의 음주 운전)
   - 교통안전과 위험 방지를 위해 필요할 때
   - 술 취한 상태로 운전하였다고 인정할 만한 상당한 이유가 있을 때 호흡 조사로 측정할 수 있음
2) 면허증 제시 요구 불응 시: 면허 취소, 형사 입건 가능함을 고지.
3) 음주 측정 불응 시: 10분 이상 간격으로 3회 측정 요구(동영상 촬영)
   ※ 처벌: 1~5년 이하 징역, 500만~2,000만 원 이하 벌금

◀ 참고 3 ▶ 자동차 불법 구조 변경

1) 근거: 자동차관리법 제 34조 – 형사 처벌 (1년 이하 징역, 300만 원 이하 벌금)
   ※ 안전 기준 위반: 100만 원 이하 과태료
2) 경찰관이 직접 제거: 법적 근거 없음
   ※ 단, 도로교통법상 교통 단속 장비의 기능을 방해하거나, 안전 운전에 지장을 주는 불법 부착물 제거 지시할 수 있고, 지시에 불응 시 직접 제거 가능함.
   ※ 불법 부착물: 불법 튜닝(구조 변경), 불법 LED, 불법 등화, 적재 장치 길이 연장, 적재함 높이 연장, 소음기 개조 (배출 가스 포함)

경비

01 코로나바이러스 관련 광장·공원 등에서의 집회 시위 금지 조치에 대한 생각은?
(기본권의 충돌: 건강권과 집회 시위의 자유)   (2020년 기출)

1) 찬성 입장: 집회의 자유와 국민의 건강권 충돌 문제임. 기본권이 다 중요하지만 국민의 생명
   을 위협하는 건강권이 더 중요시되어야 한다고 생각함.
   – 집회로 인하여 코로나바이러스가 전파되고 국가 재난 상황이 악화되어 국민의 생명과 안
     녕을 위협할 수 있습니다.

2) 반대 입장: 민주주의 국가에서 집회의 자유는 어떤 기본권보다도 중요시해야 할 가치임.
   – 마스크를 착용하고, 1m 이상 거리를 두는 등 위생 관리 규칙을 지킨다는 전제하에서 집회
     의 자유는 보장되어야 한다고 생각합니다.

02 정부의 실정 등에 대한 반발로 불법 폭력 시위가 이루어진다면, 이에 대한 생각은?   (2020년 기출)

불법 폭력 시위가 벌어지면 어김없이 집회 시위로 부상당한 전·의경과 경찰관으로 병원은
또 다른 전쟁터가 됩니다. 우리의 가족이, 또 우리의 친구가 불법 폭력 시위로 이유 없이 다
치고 있는 것입니다.
여기에는 시위에 수만 명이 참가한 데 따른 경제적 손실과 시위에 따른 교통 체증, 동원된 경
찰 병력에 따른 비용이 발생합니다. 이렇게 도심에서 일어나는 폭력 시위는 교통마비 등 시
민들에게 직접적인 피해를 가져올 뿐만 아니라 시위로 인해 경찰이 투입되면서 민생 치안이
뒤로 밀리는 부작용도 낳고 있습니다.

1) 집회 시위의 예는
   (1) 쇠파이프나 죽창 등 폭력 시위용품을 들고 시위에 참가하면 형사 처벌
   (2) 복면을 착용하면 폭력 시위로 변질될 가능성이 높은 데다 현장 사진 촬영 등을 통해 증
       거를 확보해도 신원 확인이 불가능해 처벌이 어렵다는 판단에서입니다.
   (3) 시위 현장에서 확성기를 사용해 소음 피해를 주는 것을 막기 위해 집회 시위 소음기준
       도 강화할 방침입니다.

2) 경찰에서는

(1) 집회·시위에서 경찰관에게 폭력을 휘두르거나 기물을 파손하는 등 불법 행위를 저지르는 시위대에게 유색 물감을 뿌린 뒤 현장에서 검거하는 등 강력히 대응한다는 방침을 세웠습니다.

(2) 경찰은 준법 집회에 대해서는 공간을 안정적으로 확보해주는 등 최대한 협조하겠지만, 대규모 시위대가 폴리스 라인을 침범하고 도로를 불법 점거하며 행진하거나 시위가 과격·폭력 양상을 띠면 차벽을 설치해 막을 계획이라고 합니다.

(3) 경찰은 앞으로 집회 주최 측과 대화를 통해 평화적이고 법 규정을 지키는 집회는 적극 보호하는 내용의 양해각서(MOU)를 체결하는 등 준법 집회·시위 문화 정착에 힘쓰겠다고 덧붙였습니다.

03 집회 시위 현장에서 본인이 현장 책임자인데 동료 경찰관이 시위대 10명에게 끌려갔다. 어떻게 대처할 것인가?
(경기남부청, 2019년 기출)

- 경찰 작용의 일차적 목적은 국민의 자유와 권리를 보호하고 사회공공의 질서를 유지하는 데 있고 그에 필요한 경찰력은 "직무 수행에 필요한 최소한도에서 행사되어야 함('경직법' 제1조 제2항)"
- 경찰 작용의 비례성에 비추어 남용되어서는 아니 됨

하지만 시위대에 끌려간 동료는 구출해야 한다고 생각합니다. 일단 추가로 경력 지원을 요청하고 책임자로서 경고, 설득, 협상에 임하여 구출할 것입니다.

04 본인이 업무 처리를 했는데 과잉 진압이라고 말했다면 어떻게 대처할 것인가? (서울청, 2020년 기출)

과잉 진압이란 지나치게 강압적인 힘으로 억눌러 진정시킨다는 의미입니다.

- 경찰이 폭력 시위를 진압하더라도 '필요한 범위 내에서 최소한의 물리력'만 행사해야 하는 만큼 이를 넘어선 '과잉 진압'을 했다면 국가와 경찰이 70%의 배상 책임을 져야 한다는 법원 판결이 나오기도 했음(서울중앙지법 민사합의14부)

그래서 지체 없이 상관에게 보고하고 과잉 진압 여부에 대한 사실관계를 명확하게 해야 합니다. 진정 과잉이 있었다면 즉시 사과하고 사태를 원만하게 조기에 해결할 수 있도록 해야 할 것입니다.

법원은 전날 "방역 수칙 등을 구체적으로 지시해 제한적으로 집회를 허용하는 것이 아니라 집회 자체의 개최를 원천적으로 금지했다."며 "(코로나19) 감염 우려를 불식하기 위한 필요 최소 범위 내에서 집회의 자유를 제한하는 것이라고 보기 어려워 위법하다고 볼 소지가 작지 않다."고 한 바 있습니다.

경찰에 따르면 이날 경찰관에 폭력을 행사하거나 해산 명령에 응하지 않은 혐의(공무집행방해 · 감염병예방법 등 위반)로 총 30명이 체포됐다고 합니다.

경찰은 광화문광장에 불법 점거 등 장시간 불법 집회를 진행한 집회 주최자들에 대해 집시법 위반(금지집회 주최, 해산명령불응 등)과 일반 교통 방해, 감염병예방법 위반 등 혐의를 적용해 수사한다고 합니다.

저도 광화문집회를 통해 코로나 확진자가 증가한 만큼 국민의 생명권을 위협하는 집회는 불허해야 하고 감염병 예방과 국민의 생명보호를 위해 경직법과 집시법에 의거 제재해야 한다고 생각합니다.

불법 폭력 시위가 벌어지면 어김없이 집회 시위로 부상당한 전 · 의경과 경찰관으로 병원은 또 다른 전쟁터가 됩니다. 우리의 가족이, 또 우리의 친구가 불법 폭력 시위로 이유 없이 다치고 있는 것입니다.

여기에는 시위에 수만 명이 참가한 데 따른 경제적 손실과 시위에 따른 교통 체증, 동원된 경찰 병력에 따른 비용이 발생합니다. 이렇게 도심에서 일어나는 폭력 시위는 교통마비 등 시민들에게 직접적인 피해를 가져올 뿐만 아니라 시위로 인해 경찰이 투입되면서 민생 치안이 뒤로 밀리는 부작용도 낳고 있습니다.

1) 집회 시위의 예는
  (1) 쇠파이프나 죽창 등 폭력 시위용품을 들고 시위에 참가하면 형사 처벌
  (2) 복면을 착용하면 폭력 시위로 변질될 가능성이 높은 데다 현장 사진 촬영 등을 통해 증거를 확보해도 신원 확인이 불가능해 처벌이 어렵다는 판단에서입니다.
  (3) 시위 현장에서 확성기를 사용해 소음 피해를 주는 것을 막기 위해 집회 시위 소음기준도 강화할 방침입니다.

2) 경찰에서는

(1) 집회·시위에서 경찰관에게 폭력을 휘두르거나 기물을 파손하는 등 불법 행위를 저지르는 시위대에게 유색 물감을 뿌린 뒤 현장에서 검거하는 등 강력히 대응한다는 방침을 세웠습니다.

(2) 경찰은 준법 집회에 대해서는 공간을 안정적으로 확보해주는 등 최대한 협조하겠지만, 대규모 시위대가 폴리스 라인을 침범하고 도로를 불법 점거하며 행진하거나 시위가 과격·폭력 양상을 띠면 차벽을 설치해 막을 계획이라고 합니다.

(3) 경찰은 앞으로 집회 주최 측과 대화를 통해 평화적이고 법 규정을 지키는 집회는 적극 보호하는 내용의 양해각서(MOU)를 체결하는 등 준법 집회·시위 문화 정착에 힘쓰겠다고 덧붙였습니다.

【참조】
 – 헌법 37조 2항 ② 국민의 모든 자유와 권리는 국가안전보장·질서유지 또는 공공복리를 위하여 필요한 경우에 한하여 법률로써 제한할 수 있으며, 제한하는 경우에도 자유와 권리의 본질적인 내용을 침해할 수 없다.
 – 집시법 제5조 제1항 또는 제6조 제1항을 위반하거나 제8조에 따라 금지를 통고한 집회 또는 시위를 주최한 자는 2년 이하의 징역 또는 200만 원 이하의 벌금에 처한다.

집시법상 폭력 시위는 '형법상 범죄인 폭행·협박·손괴·방화 등 행위가 집단적으로 이루어짐으로써 개인의 생명·자유·재산 등 기본권 보호 및 국가와 사회의 존속을 위해 필수적인 것으로 인정되는 가치와 규준 등에 대해 사회 통념상 수인할 수 있는 혼란이나 불편을 넘는 위험을 직접 초래할 것이 명백한 집회 또는 시위'입니다.

코로나 단속 주체는 지방자치단체지만, 과태료 부과 담당 부서가 장소와 시설별로 달라 112에 신고하는 사례가 많습니다. 신고를 접수하는 것은 경찰이지만 소관은 지자체로 알고 있습니다.

마스크 관련 시비, 단속 공무원 폭행 등의 공무집행방해 행위에는 경찰이 출동해 대응하지만, 단순 미착용 신고는 단속 권한이 없어 지자체에 통보해야 합니다.
경찰은 마스크 미착용 단속과 맞물려 일시적으로 112신고 건수가 증가할 것을 우려해 마스크 미착용 단속 현장조치를 위한 가이드라인을 마련했다고 합니다.

우선 단순 미착용 신고는 정부민원안내센터 또는 지역 민원 신고 콜센터로 안내 후 종결하고, 순찰 또는 출동 현장에서 확인될 경우 대상자에게 착용을 권고·계도하고 마스크 착용 문제로 시비가 붙거나 폭행, 업무·공무집행 방해 등에 대해서는 현장 출동 후 사안에 따라 처리해야 합니다.

다만, 지자체 공무원 단속 과정에서 단순히 신원이 확인되지 않는다는 등의 신고는 비 출동으로 종결할 계획이라고 합니다.

- 단속 대상

  감염병예방법에 의거 마스크 미착용자는 10만 원의 과태료를 부과받는다. KF94와 KF80 마스크, 비말 차단 마스크, 수술용(덴털) 마스크, 면 마스크가 허용되며 망사형 마스크나 밸브형 마스크, 스카프 등 옷가지로 가리는 것과 입과 코를 완전히 가리지 않는 '턱스크'도 단속 대상이지만, 적발돼도 시정 요구에 따라 바로 마스크를 쓰면 과태료를 물지 않는다.

1) 개념

경찰개혁위원회에서는 **2017년 9월 '집회 · 시위 자유 보장방안'**에 대한 권고안에서 "집회시위 현장에서 공공의 안녕질서와 집회시위의 자유, 양자를 조화시켜야 한다고 하였다.

이에 경찰청은 2018년 10월부터 '한국형 대화 경찰제도'를 운영하고 있다. 이 제도는 집회시위 주최 측과 참여자, 그리고 경찰 간의 대화와 소통을 원활하게 하려는 스웨덴의 'Dialogue Police' 제도를 벤치마킹한 것이다.

'관리' 또는 '대응'의 관점에서 집회 · 시위의 "보장"으로의 패러다임 전환을 시도한 것이다.

2) 효과성

2020년 대화 경찰제도의 효과성에 대한 연구용역 결과를 살펴보면,
- 집회시위 통계분석 결과 대화 경찰 활동 시 **위법시위가 약 54.5% 감소**하였고,
- 집회참가자 설문 조사한 결과 **대화 경찰 활동에 대한 만족도가** 77.0% 증가하였으며,
- 집회의 **자유가 더 많이 보장된다**는 의견이 73.6%,
- **물리적 위험요소를 효과적으로 통제한다**는 의견이 77.6%로 응답한 바 있다.

코로나 19 이후에는 대화 경찰관들의 활동이 더욱 확대될 것으로 전망되는데, 대화 경찰 제도는 경찰서 외근정보관, 경찰관기동대 등 타부서 소통 적임자로 인력풀을 구성하였고 (2021년 상반기 약 1,600여 명 정도), 집회 규모와 위험성 등을 고려하여 배치 및 운용되고 있다.

3) 해외사례

- 영국에서는 집회연락관(PLO: Police/Protest Liaison Officer)이라는 제도가 한국의 대화 경찰제도와 유사하다. 이들은 훌리건 난동을 막기 위한 차원에서 축구 경기장에 배치되기도 한다.
- 스웨덴, 우크라이나도 활용 중

4) 전망

- 역량 강화가 필수적이며, 그 기반은 전문성 있는 교육 훈련 프로그램의 내실화 혹은 개편이고, 최종적으로 **자격인증제도의 도입**이다.

정보과 형사라면 정보 수집 어떻게 할 것인가?

재개발 보조금 낮아 군청 시위 가는 부모님 정보경찰로서 어떻게 할 것인가?

재개발 지역에서 시위한다는 얘기 들었을 때 정보경찰로서 어떻게 대처할 것인가?

정보경찰인데 시위 발생 현장 조사, 정보 안 준다고 한다. 어떻게 조사 서장 보고할 것인가?

불법 시위에 대해 차벽 설치 의견

살수차 사용에 대한 생각

차벽 설치 의견

집회 시위 현장 관리가 우선인가 통제가 우선인가?

의경 생활 중 폭력 시위 발생 어떻게 대처할 것인가?

기억에 남는 가장 힘든 집회 장소

불법 시위에 대해 동료 흥분 어떻게 할 것인가?

대열 흐트러지면 어떻게 할 것인가?

청와대 앞에 불법 시위, 차량, 불신자 등 대처 방법에 대해 정확한 법 조항을 말해보라

불법 폭력 시위에 경찰의 대응 방안

백남기 농민 사건과 같이 불법 폭력 시위 현장에서 사고 예방법

집회 시위 자신의 소신과 맞지 않을 때 어떻게 하겠는가?

CHAPTER 05 외사

01 외국인 범죄의 양상과 대책은?

(2020년 기출)

최근 외국인 노동자의 유입 증가, 외국 관광객의 증가 등으로 외국인 범죄가 크게 증가하고 있고 외국인이 순수 관광이나 노동력 제공만을 하는 사람들도 있으나 야쿠자(일본), 삼합회(중국), 마피아(러시아) 등 국제 범죄 조직이 사업 확장 등을 목적으로 입국하는 경우도 있습니다.

국제 범죄 조직은 합법적으로 사업 진출을 가장하여 각종 불법 행위, 즉, 경쟁 범죄 조직에 대한 보복적인 폭력 행위나 사채업에 진출하여 서민들의 돈을 갈취하거나 협박·폭행을 행사하는 일이 비일비재합니다. 한국에 진출한 조직폭력배는 25개 정도라고 알고 있습니다. 대표적인 폭력 조직인 중국 흑사회는 서울 대림동·가리봉동을 중심으로 유흥업소나 도박장 같은 이권 사업에 관여하는가 하면 청부 폭행과 고리대금 등도 일삼고 있습니다.

한편, 체류 외국인들에 의한 살인, 강간, 폭행 등 각종 범죄도 날로 증가하고 있고 흉포화되고 있습니다. 국가별로는 중국, 미국, 동남아시아인에 의한 범죄가 크게 증가하고 있습니다. 외국인 범죄 중 체류 중국인에 의한 범죄가 50% 이상을 차지하고 있고, 중국인 중에서는 70% 이상을 차지하는 조선족에 의한 범죄가 대부분을 차지하고 있습니다.

※ 외국인 밀집 지역: 경기도 안산시 원곡동(동남아시아인 공장 근로자 밀집 지역), 서울 영등포구 대림동·구로구 가리봉동(중국인 밀집 지역), 용산구 이태원동(미군 밀집 지역)

1) 예방 대책으로는
   (1) 입국 시 지문등록제도 시행(출입국관리법에 의거, 현재 시행 중)
   (2) 체류 외국인에 대한 동향 파악
   (3) 외국인 밀집 지역 주기적 순찰
   (4) 외국인 자체 자율 방범대 운영(일부 지역 시행 중)
   (5) 체류 외국인에 대한 법 제도·문화 등에 대한 교육 실시

2) 검거 대책으로는
   (1) 경찰과 출입국관리소 간 유기적 협조 체제 구축으로 범죄자 출금 출국 금지
   (2) 인터폴 등 국제형사기구와의 유기적 협조 체제 구축
   (3) 외국인 커뮤니티 또는 대사관 등과의 협조 체제 구축

2019년 3월 31일 홍콩에서는 송환법을 반대하며 시위가 시작된 것으로 알고 있습니다.

'찬퉁카이(20세)의 살인사건'에서 홍콩인 찬퉁카이는 대만에서 임신한 홍콩인 여자친구를 살해하고 홍콩으로 도피하지만 홍콩 정부는 속지주의를 채택하고 있기 때문에 영외에서 발생한 범죄에 대해 처벌하지 않아 살인범 찬퉁카이를 대만으로 인도해 처벌을 원했으나 대만도 역시 송환법을 체결하고 있지 않아 대만에 신병을 인도하지 못한 것입니다.

하지만 시위를 무력으로 진압하고자 했던 경찰의 대응에 민심이 더욱 불이 붙어 결국 송환법을 주도했던 람 장관의 사퇴와 더불어 송환법 철회, 경찰 폭력 행사 사과를 요구하는 목소리가 커지며 100만 홍콩 시민이 시위를 한 것으로 알고 있습니다.

중국은 반중국 성향의 인사들에 대하여 끊임없이 감시 관찰 중임으로 만약 인도법이 통과된다면 중국은 합법적으로 반 중국 홍콩인들을 데려갈 수 있다는 뜻이 됩니다.
이런 복합적인 양상 속에 홍콩의 궁극적인 목표인 독립이나, 범죄인 인도법 철폐, 자국민 보호, 경찰의 무력 진압 사과뿐만 아니라 중국 정부의 홍콩 간섭 등을 배제하기 위해 자위적인 시민들의 시위로 이어지는 것으로 압니다.

조약, 상호주의, 국제 예양에 기초하여 다른 국가에서 범죄를 저지르고 자국으로 도망 온 범죄인을 그 국가의 요청에 의해 인도해 주는 것입니다.

범죄인 인도는 범죄를 저지른 후 외국으로 도망한 자뿐만 아니라 형의 확정판결을 받고 그 집행 중에 외국으로 도망한 자의 인도도 포함합니다.
따라서 범죄인 인도란 범죄자가 소재하고 있는 국가가 범죄를 행하였거나 유죄를 확정 국가에 그러한 범죄자를 인도하는 것을 말합니다.
인도를 청구할 수 있는 국가는 범죄 행위지국, 법익피해국, 피해자 국적국, 범죄인 국적국 등입니다. 피청구국은 해당 범죄인이 소재하는 국가입니다.

1) 쌍방가벌성(double criminality)의 원칙
2) 범죄특정의 원칙(principle of speciality)
3) 정치범불인도의 원칙이 적용됩니다.

우리나라는 1988년 범죄인인도조약 체결의 근거가 되는 「범죄인인도법」(법률 제4015호)을 제정하여, 1990년 호주와 최초로 범죄인 인도 조약을 체결한 이후, 2009년 12월 현재 미국, 일본 등 29개국과 범죄인 인도 조약을 체결하고 있습니다.

1) 개념: SOFA란 1966년 7월 체결된 주한 미군에 관한 한국과 미국 간의 협정(미군지위협정), '한미행정협정'이라 한다. 1966년 7월 서울에서 한국 외무장관과 미국 국무장관 간에 조인해 1967년 2월 9일에 발효되었고 정식명칭은 '대한민국과 아메리카 합중국 간의 상호방위 조약 제4조에 의한 시설과 구역 및 대한민국에서의 군대의 지위에 관한 협정'이다.

2) 주요 내용: 미군과 그 가족 및 미군속에 재판관할권을 미군 당국이 행사. 즉, 한국 측은 미국의 안전이나 재산에 관한 범죄, 미국의 군대 구성원 군속 및 그들의 가족의 신체나 재산에 관한 범죄, 공무상의 범죄를 제외한 모든 범죄에 대해서 제1차적 재판관할권을 가지고 있다.

그러나 부속문서(합의의사록, 합의양해사항, 교환서한)에 따라 한국은 미국을 위하여 이러한 제1차적 권리를 포괄적으로 포기하고 있으며, 다만 한국의 재판권 행사가 특히 중요하다고 결정하여 법무부장관이 사건 발생일 또는 사건 발생을 알게 된 날로부터 15일 이내에 미군 당국에 통고할 때에만 그 사건에 대한 재판권을 행사할 수 있게 되어 있다.

부대 영내외에서의 미군 당국이 '경찰권 행사': SOFA 협정[1]은 군대 규율과 질서를 유지해야 하는 군대의 특수성을 감안, 미군 당국이 부대 영내외에서 경찰권을 행사함으로써 자체적으로 질서와 안전의 유지를 위하여 필요한 적절한 조치를 취할 수 있도록 하고 있다.[2]

3) 미군 시설 및 구역 내의 경찰권에 관한 구체적인 합의의사록 규정은 다음과 같다.

(1) 시설 및 구역 내부 경찰권

미군 당국은 그 시설 및 구역 내에서 범죄를 행한 모든 자를 체포할 수 있다. 그리고 미군 당국이 동의한 경우와 중대한 죄를 범하고 도주하는 현행범인을 추적하는 때에는 대한민국 경찰도 시설 및 구역 내에서 범인을 체포할 수 있다.

한편, 대한민국 경찰이 체포하려는 자로서 한미행협 대상이 아닌 자가 이러한 시설 및 구역 내에 있을 때에는 대한민국 경찰이 요청하는 경우에 미군 당국은 그자를 체포하여 즉시 인도하여야 한다.

(2) 사람이나 재산에 관한 압수 · 수색 · 검증

대한민국 당국은 미군 당국이 동의하는 경우가 아니면 시설 또는 구역 내에서 사람이나 재산에 관하여 또는 시설 및 구역 내외를 불문하고 미국 재산에 관하여 압수 · 수색 또는 검증을 할 수 없다. 그러나 이에 관한 대한민국 당국의 요청이 있을 때에는 미군 당국은 필요한 조치를 취하여야 한다.

---

1 한미 SOFA(Status of Forces Agreement). 1966년 7월 9일 서울에서 이동원 외무부장관과 러스크 미 국무장관 사이에 조인. 67년 2월 9일에 발효된 〈주한미군의 신분에 관한 협정〉.
2 한미행정협정 제22조 제10항에 관한 합의의사록 1의 1, 2, 3단

1) 다문화 가족이란

재한 외국인, 결혼 이민자, 인지(認知)에 의한 국적 취득자[대한민국의 국민인 부 또는 모를 둔 외국인이 한국 국적을 취득하는 경우], 귀화에 의해 국적을 취득한 자와 출생 혹은 귀화에 의해 국적을 취득한 자로 이루어진 가족을 말합니다.

2) 다문화 가정에서 범죄가 발생하는 원인

문화적 차이에 의한 범죄, 법률 무지에 따른 범죄, 가정 폭력 문제 때문에 범죄가 발생합니다.

3) 대책

맞춤형 범죄 예방 교육, 경찰과 다문화 가정 간 멘토 결연, 다문화 인권 보호센터 운영, 한국어 교육 실시, 다문화 가정 생애주기별 맞춤서비스, 다문화 가정 취업 역량 강화(면허 수강 지원), 찾아가는 법률서비스, 경찰체험학교 등으로 한국에 적응을 돕고 있습니다.

1) 인터폴의 개념

인터폴(ICPO: International Criminal Police Organization/국제형사경찰기구)은 유엔에 이어 두 번째로 큰 국제 조직이다. 회원은 약 190여 개국, 본부는 프랑스 리옹에 있다. 각국 경찰의 정보 공유를 바탕으로 범죄자를 인도하는 것이 주요 임무다. 1914년에 창설되었다. 한국 인터폴은 경찰청 외사 3과에 인터폴계로 직제 편성되어 있다.

2) 적색 수배

인터폴의 수배 등급은 8가지다. 적색 수배는 살인 · 강도 · 강간 등 강력 범죄와 조직폭력범, 50억 원 이상의 경제 사범, 체포영장이 발부된 피의자를 대상으로 한다. 적색 수배는 8가지 중 최고 등급이며, 범인 검거 즉시 해당 국가로 송환된다. 적색 수배 대상 심사에 보통 1주일이 걸린다. 그만큼 심사 대상 심사에 신중하다.

우리나라에서는 2조 5,000억의 다단계 사기를 치고 중국으로 밀항한 조희팔, 세월호 사고 당시 프랑스에 거주하던 유섬나(유병언의 딸) 등이 적색 수배를 받았다.

※ 청색 수배는 요주의 인물 정보, 녹색 수배는 공공 안전에 위협이 되는 방범 정보, 황색 수배는 실종자 신원 확인, 흑색 수배는 변사체 정보, 오렌지색 수배는 무기 등의 위험, 보라색 수배는 은신처 정보, 유엔 안보리 특별 수배는 유엔 제재 인물에게 내려진다.

1) DNA 유전자 정보 수집

범죄자의 유전자(DNA) 정보를 국가가 관리하며 수사 및 재판 등에 활용하게 하는 법안이 입법 예고된다. 법무부는 행정안전부와 함께 **'디엔에이 신원 확인 정보의 이용 및 보호에 관한 법률(안)'**을 27일 입법 예고한다고 26일 밝혔다.

흉악·강력 범죄로 형이 확정된 수형자나 이런 혐의로 구속된 피의자의 DNA 시료를 채취, 신원 확인에 필요한 정보를 데이터베이스(DB)로 구축해 수사나 재판에 활용하게 된다.

법안에 따르면 DNA 시료 채취 대상 범죄는 살인이나 강도, 방화, 절도(단순 절도 제외), 강간·추행, 약취·유인, 체포·감금(단순체포·감금 제외), 상습 폭력, 조직폭력, 마약, 청소년 상대 성폭력 범죄 등 강력 범죄다. 이에 따라 이들 범죄로 판결이 확정된 수형자나 구속된 피의자 또는 피해자에게서 혈액이나 타액, 모발, 구강 점막 등 DNA 감식에 필요한 시료를 채취할 수 있으며 범죄 현장에서 발견된 '주인을 알 수 없는' 시료도 수집 대상이 된다.

당사자가 거부하면 법원에서 영장을 발부받아 강제로 채취할 수 있다. 국가는 얻어진 정보 가운데 개인 식별에 필요한 것을 제외한 나머지 유전자 정보는 삭제한다. 또 정보를 숫자·코드화해 저장·관리하며 범죄 수사나 변사자 신원 확인에 활용하고 법원의 사실 조회에 따라 이를 검색해 알려줄 수 있다.

검찰과 경찰은 각각 이들 정보를 취급하는 기관을 두게 되며 양쪽의 DB를 서로 연계해 운영할 수도 있다. 그러나 대상자가 재판에서 무죄 또는 공소 기각 판결을 받거나 검찰에서 '혐의없음' 등 불기소처분을 받으면 해당 정보를 삭제하도록 했다. 아울러 관련 업무 종사자가 이를 정해진 목적 외에 사용하거나 타인에게 제공·누설한 경우 3년 이하의 징역 또는 5년 이하의 자격 정지에 처하도록 처벌 규정을 뒀다.

2) 기대효과

"이 법이 시행되면 **흉악범 조기 검거로 추가 피해자가 양산되는 것을 막고, 범인에게 추가 범행을 자제하게 해 범죄를 예방하며 무고한 수사 대상자를 조기에 수사 선상에서 제외**하는 등의 효과가 기대된다."

따라서 외국인도 한국에 체류하는 동안 범죄를 저지른다면 DNA를 채취하여 범죄 수사와 예방에 효과를 볼 수 있어야 한다고 생각한다.

3) 반대

하지만 인권·시민 단체들의 반발이 클 것으로 전망된다. 구속 피의자의 DNA 채취는 무죄추정 원칙을 무시하는 것이라는 지적이 나오고 있다. 또 사실상 형법에서 규정한 블루칼라 범죄 대부분에다 미수범까지를 적용 대상으로 삼아, 수사 기관의 편의에 중점을 둔 법안이라는 비판이 제기되고 있다.

최근 4년간(2016~2019년 8월) 우리나라 불법 체류 외국인은 △2016년 20만 8천 971명 △2017년 25만 1천 41명 △2018년 35만 5천 126명 △2019년 8월 기준 37만 5천 510명으로, 현재는 38만 명을 돌파한 것으로 알려졌습니다.

비자 면제 협정국간 적용하는 사증 면제로 불법 체류자가 늘고 있는 것으로 출입국관리소는 파악하고 있다고 합니다.
사증 면제(무비자)로 입국한 외국인은 최대 90일까지 국내에 체류할 수 있지만, 기간이 지났음에도 출국하지 않는 것인데 불법 체류자 단속 기관인 출입국외국인사무소의 단속 인력이 부족하다고 합니다.

경찰에서도 "**출입국사무소와 의사소통이 잘 맞지 않으면 주말이나 야간 시간대에는 불법 체류자를 제때 인계 못 해주는 상황이 생긴다.**"라며 "경찰의 업무가 많고, 관리 주체가 법무부다 보니 불법 체류자와 관련해서는 한계를 보이고 있다."고 하고 있습니다.

하지만 **불법 체류자가 범죄 피해를 입었을 경우, 경찰에 피해 신고를 하더라도 불법 체류자의 신상 정보를 출입국관리사무소에 통보하지 않는 제도**도 있습니다. 불체자가 상해·폭행, 과실치사상, 유기·학대, 체포·감금, 협박, 약취·유인, 강간·추행, 권리행사방해, 절도·강도, 사기·공갈 등의 피해자인 경우는 추방을 위해 통보는 하지 않는 것으로 알고 있어 불체자가 추방이 두려워 범죄 신고를 하지 않는 것을 방지하고 있습니다.

따라서 피해자라면 불체자 신고 면제 대상자인지 확인하고 가해자라면 출입국관리소에 통보하여 처리하도록 하겠습니다.

출처: 동북아신문(http://www.dbanews.com)

정보, 보안

CHAPTER 06

01 정보경찰 개혁이 주장되는 이유와 개혁 방향은?

(2020년 기출)

1) 개혁 원인

– 정보경찰의 '사찰 논란' 등이 제기되어 왔고 국민의 기본권 보장에는 상대적으로 소홀했다는 비판이 있다는 것입니다.

① 경찰법 제3조 4호 및 경찰관직무집행법 제2조 4호에 "치안 정보의 수집·작성·배포"라는 임무 조항이 있는바, 이 조항만으로는 정보 수집 범위와 한계가 불분명하고,

② 또한 「경찰청과 그 소속기관직제」 제14조 제3항에서 정보 활동 범위가 "정치·경제·노동·사회·학원·종교·문화" 등 제 분야 대한 정보 수집으로 되어 있어 정보 수집 분야에 대한 제한이 없다는 비판이 제기되었습니다.

2) 개혁 내용

⑴ 경찰개혁위원회에서는 경찰 정보 활동의 직무 범위, 조직 체계, 법적 수권 규정, 통제 시스템 등 전반에 대해서 개선하라는 내용의 경찰의 정보 활동 개혁 방안을 경찰청에 권고했습니다.

⑵ 경찰청 정보국의 기능을 '치안 정보의 수집·작성·배포'에서 '공공 안녕의 위험성에 대한 예방 및 대응' 기능으로 재편하도록 했습니다.

⑶ 경찰청 정보국의 명칭도 개정하고, 직무 범위도 정치·경제·노동·사회·학원·종교 등 제 분야에 관한 치안 정보 수집이 아닌 공공의 안녕과 국민 안전 중심으로 개선하도록 한다고 합니다.

⑷ 비공식적으로 '분실'로 불리고 있는 정보경찰의 독립청사 사무실은 본관 청사로 이전하기로 했습니다.

⑸ 정치에 간여할 목적으로 정보 활동을 하거나 이를 정치적 목적으로 활용하는 것을 금지하고 위반 시 처벌 규정도 마련했다고 합니다.

⑹ 경찰에서는 경찰개혁위원회 권고의 취지를 존중하여 정보경찰 쇄신 방안을 마련하여 국민을 위한 정보경찰로 개혁을 추진한다고 합니다.

개인정보 보호법 제18조는 '개인 정보 처리자가 개인 정보를 제공자 동의 없이 제공받은 목적 외 용도로 이용하는 것을 금지한다'고 규정하고 있습니다.

경찰청 개인 정보 보호 규칙 제3조 1호는 '개인 정보의 처리 목적을 명확하게 하여야 하고 그 목적에 필요한 범위에서 최소한의 개인 정보만을 적법하고 정당하게 수집하여야 한다'고 규정하고 있습니다.

1) 개인 정보: 살아 있는 개인에 관한 정보로서 성명, 주민등록번호 및 영상 등을 통하여 개인을 알아볼 수 있는 정보를 말합니다.

2) 개인 정보 처리: 개인 정보의 처리 목적을 명확하게 하여야 하고 그 목적에 필요한 최소한의 필요한 범위 내에서 적법하고 정당하게 수집하여야 합니다.

3) 개인 정보의 수집 · 이용 가능한 경우는
   (1) 정보 주체의 동의를 받은 경우
   (2) 법률에 특별한 규정이 있거나 법령상 의무를 준수하기 위하여 불가피한 경우
   (3) 공공 기관이 법령 등에서 정하는 소관 업무의 수행을 위하여 불가피한 경우
   (4) 정보 주체와의 계약의 체결 및 이행을 위하여 불가피하게 필요한 경우
   (5) 정보 주체 또는 그 법정 대리인이 의사표시를 할 수 없는 상태에 있거나 주소 불명 등으로 사전 동의를 받을 수 없는 경우로서 명백히 정보 주체 또는 제3자의 급박한 생명, 신체, 재산의 이익을 위하여 필요하다고 인정되는 경우
   (6) 개인 정보처리자의 정당한 이익을 달성하기 위하여 필요한 경우로서 명백하게 정보 주체의 권리보다 우선하는 경우에 한정합니다.

따라서 경찰 내부에서도 개인 정보 유출에 대한 경각심과 처벌 가능성 교육이 필요하다고 생각합니다.

통일부는 "최근 5년간 북한의 보도 등을 통해 확인된 재입북 탈북민은 2015년에 3명, 2016년에 4명, 2017년에 4명 등 총 11명"이라고 밝혔습니다.

1) 현황은?

경기남부지방경찰청 등에 따르면 경찰은 탈북민을 가~다 등급으로 나눠 관리해오고 있습니다. 등급은 북한으로부터의 신변 위협 정도를 기준으로 삼아 분류합니다. 연락을 자주 하는 것 외에 등급별 관리의 차이점은 없습니다.

2) 문제점은?

– 탈북민 담당 경찰관 인원 부족

김포 지역의 경우 경찰관 1명이 60여 명의 탈북민을 관리하는 등 탈북민 대비 경찰관 관리 인력이 턱없이 부족합니다. 다른 지역의 경우 경찰관 1인당 30여 명을 담당하고 있습니다.

김씨를 담당한 경찰관은 김 씨의 성폭행 사건 연루 상황 이후에도 면담 등을 진행하지 않다가 지난 19일 탈북 의심 제보를 받은 이후 연락을 취했으나, 김 씨의 전화기는 꺼져 있던 상태였던 것으로 전해졌다.

경찰 정보부서는 김 씨의 월북 의심 제보를 받고도 이를 국방부나 국가정보원 등 정부 관련 기관에 알리지 않았다.

3) 경찰 대책은?

군, 경 합동조사단을 편성해 "김 씨 관련 수사에 대한 조치가 적절했는지 여부는 물론 재입북 과정 행적 전반에 대한 수사를 진행할 방침"이라고 합니다.

4) 탈북자 지원 대책은?

(1) 현금지급 등 일회성 지원이 아니라 교육, 취업, 자립 지원 필요

(2) 신변 보호 보안과 직원의 인원 충원

(3) 신변 보호 업무에 국한하지 말고 취업, 주거, 의료, 교육 등 일상생활을 돌봐주어야 함

(4) 일상생활 지원은 하나센터나 지자체의 전담 담당관이 필요하다고 생각합니다.

1) 개정 이유

국정원은 그동안 국가보안법 위반과 형법이 규정한 내란 혐의, 군형법에 명시된 암호 부정 사용ㆍ반란 혐의, 군사기밀법 위반 혐의를 수사해 왔다. 국정원이 과거 간첩 조작 사건을 비롯한 인권 유린 논란에서 이제 벗어나야 한다는 취지다. 국정원의 권한을 축소해 인권 침해 가능성을 차단하겠다는 것이다.

국가정보원법 개정안을 표결 처리한 뒤 "국정원 개혁은 어제오늘의 일이 아니고 수년간 논의해왔다"며 "수년간 해왔던 국정원 제도 개선을 이룰 수 있는 계기가 됐다는 것에 대해 의미가 있다"고 밝혔다.

2) 개정 내용

국정원의 예산 관련 기획 조정 기능에는 변화가 없다는 점을 꼽는다. 정보 관련 예산을 쓰는 경찰과 검찰, 군 담당 부서의 예산 문제에 영향을 미칠 수 있다는 것이다.

국정원은 또 경찰의 대공 정보 수집 및 수사 활동을 대상으로 감사할 권한도 있다.

경찰은 해외정보망이 아직 탄탄하지 않아 수사 과정에서 국정원에 지원도 받을 수 있다.

"대공수사권 이관이 확정되면, 국정원과의 공조 관계는 한층 중요해진다."라고 밝혔다.

PART 10

여성 관련
범죄

여성 관련 정책

01 성인지(젠더) 감수성이란? 제고 방안은? (2020년 서울청)

1) 성인지 감수성

남성과 여성 등 성별 차이에 따르는 차별적 상황과 요소를 인식하는 인지적, 감성적 능력. '젠더 감수성', '성인지 관점' 등으로 불리기도 한다. '성인지 감수성'에서 의미하는 '성(性)'은 생물학적인 성(sex)이 아니라 사회문화적으로 형성된 성(gender)을 의미한다.

성인지 감수성은 1990년대 중반 서구 사회를 중심으로 사회 속에서 나타나는 성적 불균형과 성차별적 요소를 개선하기 위한 국가적 정책이나 시행 방안을 위한 기준으로 제시되었다. 성인지 감수성의 핵심은 성별에 따른 차이를 인정하되, 그러한 차이가 차별로 이어지지 않도록 적극적인 노력과 행동을 취하는 것이다.

〈양성평등기본법〉에서는 성인지 교육을 사회 모든 영역에서 법령, 정책, 관습 및 각종 제도 등이 여성과 남성에게 미치는 영향을 인식하는 능력을 증진시키는 교육으로 정의하고 있다(동법 제18조).
개인에 대한 성인지 감수성 교육이 강조되는 이유는 성적으로 평등한 사회 실현을 위해서는 우선 개인의 차원에서 성적 차이와 차별에 대한 민감성을 인식하고 평등에 대한 이해를 향상시키는 과정이 필요하기 때문이다.

2) 경찰 대응책

경찰은 업무 매뉴얼 71종에 대한 **성별영향평가**를 진행할 예정이라고 합니다.

성별영향평가는 **정책 대상자 분석, 성적 고정관념 및 성차별적 표현 지양, 정확한 정보 전달 및 적절성, 성인지 감수성 진단**을 통한 조직 관리 등이 기준이고
특정 업무 담당 선발에 성인지적 관점 고려, 피해자 권리 보장, 성차별적 표현 지양, 회의 · 위원회 구성 시 성별 고려가 함께 이루어진다고 합니다.

향후 경찰은 시 · 도청 단위 **성평등 추진 체계를 구축**하고 하달식이 아닌 현장에서 자율적으로 성평등 목표를 수립하고 추진하는 방향이고
경찰에서는 **조직 내 성비, 성비위 관련 인식 개선 등 성평등 관련 조치**를 하고 있는 것으로 알고 있습니다.

02 성인지 예산이란?

(2020년 서울청)

성인지 예산이란 예산 사업에 대해 미리 여성과 남성에게 미치는 효과를 분석해 성평등하게 예산을 편성, 집행하는 제도이고 즉 예산 수립 과정에 젠더적 관점을 부여하는 것이 성인지 예산입니다.

2010년 회계연도부터 도입된 예산으로 어떤 별도의 예산을 의미하는 것이 아닌 예산 집행 사례에서 남성과 여성에게 미치는 혜택이 동등하도록 예산의 비율을 조정하는 데 쓰이는 것, 따라서 특정 부서가 소관하는 게 아니라 모든 지역마다 조금씩 배정되어있는 것이고 27조라고 말하는 것은 그 총합 비용을 뜻합니다.
예를 들어 남자 화장실이 30개인데 여자 화장실이 20개면 화장실을 늘리는 데 쓰이거나 남녀영향력평가사업 등에 활용됩니다.

- 장점
  ① 예산 계획과 집행의 투명성을 확보합니다.
  ② 예산 수립에 여성과 남성을 동일하게 참여시키는 등 예산 과정의 젠더적 참여를 장려합니다.
  ③ 성평등 문화를 확산하고 여성 인권을 향상시킬 수 있습니다.

03 비혼모 양육비 지원

(2020년 기출)

아이 낳아 키우기 좋은 나라는 모든 아이와 부모가 권리를 누려야 한다. 일하면서 아이를 키울 수 있는 환경이 한부모 가정, 그리고 이중 삼중의 힘든 상황에 처해 있는 비혼모들에게는 그 무엇보다 더욱 절실하다. 특히 생계와 가사, 자녀 양육에 더해 학업까지 병행하여야 하는 청소년 비혼모들은 더욱 힘들 것이다.

사회적 관심, 정서적 지원이 그 어느 때보다 필요한 시기이다. 저출산 해소라는 명명화된 목적하에 출산율을 높이기 위한 여러 가지 방책을 내놓아야 하는 것 역시 간과할 수 없는 국가적 과제이지만, 저출산 해소라는 큰 틀에서 정책 우선순위의 한편을 차지하고 있는 이들에 대한 적극적인 지원이 병행되어야 한다.

경제적 지원과 더불어 보듬는 따뜻한 마음과 관심 역시 필요할 것이다. 젠더에 대한 관심이 증폭되고 있는 요즘, 우리가 관심을 기울여야 할 집단이 여전히 존재한다는 것을 반드시 기억하여야 한다.

한부모 가정의 자녀 양육 환경 개선, 일과 생활의 균형을 위한 복지 서비스를 강화한다고 최근 발표한 바 있다. 동 정책은 가사 지원, 아이돌봄서비스, 정서적 지원 등이 통합적으로 이루어지는 체계로 진행된다. 이러한 지자체 정책이 전국으로 확산해 갈 때 우리가 자칫하면 간과할 수 있는 돌봄의 사각지대를 메우게 될 것이라는 점에서 고무적이다.

04 양육비 미지급 시 대책은
양육비 지원 안 할 시 개인 사이트에 신상 정보를 올린다. 이럴 때 명예훼손 가능한가?

(2020년 기출)

– 국가에서는 양육비 **지원 안 하는 사람을 운전면허 취소시키고 있는데 정당한가?**

정부는 양육비 채무자의 이행 의무를 강화해 양육비 장기 · 상습 미지급 시 내년 6월 10일부터 경찰청에 운전면허 정지 처분을 요청한다. 또 장기 · 상습 미지급 시 명단을 공개하고, 정부가 채무자 대신 한시적 양육비를 지원할 경우 채무자 동의 없이도 신용 · 보험 정보를 조회하고, 채무자 명단 공개를 할 수 있도록 법 개정도 추진한다.

양육비 미지급을 단순히 개인 간의 채무 문제로만 판단하며 방치하고 있는 현행법 때문에 이런 사태가 벌어졌다고 지적했다. 아울러 아동복지법상 아동 학대로 인정해 형사 처벌할 수 있도록 법을 개정해야 한다고 촉구했다.
"현행법상 양육비 미지급자에 대한 처분은 운전면허 취소 정도지만 그조차도 받기가 어려운 상황"이라며 "개인 간 채무에 대해서 형사 처벌은 과도한 것 아니냐는 생각이 있을 수도 있겠지만 현재 프랑스와 독일, 미국 등 많은 국가들이 양육비 미지급을 형사 처벌하고 있다"고 밝혔다.
"현행법 아동복지법은 양육자에게만 아동 학대를 적용하지만 양육비 미지급 또한 공동 책임에 의한 아동 방임에 해당한다"

05 성범죄 피해자 대책

(2020년 기출)

해바라기 센터는 전국 36개소가 있으며, 24시간 응급 상담, 외상 치료, 증거 채취 등 의료 및 상담 지원하며 무료 법률 변호사 등 법률 기관과 연계하여 피해자가 보호받을 수 있게 해주고 있다.

1) 피해자가 사망, 장애 · 중상해를 입었거나 범죄자에게 경제적 능력이 부족하여 손해의 전부 또는 일부를 배상받지 못하는 경우 국가에게 구조금이 지급된다.(검찰청 피해자 지원실 국번 없이 1301 문의)

2) 피해자에게 주거 환경 개선 및 자활의 기반을 마련할 수 있게 하기 위해서 국민임대주택 우선 공급, 매입임대주택 또는 전세임대주택을 저렴하게 임대받을 수 있다.(검찰청 피해자 지원실 국번 없이 1301 문의)

3) 피해 발생 후 5년 이내 범위에서 의료비, 생활비, 학자금 등 경제적 지원을 받을 수 있다.(여성긴급전화 국번 없이 1366 문의)

4) 스마일센터(02-472-1295)를 통해 성폭력 피해자의 심리적 안정을 위한 심리 상담, 집단 상담, 미술 치료, 음악 치료, 심신 회복 캠프, 문화 체험 등 각종 프로그램이 지원된다.

5) 쉼터와 같은 보호 시설에서는 숙식제공 및 피해자 심리적 안정·사회적응을 위한 상담과 정보를 제공해 준다. (여성긴급전화 국번 없이 1366 문의)

6) 또한 무료 법률 상담(대한법률구조공단 국번 없이 132)을 받을 수 있다.

06 조두순 출소 이후 지자체와 경찰의 대책은 (2020년 기출)

법무부는 조두순 출소 이후 현실적으로 할 수 있는 조치를 확실히 하되 1대 1로 보호 관찰을 하며, 24시간 위치 추적을 하겠다고 설명하고, 경찰은 경찰관 5명으로 전담관리 TF를 가동 및 야간 출입의 경우 사전 허가제를 운용, 등하교 시간대 순찰 등의 조치를 강화하기로 했다고 알고 있습니다.

지차체에서는 "**범죄 예방 환경 설계(CPTED) 등 실질적인 감시 감독 체제** 개편이 시급하다." 라며 "조두순의 **행동반경을 주거지 내 200m로 제한하는 '조두순 감시법'**등의 신속한 통과와 법무부의 선제적 조치가 필요하다"는 점을 강조했습니다.

"조두순과 유사한 아동·청소년을 대상으로 하는 성범죄자, 재범 위험이 높은 보호관찰대상 자가 많다."라며 "조두순과 같은 다른 흉악범들의 재범을 막기 위해서는 **초소를 증설**해야 한 다."고 설명했습니다.

법무부, 경찰에서는 조두순 출소 전 **보호관찰관 확대, 조두순 음주 제한 강화**를 추진하기로 했습니다.

출처: 글로벌뉴스통신GNA(http://www.globalnewsagency.kr)

해바라기 여성 아동 센터 운영 사업은 국가 및 지방자치단체가 수탁자 자격 기준에 해당하는 [준]종합 병원 및 지방 의료원 등에 센터 운영에 관한 업무를 위탁할 수 있고, 국가 및 지방자치단체는 예산 범위 내에서 센터 기능 수행에 필요한 운영비를 보조하여야 하며, 원활한 운영을 위해 사업 및 보조금 집행 실적 등을 보고 받아 지도 · 감독하여야 한다.

해바라기 여성 아동 센터는 여성가족부 및 지방자치단체가 실시하는 **성폭력 피해자 치료 회복 프로그램, 성폭력 가해자 교정 · 치료 프로그램 등에 참여**하여 사업비를 지원받을 수 있다.

신고나 상담 접수는 전화, 방문, 온라인 등으로 할 수 있다. 신고 및 상담 전화는 24시간 가능하고 방문은 월요일~금요일 오전 9시~오후 6시에 가능하다.

개인이 접수하거나 응급 사례로 접수되면 피해의 정도, 상황, 피해자 또는 보호자가 받고자 하는 도움을 알기 위해 상담사와 초기 상담을 실시하게 되는데, 이때 피해자와 가족의 치료 전반에 대한 계획을 세우며 필요할 경우에는 법적 대응을 위한 기초 내용을 수집한다.

센터에서는 **의료 지원, 상담 지원, 심리 평가, 법률 지원 등을 제공**한다.

제공 프로그램은 **1) 상담 및 심리 치료의 지원, 2) 의료 지원, 3) 수사 · 법률 지원, 4) 기타 피해자 보호를 위한 긴급 구조 지원 체계 운영 및 지역 연계망 구축, 5) 피해자 지원을 위한 자문가 그룹 운영** 등이 있다.

1) 반대론(여군 복무 반대)
  (1) 사실 복무 중에 성전환 수술, 이에 관련해서 어떻게 복무시킨다는 규정 자체는 없고요. 그런데 이제 군대를 가기 전에 생물학적으로 남성이더라도 여성에 가깝게 행동하는 사람들 같은 경우에 성 주체성 장애로 분류돼서 입영 대상에서 제외됩니다.
  (2) 들어가서 성전환 수술한 경우에 대해서는 없는데 이건 아까 말씀하셨던 것처럼 일단 신체 훼손으로 보는 거죠. 성기 자체를 적출했기 때문에 이 경우에는 일단 3급 장애로 분류되어 전역 대상입니다.
  (3) 트랜스젠더가 되는 본인의 그런 개인적 성향에 따라서 성전환 수술한 것에 대해서는 저는 전혀 문제 삼지 않습니다. 본인 스스로 성전환 수술한 것에 대해서는 전혀 문제 삼을 수 없으나 그래도 일정한 제약이 있을 수밖에 없습니다.
  (4) 입영 대상자 중에 성 정체성에 혼란을 갖고 있는 사람도 입영 대상에서 제외됩니다. 군대 내에서는 그런 문제로 오히려 성 주체성 관련된 혼돈이 있으면 군대 생활하기 어렵다고 일단 판단하기 때문에 처음부터 걸러내는 것입니다.

2) 찬성론(여군 복무 찬성)

(1) 미국에서 이미 2018년도에 트럼프 대통령이 자기 트위터에 성전환자 복무를 시키는 것이 군대 내 분열을 초래한다고 하면서 이 성전환자는 군대 복무 금지를 시키겠다고 얘기한 다음에 그런 행정 지침을 내렸었는데요. 이것이 2018년도에 미국 법원에서 위헌 판정을 받은 바 있습니다.

(2) 유럽에서는 네덜란드나 이스라엘 같은 나라에서는 성전환자의 군 입대가 다 허용이 되고 있어요. 즉 사회가 점점 발달이 돼가면서 여러 가지 개선돼 나가는 문제의 하나입니다.

(3) 이 기본권 침해는 법적으로 본다면 다른 사람들이 그렇게 느낀다는 정도 갖고는 박탈할 수가 없는 문제라고 생각합니다.

(4) 음경 훼손. 그러니까 남성이 성전환 수술을 한 경우에는 전역 심사를 받게 돼 있고 그런데 여성이 자궁 적출이나 난소 제거를 한 경우에는 전역 대상 등급이 아니어서 형평성에 맞지 않는다고 생각합니다.

(5) 군인권센터 관계자는 "A 하사가 법적인 성별 정정 절차를 밟고 있음에도 성전환 수술에 따른 성기 적출을 심신 장애로 판단했다"며 "성전환 수술 후 회복만 이뤄지면 정상적인 복무가 가능하다"고 보고 있습니다.

(6) 한편 캐나다와 벨기에 등 20여 개 국에서는 성전환자의 군 복무를 공식적으로 허용하고 있습니다.

---

09 책임수사지도관제도란 무엇인가?

1) 개념

일선에서 발생할 수 있는 수사오류를 최소화하기 위해 능력과 경험을 겸비한 수사관을 경찰청·지방청에 배치하고 일선 수사를 지도하는 제도. 검경수사권 조정에 대비해 수사역량을 강화시키기 위해 신설한 제도로 금년 1월 경찰청에 총경급 6명, 지방청에 경감급 70여 명 배치, 일선 수사 지도.

2) 성과

텔레그램 성착취 대화방 'N번방' 개설자 '갓갓'(문형욱, 24세) 검거 시 사이버 수사 전문가 정 모 총경이 경북청에 파견되어 검거에 큰 역할. 전주지역 연쇄 살인사건 범인 검거에도 큰 역할

답안 미투 운동(Me Too Movement)은 2006년 미국 사회운동가 타라나 버크가 소수 인종 여성, 아동들이 자신의 피해 사실을 드러낼 수 있도록 독려해주고 피해자들끼리 서로의 경험을 통해 공감하고 연대하며 용기를 내어 사회를 바꿔나가자는 취지로 시작한 운동입니다.

사회관계망 서비스(SNS)에 '나도 그렇다'는 뜻의 Me Too에 해시태그(#)를 달아 자신이 겪었던 성범죄를 고백함으로써 그 심각성을 알리는 캠페인으로 미국 할리우드 유명 영화제작자 하비 와인스틴의 성 추문 사건 이후 영화배우 알리사 밀라노가 2017년 10월 처음 제안하면서 시작되었습니다.

국내 2018년 1월 서지현 검사 JTBC 뉴스룸에 출연, 안태근 전 법무부 검찰국장의 성추행 폭로 계기로 확산 연극 연출가 이윤택, 시인 고은, 배우 조민기(자살) 등이 가해자로 지목되었습니다.

법조계에서 시작 문화, 연극계 등 문화 예술 교육 체육 종교계까지 퍼져나갔고 결국 유력 대선 주자인 안희정 전 충남지사의 여비서 성폭행 사실이 밝혀지면서 큰 충격을 준 바 있으며 (19.9.9 대법원 징역 3년 6월 확정판결) 최근에는 쇼트트랙 국가대표 심석희 선수가 조재범 전 코치로부터 성폭행을 당했다고 폭로하여 체육계까지 번지고 있습니다.

미국 부통령의 여성과 단둘이서는 식사를 하지 않는다는 등 미투 여파로 여성과는 일절 어울리지 않는다는 펜스룰이 확산되고 있습니다.

경찰에서는 여성안전 정책자문단을 구성하여 가정 폭력처벌법 개정 및 스토킹 처벌법 제정, 디지털 성범죄 집중 단속 및 불법 촬영 예방, 피해자 2차 피해 방지 등을 위해 노력하고 있는 것으로 알고 있습니다.

또한 여경이 다수인 TF팀으로 신고 접수부터 조사, 처리까지 원스톱으로 진행하고 신고 대응팀, 접수·조사팀, 처리팀, 제도개선팀을 마련하고 있다고 뉴스 등을 통해 알게 되었습니다.

여성들의 인권과 성적 자기 결정권 등에 대한 법적, 사회적 관심이 필요하고 피해자들의 정신적, 경제적 회복까지 도와주는 제도적 노력이 있어야 한다고 봅니다.

1) 배경

페미사이드(Femicide, 여성살해)란 여성(Female)과 살해(Homicide)를 합성한 말로, 좁게는 여성에 대한 증오 범죄부터 넓게는 일반적인 여성 살해를 포괄하는 광의의 개념이다.

페미사이드는 1976년 여성학자 다이애나 E. H. 러셀(Diana E. H. Russell)이 벨기에 브뤼셀에서 열린 제1차 〈국제 여성대상범죄 재판위원회〉에서 공식적으로 사용하면서 알려졌다. 다이애나 러셀은 페미사이드를 '여성이 여성이라는 이유로 남성에게 살해당하는 것'으로 정의한 바 있다.

페미사이드는 여성에게 가해지는 언어적, 정서적, 신체적, 성적 폭력과 깊은 관계가 있으며 그중 가장 극단적인 형태에 해당한다. 가부장적이고 성차별이 심한 불평등 사회일수록 페미사이드가 많이 발생한다.

페미사이드는 국가나 지역, 사회에 따라 여러 형태로 존재하며 인종이나 성 소수자(레즈비언, 트랜스젠더 등), 성 노동자, 장애인 등에 대한 혐오와 결합해 범죄로 이어지는 사례도 많다. 따라서 같은 환경이라면 경제적, 사회적 약자나 소수자인 여성이 페미사이드를 포함한 폭력의 대상이 될 확률이 높다.

2) 대책

(1) 여성안심귀갓길 시설 점검 및 순찰

112신고 위치 안내판, 보안등, 노면 표시 등 시설을 보완하는 한편, 안전한 귀갓길이 될 수 있도록 꼼꼼하게 순찰

(2) 여성 밀집 거주 지역 내 원룸 공동 현관 도어락 설치 추진

 - 구청 협업을 통해 건축허가 조건에 공동 현관 도어락 설치 규정 추가(강북경찰서)
 - 부동산 중개소를 통해 공동 현관 도어락 설치 홍보 및 건물주 연계(수서경찰서)
 - 구청 전광판 및 홈페이지, 대학교 등 여성 원룸 안전 외부 홍보
 - 범죄 예방경찰관(CPO)이 공동 현관 출입구에 적힌 현관 비밀번호 제거 활동

12 숙명여대 성전환 신입생

남성에서 여성으로 성전환 수술을 한 20대 수험생이 2020학년도 숙명여대 신입생 모집에 합격했다. 30일 숙명여대에 따르면 트랜스젠더 A 씨(22)는 이 대학 법과 대학에 정시 전형으로 합격해 신입생 등록을 앞두고 있다. 아직 등록하지 않았기 때문에 입학이 확정된 것은 아니다. A 씨는 지난해 8월 태국에서 성전환 수술을 받고 그해 10월 법원에서 성별 정정 허가를 받은 것으로 전해졌다. 이어 11월 대학수학능력시험을 치르고 숙명여대에 지원했다. 학교 측은 A 씨의 서류와 수능 성적 등이 요건을 충족했기 때문에 A 씨를 최종 합격시켰다고 밝혔다.

1) 개념

범죄예방 정책으로 셉테드(CPTED)기술을 활용하여

△스파이더 범죄예방마을 조성 △긴급출동 비상벨 △CCTV 관제센터 24시간 운영 △여성
안심귀갓길 조성 △여성안심택배함 △여성안심벨 △여성안심지킴이집
△여성안심 스카우트 △자율방범대 등 여성 안전을 위한 정책을 마련할 수 있습니다.

2) 현황

'여성안심 빅데이터 CPTED 협업 플랫폼'은 영등포경찰서 · KT 등으로부터
△**범죄 데이터** △**야간 여성 유동인구 데이터** △**여성 1인 가구 데이터**
△**여성안심 스카우트 경로 데이터** △**여성안심 시설물 정보**
△**기존 정책 데이터** 등 다양한 데이터를 수집 · 활용해왔습니다.

3) 향후 방향

여성의 이동 패턴 및 범죄 이력을 기반으로
△여성안심귀갓길 최적화 △여성안심택배함 최적지 도출 △여성안심지킴이집 최적지
△범죄 예방 순찰경로 최적화 △CCTV 최적화 등 보다 섬세한 주민밀착형 행정서비스가
가능해진다고 합니다.

14 경찰조직 내 성범죄 방지 대책은?

– **성평등문화혁신 네트워크 구성**: 성비위 사실을 은폐, 방치한 관리자의 책임 강화
– 징계 수위 등이 포함된 자료를 작성해 내부망에 반기별로 공지
– **지역경찰, 여성청소년, 교통 외근 등 근무 제한**
– 2차 피해 발생 여부 등을 추적감시, 피해자 권리 보장 체제도 강화

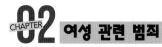

여성 관련 범죄

01 젠더 폭력이란 무엇인가요? (2020년 기출)

젠더 폭력은 상대 성(性)에 대해 혐오하면서 신체적 · 정신적 · 성적 폭력을 가하는 것을 의미합니다.

대개 젠더 폭력이라 하면 성폭력(성희롱 · 성추행 · 강간), 가정 폭력, 성매매 등을 말합니다.

유엔은 젠더 폭력은 남녀 간 불평등한 힘의 관계에서 발생하고 여성 인권과 기본적 자유를 침해하는 것으로 보고 있습니다.

우리나라도 1990년대부터 젠더 폭력을 방지하고 피해자를 보호하기 위한 다양한 특별법을 시행하고 경찰에서도 데이트 폭력, 스토킹, 온라인 성범죄 등을 단속하고 있고 2017년에는 젠더폭력방지기본법이 제정되었습니다.

경찰에서도 '사회적 약자 보호' 차원의 젠더 폭력 대응을 하고 있는 것으로 알고 있습니다.

① 우월적 지위를 이용한 성범죄에 대해 집중 신고 기간을 운영하고 있고

② 데이트 폭력, 가정 폭력에 대하여는 피해 사례를 발굴하고 신속한 초동 조치를 약속하고 있으며

③ 채팅 앱 등을 통한 성매매 단속과 모니터링, 셉티드를 활용한 여성 범죄 예방에 힘쓰고 있다고 뉴스 등을 통해 알고 있습니다.

답안 몰카 범죄란 당사자와 합의하지 않은 상태에서 카메라 등으로 상대방을 촬영하거나 그 촬영물을 반포·판매·임대·제공·전시·상영하는 행위를 말합니다.

디지털 기기 등을 사용해 성적인 목적으로 타인의 신체 등을 몰래 촬영하는 디지털 성범죄를 의미합니다. 상대방 동의 없이 타인의 신체를 촬영하거나 이를 배포한다는 점에서 성폭력 범죄에 해당합니다.

「성폭력범죄의 처벌 등에 관한 특례법(성폭력처벌법)」에 따라 처벌하고 있습니다. 성폭력처벌법에 따라 불법 촬영으로 유죄 판결을 받으면 신상 정보 등록 대상자가 되어 신상 정보가 공개되고 있습니다.

성폭력범죄의 처벌 등에 관한 특례법(성폭력처벌법)」 제14조에 따라 5년 이하의 징역 또는 1천만 원 이하의 벌금에 처합니다. 동의 없이 촬영물을 반포·판매·임대·제공·전시·상영한 경우에도 같은 처벌을 받습니다. 촬영 당시에 촬영대상자의 동의가 있었더라도 이를 반포하거나 판매할 경우 처벌받을 수 있습니다.

1) 경찰의 대책으로는
 - 변형·위장 카메라의 수입·판매업자에 대한 등록제 도입, 유통 이력 추적 시스템 구축

2) 수사 기관 요청 시
 ① 방송통신심의위원회가 촬영물을 즉시 삭제하는 패스트 트랙(Fast Track) 시행
 ② 지자체 및 경찰관서 위장카메라 전문 탐지 장비 보급
 ③ 공공 화장실 등 정기 점검하고 경찰 내 디지털 성범죄 전담 수사팀 운영하는 것으로 알고 있습니다.

디지털 성범죄 피해자에 대해서는 신고 즉시 채증 및 긴급 삭제, 사후 모니터링, 전문 상담, 의료비 지원을 하고, 무료 법률 서비스와 생계비 지원, 정부가 피해자 대신 불법 촬영물 삭제 비용을 우선 지급한 뒤, 가해자에게 삭제 비용을 부과하는 원스톱 종합 서비스 제공하고 있다고 공부했습니다.

불법 촬영물에 대한 왜곡된 인식을 개선하기 위한 캠페인, 시민 단체와 협력, 디지털 성범죄 실태 분기별 점검, 성폭력 예방 교육 시 불법 촬영 집중 교육도 필요하다고 생각합니다.

답안 스마트폰 채팅 앱이 성매매의 통로로 이용되는 이유는 개인 정보 입력 없이 회원 가입이 가능한 곳이 많아 익명성 등이 보장되기 때문에 경찰 단속이 어렵다는 점입니다.

불법 성매매에 사용되는 채팅 앱으로는 앙톡, 즐톡, 영톡이 있다고 알고 있습니다.
'폰팅 상대 구함' 등의 주제만 선택하면 개인 정보 입력 없이 누구나 회원 가입이 가능하기 때문에 청소년이 쉽게 접근할 수 있고 또한 개인 신상 정보가 노출되지 않는 'SNS' 상에서 만남이 이뤄지기 때문에 성매매 현장을 적발하지 않고는 경찰 단속이 어렵다는 점이 앱을 통한 성매매가 이루어지는 원인으로 알고 있습니다.

- 스마트폰 채팅 앱은 게임홍보 등의 광고 수익료와 다중 쪽지 보내기 시스템을 이용해 영리를 취하고 있지만 대화 내용이 자동 삭제되는 시스템 등을 도입해 경찰의 수사가 어렵다는 점도 들 수 있습니다.
- 채팅 앱에 대한 법적인 처벌권이 마련되지 않아 단속이 어렵고
- 정보 통신 사업자에게 시정 요구를 하더라도 채팅 앱에 대한 중지 권한은 없는 것으로 알고 있습니다.
- 대책으로는 본인 인증·신고 기능·대화 저장 없으면 랜덤 채팅 '청소년 사용 차단'을 추진하고 있고 유해 매체물로 지정한다고 입법 추진되고 있는 것으로 파악했습니다.
- 여성 관련 범죄 수사관이 지속적으로 채팅 앱에 로그인하여 단속해가는 것도 방법이라고 생각되고, 경찰청에서 '디지털 성범죄 특별수사본부'를 설치할 예정이라고 알고 있습니다.
- 특히 학교나 학교전담경찰관이 채팅 앱을 통한 청소년 성매매의 불법성에 대한 교육과 홍보가 필요하다고 봅니다.

1) 개요

텔레그램 N번방 · 박사방 사건은 텔레그램에서 여성을 상대로 행해진 가학적 성 착취 사건입니다. 미성년자를 포함한 일반 여성들을 상대로 한 성 착취 영상이 해외 모바일 메신저인 텔레그램을 통해 대대적으로 공유 · 판매된 디지털 성범죄 사건입니다.(N번방은 2018년 하반기 개설, 박사방은 2019년 7월 개설)

2) 범행 수법

(1) 가해자들은 피해자들의 성 착취 영상을 올리는 것은 물론 이들의 신상 정보까지 모두 공개해 피해자들이 자신들에 복종할 수밖에 없도록 극심한 고통을 주었습니다. N번방 개설자 '갓갓'(문형욱, 24세)은 트위터의 일탈계에서 활동하는 10~20대 여성 사용자들에게 접근해 해킹 링크 · 경찰 사칭으로 개인 정보를 알아낸 뒤, 이후 신상 공개를 빌미로 피해자들을 협박해 성 착취 영상물을 요구했습니다.

(2) 박사방 개설자 조주빈(25세)은 트위터나 채팅 앱에서 피팅 모델 아르바이트나 데이트 아르바이트를 모집한다며 피해 여성들을 유인했으며, 이후 신상 정보는 물론 여성들의 얼굴이 나오는 나체 사진을 받아 이를 빌미로 협박해 성 착취물을 지속적으로 찍게 하였습니다. 피해자는 미성년자 16명 포함 70여 명입니다.

3) 단속 어려운 점

(1) 입장하기 위해 돈을 지불한 사람들에게 향후 박사방의 정보가 새나갈 경우 협박 등의 용도로 사용하기 위해 신분증으로 본인임을 인증토록 하고 거래는 비트코인 등 암호화폐로 진행해 수사 기관의 추적을 피했습니다.

(2) 텔레그램을 이용한 것은 해외에 서버를 두고 있어 압수 수색이 어렵고, 대화 내역을 지우는 기능이 있기 때문입니다.

4) 관련 법령

(1) 「성폭력범죄 처벌 등에 관한 특례법(약칭 '성폭력처벌법')

① 카메라나 그 밖에 이와 유사한 기능을 갖춘 기계 장치를 이용하여 성적 욕망 또는 수치심을 유발할 수 있는 사람의 신체를 촬영 대상자의 의사에 반하여 촬영한 자는 7년 이하의 징역 또는 5천만 원 이하의 벌금에 처하도록 함(동법 제14조 제1항)

② 현행 불법 촬영물의 반포 · 판매 · 임대 · 제공만 처벌 대상으로 하던 것을 '불법 성적 촬영물을 소지 · 구입 · 저장 · 시청한 자'를 3년 이하의 징역이나 3천만 원 이하의 벌금에 처하는 규정으로 추가하여 개정(동법 제14조(카메라 등을 이용한 촬영) 제4항)

③ 또한 자신이 직접 촬영한 영상물이라고 해도, 다른 사람이 본인 의사에 반해 유포하면 처벌한다는 규정을 명확히 하고 형량도 높임(동법 제14조 제2항)

④ 성적 수치심을 일으킬 수 있는 촬영물을 이용하여 협박하거나 강요한 자에게는 각각 1년 이상 3년 이하의 징역에 처하는 내용 신설(동법 제14조의3(촬영물 등을 이용한 협박·강요))

⑤ 특수강도강간 등을 모의했을 경우 실행에 옮기지 않았더라도 예비·음모죄로 3년 이하의 징역에 처할 수 있도록 했고, 불법 영상물 촬영·제작에 대한 법정형을 대폭 상향(동법 제15조의2(예비, 음모))

(2) 형법 개정안

① 미성년자 의제 강간 연령 기준을 13살에서 만 16살로 높임(형법 제305조(미성년자에 대한 간음·추행) 제2항))

② 70여 명에 이르는 피해자에게 가해진 폭행·협박이 실제 범죄로 이어졌는지 입증되지 않아 가해자들이 가중 처벌을 받지 않는다는 지적에 강간·유사 강간을 계획한 사람에 대해서도 역시 예비·음모죄로 3년 이하의 징역에 처할 수 있다고 규정(형법 제305조의3(입증 책임))

(3) 범죄수익은닉규제법

① 디지털 성폭력 범죄의 경우 "개별 범죄와 범죄 수익 간 관련성을 입증하는 것이 쉽지 않아 범죄 수익의 환수가 어렵다"는 의견이 있어 입증 책임을 완화함(동법 제104조의4(범죄 수익 등의 추정))

(4) 청소년성보호법 개정안

① 성매매 대상이 된 아동·청소년을 '피해자'로 명시하고(동법 제2조(정의) 6호, 6의2호) 아동·청소년을 대상으로 한 성폭력 범죄뿐만 아니라 단순 성범죄를 저지르는 사람도 신상 공개 대상으로 함(동법 제49조(등록정보의 공개) 제1항 제2호)

5) 대책

(1) 정부의 적극적인 국제 공조 수사 협조 요청

(2) 디지털 성범죄 전담 부서 신설

(3) 양형 기준 강화 및 불법 수익 환수를 위한 강력한 제도 마련

(4) 함정 수사 허용

(5) 플랫폼에 대한 처벌 필요 등

답안 데이트 폭력은 연인 관계나 호감을 가지고 만나는 관계에서 일어난 폭력을 말합니다. 한 사람이 일방적으로 상대방에게 행하는 신체적, 정서적, 언어적, 경제적, 성적 폭력으로 상대를 감시(스토킹)하거나 통제하려는 행위도 데이트 폭력에 해당합니다.

데이트 폭력은 사안에 따라 「형법」, 「성폭력범죄의 처벌 등에 관한 특례법」, 「경범죄처벌법」 등을 적용하고 있습니다. 스토킹의 경우 경범죄처벌법으로 10만 원 이하의 벌금이나 구류, 과료의 형으로 규정되어 있고 앞으로 '스토킹 범죄의 처벌 등에 관한 법률'이 제정될 것으로 알고 있습니다.

하지만 데이트 폭력에 대한 인식과 교육 부족, 폭력을 당해도 피해자는 사랑의 일부로 착각하거나, 형사 범죄임을 깨달을 경우에도 주위에 도움 요청하기보다 참거나, 주위에서 알더라도 둘만의 문제라고 생각하여 개입하기 꺼리는 경향이 있습니다.

관계가 지속되는 연인 관계의 특성상 지속적, 반복적으로 폭력이 발생합니다. 통계를 보면 재범률 또한 약 70% 이상이고 증거 확보가 어렵습니다. 당사자가 신고하지 않으면 사건 파악 및 증거 확보가 곤란합니다.

1) 경찰의 대책으로는
　① 데이트폭력전담팀 인력 증원과 3번 데이트 폭력을 저지른 사람은 기소 의견 송치하는 삼진아웃제, 접근 금지 명령
　② 1366센터, One-stop 시스템을 활용해 적극적 수사
　③ 피해자 보호를 하는 보호 시설 제공
　④ 신변 보호, 위치 추적 장치를 제공하고 있는 것으로 알고 있습니다.

2) 외국 사례로는
　① 영국의 클레어법: 클레어 우드라는 여성이 남자친구의 폭력에 시달리다가 살해당한 사건 계기로 제정되었고 경찰에게 연인의 폭력 전과가 있었는지 확인해 볼 수 있는 정보 공개 청구가 가능한 것으로 알고 있습니다.
　② 미국의 여성폭력방지법은 연인 간의 데이트 폭력을 가정 폭력 안에 포함시켜, 무관용 원칙을 적용하고, '의무 체포 규정'을 두고 있고 데이트 폭력 가해자는 체포하여 피해자와 격리합니다.
　③ 미국의 스토킹 금지법에서는 스토커를 체포 및 기소할 수 있고 피해자와 격리합니다.

그루밍(grooming)이란 '가꾸다', '치장하다'라는 뜻으로 가해자가 피해자에게 접근, 신뢰를 쌓아가는 과정을 의미합니다.

그루밍 성범죄는 가해자가 피해자에게 호감을 얻거나 돈독한 관계를 만들어 심리적으로 지배한 뒤 성폭력을 가하는 것을 뜻합니다. 보통 어린이나 청소년 등 미성년자를 정신적으로 길들인 뒤 이뤄집니다.

현행법에는 '그루밍 성범죄'를 그 자체로 처벌할 수 있는 근거 조항이 없습니다. 강간이나 강제 추행 등은 폭행 또는 협박을 그 구성 요건으로 하고 있기 때문에 폭행·협박 등 명백한 강압이 없는 상황에서 이뤄진 행위인 그루밍 성범죄는 혐의 입증이 어렵습니다.

또 가해자에게 심리적으로 종속된 피해자가 사건 이후에도 이전과 다름없이 연락을 이어가는 등 행동·심리 변화가 두드러지지 않는다는 점 등이 수사에 어려운 면이라고 알고 있습니다.

경찰에서는 디지털 성범죄 특별수사본부에서 성적 목적으로 유혹하는 단계인 온라인 그루밍 단계도 처벌하는 조항을 신설하는 것으로 알고 있습니다.

N번방, 박사방 사건과 같은 텔레그램을 이용한 온라인 그루밍 성범죄를 단속하기 위해 경찰청, 여가부, 법무부, 교육부 등이 협력하고 있다고 합니다.

인터넷 등에 노출된 아동·청소년이 성범죄 성매매의 대상이 되지 않도록 디지털 성범죄에 대한 단속과 그루밍 성범죄 처벌 조항 등 법적 보완이 필요하다고 생각합니다.

성폭력은 통상 성폭행, 성추행, 성희롱 등을 모두 포괄하는 개념으로 사용하고 있습니다.

1) 성추행

성욕의 흥분 또는 만족을 얻을 동기로 강제로 타인에게 성적인 수치 감정을 느끼도록 하는 행위이고 남녀 · 연령 여하를 불문하고 그 행위가 범인의 성욕을 자극 · 흥분시키거나 만족시킨다는 성적 의도하에 강제로 행해졌을 때 성립됩니다.

법적으로는 성희롱, 성폭행과 함께 성폭력에 포함되는 범죄입니다.
한국의 〈형법〉에서는 폭행 또는 협박으로 사람에 대하여 추행을 한 죄를 강죄추행죄로 정하고 있습니다(제298조).

추행은 상대방에 대하여 폭행 또는 협박을 가하여 항거를 곤란하게 한 뒤에 추행 행위를 하는 경우뿐만 아니라, 폭행 행위 자체가 추행 행위라고 인정되는 것을 포함합니다.
예를 들어 강간죄에 있어서의 폭행이나 협박은 상대가 반항을 못 하게 하거나 반항하기 아주 어려운 정도를 말하지만, 강제 추행에서의 폭행은 상대의 의사에 반하는 유형의 힘의 행사가 있었다면 그 힘의 대소 강약을 따지지 않습니다.

2) 성희롱, 성폭행과의 차이

성추행이 성희롱과 다른 점은 '폭행이나 협박'을 수단으로 추행하는 것에 있습니다. 대법원 판례에서는 상대방을 알몸이 되게 하는 행위, 유방을 만지는 행위, 간음 이외의 비정상적 성행위 강요 등을 모두 강제추행으로 보고 있습니다.

성폭행은 폭행 또는 협박을 가해 사람과 간음 행위를 하는 것을 뜻하므로, 간음 행위에 이르지 못한 경우를 추행으로 보고 있습니다.

성희롱은 형사 처벌의 대상은 아니나, 피해자가 사업주에게 가해자에 대한 인사 조치와 징계 등을 요구할 수 있고, 성희롱 가해자를 대상으로 민사상 손해 배상을 청구할 수 있습니다.

1) 전자 발찌 제도는

특정 범죄(성폭력, 미성년자 유괴, 살인, 강도)를 저지르고 형기를 마친 대상자의 발목에 전자 발찌를 채우고, 위성위치확인시스템(GPS) 방식으로 24시간 위치 추적과 보호 관찰을 통해 재범을 억제하기 위해 도입됐습니다. 전자 발찌 등 '위치 추적 전자감독제도'는 한국을 비롯해 미국, 캐나다, 영국, 스웨덴 등 20여 개 나라에서 시행하고 있습니다.

2008년 9월 1일부터 시행됐고 위에 열거된 특정 범죄를 저지른 이들 가운데 상습범이거나 재범 우려가 있다고 판단되면, 검사가 법원에 전자 발찌 부착 명령을 청구할 수 있습니다. 법원이 형 선고를 하면서 전자 발찌 부착을 명령하면, 대상자는 출소 후 일정 기간 전자 발찌를 착용한 상태로 생활해야 합니다.

전자 발찌 부착 대상자가 전자 발찌를 훼손하거나 휴대용 추적 장치와 감응 범위에서 이탈하면 즉시 해당 지역을 관찰하는 보호관찰소 내 위치 추적 중앙관제실에 경보가 울리고 경찰과 공조해 곧장 현장으로 출동하도록 되어있습니다.

전자 발찌 부착자에게는 야간 등 특정 시간대 외출 제한, 특정 지역이나 장소 출입 금지, 주거지 제한, 범죄 피해자 등 특정인에 대한 접근 금지 등의 조처를 내릴 수 있고 이를 어기면 3년 이하 징역 또는 1,000만 원 이하의 벌금형에 처합니다.

법 시행 초기에는 성폭력 범죄자에 대해서만 전자 발찌를 부착했지만, 이후 거듭된 법률 개정을 통해 대상자가 미성년자 유괴범, 살인범, 강도범으로 확대되었고 이에 따라 법 시행 이듬해인 2009년 법률명칭도 '특정 성폭력 범죄자에 대한 보호관찰 및 전자장치 부착 등에 관한 법률'에서 '특정 범죄자에 대한 보호관찰 및 전자장치 부착 등에 관한 법률'(이하 '전자발찌법')로 변경되었습니다.

2) 한계

전자 발찌 부착자는 24시간 위치가 당국에 노출되고, 금지 구역 출입 여부까지 실시간 확인되지만 부착자의 구체적인 행동까지 알 수 없어 범죄를 저지르더라도 발생 이후에야 조처할 수 있다는 한계가 있습니다.

3) 대책

법무부는 이를 고려해 격투나 비명 등 범죄와 관련됐을 수 있는 정황까지 감지하고 부착자의 맥박, 체온, 움직임 등을 실시간 파악할 수 있는 기능을 추가한 '외부 정보 감응 지능형 전자 발찌'를 개발 중이고

(1) 심리 치료 프로그램이 현장에서 효과가 나도록 하고

(2) 보호관찰관 1인당 관리 대상자가 많은 점을 개선

(3) 세종경찰서, 금산경찰서 관할 내 거주하며 대전보호관찰소에서 밀착 관리 중인 전자 발찌 피부착자에 대한 사안을 공유하고

(4) 전자 발찌 훼손 · 도주 시 경찰과 보호관찰소가 긴밀한 협조로 신속 수사와 검거하는 공조 시스템 강화도 실시한다고 합니다.

'화학적 거세'는 성 충동 약물치료를 뜻하는 말로, 성범죄자들의 남성 호르몬 생성을 줄여 성적 충동을 조절하기 하기 위한 약물 투여이며, 투여를 중단하면 정상으로 돌아가기 때문에 일시적이고 잠정적인 거세라고도 한다.(성충동약물치료법 2조)

1) 대상
　성폭력 범죄를 저지른 성도착증환자로서 성폭력 범죄를 다시 범할 위험성이 있다고 인정되는 만 19세 이상의 사람, 정신건강의학과 전문의의 감정에 의해 자신의 행위를 스스로 통제할 수 없다고 판명된 사람을 뜻한다.

2) 내용
　(1) 시행 절차 – 전문의 진단 · 감정 → 검사의 청구 → 법원 치료 명령 선고(치료 기간 최대 15년)
　(2) 치료 기간 – 6개월마다 보호관찰심사위 결정
　(3) 투여 약물 – 루크린, 고세렐린, 여성호르몬(MPA), 전립선암 약(CPA)
　(4) 치료 비용 – 연간 500만 원(약물 180만 원, 호르몬 수치 검사 50만 원, 심리 치료 270만 원)
　(5) 부작용 – 심폐질환, 골다공증, 근위축증 등

3) 절차
　약물 투여과정 – 성샘자극호르몬 길항제를 근육과 피하지방에 투여 → 뇌하수체에 작용해 테스토스테론(남성 호르몬)의 생성 억제 → 고환 내 테스토스테론 고갈되어 성 충동 억제

1) 불법 촬영이란

당사자와 합의하지 않은 상태에서 카메라 등으로 상대방을 촬영하거나 그 촬영물을 반포 · 판매 · 임대 · 제공 · 전시 · 상영하는 행위를 말합니다. 넓은 의미에서는 비밀번호 등 개인 정보를 입수할 목적으로 행하는 촬영이나 영상물의 불법 복제를 위한 촬영도 포함될 수 있지만, 일반적으로는 디지털 기기 등을 사용해 성적인 목적으로 타인의 신체 등을 몰래 촬영하는 디지털 성범죄를 일컫습니다.

상대방 동의 없이 타인의 신체를 촬영하거나 이를 배포한다는 점에서 성폭력 범죄에 해당합니다. 성폭력이란 개인의 성적 자기 결정권을 침해하여 신체적 · 심리적 고통을 불러일으키는 행위를 말하고 현행법에서는 카메라 등을 사용해 다른 사람의 신체를 불법 촬영하거나 유포할 경우 「성폭력범죄의 처벌 등에 관한 특례법(성폭력처벌법)」에 따라 처벌하고 있습니다.

성폭력처벌법에 따라 불법 촬영으로 유죄 판결을 받으면 신상 정보 등록 대상자가 되어 신상 정보가 공개됩니다.

2) 대책으로는

(1) 변형·위장 카메라의 수입·판매업자에 대한 등록제 도입, 유통 이력 추적 시스템 구축

(2) 수사 기관 요청 시 방송통신심의위원회가 촬영물을 즉시 삭제하는 패스트 트랙(Fast Track) 시행, 정보통신사업자의 불법 영상물 삭제 · 접속 차단 조치 의무 신설, 불법 촬영물의 유통을 원천 차단하기 위한 DNA 필터링 기술 적용

(3) 지자체 및 경찰관서 위장 카메라 전문 탐지 장비 보급, 공공 화장실 등 정기 점검, 경찰 내 디지털 성범죄 전담 수사팀 운영

(4) 개인 특정이 가능한 불법 촬영물 촬영 및 유포 시 징역형만으로 처벌, 촬영을 동의한 경우에도 유포 시 비 동의한 경우와 동일하게 처벌, 위반 행위와 관련한 경제적 이익 몰수 또는 추징, 디지털 성범죄 기록물 저장 매체 몰수, 공무원의 디지털 성범죄 발생 시 무관용 처벌

(5) 신고 즉시 채증 및 긴급 삭제, 사후 모니터링, 전문 상담, 의료비 지원 등으로 이어지는 피해자 종합 서비스 시행, 무료 법률 서비스와 생계비 지원, 정부가 피해자 대신 불법 촬영물 삭제 비용을 우선 지급한 뒤, 가해자에게 삭제 비용을 부과하는 원스톱 종합 서비스가 있습니다.

(6) 불법 촬영물에 대한 왜곡된 인식을 개선하기 위한 캠페인 진행, 시민 단체 등과 협력해 디지털 성범죄 실태 분기별 점검 및 제도 개선 방안 모색, 성폭력 예방 교육 시 불법 촬영 집중 교육할 예정이라고 합니다.

여성이 현관문을 열고 집 안으로 들어가는데 숨어있던 남성이 집 안으로 따라 들어가려다 간발의 차이로 문이 잠기며 남성은 약 1분간 여성의 문 앞을 배회하였고 피의자가 10분 이상 문을 강제로 열려고 시도한 상황은 협박이라고 판단하였고 협박으로 "강간죄" 실행에 착수한 것으로 판단했다고 합니다.

한편, 출동 경찰관 초동 조치 부실 여부 조사가 있었습니다.

① 착수 – 신고 5분 뒤인 오전 6시 41분쯤 피해자 거주지에 도착 후 전화를 통해 피해자로부터 "지금은 벨을 누르지 않는다"는 말을 듣고 범행이 발생한 6층은 확인하지 않은 채 철수 하였고

② 피해자 폐쇄 회로 TV 확인 요청에 대해 이른 시간이라 어렵고 직접 확인 후 다시 연락하라고 안내

③ 피해자가 영상 확보 후 오후 5시쯤 다시 신고할 때까지 약 10시간 동안 증거 영상 확보하지 않은 점을 비난 받은 것으로 알고 있습니다.

12 박원순 시장 사건에 대한 입장 (2020년 기출)

직장 내 성추행의 예라고 보입니다. 하지만 사건의 진상이 다 밝혀지지 않은 상황에서는 사자에 대한 명예 훼손 우려가 있으므로 비판에 신중을 기해야 할 것입니다.
현재 여성가족부의 폐지에 대한 국민청원이 시작되었고 서울시나 정부의 소극적 대응에 비난하는 여론이 우세한 것으로 알고 있습니다.

1) 직장내 성희롱, 성추행에 대해서는 성범죄 처벌에 관한 특별법에서
  – **10조 업무상 위력 등에 의한 추행**
    ① 업무, 고용이나 그 밖의 관계로 인하여 자기의 보호, 감독을 받는 사람에 대하여 위계 또는 위력으로 추행한 사람은 **2년 이하의 징역 또는 500만 원 이하의 벌금**에 처합니다.
    ② 법률에 따라 구금된 사람을 감호하는 사람이 그 사람을 추행한 때에는 3년 이하의 징역 또는 1천500만 원 이하의 벌금에 처합니다.
    ③ 만일, 해당 조항에 저촉되어 처벌을 받을 시 징역 2년 이하, 또는 500만 원 이하의 벌금과 더불어 **신상 정보 등록 처분**도 가능해집니다.

    특히 신상 정보 등록이나 공개 처분이 일어나게 되면 형 집행 종료 이후에도 회사로 복귀하는 것이 상당히 힘들어질 수 있습니다. 직장 내 성추행 관련 혐의로 인하여 신상이 공개된다는 것 자체로 회사 내 사람들에게도 관련 사실이 널리 알려지고, 이로 인하여 사회적인 낙인이 찍히는 상황도 발생할 수 있습니다.

2) 여성단체에서는

우선 피해자가 요구하는 객관적이고 철저한 조사가 이루어져야 합니다.

피해자는 서울시 내부에 자신이 처한 어려움에 대해 호소하고 도움을 요청한 바 있습니다. 이에 대해 서울시가 고의적으로 방치하거나 은폐했다는 의혹에 대해서 철저한 조사가 필요합니다. 피해자와 시민들이 충분히 납득할 만한 조사와 그 결과에 따라 엄중한 조치가 이뤄져야 합니다.

또한 피해자에 대한 2차 가해가 이뤄지지 않도록 사법 당국이 철저히 대응하여 관련법에 따라 사법 처리할 것을 촉구하는 바입니다.

우리는 전 사회적인 성찰 과정을 통해 위계적 권력이 작동하는 모든 곳에서 성범죄가 근절되길 바라고 있습니다. 또한 위계적 권력뿐만 아니라 우리 사회에 만연한 일상적인 폭력에 대한 감수성 향상과 평등하고 평화로운 관계 형성을 위해 나 개개인을 돌아보는 성찰의 과정도 함께 이루어져야 할 것입니다.

출처: https://ipwn.tistory.com/430[인천평화복지연대]

13 스토킹 범죄의 처벌과 경찰 대책은?

1) 스토킹 유형에 따라서 처벌을 위한 적극적인 법령 적용은
   (1) 휴대전화 문자 · 전화 등을 이용한 스토킹에는 정보통신망 이용촉진 및 정보보호 등에 관한 법률 위반(공포심 · 불안감 유발) 혐의를 적용
   (2) 경범죄처벌법(지속적 괴롭힘 · 불안감 조성 등), 형법(주거침입 · 업무방해) 등을 적용해 현행법률상 처벌할 수 있도록 한다.
   (3) 스토킹처벌법에 스토킹 범죄의 정의, 범죄 유형 등을 명확히 하고, 스토킹 범죄를 범칙금 수준이 아닌 징역 또는 벌금으로 처벌하도록 할 방침이다.

2) 스토킹 범죄 신고를 받은 경찰관은 현장에 출동해
   (1) 행위자와 피해자 분리 등의 응급조치를 취해야 하며, 재발 우려가 있는 경우 법원이 행위자에게 피해자에 대한 접근 금지, 통신 차단 등 잠정 조치를 할 수 있도록 하고 이를 위반할 경우 형사 처벌도 가능하게 할 방침이다.
   (2) 데이트 폭력에 대해서는 양형 단계에서 적정 형량이 선고될 수 있도록 엄정한 사건 처리 기준을 마련하고, 피해자 보호를 위해 가정폭력처벌법상 접근 금지, 통신 차단 등의 임시 조치를 '혼인 생활과 유사한 정도의 공동생활을 영위하는 동거 관계'까지 적용하는 방안에 대해 종합 검토할 예정이다.
   (3) 현장에 출동한 경찰은 가해자와 피해자를 격리한 뒤 진술을 듣고, 사건의 경중을 불문, 모든 스토킹 · 데이트 폭력 가해자에 대해 '서면 경고장'을 배부하게 된다.

(4) 폭행·협박을 수반하는 스토킹에 대해서는 형사입건 등으로 강경하게 대응하고, 데이트 폭력의 경우 피해 내용과 상습성, 위험성, 죄질 등을 종합적으로 수사해 구속 등의 조치로 대처하게 된다.

3) 또 모든 피해자에게 관련 절차와 지원기관 등의 내용을 담은 '권리고지서'가 서면으로 교부되며, 전국 경찰서에 설치된 '데이트 폭력 근절 태스크포스(TF)'를 가동해 피해자와 핫라인을 구축하고, 신변 경호, 주거지 순찰 강화, 112 긴급 신변 보호 대상자 등록을 실시하는 등 맞춤형 신변 보호 조치도 제공된다. 여기에는 스마트워치 등 다양한 정보 통신 기술이 활용된다.

4) 피해자에 대한 상담과 일시 보호, 치료 등의 지원도 강화된다.
'여성긴급전화 1366'과 '여성 폭력 사이버 상담'을 통해 온·오프라인으로 긴급 상담을 제공하고, 1366센터와 경찰서가 협업해 데이트 폭력 피해자를 위해 '경찰서로 찾아가는 현장 상담'을 운영하며, 법무부의 '법률홈닥터' 사업과 연계해 스토킹·데이트 폭력 피해자에 대한 법률 상담도 지원한다.

또 '1366 긴급피난처'를 통해 최장 1개월까지 보호를 받을 수 있는 일시보호 서비스를 제공하는 한편, 스토킹·데이트 폭력 피해자 대상 치료 회복 프로그램을 개발해 운영하고, 해바라기센터 등을 통해 심리 치료 지원 서비스도 제공하기로 했다.

이밖에 공공 부문 성폭력·가정 폭력 의무 예방 교육에 스토킹·데이트 폭력에 관한 내용을 포함시키고 일상 속에서 발생할 수 있는 스토킹·데이트 폭력 예방에 대한 콘텐츠를 개발·보급해 일반 국민을 대상으로 한 '찾아가는 폭력 예방 교육'에 활용하는 등 예방 교육과 국민 인식 개선을 위한 홍보도 강화할 방침이다.

14 아동청소년범죄 처벌과 경찰 대책은?

1) 아동·청소년 성범죄의 개념
  (1) 아동을 성폭행 혹은 성추행한 모든 범죄자
  (2) 아동을 이용해 음란물을 만든 범죄자
  (3) 아동 음란물이라는 것을 분명히 인지하고도 유포한 범죄자
  (4) 기타 아동에게 명백한 성적 학대를 가한 범죄자

2) 아동·청소년 성범죄 해결 방안(대책)
  (1) 아동·청소년 성범죄의 경우 형의 하한 설정 및 공소 시효 폐지를 추진
  (2) 처벌 법정형 상한을 확대하고, 재범의 경우 가중 처벌 및 상한선 폐지 등을 적극 검토

(3) 피해자 지원을 위해 AI(인공지능) 기반으로 대검찰청 등 관계 부처 공조 체계를 강화하고 디지털 성범죄 지원센터 인력 및 예산 확대 등 여성가족부를 중심으로 디지털 성범죄 피해자에 대한 지원도 확대

(4) 성 착취 아동·청소년을 피해자화해서 보호와 지원을 강화하고, 성범죄 예방 교육 및 인식 개선 캠페인도 확대

(5) 가담자에 대한 철저한 수사를 통해 범인의 전모를 규명해 엄중한 처벌이 이뤄지게 하고 그들이 취득한 범죄 수익 환수

(6) 피해자 보호를 위해 유포된 불법 피해 영상물을 찾아내 삭제하고 가능한 모든 법률적, 경제적 지원

(7) 24시간 상담 부분을 체계화하고 불법 영상물 확산 전에 모니터링을 해서 차단할 수 있는 추적 조사 대응 체계

15 피싱, 스미싱, 몸캠

1) 피싱

'Phishing'은 영어의 'fishing'이라는 단어와 조합된 것으로 정보를 얻기 위해 낚시질을 한다는 의미로 만들어졌다. 피싱에서의 전형적인 사기성 이메일은 친숙한 은행이나 전자상거래 사이트를 모방한 웹 사이트로 잠재적 희생자들의 방문을 유도한다.

사이트 방문 후에 사람들은 자신의 계정을 업데이트하거나 확인하라고 요구받는다.

그 과정에서 사이트 방문자들의 **주민등록번호나 신용카드 번호와 같은 비밀정보가 유출**된다. 정보들은 개인 정보 도용 범죄에 이용되기도 한다.

2) 스미싱

문자 메시지를 이용한 새로운 휴대폰 해킹 기법이다.

인터넷 보안 회사인 맥아피가 스미싱(SMS+피싱)이라고 명명한 이 기법은 휴대폰 사용자에게 웹사이트 링크를 포함하는 문자 메시지를 보내 휴대폰 사용자가 웹사이트에 접속하면 **트로이목마**를 주입해 인터넷 사용이 가능한 휴대폰을 통제할 수 있게 만든다.

3) 몸캠 피싱

음란한 화상 채팅을 통해 돈을 뜯어내는 피싱을 말한다.

핸드폰 문자나 메신저, 또는 일반 채팅으로 대화하다가 여성이 스마트폰 영상 통화 앱을 켜도록 유도한다. 음란 행위를 하도록 해서 이를 녹화하거나 캡처를 한 후, 돈을 주지 않으면 알몸 영상과 사진을 유포하겠다고 협박한다.

몸캠 피싱은 과거 온라인을 통해서도 이루어졌는데, 스마트폰 이용이 증가함에 따라 채팅 애플리케이션을 통해 확산하고 있다.

출처: 다음 백과사전

웰컴 투 비디오 사건은 2015년 다크웹에 개설된 '웰컴 투 비디오' 사이트를 통해 32개국의 약 128만 명 회원이 아동 성 착취 영상물을 거래한 사건이다.

손 모 씨는 2015년 7월 다크웹의 웰컴 투 비디오 웹사이트를 사들인 이후 2018년 3월까지 충남 소재 자신의 집에 서버를 두고 해당 사이트를 운영했다.

아동 성 착취 영상만을 올린 후 비트코인 등 가상 통화를 받는 수법으로, 2년 8개월 동안 아동·청소년이 등장하는 음란물 동영상 22만여 건을 유통하면서 4천여 명으로부터 7,300여 회에 걸쳐 415 비트코인(약 4억 원)을 벌어들였다.

미 국세청은 음란물 사이트에서 암호 화폐로 음란물 거래가 이뤄진다는 것을 발견하고, 관련 정보를 한국 경찰청에 전달했고, 국제 공조를 통해 운영자의 한국 소재지를 파악해 검거했다.

출처: 다음 백과사전

성범죄자가 사는 곳을 구체적으로 알려주는 내용의 아동·청소년의성보호에관한법(아청법) 개정안이 국회 본회의를 통과했습니다.

1) 현황
　현재 아동·청소년 대상 성범죄자 신상정보는 '성범죄자 알림e' 사이트에 공개돼 있습니다.
　해당 지역 아동·청소년 보호자에게는 우편으로 성범죄자의 거주지 등이 발송됩니다.
　하지만 거주지 정보가 읍·면·동까지만 공개돼 있어, 그간 성범죄자의 위치를 구체적으로 파악하기 어렵습니다.

2) 개정안
　성범죄자의 거주지 공개 범위를 **도로명 및 건물번호로 확대해 구체적인 주소를 확인할 수** 있게 하여 성범죄자의 재범방지 및 시민들의 성범죄 두려움 감소에 기여할 것입니다.

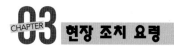

현장 조치 요령

01 여성 주취자 처리 요령(매뉴얼)

1) 들것으로 몸을 덮고 토사물이 기도를 막는지도 확인하고 대화를 시도한다.

2) 생수병의 물을 얼굴에 뿌려본다. 시원한 물을 튀겨서, 이들을 자극하지 않고 스스로 정신 차리도록 하는 것이다.

3) 매뉴얼에 따르면 이때도 경찰들은 "아가씨, 좀 일으켜 세우겠습니다."라고 여러 번 고지 하고 자세를 취해야 한다.

4) 부축으로도 깨어나지 못할 경우에는 들것을 활용한다. 이 과정에서도 '신체 접촉 최소화' 원칙은 유지된다. 경찰관은 팔목과 무릎 부위의 옷을 위로 끌어올려 들것에 옮겨 싣는다.

02 여성 안심귀가서비스

여성 안심귀가스카우트의 주된 업무는 크게 **'안전 귀가 지원'**과 **'취약지 순찰'**로 나뉜다.

안전 귀가 지원은 오후 10시~새벽 1시까지 늦은 시간 귀가하는 여성의 안전한 귀가를 돕는 일이다.

안심귀가서비스를 이용하고 싶은 여성이 지하철역이나 버스정류장 도착 30분 전에 120 다산 콜센터에 전화해 안심귀가스카우트 서비스를 신청하면, 신청자 거주지 구청 야간 당직실과 바로 연결해준다. 이후 신청자는 동행해줄 스카우트 이름과 도착 예정 시간을 확인하고, 원 하는 장소에 도착 시 노란 근무 복장을 하고 있는 스카우트를 만나 귀가한다.

여성 안심귀가스카우트의 또 다른 임무는 **'취약지 순찰'**이다. 자치구 곳곳을 돌며 성범죄 발 생 취약지역 및 유흥업소 지역 주변 등을 집중 순찰하고, 자치구 경찰서와의 원스톱 연계를 통해 위급 상황 시 신고, 대처한다.

출처: 베이비뉴스

03 가정 폭력 조치 요령

답안 경찰에 112신고가 되면 경찰관은 가정 폭력 현장에 출동해 신고 내용을 확인합니다. 조사 후 부상 정도가 심하거나 응급조치가 필요한 경우에는 119 또는 원스톱지원센터, 병원 응급센터에 즉시 연락해 의료 지원을 받도록 합니다.

피해자 또는 가해자가 가택 출입을 거부해도 경찰관에게 '현장출입 조사권'이 있음을 고지 후 출입해 피해자를 대면하고 안전 여부 및 피해 상태 등 조사 활동을 전개합니다. 경찰관은 폭력이 재발 될 우려가 있다고 판단될 경우, 안전한 외부로 피신할 것을 권유합니다.
이때, 반드시 피해자와 대면, 가해자와 공간을 분리해 피해 사실을 확인합니다. 만약 피해자가 수사를 원하지 않는다는 의사 표시를 하는 경우라도 진상을 명확히 파악, 상습적이고 사안이 중한 경우 사건 처리 할 것을 이해시키고 가정 폭력 관련 상담소, 보호 시설의 도움을 받을 수 있음을 알려주어야 합니다.

피해자가 희망하는 경우 상담소, 보호 시설로 인도하게 되는데 긴급 보호나 상담을 원할 시 인근 가정폭력상담소나 여성긴급전화1366으로 연계하여야 합니다. 1366은 피해자의 부상 정도나 응급조치 정도를 파악 후 의료 지원, 주거 지원 등 다양한 지원을 하며 보호 시설이나 전문 상담 기관에 연계하는 것으로 알고 있습니다.

04 상사가 머리를 쓰다듬으며 신체적 접촉을 한다면

지속적으로 성희롱 행위가 발생해 적극적인 대응이 필요하다는 생각이 든다면 기록을 남기고 회사의 고충처리기구나 주변의 도움을 받아야 한다고 생각합니다.
또한 가해자에게 명확한 거부 의사를 표시하고 행위를 중단하도록 요구하는 이메일 또는 내용 증명을 보내는 것도 가능합니다.

조직의 처리를 기대하기 어렵다면 외부 기관 도움을 받는 것도 방법인데요 위기 상황이 다가온다면 의료 기관에서 진단서를 받아 다음 수순을 준비하는 것이 가능합니다.

경찰조직 내에서 해결하는 것이 가장 좋습니다만, 그러나 적절하게 처리하지 못하거나 원만한 해결이 어렵다면 고용노동부나 인권위원회에 진정이나 고발을 접수하거나 민사, 형사 소송을 제기해야 합니다. 이를 위해 입증할 수 있는 증거를 충분히 확보해야 한다고 생각합니다.

출처: https://lawstandard.tistory.com/148

PART 11

여경 관련
질문

■ 여성 경찰 인원 현황(2018년 1월)

구분	치안감	경무관	총경	경정	경감	경위	경사	경장	순경	합계
여성	0	2	14	117	571	1,819	3,728	3,421	3,239	12,911
남성	34	74	554	2,491	9,434	43,915	20,383	12,797	16,037	105,266
여경 비율	0	2.6	2.5	4.5	6	4	15.5	21.1	16.8	10.9

※ 전체 여경 비율: 10.9%

01 상사가 커피 심부름을 자주 시킨다면?

예시 여경에게 유독 커피 심부름을 시키는 것은 성차별이라는 생각이 듭니다.

하지만 제가 후배이고 남자 경찰 후배가 바쁜 일을 처리하고 있다면 제가 준비하겠습니다.

그리고 동료 남자 경찰에게 커피 심부름의 부당함에 대해 이해시키고 같이 하도록 하겠습니다.

사무실 분위기를 생각해서 부드럽게 이야기하겠습니다.

'근로기준법', '남녀고용평등법', '평등권'의 측면에서 고쳐져야 하는 관행이라고 생각합니다.

02 여성할당제에 대해 어떻게 생각하는지?

(경기남부)

1996년부터 시작된 여성할당제는 회사와 공적 영역에서 여성을 일정 비율 이상 유지하는 것을 내용으로 '양성고용평등법 3조'에 의하면 차별에 의해 특정 성별의 참여가 부진한 분야에 대해서는 합리적 범위에서 해당 성별의 참여를 촉진하기 위해 법령이 정하는 범위에서 적극적 조치를 취하도록 노력한다는 근거를 밝히고 있습니다.

국제연합 여성회의는 1995년 베이징 회의에서 여성할당제 도입을 권고하였고, 세계적으로 여성 대표성이 높은 선진국들에서조차도 여성할당제의 필요성은 인정하고 있습니다.

여성 대표성이 세계 최고의 수준인(36~39%) 노르웨이에서는 여성 총리 그로 할렘 브룬틀란트의 적극적 추진 하에 모든 공공 기관의 이사회 및 위원회에 대한 40% 성 할당제가 1988년 도입된 바 있습니다.

영국도 노동당, 보수당 및 자유민주당이 여성할당제를 도입하였고, 특히 노동당은 여성할당제를 도입한 이후 치러진 1997년 하원 선거에서 거의 3배에 육박하는 여성 의원 비율 상승의 효과를 얻었고 개인주의와 경쟁의 논리가 국가 철학의 근본이라고 할 수 있는 미국에서조차 여성과 소수 인종을 대상으로 하는 적극적 조치가 30년 전부터 시행돼오고 있습니다.

유엔개발기구(UNDP)의 '2002년도 인간개발보고서'에 따르면 대한민국 국회의 여성 의석 비율은 5.9%로 조사 가능국인 161개의 나라 가운데 겨우 131위였습니다. 또 입법, 고위 행정직, 기업인의 여성 비율은 5%로 68개국 가운데 67위였습니다.

한국의 여성권력지수가 0.378로 66개국 가운데 61위로 아직까지는 여성할당제가 필요한 시기라고 생각합니다.

03 미래의 바람직한 여경상은 무엇인가?

예시 경찰조직이 남성이 많다 보니 남성들과 조화롭게 업무를 수행할 수 있도록 노력하는 것이 남성 위주의 경찰조직 문화에 적응하려는 여경의 자세라고 생각합니다. 물론 남경과 여경은 엄격한 엄연한 차이가 있지만 서로 잘할 수 있는 분야가 있기 때문에 서로 협력하면서 일을 수행해야 한다고 봅니다. 요즘 여성 범죄가 증가 추세인데 여성 관련 범죄를 다룰 때에도 범죄자가 여성이든 피해자가 여성이든 남성 경찰관보다 좀 더 세밀하고 유연하게 대처할 수 있을 것이며, 소년범을 수사할 때도 남자 경찰관보다는 여경이 좀 더 낫지 않을까 생각합니다. 즉 여성 특유의 섬세함과 감성적인 마인드로 국민들에게 친절한 경찰상을 심는 데 효과적일 것입니다.

남경들이 회피하는 파트너가 아닌 서로 오라고 선호할 수 있는 능력을 갖춘 여경이 되어야 한다고 봅니다. 그러기 위해 힘든 일을 마다하지 않는 적극적인 자세가 절대적으로 필요하다고 봅니다. 또 매사에 성실한 태도와 따스한 마음씨, 양보의 미덕을 가진다면 남자 경찰관들과 더불어 일을 해 나가는 데 별로 문제가 되지 않을 거라고 봅니다. 자기가 맡은 분야에서 최선을 다해 최고의 역량과 능력을 발휘할 수 있는 여경이 바람직한 여경상이 아닐까 생각합니다. 이상입니다.(부산 여경 합격생)

예시 "여자가 힘든데 할 수 있겠나?"라는 말을 들은 적 있습니다.

하지만 저의 대답은 하나입니다. 경찰관이 된 이상 여자가 할 일과 남자가 할 일의 구분 개념은 없습니다. 물론 현실적으로 신체나 체력적으로 차이가 나는 부분이 있을 수 있습니다. 급증하는 여성과 청소년 범죄, 성범죄, 민원 상담 등 여성이 필요한 곳에서는 여성의 장점인 섬세함과 부드러움을 잘 살려서 남성보다 더 나은 역할을 수행할 것입니다. 더불어 남경과 동일한 직업경찰관으로서 자신을 위해서나 경찰조직을 위해서도 제 역량을 충분히 발휘하기 위해서는 꾸준한 운동으로 체력을 강화하고 지식을 습득할 것입니다. 맡은 바 임무에 책임감을 가지고 끝까지 해결하고자 노력하는 모습의 여경이 제가 되고 싶은 여경이라 생각합니다.

술 취한 남성을 제압하던 경찰관이 폭행당한 일명 '대림동 여경' 사건 관련 경찰청은 '경찰 물리력 행사의 기준과 방법에 관한 규칙 제정안'을 마련하였습니다.

1) 범행 대상자 행위를 구체적으로 세분화하여
　① 순응
　② 소극적 저항(경찰 지시 비협조. 직접 위해 없음)
　③ 적극적 저항(공무집행방해 수준)
　④ 폭력적 공격(경찰 및 제3자에 신체적 위해)
　⑤ 치명적 공격(경찰 및 제3자 사망 또는 부상 초래 가능) 등 5단계로 분류

2) 이에 대한 경찰의 대응도 범행 대상자의 행위에 따라
　① 협조적 통제(언어 통제, 수갑)
　② 접촉 통제(신체 일부 잡기)
　③ 저위험 물리력(관절 꺾기, 조르기)
　④ 중위험 물리력(경찰봉, 테이저건)
　⑤ 고위험 물리력(권총, 방패, 급소 타격)으로 세분화

지난 13일 발생한 '대림동 여경' 사건에 이 규칙을 적용하면 주취자가 진압하는 경찰의 뺨을 때리고 여경을 밀쳤기 때문에 적극적 저항에서 폭력적 공격으로 넘어가는 단계에 해당하여 진압봉은 물론 테이저건까지 사용할 수 있는 상황이었습니다.

다만 서울 지하철 암사역 인근에서 친구에게 흉기를 휘두른 '암사동 흉기 난동' 사건처럼 단순히 흉기를 든 경우는 '치명적 공격'이 아니므로 무리한 경찰력 집행을 막기 위해 최대한 낮은 수준의 물리력을 사용해야 한다는 원칙도 담았는데 우선적으로 대화를 통한 대응부터 해야 한다는 의미입니다.

특히, 권총은 차량에 탑승한 상태에서 실탄을 발사하거나, 14세 미만 또는 임산부를 향한 사용은 금지되어 있습니다. 다만 주위 사람들과 경찰관의 생명에 중대한 위험을 줄 수 있다고 볼 때는 권총 사용이 가능하다고 보고 있습니다.

경찰에서는 매뉴얼의 제작으로 "전국 경찰관이 통일된 기준에 따라 물리력을 행사할 수 있어 인권을 보호하면서도 필요한 장비를 적극적으로 사용하는 등 법 집행력이 향상될 것"이라고 합니다.

저출산 극복 및 출산·육아를 병행할 수 있는 문화 확산을 위한 「국가공무원 복무규정」 일부 개정령안에 의하면

1) 임산부 공무원의 야간·휴일 근무가 제한됩니다.

2) 모성과 태아 보호를 위해 임산부 공무원의 장거리, 장시간 출장을 제한할 수 있도록 했습니다.

3) 고등학생 이하 자녀에 대한 자녀돌봄휴가가 도입됩니다.
   – 학부모의 학교 참여 시간 보장과 자녀 양육 지원을 위해 연간 2일 이내의 자녀돌봄휴가를 도입한다고 합니다. 고등학생 이하(어린이집, 유치원 포함)의 자녀를 둔 공무원은 학교의 공식 행사, 교사 상담 등에 자녀돌봄휴가를 활용할 수 있습니다.

4) 남성 공무원의 출산 휴가 이용이 보장되고, 육아 시간 인정 범위가 남성 공무원까지 확대된다고 합니다.
   – 남성 공무원이 배우자 출산 휴가(5일 이내)를 신청하면 기관장은 반드시 승인하도록 했으며, 여성 공무원에게만 주어지던 생후 1년 미만 유아에 대한 육아 시간 이용을 남성 공무원까지 확대해 부부공동 육아를 실현할 수 있게 했습니다.

5) 경북경찰청은 최초로 일·가정 양립을 위한 여성 직원 복지 향상 전담관을 배치했다고 밝혔습니다.
   – 방학 기간 자녀들과 소통하는 시간을 갖고, 일·가정 양립 문화를 확산시키기 위해 마련되었고 가족 행사를 개최하여 홍보 영상 및 홍보관 관람, 사이버·과학 수사 기법 설명, 112종합상황실 견학도 하였다고 합니다.
   – 일·가정 양립은 경찰 내의 지원도 중요하지만 가족의 정신적, 시간적 지원이 더욱 필요하다고 생각하고 경북청의 가족 초정 행사는 좋은 시도라고 생각합니다.

06 여경의 역사

조선왕조실록을 보면 포도청 형조 의금부 등 경찰 기관의 보조자로서 의녀나 다모를 범인 수색이나 범인 검거에 동원했다는 기록이 있다. 여경은 1946년 경무부 공안국에 여자경찰과가 신설되면서 탄생했다.

당시 여성경찰국장 고봉경 총경을 비롯한 여경 간부 15명과 1기생 64명으로 출발했다. 성매매와 청소년 업무를 주로 처리했다. 이후 형사 · 경비 등 여경의 업무 영역이 확대되면서 1989년부터는 경찰대학에 여학생 입학이 가능해졌다.

이어 1999년에는 여경기동대가 창설됐고 2000년에는 경찰특공대에도 여경을 배치, 간부후보생에 여성을 채용하기 시작했다. 2005년에는 여경 채용 목표제를 시행하고 사법고시에 합격한 여성을 경정으로 특별 채용하는 등 여경의 역량은 지속적으로 강화돼왔다.

여경의 날은 1984년 서울경찰청 소속 여경들이 간담회 형식으로 비공식 친목 모임을 가진 데서 비롯됐습니다. 1995년 여경 기구 창설일인 7월 1일을 여경의 날로 정했고 2000년에야 비로소 경찰청 공식 주관 행사로 자리를 잡았다. 2010년부터는 매년 7월 1일 특진 및 포상 수여, 오찬 간담회 형식으로 서울 서대문구 미근동 경찰청에서 진행되고 있습니다.

07 여경 증원에 대한 의견은

경찰 업무의 70% 이상은 민원 해결과 피해 상황과 갈등을 조정, 중재하는 소통과 관련된 것으로 알고 있습니다.

"현장 출동했을 때도 남성–남성 2인조가 현장 출동했을 때보다 남성–여성 2인조가 출동했을 때 경찰과 대상과 어떤 물리적 충돌이 발생하는 비율이 훨씬 낮아진다."

"여성 피의자의 경우에는 여성 경찰관이 압수를 한다든지 수색해야 성추행 문제가 안 생긴다." 하고 한국의 여성 경찰관의 수는 현재도 상당히 부족한 상태라고 합니다.

따라서 경찰 채용의 기준은 전문 지식과 현장 업무 처리에 필요한 체력을 가지고 있는지가 되어야 하고 성별이 기준이 되어서는 안될 것입니다.

2023년부터는 성 분할 모집이 폐지된다고 합니다. 여경 증원이 아니라 능력과 자격을 갖춘 유능한 지원자가 경찰이 되는 것으로 이해하고 있습니다.

미국의 시민 권리법 7조(Civil right Act 7), 영국의 평등법(Equality Act, 1975), 대만의 여성 주류화 정책 (2007), 프랑스 노동법 L1142조에 의해 경찰조직 내의 성 분할 모집을 폐지하였다.

전통적 경찰의 역할은 범인 검거, 질서 유지적 측면이 강조되어 왔다면 현대적 의미의 경찰은 시민과 소통하고 인권을 보장하는 사회적 분쟁과 문제 해결자로의 측면이 더욱 중요해지고 있다. 이에 2020년 경찰대학과 간부후보생 채용 시험에서 남녀 성 분할 모집을 폐지하겠다고 발표했으나 체력 기준은 강화될 전망이다.

외국의 경우에는 영국은 Bleep test와 Push & Pull로 남녀 동등한 기준으로 평가하고 있어 여성에게 불리한 기준을 최대한 없앴다. 대만도 달리기와 멀리뛰기로 종목이 2개이고 남녀의 합격 기준도 상이하다. 여성 주류화 정책의 일환으로 여성 인력을 최대한 활용한다는 취지이다.

미국의 경우도 직무 관련성이 있는 장애물 넘기, 방아쇠 당기기, 더미 끌기, 자동차 타고 내리기 등의 종목으로 남녀 차이가 발생하지 않는 종목으로 변경해 가고 있다.
프랑스도 직무 관련 종목으로 체력 검정을 실시하고 채점 기준은 남녀 차이가 있다. 성 분할 모집 폐지의 취지는 여성 인력 활용과 여성 인권 보호를 위해 여자 경찰의 진출을 도모하고자 하는 것이다.
한국도 특정 성별 특히 여성에게 불리하지 않은 공평한 체력 시험 기준이 마련되어야 할 것이다.

출처: 한국경찰연구학회

1) 근로기준법상 임신 초기, 후기 근로 시간 단축

근로자들이 임신하게 되더라도 당장에 일을 쉴 수가 없는데 임산부들에게 임신 기간은 굉장히 조심해야 할 시기이기 때문에 근로기준법상으로 임신 초기 때와 후기 때 각각 근로 시간을 단축할 수 있도록 제도화되어 있다.

2) 근로기준법 74조 임산부의 보호

(1) 사용자는 임신 후 12주 이내 또는 36주 이후에 있는 여성 근로자가 1일 2시간의 근로 시간 단축을 신청하는 경우 이를 허용하여야 한다.

(2) 다만, 1일 근로 시간이 8시간 미만인 근로자에 대하여는 1일 근로 시간이 6시간이 되도록 근로 시간 단축을 허용할 수 있다.

(3) 임신 초기~12주까지 근로 시간 단축을 신청할 수 있고, 임신 35주가 넘어가서부터는 출산 때까지 근로 시간 단축을 신청할 수 있다.

① 출근 시간 1시간 늦추고, 퇴근 시간 1시간 앞당기기

② 출근 시간을 2시간 늦추기

③ 퇴근 시간을 2시간 당기기

업무상 빈번하게 야근이 발생한다면, 붐비는 출근 시간을 피해서 출근 시간을 늦춰도 되고, 퇴근을 빨리하고 싶다면 퇴근 시간을 앞당겨도 됩니다.

이상과 같이 임산부는 근로기준법에 의해 보호받을 권리가 있고 모성 보호에 경찰이 앞장서야 한다고 생각하기 때문에 임산부인 동료를 배려하는 차원에서 제가 가도록 하겠습니다.

10 인천 흉기 난동 사건

1) 사례

층간소음 문제로 모녀에게 흉기를 휘두르는 40대 남성을 제압하지 않고 소리를 지르며 현장을 피한 여성 경찰관(순경)과 신속하게 구조에 나서지 않은 남성 경찰관 (경위)에 대해 경찰청장이 사과하고 서장은 직위 해제됐다.

2) 의견

– 남경, 여경 문제가 아니라, 경찰의 기본 자세, 기본 자질 문제, 태도와 관련된 문제

– 젠더 이슈로 논의가 되고 있는 것은 본질과 멀어진 것

1) 사례

"여경은 전화 응대시키려고 뽑는 것 아니냐. 여경은 필요 없다."라거나 "매뉴얼이 훌륭해도 여경들은 매뉴얼대로도 못 해서 쓸모가 없다." 등 비하성 발언

- 2019년 5월 서울 구로구 술집 앞에서 취객을 체포하는 과정에서 여성 경찰관이 주변에 도움을 청하는 장면이 이른바 '대림동 여경'
- 4월엔 시위 중인 여성 1명을 여경 9명이 제압하는 모습이 담긴 동영상이 온라인에 유포
- 양평시에서 범인 검거 현장에 출동한 여성 경찰관이 '엄마'라고 비명을 지르며 도망

2) 문제점

- 여경에 대한 혐오 여성 비중이 점차 늘어나자 여경에게 비난
- 인천 사건 때 1층에 있던 남성 경찰관 현장이탈 여경만 비난

3) 대응책

- 경찰관 선발 및 양성 절차를 전반적으로 개선해 역량 향상
- 경험을 통해 훈련하도록 교육 환경을 개선
- 선발 이후 관리 시스템 점검

PART 12

시사 상식

 현장 조치

01 코로나 자가격리 위반자 조치 사항에 대하여 대답하세요 (서울청, 2020년 기출)

코로나는 감염예방법에 따라 조치할 수 있습니다.
일반적으로 접촉 금지, 마스크 착용, 독립 공간에 머물러야 하고 경찰에서는 자가격리 위반 시 코드 제로 수준의 강력 범죄로 조치하고 있습니다. 감염예방법에 의하면 위반 시 1,000만 원 이하 벌금과 1년 이하 징역에 처할 수 있습니다.

경찰에서는 이태원 클럽 코로나 확진자에 대한 휴대폰 위치 정보 자료를 분석하고 신용카드 결제자, 전화 미응답자 등에 대한 과거 위치 정보를 파악해서 지리 정보 분석 프로그램을 활용, 위치 정보를 분석 중으로 알고 있습니다.

경찰의 과학적이고 신속한 대응도 중요하지만 시민들의 자발적 협조와 높은 시민 의식이 코로나라는 신종 전염병의 위기 상황을 슬기롭게 대처할 수 있는 근본적인 방법이라고 생각합니다.

02 코로나 19(코로나바이러스감염증-19, COVID-19)란?

답안 2019년 12월 중국 우한시에서 발생한 바이러스성 호흡기 질환으로 '우한폐렴', '신종코로나바이러스 감염증', '코로나-19'라고도 한다.

2020년 1월 감염이 전 세계 여러 국가로 확산되자 세계보건기구(WHO)에서는 코로나바이러스 감염증-19에 대해 1월 30일 '국제 공중보건 비상사태(PHEIC)'를 선언했다.
WHO는 2월 11일 공식 명칭을 'COVID-19'로 명명했다고 발표했으며, 한국 질병관리본부에서는 '코로나바이러스 감염증-19'로 표기하기로 했다.

답안 인포데믹스(=인포데믹)는 정보(information)와 전염병(epidemics)의 합성어로 근거 없는 각종 루머들이 IT기기나 미디어를 통해 확산되면서 사회, 정치, 경제, 안보에 치명적 위기를 초래하는 것을 의미한다.

인포데믹스라는 용어는 2003년 미국 워싱턴에 있는 컨설팅 업체인 인텔리브리지의 회장 데이비드 로스코프가 미 일간지 워싱턴포스트(WP)에 언급하면서 거론되었다. 오늘날 SNS의 발달로 인포데믹스는 한층 더 위험해졌다. 인터넷이나 휴대전화의 발달로 정보의 전파 속도가 빨라지고 파급력도 향상됐기 때문이다.

인포데믹은 전염병과 같이 전 세계적 공황이나 비이성적인 행동을 유발하고, 본질적인 문제에 대한 균형 잡힌 판단을 흐리게 하며, 사회를 유지하는 기본 구조에 영향을 미쳐서 시장경제와 정부의 기능을 약화시키는 효과를 낳는다고 지적했다.

인포데믹은 이후 왜곡되거나 부정확한 정보가 범람하면서 부정적인 결과를 초래하는 정보의 흐름을 상징하는 말로 널리 사용되고 있다.

신종 범죄, IT, 스마트 치안

01 스몸비란 무엇인가요

답안 스몸비란 스마트폰(smartphone)과 좀비(zombie)가 합쳐진 신조어입니다.

스몸비족은 거리를 걸으면서 스마트폰에 눈을 떼지 못하고 이어폰까지 낀 채 걷는 경우도 많기 때문에 주위가 분산되어 큰 사고로 이어질 수 있는 위험성을 갖고 있습니다.

걸으면서 스마트폰을 사용할 때 사고 위험이 증가하기 때문에 보행자, 운전자 모두 스마트 폰 사용을 조심해야 할 것입니다. 지자체와 경찰청에서는 이러한 스몸비족의 사고를 예방하기 위해 횡단보도에 바닥 신호등을 설치해 사고를 방지하고 있습니다.

하지만 바닥 신호등이 스몸비족을 양산할 수 있다는 우려도 있습니다.

보행 중이나 운전 중에 스마트폰을 사용하지 않는 것이 근본적인 대책이라고 생각합니다.

02 빅 데이터란?

빅 데이터(BIG DATA)란, 인터넷, 카카오톡, 페이스북, 트위터 등을 통해 오가는 모든 메시지, 이미지, 그리고 영상 등을 포괄하는 용어를 말합니다.

간단하게 말해 이 세상에 존재하는 모든 정보를 의미한다고 볼 수 있는데요. SNS(Social Network Service)뿐만 아니라 GPS를 기반으로 한 지도 정보, 날씨 정보처럼 현존하는 정보들을 '중요한 데이터'라는 개념으로 정의하고 주목하기 시작한 데서 '빅 데이터'의 시대가 도래하기 시작했습니다.

또한, 소셜 네트워크 서비스가 활성화되기 시작하면서 활자뿐만 아니라, 업데이트되는 데이터의 90%가 이미지, 동영상 등 다양한 형태를 보이고 있습니다.

경찰이 국가통합 형사사법정보시스템 '킥스(KICS)'에 저장된 데이터베이스와 인터넷상의 정보 등 '빅 데이터'를 활용해 수사와 범죄 예측에 활용할 수 있도록 연구개발(R&D) 사업을 추진하고 있고 경찰청은 올해 치안과학기술 신규 R&D 사업의 하나로 '빅 데이터 기반 범죄 분석 프로그램 개발 및 플랫폼'을 구축할 예정이라고 합니다.

범죄가 발생하면 수법 · 특성과 같거나 비슷한 기존 범죄를 찾고, 이를 토대로 용의자나 공범, 은신처, 범죄 관련 장소 등 수사 단서를 도출할 수 있도록 정교한 검색 프로그램을 만든다고 합니다. 범죄가 발생하면 보통 유사 수법 전과자들을 먼저 들여다보는데, 킥스 안의 정보를 더욱 쉽고 빨리 찾아볼 수 있는 도구를 만들 수 있다고 합니다.

여기에 인터넷상의 공공·민간 데이터까지 활용하면 더욱 정확한 단서를 찾아낼 수 있고, 장기적으로는 범죄 경향이나 추세, 위험 지역 등을 파악해 범죄 발생까지 어느 정도 예측할 수 있을 것이라고 합니다.

하지만 인터넷상의 민간 데이터까지 수집한다는 점에서 경찰이 SNS나 블로그 등의 개인 정보를 무차별 수집하고 이를 통제 목적으로 활용할 수도 있다는 논란이 있습니다.
경찰에서는 "민간 데이터는 날씨나 교통상황, 뉴스, 지역 정보 등 모든 사람이 다 볼 수 있는 정보를 수집할 것이고 개인 정보는 절대 수집하지 않고, 수사 목적 외에는 사용하지 않을 방침"이라고 했습니다.

03 로봇 경찰 적용은

우리나라도 2011년 10억 원을 투입해 세계 최초의 '로봇 교도관'을 만들었다. 위험한 근무지나 반복적인 순찰 업무에 지능형 로봇을 투입해서 다른 교정 업무를 위한 인적 자원을 확보하고 교도관들의 스트레스를 줄이자는 취지였다. 키 1.5m에 몸무게 70kg의 로봇 교도관은 4개 바퀴로 사람과 비슷한 속도로 움직였고, 영상·음성 감지 기능이 탑재돼 수용자들이 이상 행동을 보일 때 중앙통제실로 통보할 수 있었다.

한국형사정책연구원 보고서는 "로봇이 '딥러닝(Deep Learning·인공기계학습)' 등을 통해 외국인 수형자를 위한 동시통역 서비스를 제공하거나, 외부 의료 시설 이용이 제한된 상황에서 진료 및 치료를 도울 수 있다."라고 설명하고 있다. 또한 "각종 센서를 통한 증거 수집, 드론을 이용한 피의자 추적, 범죄 현장 증거 분석을 통한 범인의 도주 경로 예측, 피의자 신문 과정에서 진술 외 비언어적 표현 분석 등 수사 과정에서도 인공지능이 활용될 것"이라고 예상했다.
또한 "드론 등을 이용해 사각지대를 촬영하고 은밀하게 수사할 경우 인권 침해 문제가 발생할 수 있다."라며 **"사법 분야에서 사용할 수 있는 기술 수준을 고려해 로봇의 역할이나 기능을 법제화**할 필요가 있다."라고 했다.

04 ESG란

ESG는 환경(Environment)·사회(Social)·지배구조(Governance) 등 3가지 측면에서 건전한 기업에 투자를 해야 한다는 개념입니다. 쉽게 말해 투자자들이 사회적으로 건전한 기업에 투자하도록 이끌겠다는 취지인데요. ESG의 확산은 국제단체 '책임투자원칙(PRI·Principles for Responsible Investment)'이 주도하고 있습니다.

05 인공지능(AI/Artificial Intelligence)이란

인지, 학습 등 인간의 지적 능력(지능)의 일부 또는 전체를 컴퓨터를 이용해 구현하는 것을 말한다.

1956년 존 매카시 미국 다트머스대 교수가 만든 '다트머스 회의'라는 학술회의에서 AI 개념이 처음 등장했다. 초기에는 프로그래머가 각각의 상황에 맞는 프로그램을 짜주고 정해진 로직 안에서만 생각하는 수준이었지만 점차 인간의 뇌 신경망을 본뜬 '딥러닝' 기술이 확립되면서 AI의 연산 능력은 2, 3개월에 2배씩 기하급수적으로 늘고 있다.

AI가 발전하려면 ① 학습 가능한 양질의 데이터 ② 고성능 컴퓨팅 ③ 차별화된 알고리즘이 필수적이다. 양질의 데이터 확보와 컴퓨팅 기술이라는 기반 조건은 이미 많다. 이제는 AI를 실생활과 산업에 접목하기 위한 알고리즘을 누가 먼저, 더 많이 개발하느냐가 글로벌 AI 패권을 쥐는 열쇠라는 것이다.

앞으로 AI가 상용화될 시장은 크게 기업과 기업 간 거래(B2B)와 기업과 개인 간 거래(B2C)로 나눌 수 있습니다. B2B 분야는 크게 △스마트팩토리 △자율 주행차 △마케팅 △물류 △고객센터 △배달·컨시어지 로봇 등으로 나눌 수 있다.

06 부분 자율 주행차(레벨3) 안전 기준

국토교통부는 부분 자율 주행차(레벨3) 안전 기준을 5일 발표했다. 미국 자동차공학회(SAE) 기준상 레벨3 차량부터 자율 주행차로 분류된다. 레벨2는 운전자가 운전대를 잡은 채 차로 유지 기능을 지원받는 차량이라면, 레벨3 차량은 지정된 조건에서 스스로 차로를 유지하며 주행하고 돌발상황에서만 운전자가 운전한다. 이는 일정 조건에서 운전자 없이 주행하는 '조건부 완전 자율 주행'(레벨4)과 모든 상황에서 운전자 없이 주행하는 '완전 자율 주행'(레벨5)으로 이어지는 단계다.

국토부는 레벨3 자율 주행차가 차로 유지 자율 주행을 하면서 교통사고 등 위험 상황을 마주했을 때 작동해야 할 기능을 안전 기준에 명시했다.

이에 따르면 레벨3 자율 주행차는 운전자 탑승이 확인된 경우에만 작동할 수 있습니다. 차량이 고속도로 출구로 이동하거나 전방의 도로 공사를 감지하는 경우 차로 변경 등을 위해 운전자 조작이 필요하기 때문이다.

특수한 웹 브라우저를 사용해야만 접근할 수 있는 웹으로, 익명성 보장은 물론 IP 주소 추적이 불가능하도록 고안된 인터넷 영역이다. 일반적인 검색 엔진으로는 찾을 수 없기 때문에 해킹으로 얻은 개인 정보, 살인 청부, 경쟁사의 영업 비밀 등 주로 불법적인 정보가 거래되는 웹이다.

아동ㆍ청소년의 성 보호를 위한 법률(아청법)은 아동 음란물 소지자는 1년 이하의 징역 또는 2,000만 원 이하의 벌금, 배포ㆍ제공ㆍ상영한 경우 7년 이하의 징역 또는 5,000만 원 이하의 벌금에 처하도록 돼 있지만 실제 처벌은 훨씬 가벼웠던 것이다.

처벌 받은 22명 가운데 아동 관련 기관 취업 제한 명령을 받은 사람은 5명에 그쳤다. 나머지 17명은 어린이집, 학교, 학원, 청소년 보호센터 등에서 일할 수 있는 것이다. 3명은 성폭력 치료 프로그램 이수명령도 받지 않았습니다. 신상 정보가 공개된 이는 아무도 없다.

플렉스(flex)의 사전적 의미는 '(준비 운동 등으로) 몸을 풀다', '(근육에) 힘을 주다'이다. 하지만 요즘 젊은 층에선 '과시하다', '지르다'라는 뜻으로 통용된다. 특히 고가 제품을 구매했을 때 많이 쓰인다. 이렇게 된 데는 1990년대 미국 흑인 래퍼들의 영향이 크다. 인기와 부를 동시에 얻은 그들은 성공을 과시하기 위해 금목걸이, 보석 반지, 명품 시계 등을 착용하며 그런 자신들의 소비 행태를 플렉스라는 단어로 표현했습다.

출처: 2020년 1월 시사상식 키워드|작성자 유월이

웹하드로 불법 촬영물을 유통하면서 디지털 장의사 업체를 함께 운영해 수익을 얻는 것. 웹하드 업체는 몰카 등 불법 영상을 걸러내는 필터링 업체를 실소유 하면서도, 불법 영상을 계속 유통한다. 필터링 업체는 디지털 성범죄 영상을 삭제해주는 디지털 장의사 업체를 차려 피해자에게 돈을 받고 영상을 삭제한다.

10 다크코인

거래 익명성을 보장하고 프라이버시(privacy)를 강화한 암호 화폐로, 혁신적이라는 평가와 범죄에 악용될 수 있다는 평가를 동시에 받고 있다.

기존의 암호 화폐는 거래 내역을 블록체인 네트워크에서 공개하지만 다크코인은 거래 내역 정보를 드러내지 않아 다크웹을 통해 자금 세탁, 마약 거래 등의 범죄에 사용될 수 있기 때문이다.

11 랜섬웨어가 무엇이고 경찰의 대응책은   (2020년 기출)

랜섬웨어(영어: ransomware)는 컴퓨터 시스템을 감염시켜 접근을 제한하고 일종의 몸값을 요구하는 악성 소프트웨어의 한 종류이다. 컴퓨터로의 접근이 제한되기 때문에 제한을 없애려면 해당 악성 프로그램을 개발한 자에게 지불을 강요받게 된다. 이때 암호화되는 랜섬웨어가 있는 반면, 어떤 것은 시스템을 단순하게 잠그고 컴퓨터 사용자가 지불하게 만들기 위해 안내 문구를 띄운다.

1) 증상
   (1) 주요 시스템 파일이 열리지 않고, 파일들의 확장명이 변경된다. (예: 한글 파일의 확장자인 '@@@.hwp'가 '@@@.hwp.abc'나 '@@@.adfdw' 등과 같은 확장자로 변경된다. 확장자가 변경된 경우 파일은 열리지 않는다, 예를 들어 사용자가 '123.hwp.abc'라는 파일에서 '.abc'를 지운다 하더라도 그 파일은 손상되었기 때문에 사용자가 원상태로 돌릴 수 없다.)
   (2) CPU와 램 사용량이 급격히 증가한다.
   (3) 백신 프로그램이 강제로 종료되거나, 중지 또는 오류가 지속적으로 발생한다.
   (4) 윈도우 복원 시점을 제거합니다.

2) 감염 경로
   (1) 신뢰할 수 없는 사이트 (관리자 또는 소유주가 불분명한 사이트)
   (2) 전자 메일 (주로 기업을 타깃으로 하므로 프로그램으로 악성 코드 여부 체크)
   (3) SNS 서비스, 광고 배너, P2P 사이트, 알 수 없는 앱

3) 경찰의 대응책

경찰에서는 랜섬웨어 공격을 ▲악성 이메일 및 첨부 파일 ▲사용자 권한 장애 유발 ▲이전 시스템 취약점 이용 등의 방법으로 구분하고 있고

공격이 시스템에 침투하게 되면 모든 서류를 암호화하거나 삭제하며, 사용자에게 금전을 요구하는 방식으로 범행이 이뤄진다고 합니다.

하지만 금전 지급과 무관하게 대부분의 경우 기존 파일을 회수하거나 시스템을 복구하기는 어렵다고 합니다.

예방책으로는 주기적인 온·오프라인 파일 복사, 바이러스 방지 플랫폼 등 관련 시스템과 응용프로그램 갱신, 이메일 게이트웨이 보안 강화, 의심스러운 이메일·링크 확인 자제, 민감 정보 보호를 위한 네트워크 분리 등이 필요하고 경찰청 사이버안전국에서는 **랜섬웨어 대응 사이트인 노모어랜섬(No More Ransom)**에 가입, 한국어 사이트를 제공한다고 합니다.

노모어랜섬은 유로폴과 해외 보안 업체가 공동으로 창설한 민·관 합동 랜섬웨어 대응 사이트로, 전 세계 35개 사법 기관이 가입돼 있다고 합니다.

노모어랜섬에서 랜섬웨어 40여 종에 대한 복구프로그램을 무료로 받으면 암호화된 파일을 원상복구 할 수 있습니다. 경찰은 포털사이트 네이버와 협의해 랜섬웨어로 검색 시 해당 사이트가 최상단에 노출되도록 조치 한다고 합니다.

경찰은 향후 **유로폴과 지속적인 협의를 통해 홈페이지 정기 업데이트**를 실시할 계획입니다.

시사

CHAPTER 03

01 코드 아담(Code Adam)이란?

코드 아담이란 다중 이용 시설에서 미아가 발생했을 때 현장에서 즉각 실시하는 실종 아동 수색 프로그램.
실종 아동이 발생하면 다중 이용 시설·장소의 관리 주체는 즉시 경보 발령을 내리고, 수색하고 출입구를 감시해야 합니다.

관리 주체가 이와 같은 조치를 취하지 않으면 최고 500만 원의 과태료가 부과됩니다.
여기서 실종 아동이란 18세 미만 아동, 지적·자폐성·정신장애인, 치매 질환자를 말합니다.
대상 시설로는 매장 면적 1만 제곱미터 이상 대규모 점포, 연면적 1만 제곱미터 이상 철도 역사, 연면적 5천 제곱미터 이상 터미널, 1천석 이상 공연장, 5천석 이상 체육 시설 등을 의미합니다.

미국에서 1984년 처음 시작되었고, 2003년에는 법으로 제정되어 현재 모든 연방 건물은 이 제도를 도입하고 있습니다. 우리나라에서는 2014년 7월부터 도입되어 실시하고 있는 제도입니다.

기타 실종 아동 예방 프로그램으로는 지문사전등록제도가 있습니다.

02 착한 운전 마일리지

2013년 8월 1일부터 경찰청에서 시행하고 있는 제도로, 1년간 무위반, 무사고 준수 서약 내용을 지키면 10점씩 마일리지를 부여하여, 면허 정지 처분 시 누적 마일리지만큼 벌점을 감경하는 제도.
'무위반, 무사고 서약서'를 경찰서(지구대, 파출소 포함)에 접수하고 1년간 서약 내용을 지키면 착한 운전 마일리지 10점이 적립되어 이후 운전자가 면허 벌점 40점 이상을 받아 운전면허 정지 처분 대상자가 되었을 때, 누적된 마일리지만큼 면허 벌점, 정지 일수(1점에 1일)를 감경할 수 있습니다.

1) '직장 내 괴롭힘'은 사용자나 근로자가 직장에서의 지위나 관계에서의 우위를 이용해 업무 외적인 범위에서 다른 근로자에게 신체적 · 정신적 고통을 주거나 근무환경을 악화시키는 행위이다(제76조의

2) 직장 내 괴롭힘을 알게 된 누구든지 발생 사실을 사용자에게 신고 가능하며, 신고를 받거나 사실을 인지한 사용자는 지체 없이 조사할 의무가 있다(제76조의 3 제1항).

3) 이때 사용자는 괴롭힘 피해자의 의견에 따라 근무 장소 변경, 유급 휴가 명령 등의 조치를 취해야 하며, 괴롭힘 행위자에 대해서는 징계 등의 명령을 내려야 한다(제76조의 3 제4, 5항).

4) 또한 발생 사실을 신고하거나 피해를 주장했다는 이유로 괴롭힘 피해자나 신고자에게 해고 등의 불이익한 처우를 금지하고, 만약 이를 위반할 경우 사용자는 3년 이하의 징역 또는 3천만 원 이하의 벌금을 물어야 한다(제76조의 3 제6항).

- 사건 처리 원칙 (고용노동부 권고 사항)

① 피해자 중심 해결 절차(일차적으로 피해자 요구를 바탕으로 해결 방식 결정)

② 상담자 · 조사자는 피해자와 관련자 신원에 대한 비밀 유지로 2차 피해 사전 예방

③ 공정성 전문성 확보를 위해 조사위원회 구성(외부 기관 위탁 고려)

04 제노포비아

제노포비아란 낯선 사람을 뜻하는 '제노(xeno)'와 혐오를 뜻하는 '포비아(phobia)'를 합친 것으로, 다른 문화권에서 온 이방인을 혐오하고 증오하는 현상을 일컫는 말이다.
"이민자는 범죄자"라는 도널드 트럼프 미국 대통령의 발언이 대표적인 제노포비아에 해당한다. 제노포비아는 경기 침체로 증가한 내국인의 실업률 증가와 같은 사회 문제의 원인을 외국인에게 전가하기도 한다.

우리나라도 조선족이나 이슬람 문화권에서 온 외국인 대상 혐오증이 퍼지고 있다. 특히 강력 범죄가 일어나면 '범인은 조선족'이라는 낭설이 빈번하게 확산된다. 그러나 실제 외국인 범죄율은 내국인의 절반 수준이다.

형사정책연구원이 발간하는 '한국의 범죄 현상과 형사정책'에 따르면 2011~2015년 인구 10만 명당 외국인의 검거 인원수는 매년 내국인의 절반 수준이었다. 2026년까지 외국인 근로자가 우리나라 경제에 기여할 금액이 162조 원인 것으로 전망된다. 확산되는 제노포비아를 막기 위해서는 사회 통합 · 다문화 교육 등을 강화해야 한다.

유명인이 자살했다는 소식을 접한 일반인이 그 사람과 자신을 동일시해 유행처럼 자살이 전염되는 사회적 현상을 일컫는 용어이다.

독일의 문호 괴테가 1774년 출간한 소설 <젊은 베르테르의 슬픔>에서 주인공 베르테르가 연인 로테에게 실연당한 뒤 권총으로 자살하는 내용이 있는데, 이 책을 읽은 유럽의 젊은이들 사이에서 이를 모방하여 권총으로 자살하는 것이 유행처럼 퍼져 나간 데서 붙여진 이름이다.

1974년 미국의 사회학자 데이비드 필립스가 최초로 언급하였으며 최근 탤런트·영화배우 등 유명 연예인의 잇따른 자살 소식이 매스컴을 통해 전해지자 이를 모방한 자살 사건이 급증하면서 사회 문제가 되고 있다.

1) 님비 현상 (NIMBY)

'Not In My Back Yard(내 뒷마당에는 안 된다.)'의 줄임말로, 지역이기주의 현상의 일종이다.

주민과 지방자치단체가 자신들이 살고 있는 지역에 핵폐기물처리장, 하수종말처리장, 쓰레기매립장, 화장장, 범죄자 수용소, 정신병원 등 혐오 시설이 유치되는 것을 반대하는 지역이기주의의 한 양상이다. 즉, 이들 혐오 시설의 필요성을 인정하면서도 나 아닌 남의 뒷마당에 설치되기만을 바라는 자기중심적인 공공주의 결핍 증상으로, 이러한 현상은 지방자치제가 실시되면서 더욱 두드러지게 나타나고 있다.

2) 핌피 현상 (PIMFY)

수익성이 있는 사업을 내 지방에 유치하겠다는 것으로 일종의 지역이기주의 현상의 하나이다.

PIMFY는 'Please in my front yard.'의 영어 약칭이다. 핵시설이나 쓰레기 매립장 등 혐오 시설만큼은 절대로 내 고장에 둘 수 없다는 '님비현상'과는 정반대 개념이지만 지역이기주의란 점에서는 같다. 일반적으로 임피(IMFY)·핌비(PIMBY)와 동일한 개념으로 쓰인다. 핌비는 'Please in my back yard.'의 머리글자를 따서 만든 조어로, 지방자치의 전면 실시로 각 지방자치단체들이 '이왕이면 우리 지역에 투자해 달라.'며 대기업들의 투자를 앞다퉈 유치하려는 현상에서 나온 말이다.

문재인 정부는 2017년 7월 '한일 일본군 위안부 피해자 문제 합의 검토 TF'를 출범시키고 위안부 합의 협상 과정 및 합의 내용 전반을 검토했다. 약 5개월간의 검토 끝에 한일 위안부 TF는 보고서를 발표해 위안부 합의에 '비공개 합의'가 포함됐다는 사실을 공개했다.

보고서에 따르면 박근혜 정부는 △정대협 등 위안부 피해자 관련 단체 설득 △주한일본대사관 앞 소녀상 문제 관련 적절한 노력 △제3국에 위안부 기림비 등 설치 미지원 △'일본군 위안부 피해자 문제'를 공식 명칭으로 사용하겠다는 내용의 합의를 했다.

한일 위안부 TF는 △합의 과정에서 피해 당사자의 의견이 충분히 수렴되지 않았고 △인권문제가 일반 외교 현안과 마찬가지로 '주고받기' 식으로 이뤄졌다고도 지적했다.

문재인 대통령은 한일 위안부 TF의 발표 다음날 "절차적으로나 내용적으로나 중대한 흠결이 있었음이 확인됐다"며 "국민과 함께 이 합의로 위안부 문제가 해결될 수 없다는 점을 분명히 밝힌다"고 말했다. 그는 "피해자 중심 해결과 국민과 함께하는 외교라는 원칙 아래 빠른 시일 안에 후속 조치를 마련해 달라고 지시했다.

이에 한국 정부가 합의를 '파기'하거나 일본 쪽에 '재협상'을 요구하는 것 아니냐는 관측이 나왔으나 문재인 정부는 한일 위안부 합의의 재협상을 요구하지 않는 대신 일본 정부가 화해·치유재단에 출연한 10억 엔을 한국 정부 예산으로 충당하겠다고 밝혔다.

강경화 외교부 장관은 2018년 1월 9일 "2015년 합의는 잘못된 합의였지만 양국 간 공식 합의였다는 사실은 부인할 수 없다"면서 일본 정부에 재협상은 요구하지 않을 것이라고 밝혔다. 강 장관은 "일본 스스로 피해자들의 명예, 존엄 회복과 마음의 상처 치유를 위한 노력을 계속해 줄 것을 기대한다"면서 일본의 사과를 촉구했다.

일본 정부로부터 받은 10억 엔(108억 원) 가운데 약 40%가 피해자들에게 지급돼 60억 원 정도가 남아 있는 상태다. 정부는 별도로 10억 엔 전액을 예비비 등 정부 예산으로 마련하고 향후 일본과 처리 방안을 협의하겠다고 밝혔다.

그러나 문재인 정부의 방침에 일본 정부가 크게 반발하면서 10억 엔 처리는 장기 과제가 될 것으로 보인다. 일본의 아베 총리는 "합의는 국가 간 약속으로, 그것을 지키는 것은 국제적·보편적 원칙"이라며 "(문재인 정부의 입장은) 절대 수용할 수 없다"고 말했습니다. 고노 다로 일본 외무상 역시 "한일 위안부 합의를 실행하지 않는 것을 받아들일 수 없다, 즉시 항의한다"고 반발했다.

08 힘투(him too) 운동

한국판 '힘투(him too)' 운동이 온라인에서 세를 모으며 확산. 힘투는 여성들의 성폭행이나 성추행 사례를 고발하는 미투에 빗대 성폭행 무고로 피해 본 미국 남성들의 고발 행위를 뜻하는 용어로 거짓 미투로 억울하게 피해를 당하는 남성이 있자 이에 대항하는 의미로 일어났습니다.

18.10.8일 개설된 인터넷 카페 '당신의 가족과 당신의 삶을 지키기 위하여' 회원들은 18.10.27. 100여 명이 혜화역에서 '유죄 추정 규탄 시위'를 개최했습니다. 카페 운영자는 "피해자 진술이 일관된다는 이유만으로 합당한 증거 없이 범죄자로 만드는 건 올바른 사법 원칙이 아니라는 점을 알린 집회"라고 하면서 "성 대결을 유도하거나 성폭력을 용인하는 집회는 아니다"고 했습니다.

이 카페는 2017년 11월 대전의 한 곰탕집에서 손님 A 씨가 다른 여성 손님 엉덩이를 만진 혐의로 징역 6개월을 선고받고 법정 구속된 일명 '곰탕집 성추행' 사건을 계기로 개설되었습니다. A 씨는 법원이 보석 신청을 받아들여 지난 12일 석방. 집회까지 열기로 한 것은 "억울하다"는 남성들의 사연이 이어졌기 때문이라고 했습니다.

09 눔프(NOOMP) 현상

눔프(NOOMP) 현상이란 Not Out Of My Pocket의 약자로 복지 확대를 원하면서도 자신의 지갑에서 돈이 나가는 것을 반대하는 현상을 말합니다.
국가가 복지 정책을 펼쳐나가기 위해서는 각종 증세가 수반되어야 하는데 정작 복지 정책에 대해서는 찬성을 하면서 세금을 더 내는 것은 반대하는 현상을 말합니다.
사람마다 생각은 다 다르겠지만 개인적으로는 복지를 위한 증세는 당연한 것이라고 생각합니다.

10 젠트리피케이션

구도심이 번성해 중산층 이상의 사람들이 몰리면서 주거 비용이나 임대료가 오르고 이에 따라 기존의 저소득층 원주민이 내몰리는 현상을 이르는 용어이다. 이는 신사 계급을 뜻하는 '젠트리'에서 파생된 말로 본래는 낙후 지역에 외부인이 들어와 지역이 다시 활성화되는 현상을 뜻했지만, 최근에는 외부인이 유입되면서 본래 거주하던 원주민이 밀려나는 부정적인 의미로 많이 쓰이고 있다.
이 현상은 1964년 영국의 사회학자 루스 글래스가 노동자들의 거주지에 중산층이 이주를 해오면서 지역 전체의 구성과 성격이 변하는 것을 설명하면서 처음 사용했다.

젠트리피케이션은 우선 임대료가 저렴한 도심에 독특한 분위기의 갤러리나 공방, 소규모 카페 등의 공간이 생기면서 시작된다. 이후 이들 상점이 입소문을 타고 유명해지면서 유동 인구가 늘어나고, 이에 대규모 프랜차이즈점들도 입점하기 시작하면서 임대료가 치솟게 된다. 그 결과 소규모 가게와 주민들이 치솟는 집값이나 임대료를 감당하지 못해 동네를 떠나게 되고, 동네는 대규모 상업지구로 변화한다. 예컨대 2000년대 이후 서울의 경우 종로구 서촌을 비롯해 홍익대 인근, 망원동, 상수동, 경리단길, 삼청동, 신사동 가로수길 등에서 젠트리피케이션 현상이 벌어지고 있다.

11 가짜 뉴스 방지법

1) 가짜 뉴스(fake news)
가짜 뉴스는 2010년 초중반부터 급증한 이후 지난 미국 대통령 선거에서 엄청난 위력을 발휘하면서 뜨거운 화두로 부상했다.("교황은 트럼프를 지지한다.", "힐러리 클린턴은 이슬람 과격파 조직 「이슬람 국가(IS)」에 무기를 팔았다." 등)

이러한 배경에는 SNS 시대가 열리면서 초연결 사회 인프라가 확립되어 정보를 무차별적으로 확산시킬 수 있는 도구가 확보된 것이 주효했으며, 실제로 가짜 뉴스는 페이스북 등 SNS를 통해 주로 확산되었다.
가짜 뉴스의 영향력은 갈수록 확대되고 있으며, 이른바 '진실에 거짓을 섞는' 양상으로 고도화되면서 여론을 호도하는 경우가 늘고 있다. 이러한 상황에서 정부와 경찰이 엄중 처벌하겠다고 연이어 발표하자 언론·표현의 자유가 침해되는 것이 아니냐는 반발이 나오며 공방이 이어지고 있다.

선관위는 2018년 1월 중앙선관위에서 '가짜 뉴스 및 비방·흑색선전 전담 TF'를 설치하여 허위 사실 공표, 후보자 비방, 지역·성별 비하·모욕 등을 중점 단속했다. 카카오톡 같은 SNS를 통해 가짜 뉴스를 전달할 경우 '이용 정지'를 당할 수 있다. 카카오는 이 같은 새 약관을 4월 30일부터, 네이버는 5월 1일부터 시행했다.

2) 각국의 대응
(1) 독일 – 네트워크 운용 개선법: 가짜 뉴스 유통 SNS 기업에도 책임 부여(위반 시 벌금 최대 약 640억 원)
(2) 이탈리아 – 경찰 사이버 뉴스 부서 내 가짜 뉴스 단속반 신설: 정부–SNS 기업 공동으로 학생 대상 가짜 뉴스 판별법 교육 시행
(3) 영국 – 가짜 뉴스 대응 전담 조직 창설 결정: 다른 국가에서 만들어진 가짜 뉴스에도 대응
(4) 미국 – 워싱턴 주 디지털 시민 의식에 관한 법률 제정: 주교육감의 디지털 시민 의식·인터넷 안전 교육 방안 마련 의무화

경범죄처벌법 제3조 21호 규정에 의거하여 처리가 가능하다.

아울러 민사적 해결을 위해 지방 환경분쟁조정위원회를 통해 피해 구제를 의뢰할 수 있음을 안내하고 공동 주택에 거주하면서 이웃으로 층간 소음 때문에 고통을 받고 있는 경우 층간소음이웃사이센터 (www.noiseinfo.or.kr)에서 전화상담(1661-2642) 및 현장 소음 측정 서비스를 제공하고 있음을 안내하는 것이 효과적이다.

1) 경범죄처벌법 제3조 제21호(인근 소란 등) 해당 여부

경범죄처벌법 제3조 제21호(인근 소란 등)는 "악기 · 라디오 · 텔레비전 · 전축 · 종 · 확성기 · 전동기 등의 소리를 지나치게 크게 내거나 큰 소리로 떠들거나 노래를 불러 이웃을 시끄럽게 한 사람"에 대해 10만 원 이하의 벌금, 구류 또는 과료의 형을 과할 수 있다고 정하고 있는바, 아파트 층간 발생하는 소음 · 진동이나 이웃의 개 짖는 소리 등으로써 고의적으로 남에게 불편을 초래했다면 이 규정에 의거하여 처벌할 소지가 있다.

2) 소음 · 진동 관리법 제21조

소음 · 진동 관리법 제21조는 생활 소음의 구체적인 규제 대상을 ① 확성기에 의한 소음, ② 공장, ③ 공사장, ④ 사업장으로 정하고 있어(시행규칙 제20조 제2항) 아파트 층간 소음 또는 이웃집의 개 짖는 소리 등은 적용 대상이 아니다.

대개 좋은 의미의 규제의 면제나 특혜의 제공, 접근의 허가 등을 위해 만든 목록. 일반적으로 허용되는 권리를 제한하거나 금지하기 위해 만드는 블랙리스트에 반대되는 의미다. 어떤 규제, 법령, 조건 등을 면제하거나 특정한 사유를 가진 대상에 한정하여 차별적인 특혜를 우선 적용하기 위한 목록을 말한다. 인터넷에서는 보안의 규제에서 제외하여 접근을 허용하기 위해 만든 목록을 의미하며, 국제적으로는 무역 규제, 조건, 과세 등에 대하여 서로 우호적인 특별한 관계에 있는 나라에 대하여 면제하거나 특혜를 주기 위해 만든 국가 목록 등을 의미하기도 한다.

일본의 경우 이를 '백색국가'라고도 부르는데, 이는 '안전 보장 우호국'을 뜻하며, 안전 보장에 위협이 될 수 있는 첨단 기술이나 물품, 전자 부품을 수출할 때, 상호 신뢰 관계가 형성되어 있기 때문에 허가 신청이 면제되는 국가를 의미한다. 한국은 미국, 영국 등 다른 26개국과 함께 2004년 일본의 화이트리스트 대상 국가에 선정되어 있었으나, 2019년 8월 2일 일본 각의에서 한국을 대상 국가에서 배제하는 결정을 내림으로써 국제적인 분쟁으로 확산되었다.

컴퓨터나 인터넷 산업에서는 보편적으로 적용되는 장벽, 규제, 조건, 경계 등을 풀어서 접근이 가능하도록 하는 대상의 목록을 화이트리스트라고 한다.

실제로 '화이트리스트'라는 용어를 사용하는 경우도 있지만, 명칭과 관계없이 이와 같은 목록이나 구분을 비유적으로 표현할 때에도 '화이트리스트'라는 말을 사용한다.

14 패스트 트랙(Fast Track)

한국 〈국회법〉 제85조 2(안건의 신속 처리)를 달리 부르는 말입니다. 사안의 시급성에 따라 입법 절차를 신속하게 진행할 수 있도록 정한 법적 절차를 말합니다.
패스트 트랙으로 지정하려면, 국회 재적 의원의 2분의 1 이상이나 소관 상임위원회의 2분의 1 이상의 찬성으로 지정을 요청하고, 재적 의원의 5분의 3이나 상임위원회의 5분의 3 이상의 찬성으로 지정됩니다. 패스트 트랙 안건으로 지정이 되면, 지정된 법안 심의 과정에서 유보되지 않고 자동 처리되어 본회의에 상정됩니다.

- 고위공직자 비리수사처에 기소권을 제외한 수사권과 영장청구권, 검찰 불기소 처분에 대해 재정신청권을 부여한 공수처 설치 법안과 연동형 비례대표제 도입의 선거법 개정안 등
- 19.4.25~26일간 국회에서 패스트 트랙 상정 저지 과정에서 몸싸움이 발생, 국회의원 109명이 국회선진화법 위반으로 고소, 고발되어 사회적 이슈가 되고 있음.

15 청룡봉사상 폐지(조선일보 수여 특진 제도)

정부는 31일 정부서울청사에서 관계 부처 합동 브리핑을 열었다. 공무원 인사 규정 개정안은 정부와 민간 기관이 공동 주관하거나 민간 기관이 단독으로 주관하는 상을 받은 공무원에 대한 특별 승진과 승진 가점 등 인사상 특전을 폐지하는 내용이다.

그동안 상을 주관하는 기관과 정부 간 유착 가능성, 정부 포상을 받은 공무원과의 형평성, 인사권 침해 우려 등이 제기되어 왔다.

특히 과거 '장자연 사건'을 수사했던 경찰관이 조선일보가 수여하는 청룡봉사상을 받아 1계급 특진한 사실이 알려지면서 '부실수사' 논란이 불거진 것이 결정적 계기가 됐다. 2009년 '장자연 사건' 당시 방상훈 조선일보 사장과 방정오 TV조선 전 대표가 성 접대를 받았다는 의혹이 불거졌는데 해당 경찰관은 수사팀에서 활동한 수개월 뒤 청룡봉사상을 받은 것으로 드러나면서 비판 여론이 거세졌다.

이에 따라 우선 국가 공무원에 적용되는 '공무원임용규칙'에 규정된 특별 승진이 가능한 상이름을 삭제하고, 민관 공동 주관 또는 민간 단독 주관 상의 수상으로 인한 실적 가산점을 부여하는 '공무원 성과평가 등에 관한 지침'을 손본다. '지방공무원 인사 분야 통합지침'에서도 특별 승진이 가능한 상명도 뺀다.

그동안 언론사들이 공무원을 대상으로 상을 수여하고 1계급 특진 등 인사 혜택을 함께 주는 상은 여럿 있었다. 청룡봉사상 외에 중앙일보와 행정안전부가 지방공무원에게 수여하는 '청백봉사상', 동아일보·채널A가 경찰·소방공무원·군인을 대상으로 주는 '영예로운 제복상', SBS의 '민원봉사 대상', KBS의 'KBS 119소방상', 서울신문의 '교정대상' 등도 인사 특전이 없어질 것이다.

16. 자살예방법 개정에 따른 1차 시행(2019. 06. 11.) 및 2차 시행(2019. 07. 05)에 따른 개정 사항 중 주요 추진 정책은 무엇이 있는가?

1) 자살 유발 정보 유포 행위 형사 처벌
   동반자 모집, 구체적인 자살 방법 제시, 실행 유도하는 문자, 사진 동영상 등 자해 위해 물건 판매 활용 정보 유포 시 2년 이하 징역 및 2천만 원 이하 벌금

2) 자살 기도자 정보 수집 근거 마련
   필요 시 경찰이 정보 통신 사업자에게 자살 기도자 관련 개인 정보 및 위치 정보를 요청할 수 있는 법적 권한 마련 (거부 시 징역 1년 이하 2천만 원 이하 벌금)

내부 고발이란 진실을 밝힐 목적으로 자신이 속한 기업이나 조직이 저지른 비리를 폭로하는 행위를 뜻합니다.

경찰관이 동료나 상사의 부정부패에 대하여 감찰이나 외부의 언론 매체에 대하여 공표하는 것을 의미하며 침묵의 규범과 반대되는 개념으로 공직 사회의 기강을 세우고 비리를 근절하기 위해서는 필요한 측면이 있습니다.

조직 내부 암적 비리 척결의 최고 수단, 혁신적 조직 변화의 계기 등, 선진국은 내부 고발자를 영웅시하는 면이 있습니다. 하지만 경찰의 경우 조직의 질서를 위협하는 행위로 부정적인 인식이 있습니다.

사례로는 90년 보안사의 민간인 불법 사찰 기록을 공개한 윤석양 이병, 92년 군 부재자 투표 고발 이지문 중위, 전 송파서 권은희 수사과장, 18.1.29. 검찰 내부 통신망에 10.10월경 한 장례식장에서 모 검찰 간부에게 성추행당했다고 폭로 이틀 후 JTBC에서 공개한 서지현 검사 등이 있습니다.

1) 내부 고발의 성격은

　　① 내부인에 의한 행위 ② 공익적 행위 ③ 윤리적 행위 ④ 공동체 보호적 의미
　　⑤ 행위의 파격성 ⑥ 적절한 도덕적 동기에서 비롯됩니다.

2) 결론

　　내부 고발자는 필요하지만 내부 고발 없이 조직 내 개선이 최선이므로 내부 고발 전 비리자를 설득하거나, 상급자 보고 등 자체적으로 교정할 수 있는 것이 바람직합니다. 직속상관이 아무런 조치를 취하지 않으면 그 위 상사에게 사실을 보고하는 등 조직 내부에서 자정이 되도록 최선을 다한 이후 최후 수단으로 외부에 알려야 할 것입니다.

1) 공직자, 기자 등 언론사 종사자, 사립 학교와 유치원의 임직원 사학 재단 이사장과 이사는 직무 관련성, 대가성에 상관없이 본인이나 배우자 1회 100만 원(연 300만 원) 초과 금품 수수 시 형사 처벌

2) 다만, 100만 원 이하 금품 시 직무 관련성 있을 때만 금품 가액의 2배~5배 이하의 과태료 부과, 한 명에게 연 300만 원을 넘어 금품 수수 시 형사 처벌. 가족의 경우 배우자가 공직자 직무와 관련 금품을 받을 경우에만 처벌

3) 사교 의례 목적으로 제공할 수 있는 음식물(다과, 식사 등) 3만 원, 선물 5만 원(농수산물 가공품은 10만 원), 경조사비 5만 원(단 화환, 조화는 10만 원)

〈김영란 법 내용〉

01.3,5,10,100만원 이 숫자는?

식사비용	선물	경조사비	강연료	금품
3	**5**	**10**	**100**	**300**
공무원과 사립학교 교직원, 언론인 등 직무 관련성 있는 사람으로부터 3만원 초과 식사 대접 받으면 처벌	공무원과 사립학교 교직원, 언론인 등 직무 관련성 있는 사람으로부터 5만원 초과 선물 받으면 처벌	공무원과 사립학교 교직원, 언론인 등 직무 관련성 있는 사람으로부터 10만원 초과 받으면 처벌	사립학교 교직원, 언론인 외부 강연료 시간당 100만원이 상한액 (장관급 시간당 50만원, 차관급 4만원, 4급 이상 30만원, 5급 이하 20만원)	공무원 등 해당자들, 대가성 없더라도 직무 관련성 있는 사람으로부터 연간 합계300만원 이상 금품을 수수 하면 형사처벌

자료: 국민권익위원회

4) 문제점

- 선출직 공직자 · 공익적 목적 제3자의 고충 민원을 전달 법령 개선을 제안 시 적용 배제. 정치인 예외적인 조항 비난 제기. 사립학교 교직원과 언론인 등 민간 영역까지 규제함은 검찰권 남용이라는 의견
- 특히 일부 비판 언론에 대한 정부와 수사 기관의 표적수사 가능성 등 언론 자유 축소 우려 제기, 아울러 시민 단체와 변호사, 의사, 회계사 등 전문직 적용 대상 제외 형평성 논란

5) 적용 대상 광범위(배우자 포함)

- 대상 기관 4만여 개 직접 대상자 240만, 배우자 포함 400만 명 추산(우리나라 국민 8%, 쌍벌죄)
- 기본적으로 공직자들을 대상으로 한 법인데 언론인과 사립학교 교사 포함. 즉, 공공 기관과 공직 유관 단체, 단, 국회의원(지방의회 의원. 지방자치단체장 및 교육감 등 다른 선출직 공직자, 정당 시민 단체 등에도 동일)은 다른 공직자 등에게 공익적 목적으로 제3자의 고충 민원을 전달하는 행위 제외

6) 4대 쟁점

(1) 언론인 교육인 포함하고 있어서 언론의 자유, 사학의 자유 침해할 수 있습니다.
 - 하지만 부정한 청탁만 금지하므로 침해 안 됩니다.
(2) 부정 청탁 등 개념의 모호성으로 개념 불명확 추상적 처벌 대상 판단에 어려움이 있습니다.
(3) 죄형법정주의에 반합니다.
 - 식사 3만 원, 선물 5만 원(농수산물 및 가공품은 10만 원) 경조사비 5만 원(화환, 조화는 10만 원) 규제 한도액 법으로 규정해야 하는데 법률에 규정이 없습니다.
(4) 배우자 신고 조항은 연좌제 금지안 형법과 충돌합니다.
 - 공직자 직무 관련 금품으로 한정하고 처벌을 최소화해야 합니다.

19 한국형 전자 충격기

경찰은 최근 일선 현장에 한국형 전자 충격기 100대를 보급했으며, 이 중 22대를 경기남부청(평택지구대, 안양지구대, 성남성호지구대)에서 시범으로 사용하고 있다.

한국형 전자 충격기는 일명 테이저건으로 불리는 미국 테이저사(社)에서 만든 전자 충격기의 약점을 보완했다.

우선 조준하는 레이저 포인트가 2개로 늘어나며 명중률이 높아졌다. 사람 몸에 전극 침 2개가 꽂혀야 전자 충격기가 작동하는데, 기존 테이저건의 레이저 포인트는 1개뿐이어서 명중률이 낮았다. 또 카트리지 1개당 3번까지 연사가 가능해졌으며, 유효 사거리도 늘어났다. 작동 이후 5초 이상 전류가 흐르지 않아 위험성도 낮췄다. 가격도 저렴해져 장비 보급도 보다 수월할 것으로 보인다.

경찰이 공개한 노인 대상 범죄 통계에 따르면 강력 사건과 절도 등은 꾸준히 증가하고 있고 2015년 발생 건수 1,619건, 2016년 1,622건, 2017년 1,689건, 2018년 1,737건 등이 발생한 것으로 나타났습니다.

1) 노인범죄의 증가 원인은
　(1) 경제 활동에서 은퇴한 노인들이 생계 곤란, 상실감 등 겪으며 범죄의 유혹에 쉽게 빠지고
　(2) 과거보다 건강해지고 사회 활동 기간 길어지면서 성범죄 등 강력 범죄가 늘어나는 추세입니다.
　(3) 유교적 사고에 익숙하고 대접받기 원하는데 이를 이해하지 못하는 젊은이들이 많아 불만과 소외감, 억울함을 느낀다고 합니다.
　④ 선 노화가 진행되면 고집이 세지고 호르몬 변화로 분노 조절에 어려움이 있다고 알고 있습니다.

최근 경찰서는 여성청소년과, 생활안전과, 수사과, 경비교통과가 협동하여 종합치안대책을 수립하고, 노인회와 업무 협약을 맺는 등 노인 범죄 대책을 수립하고 있다고 합니다.

2) 대책으로는
　(1) 범죄 예방과 자살 예방, 생명지킴이 활동, 학대 예방, 전화 금융 사기 피해 예방 교육, 교통사고 안전강화 교육, 농촌 지역 보행자 안전시설 보강 등입니다.
　(2) 경찰은 범죄 대응력이 부족한 노인층을 밀착해 순찰 활동을 펼치고 농촌 지역 범죄 취약지에 대한 범죄 예방 진단과 탄력 순찰 활동을 강화키로 했습니다.
　(3) 자살 예방을 위해 보건소와 협력해 원인 분석 등을 통한 대책을 공유하고, 자살 다발 지역을 생명 사랑 마을로 선정, 자살 고위험군으로 판단되는 노인들에 대해선 자치단체와 협업해 집중 관리할 예정입니다.
　(4) 노인 대상 전화 금융 사기(보이스 피싱)가 증가함에 따라 직접 대면을 통해 설명하고 예방 활동에 주력한다는 계획입니다. 노인들이 이해하기 쉽도록 간결한 내용과 설명으로 예방 활동을 펼치고 있다고 합니다.
　(5) 노인 운전자의 교통사고와 사망 사고가 증가 추세라 홍보교육도 강화하고 있습니다. 맞춤형 교육으로 경각심을 고취시키고, 교통 안전 용품을 지급한다고 합니다.
　(6) 농촌 지역 보행자 안전시설도 보강된다고 합니다. 각 마을 입구에 보행자 보호 시설(조명 시설)을 설치하고, 횡단보도와 신호등 설치도 확대되고 자치단체와 협조해 노인보호 구역 내 주정차 위반 단속 카메라를 설치해 보호 영역을 확대하고 있다고 합니다.

이제 경찰에서도 노인, 아동, 여성 등 소외 계층에 대한 관심과 범죄 예방 대책을 과학 기술을 활용하고 민간과 협력하여 대응하여 나가고 있다고 알고 있습니다.

21 보수(우파)와 진보(좌파)의 차이는?

좌익과 우익은 정치적 입장이나 정치사상과 정당 등을 하나의 측면의 치적 스펙트럼에 따라 크게 둘로 나누는 일반적인 방법이다. 서구 민주주의 국가들은 주로 보수주의를 우익, 진보주의를 좌익과 동의어처럼 쓰이는 경우가 많다.

좌익 대 우익이라는 구도는 범위가 넓고 복잡한 질문에 대한 설명이다. 좌익과 우익은 일반적으로 양쪽의 대립 세력이다. 그러나 실제로는 개별 개인이나 정당이 하나의 일을 하는 입장에서도 '왼쪽'과 '오른쪽'이라는 용어가 사용된다. 이 말은 프랑스 혁명 후 국민 의회에서 좌석 위치에서 혁신 또는 급진주의가 "좌익", 보수가 "우익"이라고 한 것이 기원이다.

전통적으로 좌파는 진보주의, 사회자유주의, 사회민주주의, 사회주의, 공산주의, 무정부주의 등을 의미한다. 우익은 보수주의, 반동주의, 왕정주의, 국가주의, 파시즘, 전통주의 등이 포함된다.

좌익과 우익의 용어는 간단한 설명뿐만 아니라 특정 계급적 시점에서도 사용된다. 현대의 정치적 용법은 좌익은 일반적으로 노동자에 대한 지원과 평등을 주장하고 우익은 "오른쪽"에 의한 상류 계급을 옹호, 능력주의를 주장한다.

진보인 좌파는 자유로운 시장 경제 체제의 문제점을 극복하기 위해서 정부가 경제에 간섭하고 개입해야 한다고 주장한다. 존재하는 불평등을 정부가 개입하여 없애거나 줄일 수 있다고 생각하고, 그러기 위해서 국가가 경제 활동에 개입해 부를 골고루 분배해야 한다고 주장한다.

22 가스라이팅이란?

답안 가스라이팅이란, 타인의 심리나 상황을 교묘하게 조작해 그 사람이 스스로 의심하게 만듦으로써 타인에 대한 지배력을 강화하는 행위로, '가스등(Gas Light)'(1938)이라는 연극에서 유래한 것으로 알고 있습니다.

극 중 남편은 집안의 가스등을 일부러 어둡게 만들고는 부인이 집안이 어두워졌다고 말하면 그렇지 않다는 식으로 아내를 탓합니다. 이에 아내는 점차 자신의 현실 인지 능력을 의심하면서 판단력이 흐려지고, 남편에게 의존하게 됩니다.

가스라이팅은 거부, 반박, 전환, 경시, 망각, 부인 등 타인의 심리나 상황을 교묘하게 조작해 그 사람이 현실감과 판단력을 잃게 만들고, 이로써 타인에 대한 통제 능력을 행사하는 것을 말합니다.

조직폭력배, 사이비 교주 등이 사용하고, 가정 폭력 등에도 사용되는 방법입니다.

23 멀티 페르소나란?

답안 멀티 페르소나는 여럿을 뜻하는 '멀티'와 가면을 뜻하는 라틴어 '페르소나'의 합성어로 개인이 상황에 맞게 다양한 정체성을 표현하는 것을 뜻한다. 즉 '멀티 페르소나'는 가면을 바꿔 쓰듯 매 순간 다른 사람으로 변신하여 서로 다른 정체성을 만들어가는 다층적 자아를 의미한다. 이는 현대 사회의 양면적 소비 행태와 젠더프리 트렌드 등 다양한 소비 트렌드를 파악할 수 있는 만능 키라고 할 수 있다.

대표적인 예로 EBS 연습생 펭수와 유산슬을 들 수 있다.

24 오팔(OPAL) 세대란?

답안 활기찬 인생을 살아가는 신 노년층(Old People with Active Lives)의 약자로 베이비부머를 대표하는 '58년생 개띠' 또래를 의미하기도 하며, 다채로운 빛을 내는 '오팔 보석'의 특징도 반영했다.

※ 오팔 세대의 등장은 세계적인 트렌드이다. 영국 시사주간지 '이코노미스트'는 최근 출간한 '2020년 세계 경제 대전망(The World in 2020)'에서 "만 65~75세 욜드(젊은 노인, YOLD/Young Old)의 전성시대가 도래했다."라면서 "욜드는 이전 노인들보다 건강하고 부유하다. 그들의 선택이 앞으로 소비재, 서비스, 금융 시장을 뒤흔들 것"이라고 전망했다.

25 딥페이크(DeepFake)란?

딥페이크(DeepFake)는 딥러닝(deep learning)과 가짜(fake)의 합성어로 특정 인물의 얼굴 등을 인공지능(AI) 기술을 이용해 특정 영상에 합성한 편집 기술을 말합니다. 생성적 적대 신경망(GAN)이라는 기계 학습 기술을 사용하여 기존의 사진이나 영상의 원본이 되는 사진이나 영상에 겹쳐서 만들어낸다.

이러한 기능 때문에 딥페이크를 유명인의 가짜 성관계 동영상이나 가짜 리벤지 포르노 등을 만드는 데 사용하기도 했다. 또한 가짜 뉴스나 악의적 사기를 만드는 데도 사용될 수 있다. 딥페이크는 온라인에 공개된 무료 소스코드와 알고리즘으로 손쉽게 제작이 가능하고 진위 여부를 가리기 어려울 만큼 정교하며 피해자의 신고가 없으면 단속이 어렵다.

1) 드론 택시 과제

드론 택시는 승객을 대상으로 하는 산업인 만큼 안전을 최우선 과제로 해결해야 합니다. 기술적인 문제뿐 아니라 만약, 상공 위에서 사고가 발생했을 때 어떻게 처리해야 하는지의 관련 법 제정까지, 제반적인 문제가 정비되어야 합니다.

⑴ 실제로 드론 택시가 다닐 수 있는 전용 상공 길부터 이를 통제할 수 있는 관제, 연계해서 이용할 수 있는 교통수단 등 다양한 영역에서의 협조가 필요합니다.

⑵ 플랫폼과 설비, 관련 사업자들의 역할 등 제반 시설까지 마련되어야 할 것입니다.

⑶ 정부는 인프라 규제와 관련, 항공기 항로와 다른 드론 전용 공역(Drone Space)이 필요하고 자동 비행경로 설정, 충돌 회피, 교통량 조절 등 자유로운 드론 비행 환경 조성되어야 할 것입니다.

2) 불법 드론 대책

전파법에서 금지하고 있는 전파 차단(재밍) 장비 도입·운영을 합법화해 불법 드론 침입으로부터 공항·원전 등 국가 중요 시설을 보호해야 할 것이고 이를 위해 국토부 등 관련 부처에서는 불법 드론 탐지 레이더·퇴치 장비를 개발해 이를 상업용으로 확대 적용할 수 있도록 규제를 푼다고 합니다.

---

27 플로이드 사망(인종 차별) (2020년 기출)

2020년 5월 25일, 미니애폴리스시에서 20달러 위조지폐 사용 신고를 받고 출동한 백인 경찰 데릭 쇼빈(Derek Chauvin)이 비무장·비저항 상태의 흑인 용의자 조지 플로이드(George Floyd)를 체포하던 중 8분 46초 동안 무릎으로 목을 눌러 질식사시킨 과잉 진압 및 살인사건입니다.
영상에 담겨 퍼지면서 미국 전역에서 대규모 시위와 폭동이 벌어지는 중이며 경찰도 이를 강경 진압으로 대응하면서 사태가 악화되고 있습니다.

1) 이번 사건은

백인의 흑인에 대한 우월 의식 속에 흑인 차별 문제, 히스패닉계와 아시아계 등도 소수 인종 차별에 대한 문제 의식을 내포하고 있다고 생각합니다.

2) 흑인 내부에서는

미국이 400년 넘게 인종 차별주의를 안고 왔고, 이번 사건으로 인종 차별에 대한 경각심을 제고해야 한다며 흑인 사회의 평화를 호소하고 있습니다.

사회적 약자는 '힘이나 세력이 약한 사람이나 생물 또는 그런 집단'이라는 뜻을 가진 '약자(弱者)'에 '사회적'이라는 관형사를 붙인 어구(語句)이다. 한국 사회에서는 여성, 청소년, 노인, 장애인, 성 소수자를 주로 지칭한다.

'사회적 소수자'라고도 하나, 사회적 소수자가 반드시 수의 많고 적음을 기준으로 하는 것은 아니다. 가령 아파르트헤이트 시대의 남아프리카 공화국은 몇 명 안 되는 백인들이 대다수를 차지하는 흑인을 지배하는 곳이었다. 이는 번역의 차이이기도 한데, 영어 minority는 소수와는 별개로, 비주류라는 의미도 가지고 있다.

〔 유사 기출 〕

사회적 약자를 보호하면 역차별이라는 주장에 대한 의견은

여자가 사회적 약자인 이유는

사회적 약자를 왜 복지 기관이 아닌 경찰이 보호해야 하는가?

장애인을 위해 경찰이 할 수 있는 일은 무엇인가?

---

29 낙인이론이란

부정적인 낙인이 찍힌 사람이 실제로 그렇게 행동하게 되는 현상을 말한다. 주변에서 어떤 사람에게 편견이나 부정적 인식을 가지고 있으면 그 영향으로 대상은 점점 더 나쁜 행동을 하게 되며 주변 인식을 강화하는 결과를 낳는다.

특정인에 대한 부정적 인식이 악순환을 만들어내는 것을 일컫는 말로 범죄학이나 사회학, 심리학 등 다양한 분야에서 사용한다. 스티그마(Stigma)란 한국어로 '낙인'이란 뜻이다.

스티그마 효과는 1960년대 미국 사회학자 하워드 S. 베커의 '낙인 이론(Labelling Theory)'에 근거한다. 낙인 이론의 주요 논점은 범죄 행위로 인해 붙게 된 낙인이 그 대상자를 사회적으로 격리하면서 결과적으로 다시 범죄를 저지르게 한다는 것이다. 처음 범죄를 저지른 사람이 범죄자라는 낙인으로 인해 사회적 기회를 박탈당하면 결국 자신을 범죄자로 정체화하면서 또 다른 범죄를 저지르게 될 가능성이 크다.

스티그마 효과는 다양한 사회적 편견과 관련이 있다. 특정인에 대해 부정적 편견이 강할수록 그 대상자가 편견에 맞추어 행동하게 될 가능성이 커지기 때문이다.

스티그마 효과와 반대로 주변에서 실제보다 긍정적인 평가를 받은 대상자가 점차 그것에 맞게 행동하면서 결과가 좋아지는 현상은 피그말리온 효과라 한다.

1) X세대(Generation X)

1990년대 초반 더글라스 코플랜드의 소설 「X세대 (1991)」에서 유래되었고 1971년에서 1984년 사이에 출생한 연령층을 일컫는 말로 대개 맞벌이 부부 사이에서 키워졌고, 50% 정도가 이혼 또는 별거한 부모와 함께 자라나 가정에 대한 동경과 반발 심리를 동시에 가지고 있다.

또한 성(性)에 대해서도 차별적 가치관을 두지 않고, 사회 공통의 문제보다는 개인적으로 어떻게 살아가는가의 방법에 더 큰 의미를 두는 개인주의자들의 부류이다.

2) Y세대(Generation Y)

유소년기부터 정보통신기술(IT)의 과도기를 겪은 세대로서 활용력이 다른 세대에 비해 탁월하며 대학 진학률도 높다. 훗날 조지 W. 부시 행정부 시기에 발생한 2008년 세계 금융위기 등의 영향으로 취업난, 일자리 질 저하 등을 겪어 평균 소득은 낮으며 대학 학자금 부담도 크고, 금융사 투자를 꺼리며 결혼을 미루게 되고 내 집 마련도 적극적이지 않다.

부동산은 매매보다 임대에 관심이 많다. 전통적 마케팅 광고보다는 개인적 정보(블로그 등)를 더 신뢰하며, 제품 브랜드에 대해서도 상대적으로 다른 세대보다 관심이 적다.

이 세대의 큰 특징은 아날로그와 디지털을 모두 경험한 과도기 세대라는 것이다. 긍정적 의견으로는 앞 뒤 세대의 특성을 공유하고 폭넓고 다원적인 세대라고 할 수 있지만, 부정적 의견으로는 특징이 두드러지지 않는 세대라고 할 수 있다.

3) Z세대는(Generation Z)

1995년 이후 태어난 젊은 세대를 이르는 말로, 어릴 때부터 IT 기술에 자주 노출되어, 인터넷을 능숙하게 사용하는 세대를 말한다. Z세대는 자신을 드러내는 것을 두려워하지 않고, 자신의 생각과 의견을 피력하는데 거침이 없으며, 취향 중심의 관계를 선호하여 여러 가지 커뮤니티에 참여하며 취미를 공유한다.

Z세대는 밀레니얼세대와는 달리 X세대 유년기 내내 긴축 재정과 함께 성장 정체를 경험했기에, 이전 세대가 추구했던 성공이나 희열에 집착하지 않고 안정성과 실용성을 추구하는 특징을 보인다.

이들은 행복의 기준과 가치는 남이 아닌 내가 세우고 부여하며 따르는 것이라고 생각한다. 그래서 이들은 남들이 추천하는 안전한 길보다는 '내가 좋아하고 잘할 수 있는 것'을 추구한다.

스티그마 효과는 다양한 사회적 편견과 관련이 있다. 특정인에 대해 부정적 편견이 강할수록 그 대상자가 편견에 맞추어 행동하게 될 가능성이 커지기 때문이다.

스티그마 효과와 반대로 주변에서 실제보다 긍정적인 평가를 받은 대상자가 점차 그것에 맞게 행동하면서 결과가 좋아지는 현상은 피그말리온 효과라 한다.

블루오션은 현재 존재하지 않거나 알려지지 않아 경쟁자가 없는 유망한 시장을 가리킨다. 블루오션에서는 시장 수요가 경쟁이 아니라 창조에 의해 얻어지며, 여기엔 높은 수익과 빠른 성장을 가능케 하는 엄청난 기회가 존재한다. 그리고 게임의 법칙이 아직 정해지지 않았기 때문에 경쟁은 무의미하다. 따라서 블루오션은 아직 시도된 적이 없는 광범위하고 깊은 잠재력을 가진 시장을 비유하는 표현이다.

'블루오션 전략'은 기업들이 발상의 전환을 통해 산업혁명 이래로 끊임없이 거듭해 온 경쟁의 원리에서 벗어나 고객들에게 차별화된 매력적인 상품과 서비스를 제공하여 누구와도 경쟁하지 않는 자신만의 독특한 시장을 만들어야 한다는 것이다.

이와 반대로 이미 잘 알려져 있어 경쟁이 매우 치열한 시장은 '레드오션(red ocean)'이라고 한다.

경찰권의 발동과 정도는 공공의 질서에 대한 용인할 수 없는 장해의 정도에 비례해야 한다는 경찰 행정법상의 원칙.
가벼운 장해를 제거하기 위하여 중대한 법익을 침범하여 해친다면 경찰권이 남용될 우려가 있으므로 경찰관의 직권은 그 직무 수행에 필요한 최소한도 내에서 행사되어야 한다는 것이다.

1) 제4차 산업혁명(第四次 産業革命, 영어: Fourth Industrial Revolution, 4IR)은 정보 통신 기술(ICT)의 융합으로 이루어지는 차세대 산업혁명이다.

혁명의 핵심은 **빅 데이터 분석, 인공지능, 로봇 공학, 사물 인터넷, 무인 운송 수단(무인 항공기, 무인 자동차), 3차원 인쇄, 나노 기술**과 같은 7대 분야에서의 새로운 기술 혁신이다.

4차 산업혁명은 **연결, 탈중앙화/분권, 공유/개방**을 통한 맞춤 시대의 지능화 세계를 지향한다. 이 지능화 세계를 구축하기 위해 빅 데이터, 인공지능, 블록체인 등의 여러 가지 기술들이 동원된다. 맞춤 시대의 지능화를 위해 현실 세계의 모든 내용을 **가상 세계로 연결한 다음, 가상 세계에서 빅 데이터/인공지능 분석을 통해 예측과 맞춤을 예상하고 이를 현실 세계에 적용**하면 된다.

2) 4차 산업혁명의 요소 기술

(1) 빅 데이터(Big Data Statistical Analysis)

4차 산업혁명은 한마디로 컴퓨터를 기반으로 하는 생산 방식의 혁신을 말한다. 또한 인공지능을 중심으로 한 소프트웨어와 방대한 데이터를 처리하는 빅 데이터 기술, 최신 로봇 기술이 합쳐져 근로 형태가 혁신적으로 변화하는 것을 의미하기도 한다.

(2) 인공지능(Artificial Intelligence, AI)

작게는 장치가 더 똑똑해져서 나의 생활 패턴을 이해하고, 스스로 알아서 동작하는 약한 인공지능부터, 생태계 전체의 생활 및 환경으로부터 최적의 해법을 제시하는 강한 인공지능을 이용하여 인간의 생산성을 최대한 올려주는 도구이다.

(3) 사물 인터넷 (Internet of Thing, IoT)

실생활에 해당하는 오프라인의 모든 정보를 온라인으로 넘기는 O2O를 통해, 인터넷을 이용한 최적의 해법을 제시하고, 시행하게 하여 생산성을 최대한으로 올리는 도구이다. 그 예로, 병원의 모든 행동이나 사물들을 인터넷에 연결한 뒤, 최적화를 한다면 정보가 늦거나 서로 기다리는 손실을 줄일 수 있다. 따라서 환자도 빠른 조치를 받아서 좋고, 병원도 생산성이 올라서 좋을 것이다.

예: 스마트 홈, 무인 운송 수단, 무인 항공기, 무인 자동차, 무인 항공기, 자율주행 자동차

(4) 3D 프린팅

3차원 프린터를 이용하여 싸고 빠르게 본인에게 맞는, 본인 만의 장치를 만들 수 있다. 예로 본인만의 음식, 본인만의 집, 본인에게 맞는 인체 조직, 본인에게 맞는 약 등이 있다.

(5) 나노 기술(Nano Technology, NT)은 의학, 전자 공학, 생체재료학 에너지 생산 및 소비자 제품처럼 광대한 적용 범위를 가진 새로운 물질과 기계를 만들 수 있어, 생산성 향상에 지대한 공헌을 할 수 있다.

〈 한국판 뉴딜 프로젝트 〉

1. 인프라 구축	데이터 수집 · 활용 기반구축	① 데이터 全주기 인프라 강화 ② 국민체감 핵심 6대 분야 데이터 수집 · 활용 확대
	5G 등 네트워크 고도화	① 5G 인프라 조기 구축 ② 5G⁺ 융복합 사업 촉진
	AI 인프라 확충 및 융합확산	① AI 데이터 · 인프라 확충 ② 全산업으로 AI 융합 확산
2. 비대면 산업 육성		① 비대면 서비스 확산 기반 조성 ② 클라우드 및 사이버안전망 강화
3. SOC 디지털화		① 노후 국가기반시설 디지털화 ② 디지털 물류서비스 체계 구축

사람 투자를 통한 디지털 선도인력 양성

■ 3대 프로젝트 및 10대 중점과제

＊ 10대 중점과제는 향후 TF 논의 과정에서 조정 가능

1) 혁신 성장을 위한 디지털 인프라 구축

　(1) 데이터경제 가속화를 위한 데이터 수집 · 활용 기반 구축

　　① 데이터 ①수집–②개방 · 결합–③거래–④활용 全주기 인프라 강화

　　　– **(수집 · 개방)** 공공 · 금융 · 의료 등 **주요 분야 데이터 개방** 확대

　　　– **(거래)** 민간 데이터 맵 구축 등 **데이터 거래 · 유통 지원** 강화

　　　– **(활용)** 데이터 · AI펀드 조성 등 **데이터의 산업적 활용기반** 마련

　　② **국민체감 핵심 6대 분야 데이터 수집 · 활용 확대**

　　　– **국민 체감도**가 큰 분야에서 **데이터 활용 활성화**

> • **(금융)** 비금융 정보 기반 **신용평가업** 도입 및 금융 마이데이터 산업 제도 마련
> • **(의료)** **마이데이터 서비스 플랫폼** 구축 및 의료데이터 활용전략 마련
> • **(교통)** **교통 빅 데이터 플랫폼** 구축
> • **(공공)** **데이터 SOS팀** 운영 및 데이터 진위 조회 신규서비스 도입
> • **(산업)** **제조데이터 수집 · 저장 센터** 구축
> • **(소상공인)** 상권정보시스템에 POS 데이터 활용 및 **AI기반 상권분석정보** 제공

(2) 산업혁신 확산을 위한 5G 등 네트워크 고도화

 ① **혁신기반 마련을 위한 5G 인프라 조기 구축**

  – 민간 5G 전국망 조기 구축을 촉진하고, 공공와이파이 등 **공공 정보통신망 확충**

 ② **도시, 산업현장 등에 5G⁺ 융복합 사업 촉진**

  – 제조업 등 **산업현장**에 **5G⁺ 실감컨텐츠**를 접목하여 **디지털 전환**을 **가속화**하고, 안전 · 교통 등 분야에 **5G⁺ 스마트시티 기술 도입**

(3) AI 대중화를 위한 AI 인프라 확충 및 융합 확산

 ① **AI 본격 활용 촉진을 위한 AI 데이터 · 인프라 확충**

  – 음성 · 행동인식, 언어 · 시각정보 이해 등 **AI 학습용 빅 데이터**를 조기 구축하고, **AI · SW 전문인력 집중 양성**

 ② **全산업으로 AI 융합 확산**

  – 제조업 전반 및 중소 · 벤처기업 등에 **지능형 생산공정**을 도입하고, '**AI 융합 프로젝트**'를 통해 全분야로 **혁신 AI 서비스 확산**

2) Post-코로나 시대 대응을 위한 비대면 산업 육성

 (1) **비대면 서비스(교육 등) 확산 기반 조성**

  – 맞춤형 교육 콘텐츠를 제공하는 **AI기반 원격교육지원 플랫폼 구축** 등 미래형 디지털 교육환경 조성

  – **보건소 모바일 헬스케어, 화상연계 방문건강관리** 등 기존 디지털 기반 비대면의료 시범사업 및 코로나 방역 계기 시범사업 확대

 (2) **비대면서비스 활용 촉진을 위한 클라우드 및 사이버안전망 강화**

  – 블록체인 등 **첨단기술을 활용한 비대면 서비스 보안 시범**사업 추진 및 **공공부문 클라우드 정보시스템 확대**

  – 점증하는 사이버보안위협에 대비, **정보보호 전문인력** 양성 확대

3) 안전 · 편리한 국민생활을 위한 SOC 디지털화

 (1) **국민 안전 등을 위한 노후 국가기반시설 디지털화**

  – 도로, 철도 등 **노후 시설물 스마트 관리체계**를 **도입**하여 **안전성**을 제고하고 **국가기반시설** 관련 **데이터 수집 · 가공 · 공유 확대**

 (2) **첨단 기술을 활용한 디지털 물류서비스 체계 구축**

  – 도심 인근, 유휴부지에 스마트 물류센터 등 **첨단 물류시설 확충**

  – 로봇, IoT 등 **첨단 물류기술 실증**을 위한 **테스트 베드 구축**

1) 단결권(團結權)은

노동 조건의 향상을 위해 노동자와 그 소속 단체에게 부여된 단결의 조직 및 활동을 중심으로 단결체에게 가입 및 단결체의 존립 보호를 위한 헌법상의 권리이다.

노동자가 노동조합을 조직할 수 있는 권리와 또 그가 원하는 기존 노동조합에 가입할 수 있는 권리가 노동자 개인이 누리는 단결권의 내용이다(헌법 제33조 제1항).

2) 단체교섭권(團體交涉權)은

헌법 제33조 제1항은 단체교섭권을 적극적으로 보장하고 있는데 노동자가 노동조합이나 기타 노동단체의 대표를 통해 사용자와 노동 조건에 관하여 교섭하는 권리이다.

즉, 노동조합은 사용자에 대하여 단체 교섭을 요구할 수 있는 권리를 헌법상의 권리로 부여받고 있다고 할 수 있으며 노동조합법은 노동조합이 단체 교섭을 요구할 수 있는 권리와 사용자가 단체 교섭에 대응할 의무를 규정하고 있다. 사용자는 정당한 이유 없이 이를 거부할 수 없다.

3) 단체행동권(團體行動權)은

단체행동은 단결체의 존립과 활동을 실력으로 나타내려는 투쟁 수단이다. 따라서 단체 행동은 단결체나 단체 교섭과는 그 차원이 다르며 이질적인 요소를 가지고 있다. 다시 말해 단결체(노동조합)는 사단으로 이해되는 권리 주체이며, 단체 교섭은 단체 협약이라는 일종의 규범 계약을 맺기 위한 교섭이라 할 수 있는 데 반하여, 단체 행동(노동법 분야 제외)은 그 유예를 찾아볼 수 없는 특수한 행동이다.

1) 성과연봉제

연봉제의 하나로 노동 성과에 따라 임금에 차이를 두는 임금 지급 방식이다. 연봉제란 연 단위로 개인 능력과 실적, 공헌도 등을 평가해 임금을 결정하는 제도다.

한국의 연봉은 대개 기본연봉과 성과연봉, 법정 수당을 포함하는 개념이다. 기본연봉은 근속 연수에 따라 임금이 인상되는 호봉제 방식으로 정한다. 법정 수당은 연차 보상금과 시간 외 수당 등이다.

성과연봉제만을 시행하는 경우는 대개 직급이 높거나 직업 특성상 직무 성과가 중시되는 일부 직종이다. 연봉제와 성과연봉제는 의미상 차이가 없으나, 기본 연봉을 포함하는 연봉제와의 구분을 위해 성과연봉제로 구분해 부르기도 한다.

2) 장단점

기업의 경우 임금 탄력성을 이유로 성과연봉제를 선호한다. 달성한 성과만큼 임금을 지급하므로 임금을 효율적으로 관리할 수 있기 때문이다. 동기 부여를 통해 기업 생산성을 높이기 쉽다는 장점도 있다. 능력과 성과에 따른 임금 수준을 보장하므로 우수 인재의 확보도 수월하다. 다만 이를 위해서는 직무 평가의 객관성과 공정성이 보장되어야 한다.

성과연봉제가 노동 강도를 강화하고 노동자를 개별화한다는 비판도 있다. 성과연봉제로 인해 노동자들 간 경쟁이 심화하면서 협력적인 조직 문화가 망가지고 노동자의 지위가 약해진다는 지적입니다. 특히 나이가 많은 장기 근속자의 경우 심각한 임금 삭감 위험에 빠질 가능성이 크다.

사회간접자본(Social Overhead Capital/SOC)은 인프라스트럭처(Infrastructure) 또는 인프라라고 하는 생산 활동에 직접적으로 사용되지는 않지만 경제 활동을 원활하게 하기 위해서 꼭 필요한 사회 기반 시설을 말한다. 대표적인 예로 도로, 항만, 철도 등이 있다. 좁은 의미로는 경제 및 건설, 교통 부문의 것을 말하지만, 넓은 의미로는 문화생활 등 특정 활동 및 체계를 통틀어 일컫기도 한다.

38 Z세대

1990년대 중반에서 2000년대 초반에 출생한 세대. 밀레니얼세대 다음 세대로, 텍스트보다는 영상에 익숙하고 타이핑하기보다는 클릭 한 번으로 모바일 기기를 즐기기 선호한다. 10대 스마트폰 사용자들이 가장 많이 사용하는 앱은 유튜브. 카카오톡에 대한 전폭적인 이용률을 보이는 다른 세대와는 다르게 페이스북 메신저 이용률이 높은 것도 특징. 최근 카카오톡이 '메시지 취소 기능'을 도입한 것도 Z세대를 고려한 것. 인스타그램의 DM은 메시지를 보내고 금방 취소할 수 있다.

출처: 2018년 9월 시사상식 정리|작성자 유월이

39 세계보건기구(WHO, world health organization)

보건·위생 분야의 국제적인 협력을 위하여 설립한 UN(United Nations:국제연합) 전문 기구. WHO에서는 이 업무를 이어받아 세계 인류가 신체적·정신적으로 최고의 건강 수준에 도달하는 것을 목적으로 활동한다. 이를 위해 중앙검역소 업무와 연구 자료 제공, 유행성 질병 및 전염병 대책 후원, 회원국의 공중보건 관련 행정 강화와 확장 지원 등의 일을 맡아 본다. 헌장에서 건강은 육체적·정신적·사회적으로 완전히 행복한 상태를 말하며, 단순히 질병에 관한 것만을 지칭하는 것이 아니라고 정의한다. WHO는 국제 보건 사업의 지도적·조정적 기구의 성격을 띠며, 주요 사업은 본부 사무국을 중심으로 한 중앙 기술 사업과 각 지역 사무국을 중심으로 한 각국에 대한 기술 원조로 나누어진다. 2012년 현재 가맹국은 194개국이며 한국은 1949년 제2차 로마 총회에서 가입하였고, 북한은 1973년에 가입하였다. 본부는 스위스 제네바(주네브)에 있다.

거리두기 단계별 일상 및 사회 · 경제적 활동 방역 조치

구분	1단계	1.5단계	2단계	2.5단계	3단계
	생활방역	지역적 유행 단계		전국적 유행 단계	
마스크 착용 의무화	중점 · 일반관리시설, 대중교통, 의료기관, 약국 요양시설, 주야간보호시설, 집회 · 시위장, 실내 스포츠 경기장, 고위험 사업장 등	1단계에 실외 스포츠 경기장 추가	실내 전체, 위험도 높은 실외 활동	실내 전체, 2m 이상 거리 유지가 어려운 실외	
모임 · 행사	500명 이상 행사는 지자체 신고 · 협의 필요, 방역수칙 의무화	1단계 조치 유지, 축제 등 일부 행사는 100인 이상 금지	100인 이상 금지	50인 이상 금지	10인 이상 금지
스포츠 관람	관중 입장(50%)	관중 입장(30%)	관중 입장(10%)	무관중 경기	경기 중단
교통시설 이용	마스크 착용 의무화		교통수단(차량) 내 음식 섭취 금지 추가 (국제항공편 제외)	KTX, 고속버스 등 50% 이내로 예매 제한 권고 (항공기 제외)	KTX, 고속버스 등 50% 이내로 예매 제한 권고 (항공기 제외)
등교	밀집도 2/3 원칙, 조정 가능	밀집도 2/3 준수	밀집도 1/3 원칙 (고등학교 2/3) 최대 2/3 내에서 운영 가능	밀집도 1/3 준수	원격 수업 전환
종교활동	좌석 한 칸 띄우기 모임 · 식사 자제 권고 (숙박행사 금지)	정규예배 등 좌석 수의 30% 이내로 제한 모임 · 식사 금지	정규예배 등 좌석 수의 20% 이내로 제한 모임 · 식사 금지	비대면, 20명 이내로 인원 제한 모임 · 식사 금지	1인 영상만 허용 모임 · 식사 금지
	※ 단계 조정 시 방역 및 집단감염 상황에 따라 종교계와 협의하여 구체적 조치 내용 및 대상 결정				
직장근무	기관 · 부서별 적정 비율 재택근무 등 실시 권고 (예: 1/5 수준)	기관 · 부서별 재택근무 등 확대 권고 (예: 1:3 수준)		인원의 1/3 이상 재택근무 등 권고	필수인력 이외 재택근무 등 의무화
	고위험사업장 마스크 착용 의무화	고위험사업장 마스크 착용, 환기 · 소독, 근로자 간 거리두기 등 의무화			

자료: 보건복지부, 출처: 연합뉴스

이런 방역 수칙을 위반하면 **시설 운영자 · 관리자에게는 300만 원 이하, 이용자에게는 10만 원 이하의 과태료**가 부과된다.

언택트란 '**콘택트(contact: 접촉하다)**'에서 부정의 의미인 '**언(un-)**'을 합성한 말로, 기술의 발전을 통해 사람과의 접촉 없이 물건을 구매하거나 활동하는 새로운 사회 현상을 의미한다. 사실 벌써부터 언택트는 일상화되고 있다. 그리고 이를 통해 산업 전반에서 많은 변화가 이뤄지고 있다. 백화점·쇼핑몰의 온라인화는 더욱 거세지고 있으며, 근무는 회사가 아닌 집에서 화상 회의를 통해 진행된다. 또 교육은 사이버 동영상으로 대체되고 있고, 영상 미디어는 극장 시대를 벗어나, 넷플릭스로 대표되는 OTT 스트리밍 서비스 산업으로 무게 추가 더 기울어지고 있다.

42　이해충돌방지법

1) 목적
　　공직자의 직무수행 중 발생할 수 있는 이해충돌을 효과적으로 관리하고 방지함으로써 공직자의 공정한 직무수행을 보장하고 공공기관과 공직자의 공정성과 청렴성에 대한 국민의 신뢰를 확보

2) 주요 내용
　– 공직자의 사적 이해관계가 포함된 경우 스스로 신고하거나 회피하고,
　　직무 관련 외부활동을 제한하며, 직무상 미공개정보를 활용하지 못하도록 하는 것

　– 자신의 직무수행에 잠재적으로 영향을 미칠 수 있는 사적 이해관계를 등록기관에 등록하여야 하며 매년 1회 변동사항을 등록기관에 신고해야 한다.
　– 공직자의 소속기관장은 해당 공공기관의 업무와 의무 및 소속 공직자의 책임을 고려하여 필요하고 적절한 범위에서 이해관계 등록에 대한 예외를 정할 수 있도록 함

　– 공, 법령을 위반하거나 목적 외 용도로 예산을 사용하여 공공기관에 재산상 손해를 입히는 행위를 금지하고,
　– 사적인 이익을 위해 공직과 그로부터 유래하는 사실상의 영향력을 이용하는 행위, 직무의 공정한 수행과 충돌하는 경제적 이해관계를 유지하는 행위 및 직무수행 중 알게 된 비밀을 사적 이익을 위해 이용하거나 다른 사람으로 하여금 이용하게 하는 행위를 금지하고 있다.

3) 대책
　– 직무관련자가 사적 이해 관계자임을 알게 되거나 특정 업무와 관련된 부동산을 매수하는 경우 14일 이내에 신고하고 해당 업무의 회피를 신청해야 한다.

– 소속 공공기관 등에 자신의 가족을 채용하는 행위, 소속 공공기관 등과 수의계약을 체결하는 행위, 직무상 비밀이나 미공개정보를 이용해 이익을 취하는 행위 등도 금지된다.

43 구하라법

1) 사례

12월 17일, 고 구하라 씨의 생모가 이혼 후 10년이 넘도록 양육비 지급과 면접 교섭을 이행하지 않았음에도 고 구하라 씨의 재산 절반을 요구했고, 구하라 씨의 친오빠 구호인 씨가 친모를 상대로 상속재산분할심판 청구를 한 결과 구하라 씨의 유가족과 생모 송 씨는 6대 4의 비율로 재산을 분할하게 됐다.

2) 법안

– 상속권상실제도는 '상속인이 될 사람(부모)이 사망한 사람(피상속인, 자녀)에 대해 **중대한 부양 의무 위반이 있거나 중대한 범죄 행위, 학대나 부당한 대우**를 했을 때 피상속인이나 유족이 법원에 상속권 상실을 청구해 상속에서 배제할 수 있도록 하는 내용'이다.

PART 13

단체 면접

CHAPTER 01 시사

01 인터넷 실명제 찬반 토론

사회자	악성 댓글로 자살 등 피해 사례가 늘어나고 있습니다. 이에 인터넷 실명제가 거론되는데요. 이에 대한 찬반 토론을 해주세요.
찬성	− 실명제로 허위 사실 유포나 악성 댓글의 감소를 기대할 수 있습니다. − 실명제로 전환하면 타인의 비난이 있어서 주의할 것입니다. − 사이버 범죄를 예방하고 감소시킬 수 있습니다. − 관리자의 입장에서 회원의 관리가 쉬울 수 있고 악성 댓글 제재가 가능합니다.
반대	− 실명제는 개인의 표현의 자유가 억압될 수 있습니다. − 악성 댓글을 방지한다는 목적으로 도입되었지만 사람들의 정보 공유나 소통을 어렵게 할 수 있어 인터넷 본연의 기능을 저해할 수 있습니다. − 실명 사용으로 개인 정보가 유출될 수 있습니다. − 실명제가 아닌 개인 사용자들의 노력으로도 사이버 문화는 개선될 수 있습니다. − 실명제가 아닌 본인 확인제로 악성 댓글을 방지할 수 있습니다.

사회자	노무현 정부 시절인 2007년 9월 18일 국방부는 2009년 대체복무제를 도입하겠다고 밝히면서 '국민적 합의를 전제로'라는 단서를 달았습니다. 헌재는 2004년과 2011년 "양심적 병역 거부자에 대한 이해와 관용이 자리 잡아 사회 통합이 저해되지 않을 정도의 사회적 공감대가 형성되지 않았다"며 병역법 88조 1항에 대해 합헌 결정을 했는데요. 양심적 병역 거부에 대한 찬반 토론을 하여주시기 바랍니다.
찬성 (병역 거부)	– 양심적 병역 거부는 특정 종교의 문제가 아닌 소수 인권 문제입니다. – 현대전은 병력전이 아니고 기술전. 대체 복무해도 영향이 없습니다. – 중국과 영토 분쟁 하는 대만 쿼터제 대체복무 허용했지만 늘 미달되었습니다. – 대체복무의 내용과 허용 기준을 납득하는 것도 중요하지만, 군 복무자에 대한 인정과 보상이 대체복무제 도입의 전제입니다. – UN 자유권 규약, 세계 인권 선언 등에서 인정한 바 있고 한국에서도 UN으로부터 권고를 수용한 바 있습니다. – 헌법 제19조 양심의 자유(자기 양심에 어긋나는 신념이나 행동을 강요당하지 않고 자기 양심에 따라 행동할 수 있는 자유)를 보장해야 합니다. – 다수를 위해 소수의 가치관을 희생하는 것은 개인의 자유를 존중해주는 것이 아니며 대한민국 민주주의 이념에 어긋납니다. – UN 인권위는 1997년 종교적 병역 거부자가 어떠한 정치/종교적 이유로도 차별받아선 안 된다고 결의한 바 있습니다. – 이탈리아, 폴란드, 러시아, 타이완 등 여러 국가에서 법제화는 아니지만 제한된 범위 내에서 사실상 인정한 바 있습니다. – 인간 행복의 조건인 자유를 통제하고 억압하면서까지 국방의 의무를 강압하는 것은 개인보다는 국가를 중요시하는 국가주의적인 사고입니다. – 거짓 종교인들의 비리, 횡포 우려는, 정책을 실행하기에 앞서 충분한 논의를 통해 확실하고 더 명확한 기준을 제시해 거짓된 병역 거부자에 대해서는 가중 처벌을 제시하면 됩니다.
반대	– 양심적 병역 거부는 국가가 위기에 처했을 시 맞서지 않아도 될 권리를 부여하는 것입니다. – 입영 기피가 확산될 것입니다. – 대체복무의 내용과 허용 기준을 납득하는 것도 중요하지만, 군 복무자에 대한 인정과 보상 강화가 우선되어야 합니다. – 병역에는 예외가 없습니다. – 헌법 19조에 반해 37조 2항은 국민의 모든 자유와 권리는 국가 안전 보장, 질서 유지 또는 공공복리를 위하여 필요한 경우에 한하여 법률로써 제한할 수 있고 대한민국은 현재 분단국가로 필요한 경우에 해당한다고 보입니다. – 이러한 상황에 개인이 자유 추구의 권리를 내세우며 국방의 의무를 지지 않는 것은 공동체를 고려하지 않는 개인주의적 사고방식입니다. – 양심을 판단할 방법과 기준도 불확실합니다. – 대한민국의 병역법 88조(입영의 기피 등) 1항은 정당한 사유 없이 입영을 기피한 자를 3년 이하의 징역에 처하도록 규정하고 있습니다. – 타인의 군 복무로 파생되는 혜택을 누리기에 일정 기간 그 의무를 다해야 하는 의무가 있으나 양심을 이유로 국방의 의무를 거부하는 것은 이기주의적인 발상입니다. – 종교와 신념의 이유로 병역을 거부하는 자들의 진정성을 판단할 기준이 없습니다.

사회자	2015년 11월 서울시가 발표한 청년정책으로 사회 진입의 초기 단계에 있는 미취업 청년층이 사회의 필요와 자신의 욕구에 맞는 진로를 폭넓게 탐색하며 자기 역량을 키울 수 있도록 활동 보조금(수당)을 지원하는 정책을 마련하고자 합니다. 이에 대한 찬반 토론해 주시기 바랍니다.
찬성	- 돈이 없어서 기회를 가지지 못하는 청년들에게 자기계발을 위해 돈을 주는 것은 사회의 생산성 향상에 기여할 수 있습니다. - 신용카드 영수증과 현금 영수증을 미리 제출한 계획서와 비교 모니터링하는 시스템이 있어서 낭비할 가능성이 적습니다. - 복지제도를 추진할 때 국가와 지자체는 두 개의 파트너로서 각자가 할 수 있는 영역에서 역할과 책임을 분담하도록 하고 있으며, 사회보장기본법상 규정되어 있는 국가가 케어하기 힘든 지역 주민들의 필요를 세심하게 충족시키는 분담 형태의 복지제도라고 할 수 있습니다.
반대	- 청년들이 원하는 것은 오래 일할 수 있는 직장을 구하는 것인데, 청년수당을 올바르게 사용했다 해도 이것이 반드시 취업 성공으로 이어진다는 보장이 없습니다. - 중위 소득 60% 이하만 지급하는 것에 대하여 중위소득 60% 이하라면 저소득층에 해당하며 이는 저소득층 우선 지원 사업에 해당합니다. 따라서 다른 서울시 청년들에게 지원이 가지 못한다는 것은 형평성 측면에서 차별받는다는 비판을 받고 있습니다. - 재정 자립도가 매우 높은 지자체에서만 가능하며, 결국 돈 많은 지자체가 지급하게 됩니다.

04 사형 제도 찬반 토론   (2020년 기출)

형법 제41조 제1호는 형의 종류의 하나로서 사형을 규정하고 있고, 사형은 인간 존재의 바탕인 생명을 빼앗아 사람의 사회적 존재를 말살하는 형벌이므로 생명의 소멸을 가져온다는 의미에서 생명형이자, 성질상 모든 형벌 중에서 가장 무거운 형벌이라는 의미에서 극형인 궁극의 형벌이다.

한편, 전 세계적으로 보아 2008년 말 기준으로 사형이 존치하는 국가는 미국, 일본, 중국, 대만, 인도 등 105개국으로서 그 중 전쟁 범죄를 제외한 일반 범죄에 대하여 사형을 폐지한 국가는 10개국이고, 최근 10년 이상 사형 집행을 하지 않은 국가는 36개국이다. 모든 범죄에 대한 사형을 폐지한 국가는 독일, 프랑스, 스웨덴, 필리핀 등 92개국이다.

우리나라에서 사형의 집행은 1997. 12. 30. 이후로는 이루어진 적이 없으나, 사형의 선고는 계속되고 있으며, 헌법재판소는 사형을 형의 종류의 하나로서 규정한 형법 제41조 제1호(사형제도) 및 사형을 법정형의 하나로 규정한 살인죄 조항인 형법 제250조 제1항에 대하여 1996. 11. 28. 95헌바1 사건에서 합헌 결정을 한 바 있다.

찬성	− 극악한 범죄자가 처벌됨으로써 경각심을 불러일으켜 범죄를 예방할 수 있고 올바른 사회적 정의를 실현할 수 있습니다. − 범죄자에 대한 처벌 불이행 시 나타날 수 있는 사회적 불만을 제거하는 효과를 가집니다. − 오늘날에는 인권이 향상되고, 언론의 자유가 보장되어 권력층을 견제, 감시하는 사회 제도적 장치가 되어 있으므로 사형 제도가 악용될 가능성은 희박합니다. − 법관이 증거를 수집하여 사형이라는 선고형을 결정하기까지 적정한 절차를 거쳐 재판을 진행하므로 오판의 가능성은 매우 적습니다. − 살인 행위를 한 범죄자는 타인의 생명과 존엄성을 짓밟음으로써 자신의 권리를 포기했으므로 그의 생명을 존중해 줄 필요는 없습니다. − 종신형의 경우, 감옥의 유지는 국민의 세금에 의한 것이므로 사형을 함으로써 비용을 절감할 수 있습니다.
반대	− 헌법의 기본정신인 '인간의 존엄성'에서는 인간의 본질적 인권을 침해할 수 없다고 규정되어 있습니다. 따라서 사형 제도는 근본적으로 그 정신에 어긋납니다. − 확실치 않은 이유로 사람의 생명이 박탈되어서는 안 된다는 것은 누구나 인정하는 원칙이므로 사형 제도는 있어서는 안 됩니다. 영국에서 1960년대에 실제로 있었던 예화입니다. 아내를 잃은 남편이 아내를 죽인 것으로 의심받고 사형을 당했고 그 후 진범이 잡혔다고 합니다. 이 사건이 있었던 직후로 영국은 사형 제도를 폐지했다고 합니다. − 사형 제도는 사형을 집행하는 것이 범죄를 예방한다는 차원에서 만들어졌습니다. 그러나 실제로 사형제도와 범죄율은 무관하다는 것을 자료를 통해 알 수 있습니다. 캐나다에서는 76년에 사형 제도를 폐지했는데 그 뒤 인구 10만 명당 살인 건수가 줄어들지 않고 오히려 늘었고 합니다. 또한 서독의 경우에도 사형 폐지 뒤에 범죄는 증가하지 않았고 미국 델라웨어 주에서도 사형 폐지 후 4년 만에 다시 부활하였는데 오히려 부활한 뒤 살인사건이 늘었다고 합니다. − 사형은 공적 복수라는 동기적 요소가 강하고, 피해자 유족의 기분을 무시할 수 없다는 견해도 있지만 그것이 사람의 생명을 빼앗는 이유가 될 수는 없습니다. − 보통 사형 제도의 유지를 주장하는 측은 인간의 보복 심리에도 그 근거를 두고 있습니다. 하지만 우리 사회가 추구하려는 본질적인 입장, 즉 사회 평화 달성과는 거리가 멉니다. 형벌의 본질은 죄인을 교화시키는 것인데 사형은 이런 형벌의 본질에 어긋난다고 할 수 있습니다. − 사형이 경제적인 차원에서 이루어져는 안 됩니다. 그것은 돈 때문에 사람을 죽이는 것과 다르지 않기 때문입니다.

1) 현황

범죄자에 대한 수사는 경찰이나 검찰 등의 국가 수사 기관이 맡는 것이 가장 바람직하다. 그러나 경찰 및 검찰의 수가 제한되어 있으므로 이들이 모든 사건 사고를 조사할 수 없다. 이에 따라 국가 수사기능의 보완 역할을 수행하는 것이 사설탐정 내지는 민간 조사원이라고 할 수 있다.

최근 정부가 국내에 없는 새로운 직업 44개를 선정해 키우겠다는 방안이 담긴 '신 직업 육성 추진 계획'을 발표했다. 이 추진 계획에는 민간 조사원, 도시재생전문가, 화학물질안전관리사 등이 포함되었다.

현재 '신용정보의 이용 및 보호에 관한 법률' 제40조 5항에 따르면 '정보원 탐정 및 그 밖에 이와 비슷한 명칭을 사용하는 일'을 신용 정보 회사 등이 해서는 안 되는 금지 사항으로 못 박고 있다.

민간 조사원을 도입하려는 시도는 10년 전부터 지속되어 왔다. 1999년 발의된 '공인탐정에 관한 법률안'이 국회에서 처음 논의된 이후에 7차례나 관련 법안이 상정되었지만 모두 무산되었다.

2) 사설탐정이 하는 일

 (1) 범죄를 확인하고 법정 소송에 필요한 정보를 얻기 위하여 용의자, 범죄 사실, 혹은 권리 침해 사항에 관한 정보를 취득하고 분석하는 활동

 (2) 사라진 사람, 상속인, 소유자가 분명하지 않은 재산의 소유자, 국내외로 도망간 죄인 등 특정인에 대한 정보를 탐지

 (3) 사망, 상해, 화재, 교통사고 등의 사고 원인과 책임 조사

 (4) 개인의 이력, 금융 상황 등 개인의 배경 조사

 (5) 이혼, 자녀 양육권, 실종자 등에 관한 증거 자료 수집

찬반 토론	
찬성	– 헌법 제15조 "모든 국민은 직업선택의 자유를 가진다." – 자신의 권익 보호와 조속한 피해 회복, 개인의 프라이버시 등과 관련하여 도움을 받을 수 있습니다. – 사설탐정 활동을 양성화시켜서 합법적이고 인권 보호적인 사설탐정 활동을 할 수 있습니다. – 심부름센터 등의 불법 행위를 근절할 수 있습니다. – 고용 창출 및 산업 육성이 가능합니다. – 경찰력 낭비를 줄여 치안 서비스 향상을 기대할 수 있습니다. – 대부분의 선진국에서 합법화하여 실시 중입니다. – 경찰이 개입하기 어려운 분야에서 일반 국민들이 도움을 받을 수 있습니다. – 탐정업 및 그와 관련된 새로운 일자리 2만여 개가 만들어지고, 2조 원 규모의 시장이 형성될 것으로 전망되고 있습니다. – 심부름센터보다 전문적으로 교육을 받고 경험을 통해 쌓은 경력을 가진 사설탐정이 일하는 것이 더 바람직합니다.
반대	– 사생활 침해 등 불법적으로 악용될 가능성이 있습니다. – 상대적 박탈감: 부자에게만 혜택이 가고, 빈자는 소외될 가능성이 있습니다. – 청년 일자리 창출이 아니라 퇴직 경찰관 일자리 창출로 전락할 가능성이 있습니다. – 부유한 사람들이 더 비싸고 유능한 민간 조사원들을 고용하게 되면 그렇지 못한 사람들은 불리할 수밖에 없게 됩니다. – 경찰이나 변호사 등과 업무 중복으로 인한 갈등 초래가 예상됩니다.

1) 개념

자치경찰제란 경찰권 설치·운영의 주체가 지방자치단체인 경찰 체제를 말합니다. 즉 지방자치단체에 경찰권을 부여하고 설치·유지·운영에 관한 책임을 지방자치단체가 담당하는 제도입니다.

2) 장점 및 단점

장점	단점

(1) 지역 실정에 맞는 맞춤형 치안 서비스 제공이 가능
    – 경찰권 운영이 시도 단위에 한정됨으로 인해 그 지역 실정에 맞는 일종의 맞춤형 치안 대책 수립과 시행이 가능합니다.
 	
(2) 주민들의 지지와 유대가 강화됨
    – 주민 밀착형 업무가 중심이 되므로 주민들의 지지와 유대가 강화될 수 있습니다.
 	
(3) 경찰력에 대한 민주적 통제가 가능
    – 경찰과 주민의 접근성이 높아져 주민이 견제기능을 발휘할 수 있습니다.
    – 경찰이 시도지사에 예속됨으로 인해, 시도의회의 감시와 통제를 받게 됩니다.
 	
(4) 치안 행정과 일반 행정의 연계 융합
    – 시도지사 산하에 치안 행정이 예속되게 되므로 자연스럽게 일반 행정과 유기적 협조 체제가 구축되어, 관련 업무의 융합이 잘 이루어질 수 있습니다. 예를 들면, 가정 폭력 피해자에 대한 지원 관련, 취업 알선 등에 대해 경찰에서 구청 등 일반 행정 기관에 의뢰하여 조치해 줄 수 있습니다.
 	
(5) 국가 예산의 절감
    – 자치경찰 운영 예산 수립 및 집행이 지자체에 넘어가게 되므로 국가 예산이 절감됩니다.
 	
(6) 풀뿌리 민주주의 구현
    – 지자체 실시 목적이 시도별로 단체장과 시도 의회를 구성, 시도 행정을 책임지므로 풀뿌리 민주주의를 구현한다는 데 있습니다.
	(1) 자치단체별 재정 자립도에 따른 치안 서비스 불균형 초래
	    – 재정자립도가 좋은 지자체는 양질의 치안 서비스가 제공되고, 재정 자립도가 낮은 지자체는 치안에 투입될 수 있는 예산이 부족하여 치안 서비스의 질이 낮아질 것으로 예상합니다.
	
	(2) 전국적인 사안인 경우 신속한 대처, 통일적 대처가 어려움
	    – 경찰권 운영 주체가 17개 시도로 난립하여 전국적인 대처가 필요한 사건·사고에 대한 신속한 대처가 어려울 것으로 예상합니다.
	
	(3) 업무 혼선 예상
	    – 지자체 경찰 관련 규정이 주로 지자체 치안조례로 제정될 것으로 보이는데, 각 지자체별 치안 기준이 다를 수 있어 업무 혼선 예상됩니다.
	
	(4) 정치적 중립성 훼손 및 권한 남용 우려
	    – 선거직 시도지사에 경찰권이 예속됨으로 인해 선거에 도움을 준 사람 등에 대한 인사 혜택, 단속 시 특혜를 부여하는 등으로 정치적 중립성 및 권한 남용이 우려됩니다.
	
	(5) 지방 토호 세력과 자치경찰의 유착 가능성
	    – 자치경찰은 그 지역에 오래 근무하며 정착하는 관계로 자연스럽게 지방 유지 등 토호 세력과 결탁함으로써 공정한 업무 수행을 저해할 가능성이 있습니다.

07 고령 운전자 적성 검사 강화 찬반 토론

1) 경찰청

⑴ 75세 이상 고령 운전자 운전면허 갱신 적성 검사 기간 5년→3년 단축

⑵ 법인 택시 기사: 65세부터 3년, 70세부터 1년마다 운전면허 갱신

⑶ 교통안전 교육 2시간 의무 이수

2) 일본: 적성 검사 기간을 70세부터 4년, 71세 이상 3년으로 규정

3) 미국: 75세 이상 2년마다 도로 주행 시험 다시 응시

찬성	– 신체적 특성상 운전자의 나이가 많을수록 운전에 필요한 반사신경, 주의력 등이 떨어지고, 시력, 청력 등 인지능력이 저하돼 사고 발생 위험도가 높습니다. – 고령 운전자에 의한 교통사고가 매년 지속적으로 증가하고 있습니다.
반대	–일률적인 강화보다는 개인별 건강 형평성을 고려하여 자진 반납을 유도하는 것이 바람직합니다. –첨단안전장치 부착 등을 조건으로 운전면허를 허용하는 조건부 운전면허제를 추진 중에 있습니다. (2023.12. 까지)

08 코로나바이러스 관련 광장·공원 등에서의 집회 시위 금지 조치에 대한 찬반 토론 *(2020년 기출)*

【토론 요령】

집회 및 시위 금지 조치에 대하여 법원의 결정, 경찰, 서울시 등의 조치사항 등을 숙지하고 집회 및 시위에 관한 법률에 명시된 집회 및 시위의 자유와 국민의 생명을 위협하는 건강권과의 충돌 문제를 중심으로 찬성과 반대 의견을 제시하여 토론에 임함으로써 집회 및 시위에 관한 법률을 명확하게 숙지하고 대처하는 자세를 보여줄 필요성이 있음

찬성	– 집회 및 시위의 자유와 국민의 건강권 충돌 문제입니다. 기본권이 다 중요하지만 국민의 생명을 위협하는 건강권이 더 중요시되어야 합니다. – 집회로 인하여 코로나바이러스가 전파되고 국가 재난 상황이 악화되어 국민의 생명과 안녕을 위협할 수 있습니다. – 누구든지 집회 또는 시위나 집단적인 폭행, 협박, 손괴(損壞), 방화 등으로 공공의 안녕질서에 직접적인 위협을 끼칠 것이 명백한 집회 또는 시위를 주최하여서는 아니 됩니다. (집회 및 시위에 관한 법률 제5조)
반대	– 민주주의 국가에서 집회의 자유는 어떤 기본권보다도 중요시해야 할 가치입니다. – 마스크를 착용하고, 1m 이상 거리를 두는 등 위생 관리 규칙을 지킨다는 전제하에서 집회의 자유는 보장되어야 합니다. – 누구든지 폭행, 협박, 그 밖의 방법으로 평화적인 집회 또는 시위를 방해하거나 질서를 문란하게 하여서는 아니 됩니다. (집회 및 시위에 관한 법률 제3조)

1) 주제 개요

(1) '보호수용'은 형기를 마친 범죄자를 별도에 시설에 수용해 관리하면서 사회 복귀에 필요한 프로그램을 제공하는 제도다.

(2) 피해를 당할 수 있는 피해자의 인권이 중요하냐? 가해자의 인권이 중요하냐의 논란으로 이어진다.

(3) 잔혹한 아동 성폭력 범죄를 저지른 조두순이 2020년 12월 13일 이면 징역 12년의 형기를 마치고 출소한다는 사실에 주거지 단체장인 안산시장이 청와대 국민청원제도에 청원하면서 더욱 이슈화되었다.

2) 찬성과 반대 입장

찬성	- 성범죄를 비롯한 살인, 강도 등 범죄자들은 약 60~75% 정도로 재범률이 높습니다. 이들에 대해서는 격리하는 것이 범죄로부터 국민을 보호하는 것입니다. - 12.13. 출소하는 조두순의 경우에는 성범죄 치료에서 소아성애 성향 확인 결과 불안정이 나왔다고 하는 등 위험성이 높아 별도로 수용해서 관리하는 것이 필요합니다. - 보호수용제도를 이중처벌로 보기 어렵습니다. 보호수용시설은 그 사람에게 가장 필요한 치료에 대한 적합한 시설로 운영하면 됩니다.
반대	- 이 법이 제정되어 시행되면 수용자의 자유를 박탈한다는 점에서 기존의 징역형과 차이가 없어 이중 처벌이 됩니다. - 개인이 가지는 기본적 인권을 보장할 의무가 있음을 제시한 헌법의 인권 보장 정신이 훼손됩니다. - 헌법상 보장된 주거 자유의 원칙이 지켜지지 못합니다. - 지난 9.23. 시작된 안산시장의 청와대 국민청원이 마감일인 10. 23.까지 119,137명으로 20만 명을 넘지 못하고 종료되었습니다.

1) 인권과 공권력의 개념 정립
　(1) 인권
　　　① 사람이라면 누구나 태어나면서부터 당연히 가지는 기본적 권리
　　　② 개인이 국가의 구성원으로서 누리고 행사하는 기본적 권리와 자유
　(2) 공권력
　　　① 국가나 공공 단체가 국민에 대하여 우월한 위치에서 국민들을 대상으로 명령 또는 강제하는 권력, 또는 국가 그 자체를 의미
　　　② 대륙법계 나라들이 공법의 개념을 정립하는 과정에서 수립된 개념

2) 각 주장(찬성과 반대)

인권 우선	공권력 우선
(1) 국가의 주인은 국민(헌법 제1조 2항) 　－ 유엔의 세계인권선언 및 헌법 제10조 행복추구권 등 인간이 태어나면서부터 보장받아야 할 기본권입니다. (2) 경찰의 임무 　－ 경찰관은 국민의 신체, 생명, 재산 보호를 사명으로, 국민의 인권을 수호하기 위해 공권력을 사용합니다. (3) 경찰의 권한 　－ 현행법체계로도 범인 체포 등 법 집행 가능하므로 신중하고 엄정하게 대응해야 합니다. (4) 무죄추정의 원칙 　－ 사건 처리 시 적법 절차를 통해 인권 침해 소지를 방지해야 합니다. (5) 경찰관도 경찰이기 이전에 인권을 가진 국민 　－ 공권력 강화 시 과잉 진압과 인권 침해 소지 발생이 가능합니다.	(1) 공권력은 국가 또는 공공단체가 우월한 의사의 주체로서 국민에게 명령 강제하는 권력이고 국가 유지를 위해 존재하는 힘 　－ 국가의 안전과 공공질서 유지를 위해 필요합니다. (2) 공권력 도전 사례 속출, 공권력 약화 　－ 우리나라의 공무집행방해 정도는 다른 나라에 비해 더 심각한 편입니다.(경찰관 폭행 등 공권력 무시에 대한 법원의 솜방망이 처벌, 현장 대응 경찰력의 부족 등도 원인) 　－ 공권력이 약화되면서 법질서 의식도 저하되어 범죄 증가 등 시민 안전이 위협 받고, 국민 피해로 직결될 수 있습니다. (3) 국민의 인권이 중요하지만, 경찰에 대한 믿음과 신뢰가 국민의 안녕과 인권을 보호 받을 수 있는 중요한 장치라고 생각 　－ 피의자 인권도 중요하지만 정당한 공권력 집행이 우선입니다. (4) 경찰관의 안전 등 경찰 인권도 중요 　－ 연 12,000명 1일 평균 3명의 경찰관 폭행 사건이 발생하고 있습니다.

3) 관련 정책(해결 방안)

인권경찰 구현 방안(인권 보호 정책)	공권력 침해 해결 방안

(1) 공권력 집행에 '인권영향평가제' 도입
(2) 지방청별 '인권위원회' 구성, 인권 감시
(3) 내부 성과 평가에 '인권지수' 확대 강화
    – 인권영화제, 인권아카데미 등 개최
(4) 수사상 피의자 인권 보호 정책
    – 무죄추정의 원칙
    – 강제처분 법정주의(영장주의)
    – 고문 금지 및 진술거부권 고지
    – 피의자 조사 시
      ① 진술 영상 녹화, 변호인 참여권 보장
      ② 조사 시 수갑·포승 해제, 장시간 조사
        시 2시간마다 10분 휴식 보장
      ③ 조사받는 모든 피의자 메모장 교부제
(5) 피해자 인권 보호 정책
    – 헌법 제30조
    – 범죄피해자 보호법상 보호 정책
      ① 손실 복구 지원
      ② 형사 절차 참여 보장
      ③ 범죄피해자에 대한 정보 제공
    – 피해자보호명령제도(가정폭력범죄처벌
      등에 관한 특례법 제55조)
      ① 피해자 주거지·방실에서 퇴거
      ② 100m 이내 접근 금지
      ③ 전기 통신을 이용한 접근 금지
      ④ 친권 제한 등
    – 피해자 전담 경찰 확대 배치, 심리적 안
      정과 정상 생활 복귀 지원
	(1) '경찰 물리력 사용 5단계' 기준 제정
	(2) 공권력 도전, 무시, 침해 행위 발생 시
	    – 엄벌주의에 입각한 처벌
	    – 공권력 약화는 결국 국민 인권 약화로 귀결
	(3) 바디캠 등 채증 장비를 더 확충, 공권력 침
	   해 증거 적극적 수집, 사후 처벌 강화
	(4) 관공서 주취 소란자에 대한 벌칙 강화 현행
	   범 체포 가능, 관공서에서의 주취 소란자
	   60만 원 이하 벌금으로 처벌(경범죄처벌법
	   제3조(경범죄의 종류) 제3항 제1호)

4) 찬반 토론

단체 면접	
사회자	인권은 사람이라면 누구나 태어나면서부터 당연히 가지는 기본적 권리입니다. 하지만 최근 언론에 경찰의 인권 침해 사례가 보도되고 있습니다. - 17.5.27. 야간 서울 지하철 옥수역에서 시민을 보이스 피싱 전달책으로 잘못 알고 체포하다 상해를 가하였습니다. - 공무집행 과정 범인의 공격으로 다치거나 숨지는 경찰이 매년 500명이 넘는다고 합니다. - 18년 7월 경북 영양에서 40대 남성이 휘두른 흉기에 출동한 경찰관이 맞아 1명이 숨지고 1명이 다치는 사례가 발생하였습니다. 위의 사례를 참고하여 공권력 집행을 이유로 인권이 침해되는 사례와 관련하여 인권과 공권력의 충돌에 대하여 토의하여 주시기 바랍니다.
찬성	- 유엔의 세계인권선언, 헌법 제10조 행복추구권에 의하면 인간은 태어나면서부터 보장받아야 할 기본권이 있습니다. 정부에서도 국가인권위원회를 설립, 개인이 가지는 불가침의 기본적 인권을 보호하고 그 수준을 향상시킴으로써 인간으로서의 존엄과 가치를 보호하고 있습니다. - 인권은 다른 무엇보다 최우선으로 생각해야 하는 절대적 가치로서 경찰은 국민의 인권 존중을 가장 중요시해야 합니다. 사건 처리 시 피해자는 물론 피의자에게도 체포, 구속 등 신체의 자유 침해 시 권리 고지 및 적법 절차를 통해 인권 침해 소지가 없도록 해야 하고 이를 위반한 경우는 절차상 위법을 통해 무죄 판결이 날 수 있습니다. - 이에 경찰에서는 피의자 조사 시 수갑, 포승을 풀고, 조사가 길어지면 2시간마다 10분씩 휴식 시간 보장. 조사받는 모든 피의자, 피해자, 참고인 등 사건관계인에게 '메모장 교부제'를 실시하고 있습니다. - 진압 거부나 경찰 폭력에 대해 공무집행방해죄로 체포 가능하므로 공권력은 필요 최소한으로 사용해야 합니다. - 공권력 강화 시 과잉 진압과 인권 침해 소지 발생이 가능합니다. - 현행법체계로도 범인 체포 등 법 집행이 가능하므로 신중하고 엄정하게 대응해야 합니다. 인권이 최우선으로 되어야 한다고 생각합니다.
반대	- 공권력은 국가 또는 공공 단체가 우월한 의사의 주체로서 국민에게 명령 강제하는 권력이고 국가 유지를 위해 존재하는 힘이며 국가의 안전과 공공질서 유지를 위해 필요합니다. - 우리나라의 공무집행 방해 정도는 다른 나라와 비교해보면 더 심각합니다. (경찰관 폭행 등 공권력 무시에 대한 법원의 솜방망이 처벌, 현장 초동 대응하는 지구대, 파출소의 인력 부족 등도 공권력이 무너지는 데 한몫) - 국민의 인권이 중요하지만 경찰에 대한 믿음과 신뢰가 국민의 안녕과 인권을 보호받을 수 있는 중요한 장치라고 생각합니다. - 공권력이 약화되면 법질서 의식이 저하되어 범죄가 증가하고 결국 시민들의 안전을 위협하므로 인권유지를 위해 정당한 공권력 확립이 필요하며 상호 보완적 관계라고 볼 수 있습니다.

1) 주민밀착형 탄력순찰

경찰이 파악한 통계와 데이터를 바탕으로 순찰 시간과 장소를 선정한 뒤 주민들에게 일방적으로 제공하던 기존의 공급자 중심 순찰 활동의 경우 수요자인 국민들이 실제로 원하는 순찰 시간과 장소와는 차이가 있을 수 있는 아쉬움이 있습니다. 이러한 점을 보완하기 위해 주민들이 희망하는 순찰 시간과 장소를 신청하면 순찰을 실시하는 수요자 중심의 순찰 방식 스마트폰 모바일 애플리케이션 '스마트국민제보'와 '순찰신문고'를 통해 희망하는 순찰 장소의 주소를 입력하여 언제든지 신청할 수 있습니다.

2) 시행 배경 및 취지
- 경찰청장 치안 철학: 범죄 예방(도보 순찰 중심의 예방 활동)
- "범죄 피해가 순식간에 확산되는 초연결·초고속 사회에서 예방이 안전의 지름길"
- "경찰 활동의 중심축을 예방에 두고 범죄 기회를 한발 앞서 차단"
- 경남청('공감 UP 순찰'-만나고 살피는 순찰), 부산청(이웃순찰제)

3) 장·단점

장점	단점(문제점)
- 치안 문제점에 선제적 대응할 수 있습니다.	- 지역 경찰 업무 과중 가능성이 있습니다.
- 도보 순찰 통해 주민과 직접 소통, 취약 장소 발굴할 수 있습니다.	- 도보 순찰 중 신속한 현장 대응 어려울 수 있습니다.
- 범죄 사각지대 해소 및 체감 치안 확보할 수 있습니다.	- 주민 의견 수렴 기회 제한적일 수 있습니다.
- 경찰 각 기능 간 유기적 대응을 할 수 있습니다.	- 코로나 감염 우려가 있습니다.

1) 개혁 원인

(1) 사찰논란, 정치 및 선거개입, 국민 기본권 보장에는 상대적으로 소홀했다는 비판

(2) 경찰법 제3조 4호, 경찰관직무집행법 제2조 4호

치안정보의 수집 · 작성 · 배포 → 정보 수집 범위와 한계 불분명

(3) 경찰청과 그 소속기관직제 제14조 제3항(정보 활동 범위)

정치 · 경제 · 노동 · 학원 · 종교 · 사회 · 문화 등 제 분야에 대한 정보 수집 → 정보 수집 분야에 대한 제한이 없음

2) 개혁 내용

(1) 경찰개혁위원회: 경찰 정보 활동의 직무 범위, 조직 체계, 법적 수권 규정, 통제 시스템 등 전반에 대해서 개선하라는 내용의 정보 활동 개혁 방안 권고

(2) 국회 행안위 보고: 조직 · 인력 개편 및 제도적 통제 방안 마련

3) 정보경찰 개혁 방안(당 · 정 · 청 경찰 개혁안)

(1) 정치관여금지 제도화

　－ 정보 활동 기준과 제재 규정 명문화한 규칙 제정

　－ 정당 · 국회 출입 금지 및 국회협력관 폐지

(2) 통제 시스템 구축

　－ 준법지원팀 마련 정보 활동 적법성 상시 감독

　－ 사무 감사 실시 경찰위원회에 정례적으로 보고

(3) 정보경찰 조직 및 사무 재설계

　－ 정보경찰 11.3% 감축

　－ 정보분실 폐쇄, '정보국' 명칭 변경

(4) 정보 활동 법적 근거 마련

　－ 경찰공무원법에 정치 관련 시 형사 처벌 규정 마련

　－ 경찰관직무집행법에 정보 활동 근거 및 범위 규정

찬성(개혁안 수용 존치)	－ 정부 방침에 따라 개혁안을 수용하여 정보 활동을 하는 것이 바람직합니다. － 정보 활동을 전문 부서에서 함으로써 대 국민을 위한 양질의 치안 서비스를 제공할 수 있도록 정책 판단을 할 수 있습니다.
반대(폐지)	－ 각 기능별로 경찰의 기본임무 수행을 위한 정보 활동이 이루어지고 있습니다. － 정보경찰 유지보다는 기능별로 업무에 정보 활동을 함으로써 투명성을 확보하여 경찰 이미지를 개선할 수 있습니다.

1) 경찰의 홍보 방안

(1) 홍보 필요성

– 경찰의 업무에 대해 구체적으로 알리는 등 투명한 공개를 통해 국민의 신뢰를 얻고
자 함

(2) 홍보 방법

　가. 온라인(on line) 홍보

　　① SNS 홍보: 유튜브, 페이스북, 트위터, 앱 등

　　② 관서별 홈페이지: 홍보 동영상, 언론 기사 게재

　　③ 웹툰 · UCC · 카페 블로그 등 이용 홍보

　나. 오프라인(off line) 홍보

　　① 공익방송 언론 매체 활용: 신문, 방송 등

　　② LED 전광판 광고판, 스페이스 마케팅(생활공간 디자인)이용 홍보

　　③ 캠페인 캐릭터 홍보: 어린이 교통안전 캠페인/포돌이 포순이 캐릭터 등

2) 경찰의 SNS 활동 우수 사례

(1) 주요 정책 홍보를 주제로 한 동영상과 카드 뉴스, 스토리텔링, 이벤트 등을 다양한 콘
텐츠로 제작, SNS 채널을 통해 현장 경찰관의 활약상을 영상 및 스토리텔링화로 홍보
(전북청)

(2) 20년 12월 '안전속도 5030' 제도(교통사고 가능성과 심각도를 줄이기 위해 도심부 내
도로 제한 속도를 시속 50㎞ 이하로, 주택가 · 학교 주변 등은 시속 30㎞ 이하로 하향
조정하는 정책) 시행을 앞두고, 시민이 쉽게 이해할 수 있도록 홍보 애니메이션과 음원
을 제작하여 홍보(인천청)

(3) 네이버 밴드에 '랜선 범죄 예방교실' 단체방을 개설하여 범죄 예방교실 동영상, 운전면
허교실 동영상, 마스크 착용 의무화 안내문 등이 영어 · 중국어 · 베트남어 등 최대 14
개 언어로 게재하여 홍보(전남청)

3) 경찰의 SNS 활동 비난 사례

(1) 경찰 간부가 '이재명 성남시장을 즉각 체포해 처형시켜야 한다.'라는 문구와 이재명 시
장의 머리에 총부리를 겨누는 사진이 첨부된 게시물을 SNS에 공유하여 비난(서울청)

(2) 신임 여경이 자살 시도자를 뒤에서 끌어안고 있는 동안 선임 경찰관은 이 상황을 찍는
모습이 비난을 받았고, 여중생 폭행 사건 조사 기간 업로드된 '경찰의 미행력'이라는 영
상에서 '여중생 폭행 사건'에 대해서는 전혀 언급하지 않아 비난(부산청)

(3) 성범죄 피해자의 동의 없이 피해 사례를 SNS에 범죄 예방용으로 업로드하여 가족의
항의를 받고 해당 내용을 삭제(제주청)

4) 경찰의 SNS 활동 찬반 주장

찬성	- SNS를 통한 경찰 홍보로 손쉽게 주민과 접촉할 수 있습니다. - 경찰 업무의 특성상 시민의 협조가 필요한 업무가 많은데 도움이 됩니다. - SNS를 규제하는 것은 표현의 자유와 사적인 영역을 침해하는 행위입니다. - 정부의 SNS 규제 권한 남용 가능성이 존재하고 정치적으로 악용 가능성이 있습니다.
반대	- 공무원이라는 공인의 지위에 있는 경찰관들이 사소한 실수라도 하면 파급력이 강한 SNS의 특성상 조직에 끼치는 악영향이 큽니다. - 경찰은 모든 국민들에게 서비스를 제공해야 함에도 SNS를 이용할 줄 모르는 소외계층이 존재할 수 있습니다. - 경찰 SNS 계정이 해킹되어 악용되면 막대한 피해가 예상됩니다. - 정치적 중립을 지킬 필요성이 존재합니다.

14 전동 킥보드 규제 완화에 대한 찬반 토론
(2020년 기출)

장점	단점
- 자원을 나눠 쓰면서도 공유경제의 핵심 중 하나인 '접촉'을 극복하는 대안으로 공유 킥보드나 공유 자전거 등이 대표적입니다. 장갑만 끼면 찝찝하지도 않으니 언택트 시대에 오히려 사람이 많이 몰리는 대중교통을 피할 수 있는 대안으로 각광받고 있습니다. - 기본적으로 도로교통법에서 규정하고 있는 자전거의 통행 방법과 동일하게 규정하고 있고, 자전거 도로 관리청 자체가 자전거 도로 중에 일정 구간, 시간을 지정해서 개인형 이동장치 통행을 금지하거나 제한하는 것이 가능하고, 또한 자전거 도로가 있는 경우에는 자전거 도로로 통행하고, 없으면 도로 우측 가장자리로 통행해야 하고, 보행자 통행에 방해될 경우에는 서행하거나 일시 정지하고, 그리고 안전표지로 허용하거나 장애 등으로 도로 통행이 어렵게 되면 보도 통행도 가능하고, 두 대 이상 나란히 차도 통행은 할 수 없도록 하고 있습니다.	- 현재 전동킥보드는 차도에서만 달릴 수 있는데, 도로교통법이 개정되면서 자전거 전용 도로에서도 달릴 수 있게 됩니다. 어떤 경우에도 인도에서는 달릴 수가 없는데, 문제는 인도를 달리는 전동 킥보드가 너무나 많이 목격된다는 점입니다. 전동 킥보드를 빌리는 데는 면허도 필요 없고 나이 제한도 따로 없습니다. 법 개정 이후에도 14세 이상이면 누구나 전동 킥보드를 사용할 수 있습니다. 운전에 미숙한 사람들도 전동킥보드를 끌고 거리로 나설 수 있다는 뜻입니다. 취한 상태로도 몰 수 있습니다. - 최근 늘어나고 있는 전동 킥보드 관련 사망 사고가 예고된 인재(人災)라는 지적이 나오는 이유입니다. 이런데도 법을 개정하며 안전 수칙은 오히려 후퇴했습니다.

> **친권자 징계(체벌)권이란?**
> 민법상 친권의 내용 중 하나로, 자를 보호·교양하는 권리이다. 친권자는 자를 보호하고 교양할 권리·의무가 있는데, 징계권도 그 하나의 내용을 이루고 있다고 본다. 즉 친권자는 자를 보호·교양하기 위하여 징계를 할 수 있는 것으로 해석하고 있다.

1) 주제 개요

  (1) 친권자의 징계권을 삭제하기 위해 추진해 오던 법무부는 민법 제915조에 규정된 징계권 조항을 삭제한 **민법 일부 개정안**이 10월 13일 국무회의를 통과했다고 밝혔음

  (2) 민법의 징계권 조항이 자녀에 대한 부모의 체벌까지 허용하는 것으로 오인되고, 심각한 아동 학대 사건으로 이어지고 있음

  (3) 징계권 조항 삭제를 통해 체벌 금지의 취지를 명확히 하고자 일부 개정 법률안을 마련하게 됐다고 밝혔음

찬성	– 자라나는 청소년 시기에 애정을 가져야 하는 부모와 존경해야 할 대상인 선생님으로부터의 체벌은 정서 발달에 악영향을 미칠 수 있습니다. – 인격적으로 키워야 인격적인 사람으로 크기 때문에 체벌하게 되면 인격 장애가 발생할 수 있습니다. – 자녀 교육의 수단을 체벌에 의존하는 것은 모순입니다. 체벌 없이도 자녀 교육을 할 수 있습니다. – 어떠한 이유로든 체벌을 허용하는 것은 가정 내 폭력으로 인한 아동 학대를 용인하는 것으로 해석될 수 있습니다. 이를 막기 위해서는 금지되어야 합니다. – 모든 자녀는 인권을 보장받을 권리가 있습니다. 체벌권을 금지하여야 이 권리가 보장됩니다.
반대	– 자녀에 대한 훈육과 학대의 기준을 명확하게 구분할 수 없습니다. 체벌권의 금지는 정당한 의미의 훈육도 제한받게 되는 결과를 야기할 수 있습니다. – 일방적인 체벌 금지는 부모의 자녀 교육 권리 침해하게 되어 교육계의 부정적 영향이 우려됩니다. – 징계권을 금지하는 것이 법으로 제정된다고 해도 가정 내 아동 학대는 줄어들지 않을 것입니다. 가정 내 아동 학대는 징계권과 다른 문제입니다. – 체벌을 금지하게 되면 올바르고 규범적인 가정교육을 제대로 할 수 없게 됩니다. – 자녀는 미성숙한 존재이기 때문에 사회 상규상 적정한 수준의 훈육권은 필요합니다. 이것을 금지하는 것은 꼭 필요한 경우의 훈육도 포기하는 결과로 이어질 것입니다.

16 베이비 박스에 대해서 찬반 토론

찬성	베이비 박스의 궁극적인 목적은 유기 조장이 아닌 유아 보호입니다. 즉 생명 보호란 말입니다. 베이비 박스가 유기를 조장한다고 보는 편협한 시각을 가진 이 사회가 문제입니다. 베이비박스가 무조건 유아 유기를 조장하지는 않을 것입니다. 유기 조장에 대한 논란이 있다면, 그 전에 미혼모와 장애아에 대한 편견부터 바꿔야 할 것입니다. 베이비 박스를 설치한 교회의 목사는 버려진 아기들이 추위에 떨다가 죽는 것이 안타까워서 만들었다고 합니다. 책임질 수 없는 일을 한 것은 분명 잘못된 일이고, 아기를 낳아서 기르는 것이 최선의 선택이지만 그것이 어렵다면 베이비 박스에 아기를 두는 것은 차선의 선택쯤은 되지 않을까 생각합니다.
반대	충분히 아기를 키울 수 있는 부모에게도 유기를 조장할 수 있다는 것이 문제입니다. 원치 않는 임신으로 책임질 수 없는 일을 일차적으로 했음에도 불구하고, 아기까지 버리는 것은 이차적인 무책임한 행동입니다. 어차피 태어난 생명이라면 버려지는 것보단 지켜지는 게 당연히 맞는 게 아닌가 생각합니다. 베이비박스 같은 차선책이 자꾸 등장하다 보면, 분명 아기를 유기할 수 있는 사회적 분위기가 조장될 것이 틀림없습니다. 또한 유기 조장의 문제와는 별도로 미인가 시설에서 임의로 아이를 돌보는 것은 불법입니다. 베이비 박스 대신 정부 차원에서의 좀 더 구체적인 해결 방법을 찾는 것이 우선이어야 합니다.

17 안락사와 존엄사의 차이에 대해 이야기해 보세요

안락사는 매우 폭넓은 개념이다. 일반적으로 안락사는 심한 고통에 시달리는 불치 또는 말기 환자의 고통을 제거하거나 덜기 위해 인위적인 방법으로 죽음에 이르게 하는 것을 말한다. 안락사는 대개 환자의 생명 단축을 불러오는데 환자의 생명을 끊어 죽음을 앞당김으로써 고통을 해결해 주는 방식을 적극적 안락사라고 한다. 이에 반해 환자의 고통을 연장하는 데 불과한 연명 장치를 제거하거나 영양 공급·치료를 중지하는 것을 소극적 안락사라고 한다.

존엄사란 인간으로서 최소한의 품위를 지키면서 죽을 수 있게 하는 행위를 말한다. 환자가 회복이 불가능한 사망의 단계에 처했을 때, 무의미한 연명 치료를 중단하고 자연적인 죽음을 받아들이는 방식이라고 볼 수 있다. 환자의 자기 결정권(또는 가족의 처분권)을 의사의 생명 유지 의무보다 더 중시하는 입장에서 나온 것이다.

찬성	– 인간은 누구나 자유롭게 태어났으므로, 자율적 판단에 의해 죽음을 선택할 권리를 가집니다. – 치유가 불가능한 환자의 고통, 과도한 의료비로 인한 가족들의 정신적, 육체적, 경제적 어려움을 줄일 수 있습니다.
반대	– 인간의 생명은 소중한 것이므로 인위적인 생명 단축은 자연의 섭리를 거스르는 범법 행위입니다. – 안락사는 생명 경시의 풍조를 불러올 가능성이 많습니다. – 경제적 문제 등으로 생명의 문제를 다룰 수 없습니다.

1) 토론 배경
   (1) 각 지자체는 성범죄 등 각종 범죄 수의 증가로 범죄 예방을 위한 방범용 CCTV 설치를 확대하는 추세
   (2) 최근에는 특히 어린이집 CCTV 설치 의무화에 이어 수술실 CCTV 설치 의무화 법안까지 정치권 찬반 논란이 증폭
   (3) CCTV(Closed Circuit Television, 폐쇄회로 텔레비전)의 약자: 특정 수신자를 대상으로 화상을 전송하는 시스템

2) CCTV 설치 관련 근거
   (1) 개인정보보호법 제25조(영상정보처리기기의 설치 · 운영 제한)
   (2) 개인정보보호법 시행령 제23조(영상정보처리기기 설치 시 의견 수렴)
   (3) 행정절차법 제46조(행정 예고)
   (4) 행정절차법 시행령 제24조(행정 예고의 대상)

3) 방범용 CCTV 설치 목적
   (1) 생활방범용 CCTV 확대 설치로 취약 지역에 대한 범죄 예방
   (2) 범죄에 대한 불안감을 해소하여 시민의 삶의 질 향상 등

4) 유사 문제
   (1) 경찰의 CCTV 설치에 대한 찬반 의견
   (2) 유치원 교실 CCTV 설치 장단점 & 다른 사람들의 찬성과 반대에 대한 의견
   (3) 수술실 CCTV 설치 찬성, 반대 및 의견 등

5) 찬성, 반대 토론

찬성	**(1) CPTED(환경 설비를 통한 범죄 예방)의 효과적인 도구** 　－ 24시간 감시를 통한 범죄 감소 효과가 기대됩니다. 　　방범용 CCTV의 목표는 범죄를 예방하는 것으로, 방범용 CCTV가 설치된 구역은 범죄율 낮아집니다. 　－ 'CCTV 작동 중' 문구 표시판 설치만으로도 범죄 감소한다는 연구 결과가 있습니다. **(2) 범죄 발생 시 범인 특정에 도움(객관적인 증거 확보 용이, 수사와 재판에 도움)** 　－ CCTV 녹화 영상은 범죄 피의자의 용모 파악에 용이합니다. 　－ 피의자 색출에 결정적 단서, 재판에 있어서 결정적 증거로써 활용됩니다. 　－ 용모 특정뿐 아니라, 법보행분석이라는 수사 기법 활용 특정 가능합니다. 　－ 범죄수사의 효율성이 높아짐, 시간과 비용 절약 가능합니다. **(3)** 범죄로부터 안전하다는 **심리적 안정감, 범행 장소 회피 효과**로 범죄율 감소, 경찰 인력 효율적 관리와 치안 공백 해소 가능합니다. 　－ 녹화기능뿐 아니라 CCTV가 달린 가로등에 비상벨도 같이 설치, 위급상황 시 누르게 되면 관제센터에 알려지게 되고 곧바로 경찰이 출동합니다. **(4) 교통체증 유동인구 및 치안정보 수집에 효과적** 　－ CCTV 설치로 불법 주·정차 비율 감소 단속 효과, 범죄 예방과 일석이조입니다.
반대	**(1)** 넘쳐나는 CCTV 설치는 국민의 기본권을 침해하고, 개인의 사생활 보호받지 못함 　－ **무죄추정의 원칙에 어긋나 기본권을 침해**할 수 있습니다. 　－ 감시 사회로 **개인의 인권, 프라이버시 침해 증가**할 수 있습니다. 　－ 헌법 제17조 "모든 국민은 사생활의 비밀과 자유를 침해받지 아니한다" **(2) 공공의 이익을 이유로 무차별적인 촬영이 이루어질 때** 　－ 개인적인 이익을 위해 사용될 경우 몰카 같은 범죄 유발할 수 있습니다. 　－ **해킹**될 경우 심각한 사생활 침해할 수 있습니다. **(3) 범죄가 CCTV 없는 곳에서 발생할 가능성 증가(풍선효과)** 　－ 궁극적 범죄 예방 수단이 될 수 없으며, 전이 효과로 새로운 범죄 지역 생길 수 있습니다. **(4) 조작 가능성** 및 시스템 다운 **(5) 방범용 CCTV 설치는 치안의 빈익빈 부익부 현상을 초래, 국민 세금 가중** 　－ CCTV 설치와 관리 고비용으로 부유층 우선 설치, 서민층 범죄 증가할 수 있습니다.

1) 개념

제4차 산업혁명(第四次 産業革命, 영어: Fourth Industrial Revolution, 4IR)은 정보 통신 기술(ICT)의 융합으로 이루어지는 차세대 산업혁명이다.

혁명의 핵심은 **빅 데이터 분석, 인공지능, 로봇 공학, 사물 인터넷, 무인 운송 수단(무인 항공기, 무인 자동차), 3차원 인쇄, 나노 기술**과 같은 7대 분야에서 새로운 기술 혁신이다.

4차 산업혁명은 연결, 탈중앙화/분권, 공유/개방을 통한 맞춤 시대의 지능화 세계를 지향한다. 이 지능화 세계를 구축하기 위해 빅 데이터, 인공지능, 블록체인 등의 여러 가지 기술들이 동원된다. 맞춤 시대의 지능화를 위해 현실 세계의 모든 내용을 가상 세계로 연결한 다음, **가상 세계에서 빅 데이터/인공지능 분석을 통해 예측과 맞춤을 예상하고 이를 현실 세계에 적용**하면 된다.

2) 문제점

– 범죄 예방 진단팀 운영, 공동체 중심 치안활동 등의 범죄 예방 정책이 필요하고 이를 위해 현장 인력 보강이 필요하다.

빅 데이터, 인공지능을 활용하지 못하는 현직 경찰의 거부감과 저항이 있을 수 있다.

경찰 인력의 축소 등 구조조정이 진행될 것이다.

국민들이 AI를 더 신뢰할 수도 있다.

빅 데이터, 인공지능을 활용할 전문 인력이 필요하고 설치, 유지, 보수 비용이 증가할 것이다.

3) 경찰에의 활용

– 4차 산업혁명 시대에 경찰 의사 결정과 대응력을 높이기 위해서는 데이터에 기반한 스마트 치안을 강화해야 한다.

– 데이터 확보, 지역 공동체와 협업이 필요하다.

– 4차 산업혁명 시대에는 객관적 데이터에 근거한 예방 경찰 활동이 필요하다.

– 범죄 분석을 통한 빅 데이터에 기반해 '거점중심 112 신속 대응' 같은 선제적 경찰 활동을 추진해야 한다.

출처: Y TIMES(http://www.ytimes.co.kr)

찬성	– 색약 등 男 6% 달할 만큼 흔합니다. – "혈흔 · 옷 색깔 충분히 구분 가능"합니다. – 인권위 4번 권고에도 경찰이 불수용하고 있습니다. – "객관적 근거 없이 차별" 목소리가 있습니다. – 중도 색약은 평소 일상생활을 할 때 이상을 느끼지 못할 정도로 증상이 경미한데 불합격은 과도합니다. – 보건복지부 등에 따르면 국내 남성의 5.9%, 여성의 0.4%는 색각 이상(색맹 · 색약) 증상을 갖고 있습니다. 남성 17명 중 1명은 색각 이상자일 정도로 남성에게는 흔한 증상입니다. – 색각 이상자 중 모든 색을 전혀 구별하지 못하는 전색맹자는 0.003%에 불과합니다. 업무 수행 능력과 큰 연관성이 없다는 인식이 퍼지면서 일반직 공무원 등에서 채용 제한은 대부분 사라졌습니다. – 과거 응시가 불가능했던 의사고시도 현재는 응시할 수 있습니다. – 소방공무원은 인권위 권고를 받은 뒤 2016년부터 색맹과 적색약을 제외한 중도 이상의 녹색약 · 청색약 색각 이상자에 대해서는 채용 제한 규정을 없앴습니다. – 인권위 역시 경찰이 업무와 색각 이상자 채용 제한의 상관관계에 대해 구체적으로 분석하지 않은 점을 지적하고 있습니다. – 단순히 약도 · 중도 · 강도의 의학적 기준에 따라 채용을 일률 제한하는 것은 지나친 일반화로, 합리적 이유가 없는 평등권 침해의 차별 행위라는 것입니다. – 인권위는 그 근거로 경찰청 자체 임상 시험과 연구 용역 결과에서 중도 색각 이상자가 신호등, 혈흔, 용의자의 옷 색 등을 모두 구분했다는 사실 등을 제시했습니다. – 인권위 관계자는 "경찰이 일률적으로 채용을 제한하기보다 업무별로 구체적인 개선 방안을 마련할 필요가 있다"고 말했습니다.
반대	– 경찰은 "수사 직무 수행에 불가피하다면 탈락의 기준이 될 수 있다. 청록을 구별 못 할 경우 교통 업무가 불가능할 것이다. 수많은 인명을 앗아갈 수도 있다."라고 말합니다. – 사건 처리 시 한두 번의 실수나 오류도 시민의 생명과 재산에 돌이킬 수 없는 피해가 발생할 수 있습니다. – 개인의 신체적 단점이 조직 전체의 신뢰도 하락에 영향을 미칠 수 있습니다. – 동일한 점수를 가진 지원자가 수백 명이라면 직무와 관련된 신체적 취약함이 불리하게 작용할 수도 있지 않을까 생각합니다. – 체력에서 1초라도 늦으면 탈락하는 경우도 상당히 많은데 색약이 채용에 불리한 사유 혹은 결격 사유인 것은 경찰 업무의 특성상 당연합니다. – 면접에서도 말 한마디 실수, 관련 지식 하나만 잘못 답변해도 탈락하는데 수사나 업무 수행에 지장을 줄 수 있는 색약이 탈락의 기준이 될 수 있다.

법안

01 소년법 폐지에 대해서 본인의 생각을 이야기해 보세요 (부산청, 2020년 기출)

예시 인천 초등생 살인사건, 부산 여중생 폭행사건, 강릉 청소년 폭행사건 등 청소년 범죄가 계속 증가하고 있습니다. 현재 소년법 59조에 따르면 '죄를 범할 당시 18세 미만인 소년에 대해서는 최고 15년의 유기징역으로 한다.'고 되어 있으나 특정강력 범죄처벌법 4조 1항에서는 '특정강력 범죄를 범한 당시 18세 미만인 소년을 사형 또는 무기형에 처해야 할 때는 소년법 59조에도 불구하고 그 형을 20년의 유기징역으로 한다.'고 명시되어 있습니다.

	단체 면접
사회자	최근 흉포화되는 소년 범죄에 따라 소년범에 대한 감경 조항을 포함한 소년법을 폐지해야 한다는 의견이 제기되고 있습니다. 이에 대한 토론을 해주시기 바랍니다.
찬성	− 폭력 가해 학생은 확실하게 대가를 치른다는 경고가 필요합니다. − 청소년들의 정신적 육체적 성장 속도가 점점 빨라지고 있으며 범죄의 저연령화, 흉포화 등이 심각한 문제로 대두되고 있습니다. − 소년법상 보호 처분 대상을 12세 이상으로 한정, 국가가 12세 미만 소년의 범죄 행위에 대해 방치하는 결과가 발생합니다. − 가해 학생들은 소년이란 이유만으로 관용과 선처를 받지만 폭력 학생들에 대한 적극적인 입건과 강력한 제재가 필요합니다. − 14세 미만 소년의 범죄가 급증하고 처벌받지 않음을 이용하고 있습니다. 저도 소년 범죄의 흉포화에 상응하는 처벌이 이루어져 피해자를 보호할 수 있고 청소년들이 약한 처벌로 방심하여 저지르는 잔인한 범죄를 사전에 방지할 수 있다고 생각합니다.
반대	− 청소년은 성인이 아니므로 교화와 교정을 통해 사회로 다시 복귀시키고자 하는 것이 목적입니다. − 학교와 교육청 등 교육 기관이 교육적인 관점과 잣대로 접근 학교 폭력의 근본적인 원인 제거 및 학교 폭력 예방, 상담, 치료가 필요합니다. − 정신적으로 성숙하지 못한 아이들을 성인과 같은 처벌은 가혹합니다. − 처벌보다 교화가 중요한 시기입니다. − 관용과 용서의 자세로 재범 방지에 노력해야 합니다. − 한번 잘못으로 평생 범죄자 낙인 찍혀선 곤란합니다. − 독일, 오스트리아, 일본, 대만, 등도 형사 책임 최저 연령은 대부분 14세로 규정하고 있습니다. − 청소년 범죄는 개인보다는 가정, 학교, 국가의 책임이 더 크기 때문에 성인 범죄와 구별해서 다뤄져야 한다는 의견도 있습니다. − 형벌을 강화한다고 해서 소년 범죄가 줄어든다는 것이 증명되지 않았고 학생들의 교화가 더 중요하다고 보는 입장도 있습니다.

폐지 찬성	(1) 국가보안법으로 범죄 행위 실행 전 단계의 음모를 광범하고도 과도하게 처벌하는 것은 처벌의 대상이 되는 자가 어떤 행위를 하였든지 간에 그가 **반국가단체의 구성원이라는 이유만으로 처벌의 대상으로 삼는 것입니다.** 이는 '행위형법의 원칙,' 즉 '심정형법(心情刑法)의 배제원칙'에 반하는 것입니다. (2) 반국가단체 정의(제2조)와 관련하여 어느 경우가 정부 참칭에 해당되는지 여부가 불분명하고, 국가변란의 수단·방법·범위도 불명확합니다. 또한 찬양·고무죄(제7조 1항)의 경우 찬양·고무, 동조·선전의 개념, 방법 및 정도가 불명확하고, 반국가단체나 그 구성원의 활동에 제한이 없습니다. (3) **북한이 '사실상의 국가'이자 유엔 회원국이라는 현실을 도외시한 것으로서 일면적이며 과도**하며, 올바른 남북관계 정립에 도움이 되지 않을뿐더러 헌법 제4조의 평화통일조항에 정면배치됩니다. (4) 찬양·고무·선전 또는 이에 동조하는 등의 행위를 하거나 위 행위를 할 목적으로 문서·도화 기타의 표현물을 제작·수입·소지·반포·취득하는 행위(소위 이적표현물에 관한 죄)를 처벌토록 하고 있는데, 이는 **민주주의 사회의 전제인 사상·양심의 자유, 표현의 자유(언론·출판의 자유, 집회·결사의 자유), 그리고 학문의 자유 침해**입니다.
폐지 반대 (존치)	(1) 반국가단체의 구성원이 된다는 것은 곧 반국가단체에 가입한다는 것을 의미하고, 가입은 엄연한 행위, 즉 범죄 행위이기 때문이라는 것입니다. '조직'과 '가입'은 행위이지 '존재 자체'가 아닙니다. (2) 모든 법조문은 추상적인 용어로 되어 있으며, 법문(法文)에서 일일이 그 개념을 자세히 규정할 것을 요구하는 것은 비합리적인 억지이며, 법을 모르는 무지의 소치에서 비롯된 주장입니다. (3) 남북한은 평화통일을 위한 협의와 각종 남북회담 개최를 비롯해서 인적·물적 교류협력을 위한 노력을 기울여 왔고, 마침내 남북정상회담까지 개최하였지만, 그러한 노력들이 국가보안법에 의해 방해를 받은 일이 없습니다. (4) 국가보안법이 범죄 구성 요건의 불명확성을 악용하여 반국가단체 구성원의 일상적 활동이나 무의식적인 찬양·고무·동조도 처벌 대상으로 삼고 있다는 주장도 국가보안법의 적용 현실과는 배치됩니다. (5) 국가보안법은 북한의 대남혁명전략에 대응하여 체제 유지를 위한 형사법인 바, 북한을 법 실천상 반국가단체로 보고 있는 근거법인 국가보안법을 존치하더라도 그것 자체만으로는 법리상·남북기본합의서에 모순되지 아니합니다.

찬성	(1) 2014년 두 살배기 아이를 어머니가 베란다로 던진 사건이 있습니다. 이 사건의 어머니는 발달장애 1급 판정을 받고 감형된 사례입니다. 선악조차 판단할 수 없는 정신 질환을 가지고 있는 사람들도 존재합니다. 법이란 테두리 안에서 약자들이 보호받아야 한다고 생각합니다.
	(2) 심신미약 감형 제도를 악용하는 사례를 가끔 뉴스에서 볼 수 있습니다. 실제 법원이 심신미약을 인정한 경우는 전체 중 20%에 불과합니다. 악용할 우려가 있다고 해서 제도를 없애면 진짜 심신미약자 즉, 정신 질환자가 피해를 입을 것입니다.
	(3) 관련 제도가 사라진다면 정신 질환자는 모두 위험한 존재라는 사회적 편견이 생길 것입니다.
	(4) 감형은 있을 수밖에 없습니다. 우리 형법 10조 '심신장애인' 항목과 같은 맥락에서 이해할 수 있으며 통제 능력을 잃고 죄를 범한 이들, 즉 범죄를 저질렀을 때 처벌에 반영하는 중요한 요소 중의 하나인 **고의성이 결여되어 있는 경우를 심신미약에 해당**한다고 보고 형량을 깎아주는 것입니다.
	(5) 심신미약자들에게 필요한 것은 높은 형량이 아니라 **전문 치료**입니다. 특히 심신미약에 해당하는 정신 질환 같은 경우는 약을 복용하거나 초기에 치료하면 정상적인 사회생활이 가능합니다. 따라서 그들에게는 높은 형량을 부과하는 것이 아니라 전문 치료소의 감호 등이 더욱 필요할 것입니다.
반대	(1) 범죄자의 범죄를 보호해줄 수단처럼 여겨집니다. 2014~2016년 기준 심신장애 주장 사례 1,597건, 법원 인정은 305건이지만 심신미약 감형 제도를 이용하는 사례가 꽤 많음을 알 수 있습니다.
	(2) 심신 미약 감형으로 인해 형량이 줄어들어 다시 사회로 복귀했을 때 재 범죄를 저지르거나 피해자 측에 보복할 우려가 있으며 이로부터 보호해줄 제도가 명확하지 않습니다.
	(3) 심신 미약을 주장하는 사건을 살펴보면, – 첫 번째 사례는 강서구 PC방 살인사건 김성수 사건을 보면 우울증을 주장하여, 한 달간 정신 감정을 통해 심신미약을 판단한다고 하였지만 한 달간 지켜보는 것이 정확한 것인지 알 수 없습니다. 보호관찰소에서 한 달 동안 행동 관찰로 진행되기 때문에 의사와 전문가를 속일 우려가 있습니다. – 두 번째 사례는 인천 초등학생 살인사건입니다. 피의자가 조현병, 아스퍼거 증후군 진단서를 제출했지만 전문가 진단에 의해 해당 질환이 없다고 판단되었습니다. 위에 나온 사례들을 보면 모두가 경악할 끔찍한 사건입니다. 하지만 피의자 모두 심신미약을 주장하고 실제로 감형된 사례도 있습니다.
	(4) 심신미약은 범죄의 원인이나 범죄를 정당화하는 수단이 될 수 없습니다. 정신 질환이 있다면 치료를 받게 하고 처벌받아야 할 범죄가 있다면 처벌해야 합니다. 특별히 중대한 범죄는 사회의 안전과 정의를 지키기 위해 엄중히 처벌해야 합니다. 정신 질환과 심신미약을 동일 선상에 있는 문제로 인식함으로써 정신 질환자들이 잘못된 편견과 낙인에 노출되지 않도록 더 신중한 처분이 필요합니다.
	(5) 가해자 못지않게 지켜지고 보호되어야 할 것이 피해자들의 인권입니다. 해당 피해자뿐만 아니라 이를 곁에서 지켜보고 소중한 사람을 잃은 가족들의 고통 또한 적지 않기 때문에 심신미약이라는 명분으로 주어진 감형이라는 면죄부는 피해자 및 그 가족들을 두 번 죽이는, 그들을 우롱하는 처사입니다.

	단체 면접
사회	– 19.8.20 한강 몸통 시신 사건 피의자 장대호(38): "범죄수법 잔인. 증거 충분", "국민 알 권리 존중 범죄 예방 차원" – 19.5. 전 남편 살해 고유정 – 18.10. 서울 강서구 PC방 살인사건 피의자 김성수 – 18.10. 용인 일가족 살해사건 – 17.10. 어금니아빠 이영학 사건 이후 얼굴, 이름, 나이 등 공개가 필요하다는 여론이 있습니다. 이에 대한 찬반 토론을 시작하도록 하겠습니다.
찬성	– 국민의 알 권리 보장 차원에서 개인 신상 공개해야 합니다. 언론의 본질적 기능이기 때문입니다. 신상 공개를 해야 최근 문제가 되는 지능화된 소년범 차단 효과와 범죄 예방 효과 (성범죄자의 경우 신상 공개가 효과 있음)가 있습니다. – 미국을 비롯해 프랑스, 남아프리카공화국, 대만 등 여러 나라가 청소년 대상 성범죄를 근절하기 위해 범죄자의 신상 공개를 법으로 정하고 있습니다. – 미국은 신상 공개가 가장 활발히 이뤄지고 있습니다. 지난 1996년 연방법으로 제정된 메간법은 청소년 상대 성범죄자가 주거지역을 옮길 경우 각 지역 경찰이 이 사실을 해당 지역 주민들에게 공개하도록 규정하고 있습니다.
반대	– 개인의 인권 존중(무죄추정의 원칙)에 위배됩니다. – 2차 피해가 우려됩니다.(연좌제 금지) – 범죄자의 부모, 자녀, 주변의 사람들을 보호할 의무가 있고 피의자 신상이 공개되면 가족이나 주변 사람들의 신상이 인터넷상으로 공개될 피해를 당할 가능성이 높습니다. – 정당하지 않은 신상털기는 범죄이고 개인정보보호법, 정보통신망법 등 사이버 명예훼손까지 존재할 수 있습니다. – 신상 공개는 재범을 줄이지 못하고 범죄자의 재사회화를 막습니다.(낙인효과)

◀참고▶ 「특정강력 범죄의 처벌에 관한 특례법」상 피의자의 얼굴 공개(제8조의 2)

(1) 검사와 사법경찰관은 다음 각 호의 요건을 모두 갖춘 특정강력 범죄 사건의 피의자의 얼굴, 성명 및 나이 등 신상에 관한 정보를 공개할 수 있다.
  ① 범행 수단이 잔인하고 중대한 피해가 발생한 특정강력 범죄사건일 것
  ② 피의자가 그 죄를 범하였다고 믿을 만한 충분한 증거가 있을 것
  ③ 국민의 알 권리 보장, 피의자의 재범 방지 및 범죄 예방 등 오로지 공공의 이익을 위하여 필요할 것
  ④ 피의자가 「청소년 보호법」 제2조 제1호의 청소년에 해당하지 아니할 것

◀참고▶ 「성폭력처벌에 관한 특례법」상 피의자 얼굴 공개(제25조)

(1) 검사와 사법경찰관은 성폭력범죄의 피의자가 아래 사유에 해당하는 때에는 얼굴, 성명 및 나이 등 피의자의 신상에 관한 정보를 공개할 수 있다. 다만, 피의자가 「청소년 보호법」 제2조 제1호의 청소년("청소년"이란 만 19세 미만인 사람을 말한다. 다만, 만 19세가 되는 해의 1월 1일을 맞이한 사람은 제외한다.)에 해당하는 경우에는 공개하지 아니한다.
  ① 피의자가 죄를 범하였다고 믿을 만한 충분한 근거가 있을 것
  ② 국민의 알권리 보장을 위해 필요
  ③ 피의자의 재범 및 범죄 예방 등 공공의 이익을 위해 필요한 경우

단체 면접 찬반 토론	
찬성	– 2001년 '형법' 개정으로 음주 사고 운전자 기존 '과실치사상죄'에서 '위험운전치사상죄' 적용, 음주 운전 단속 기준 혈중알코올농도 0.03%로 하향했습니다. – 음주 단속 기준 0.03%로 하향 시 연간 400여 명 이상 사망자 감소 효과를 볼 수 있습니다. 경미한 처벌은 재범률을 높이므로 처벌 강화가 필요합니다. – 미국, 캐나다는 '미필적 고의에 의한 살인'으로 처벌하고 있습니다.
반대	– 과도한 단속으로 전과자를 양산하고 있습니다. – 벌금으로 세금을 확보하려는 정부의 꼼수라는 오해 받을 수 있습니다. – 음주 측정기 오차 문제 해결이 필요합니다. – 단속기준 강화 시 처벌을 피하기 위한 뺑소니 사고 증가가 예상됩니다. – 실효성 있는 예방책 마련이 필요합니다.

1) 민식이법이란, 2019년 9월 충남 아산의 한 어린이 보호 구역(스쿨존)에서 교통사고로 사망한 김민식 군(9세) 사고를 계기로 어린이 교통안전을 강화를 위한 법입니다.

2) 도로교통법 개정
   ① 어린이 보호 구역 내에 과속 단속 카메라, 과속 방지턱, 신호등 설치 의무화
   ② 어린이 보호 구역 운행 제한 속도는 시속 40km에서 시속 30km로
   ③ 어린이 보호 구역 주정차 위반은 범칙금 8만 원(승용차)에서 12만 원으로
   ④ 특정범죄가중처벌등에관한법률(특가법) 개정
   ⑤ 어린이 보호 구역 어린이 사망 사고는 무기 또는 3년 이상의 징역
   ⑥ 어린이 보호 구역 어린이 상해 사고는 1년 이상 15년 이하의 징역 또는 500만 원 이상 3천만 원 이하의 벌금으로 강화

3) 답변 내용(행정안전부 재난안전관리본부장)
   ① 정부는 행정안전부를 중심으로 교육부, 문화체육관광부, 보건복지부, 국토교통부, 경찰청 합동으로「어린이 보호 구역 교통안전 강화대책」발표
   ② 2022년까지 전국 어린이 보호 구역 중 교통사고 예방을 위해 필요한 곳에 무인교통 단속 장비와 신호등을 모두 설치
   ③ 운전자들이 어린이 보호 구역을 쉽게 인식하고 예방운전을 할 수 있도록 옐로카펫, 노란발자국과 같은 시설들 확대
   ④ 어린이 보호 구역에서 운전자와 어린이 시야를 방해하는 불법 주정차를 근절하기 위해 제도와 시설을 지속적으로 보완
   ⑤ 어린이들이 위험 상황을 실제 체험할 수 있도록 다양한 실감형 교육자료를 확대 보급하고 안전체험관 체험학습 기회도 늘려나갈 예정
   ⑥ 운전자들이 경각심을 가지고 안전 운전을 할 수 있도록 내비게이션 안내 음성과 표출화면을 개선하는 동시에 제한속도 지키기 범국민 캠페인도 지속적으로 추진

찬성	반대
– 개정된 특정범죄 가중처벌 등에 관한 법률이 '형벌 비례성의 원칙'에 어긋나고, 어린이 보호 구역 내에서 어린이 교통사고가 발생할 경우 모든 책임을 운전자에게 부담시키는 것은 부당합니다. – 중대 고의성 범죄와 순수 과실 범죄가 같은 선상에서 처벌 형량을 받는다는 것은 이치에 부합하지 않을뿐더러 헌법에서 보장하는 책임과 형벌 간의 비례성 원칙에 어긋납니다.	– 어린이 보호 구역 내에서의 어린이 사고를 막기 위한 취지로 과속단속 카메라 설치, 횡단보도 신호기 설치, 불법 주차 금지를 의무화하는 것에 대해서 마땅히 이루어져야 할 조치라고 생각합니다. – 운전자의 과실이 있으면 그 과실만큼만, 고의가 있다면 그 고의만큼만 형벌을 집행하는 것은 지극히 당연한 이치입니다.

사회자	가짜 뉴스는 2016 미국 대선과 2018년 한국 대통령 선거 때 사회적 이목을 받게 되었으며 사실이 아닌 허위 정보는 사회 경제적으로 여론을 왜곡하고 다양한 부정적 영향을 미치기 때문에 규제의 필요성이 있는데 이에 대한 의견을 말해주세요.
찬성	− 국민 10명 중 6명은 가짜 뉴스 방지법 제정에 찬성하는 입장입니다. − 가짜 뉴스는 선거에 큰 영향을 미치게 되어 민주주의 보호에 악영향을 끼칩니다. − 가짜 뉴스는 개인의 명예훼손과 사회공공에 악영향을 끼칩니다. − 표현의 자유는 기본권의 일종이지만 무한의 권리가 아닙니다. − SNS의 일상화와 인공지능 등 기술의 발달로 진짜와 가짜의 경계가 허물어지고 있습니다. − 가짜 뉴스로 인해 거짓이 넘쳐나고, 진실과 거짓의 경계가 흐릿해져 잘못된 정보를 진실로 믿는 상황들이 증가할 것이며 이것은 사회를 혼란하게 만들 것입니다. − 단순 허위인 가짜 뉴스가 아니고, 악의적 의도 또는 계획적 조직적으로 가짜 뉴스를 유포하는 사람을 대상으로 한 가짜 뉴스 방지법은 더 나은 인터넷 환경을 위한 기본적인 조치일 것입니다. − 가짜 뉴스는 선거 결과에도 엄청난 영향을 미치기 때문에 관심과 규제의 대상이 될 수밖에 없습니다. − 가짜 뉴스가 진짜 뉴스가 될 수도 있습니다. 미국 노스캐롤라이나에 사는 한 남성이 워싱턴에 있는 한 피자 가게에서 총격을 벌이다 체포됐는데 그는 피자 게이트라고 불리는 음모론에 속아 이런 범죄를 저질렀습니다. − 가짜 뉴스, 유언비어, 찌라시 등 잘못된 정보가 더 큰 사건을 불러일으키는 촉발 요인이 될 수 있습니다. − 가짜 뉴스는 개인의 명예를 훼손할 뿐 아니라 사회 공공에 악영향을 미친다. − 표현의 자유는 기본권의 일종이지만 무한의 권리가 아닙니다. − SNS의 일상화와 인공지능 등 기술의 발달로 진짜와 가짜의 경계가 급속도로 허물어지고 있습니다.(포토샵뿐만아니라 동영상 합성(deepfake)도 가능해졌습니다.) − 가짜 정보의 기준은 법원, 언론중재위원회, 선관위 등의 기관에서 판단할 수 있습니다.
반대	− 표현의 자유 침해로 변질될 우려가 있습니다. − 가짜 뉴스 개념이 불명확하여 명확성의 원칙에 위배될 가능성이 많습니다. − 가짜 뉴스 사전 검열로 독재 정치의 수단으로 이용될 우려가 있습니다. − 단순 조정 신청만으로 알림 표시를 하는 행위는 특정 기사에 부정적 낙인을 찍을 수 있어 정치적으로 악용될 수 있다는 반론이 있습니다. − 알림 표시 의무를 어길 경우 3,000만 원 이하 과태료 부과를 명시한 것도 과도한 규제라는 주장이 있습니다. − 가짜 뉴스의 개념이 불명확한 가운데 정보통신서비스 제공자에게 허위 사실에 대한 판단을 의무화함으로써 모니터링을 강제하고 있다는 주장이 있습니다. − 입법안이 정보통신사업자의 임의 판단만으로 표현물을 임시조치 또는 삭제하게 함으로써 위헌적 요소가 있습니다. − 심의 중인 사항이 불법이 아닌데 표시를 의무화하는 것 역시 낙인효과가 있다는 비판입니다. − 명확성의 원칙과 과잉 금지의 원칙에 위배되는 법 조항이 많습니다. − 표현의 자유 침해 우려 그리고 의견 표출 전 자기 검열 우려가 있습니다. − 모호한 가짜 뉴스 기준 때문에 뉴스가 사전 검열에 이용될 수 있다는 우려가 있습니다.

 **여성 관련**

01 권력형 성폭행 처벌 강화에 대한 의견?

단체 면접	
찬성	– 약자들의 성적인 피해가 공론화되면서 자신 또는 주변인에게도 일어날 수 있다는 인식과 함께 성범죄 예방에 효과적일 수 있습니다. – 성 관련 범죄 발생 시 피해자가 문제라는 인식에서 가해자 잘못이라는 당연한 결론이 인식될 수 있습니다. – 성범죄 사실을 밝힘으로써 범죄자 적발이 용이할 수 있습니다.
반대	– 재판 전 성범죄자 낙인–무죄추정원칙에 반합니다. – 개인 정보 유출 등 2차 피해 우려됩니다. – 무고한 사람의 피해 발생 가능성이 있습니다. 현재처럼 불특정 다수에게 공개적으로 폭로하는 방법은 파급력이 크지만 피해도 큽니다. – 성적 적대 운동으로 변질될 가능성이 있습니다. 미투 운동의 본질은 권력형 성범죄에 대한 고발로 성범죄 예방이 목표가 되어야 하는데 남성혐오, 여성혐오, 배척 등에 치우칠 수 있습니다. – 미국 부통령의 여성과 단둘이서는 식사를 하지 않는다는 말 등 미투 여파로 여성과는 일절 어울리지 않는다는 펜스룰이 번질 우려가 있습니다.

단체 면접	
사회자	조두순 사건 이후 부산 여중생 납치 살해 사건 등 아동 성범죄가 끊임없이 발생함에 따라 아동 성범죄에 대한 강력한 대책이 요구되고 있습니다. 국회 본회의에서 '상습적 아동 성폭력범의 예방 및 치료에 관한 법률안'이 통과되며 '화학적 거세'에 대해 찬반양론이 일고 있습니다. 화학자 거세에 대한 찬반 토론을 시작하겠습니다.
반대	– 본인의 동의 없이 강제적으로 약물을 투여하는 것으로는 '스스로 성 충동 억제 능력을 갖게 한다'는 치료 목적을 달성할 수 없고 약물을 투여하는 기간에만 일시적으로 범죄 가능성을 줄일 수 있을 뿐, 약물 투여 중단 이후 투여 전보다 성 충동이 높아질 수 있습니다. – 상당수 성폭력은 분노, 불만, 소외감의 표출이자 남성성의 과시 등에 의한 것입니다. 약물 투여로 성욕을 억제하더라도 성범죄자의 성격이나 행동 패턴이 근본적으로 개선되지 않으면 성폭력은 일어날 수 있고, 또 다른 방식의 폭력적 충동으로 이어질 수 있습니다. – 화학적 거세가 실질적인 해결책이 될 수 없음은 물론이고, 어마어마한 예산이 들어갑니다. 성범죄자에 대한 약물 치료를 실시하게 되면 1인당 연간 투약 및 검사비용으로 약 500만 원가량의 비용이 들고 100명의 성도착증 환자를 치료하고자 할 때 1인당 연간 약값과 성도착증 감정 비용, 심리 치료 비용, 출소자 감독을 위한 보호감찰관 증원 비용 등을 계산하면 9억 원이라는 어마어마한 액수가 들어갑니다. 10년 이상 투약한다고 해서 성욕이 줄어드는 것이 아니므로, 화학적 거세는 그야말로 기약 없는 투자라고 생각됩니다. – 화학적 거세의 치명적인 약점은 약물 투입을 중단하면 호르몬 분비가 다시 정상적으로 돌아와 성욕이 회복된다는 것입니다. 또한, 약물 투여 시 성욕이 감퇴하면서 우울증도 쉽게 찾아오며, 간혹 신체의 균형이 심각하게 무너지는 경우도 있다고 합니다. 이처럼 많은 문제들이 제기됨은 물론, 화학적 거세의 효과에 대한 다양한 연구가 없는 상황입니다.
찬성	– 화학적 거세는 아동 성범죄의 범행 동기를 근본적으로 없앨 수 있습니다. 화학적 거세를 적극적으로 도입한 스웨덴과 덴마크에서는 종래 40%에 달하던 성범죄 재범률이 5%로 나타나는 등 실효성이 입증된 것은 물론 상징적 효과가 있습니다. 이제까지 많은 방안들을 내세우며 아동 성범죄를 낮추고자 노력했으나, 이를 효과적으로 막지 못했습니다. 또한 하루가 멀다 하고 아동 성폭력 범죄가 발생하는 지금이 강력한 제도의 도입에 적절한 시기입니다. – 화학적 거세에 대한 사례 중 2000년부터 성폭력 범죄자에게 화학적 거세를 시행한 미국 오리건주의 사례를 들 수 있습니다. 미국 오리건주는 약물을 투여받은 가석방 성폭력 범죄자의 재범률이 0%였지만, 투여받지 않은 범죄자의 재범률은 22%에 달한다는 통계 결과를 내놓았습니다. 이는 화학적 거세의 확실한 효과를 다시 한 번 증명하는 통계입니다. 현재 우리나라의 경우 성폭행 범죄 처벌은 솜방망이 수준이며, 재범률은 무려 80%에 달합니다. 제2, 제3의 피해자가 나오지 않게 하기 위해서라도 화학적 거세를 시행해야 합니다.

	단체 면접
사회자	텔레그램 '박사방'의 조주빈(25) 오른팔로 알려진 '부따' 강 모 씨(19)에 대해 경찰이 신상 공개 여부를 위원회를 통해 결정할 방침인 가운데 아직 10대인 강 씨의 신상을 공개에 대해 찬반 토론을 해주세요.
반대	− 지난 3월 24일 성폭력범으로는 사상 처음 얼굴과 나이, 이름이 공개된 조 씨에 이어 강 씨의 신상이 공개된다면 사상 두 번째 공개가 될 것으로 보입니다. 강 씨는 25살인 조 씨와는 달리 2001년생인 19살로 민법상으로는 미성년자입니다. 만 19세가 되는 해에는 청소년에서 제외되는 청소년보호법에 의거해 강 씨의 신상을 공개할 수도 있습니다. − 국내에서 성폭력 관련 형량이 낮기 때문에 신상 공개를 먼저 해서 일벌백계해야 합니다. − 나이와는 관계없이 범행을 객관적으로 판단해서 공개할지 안 할지 결정하는 방향이 좋을 것 같고 범죄 위험성이 높고 피해자의 범위가 넓어지므로 신상 공개가 필요합니다. − 신상 공개를 하지 않으면 처벌받았다고 생각을 하지 않을 것이며 실제로 기껏해야 징역 5년 정도 될 수 있어서 그것으로 범죄성을 누를 수 없기 때문에 신상 공개로 간접적 처벌을 해야 합니다.
찬성	− 젊은이라 신상 공개를 하게 되면 낙인이 엄청나게 크고 (남은 삶의) 70년 이상을 낙인 속에서 살아가야 하기 때문에 공정한가 살펴볼 필요가 있습니다. − 이것보다 더 중한 성폭행범도 많이 있었고 형평성의 문제가 발생해 조심스럽습니다. 미성년자라는 단서 조항을 적용해 공개를 하는 것이 적절한지는 신중할 필요는 있어 보입니다.

사회자	남성으로 군에 입대한 직업 군인이 국군수도병원에서 정식으로 성별 불쾌감 진단, 즉 본인이 다른 성으로 태어났다고 느끼는 것에 대해서 정식으로 진단을 받았고요. 그다음에 지난 겨울 휴가 중에 성전환 수술을 실제로 한 사례가 있습니다. A 하사는 부대 복귀 이후 군 병원에서 신체적 변화에 대한 의무 조사를 받았고, 군 병원은 '심신 장애 3급' 판정을 내렸습니다. 군인사법 시행규칙 심신장애 등급표에 따르면 남성 성기 상실과 관련해 장애 등급을 판정할 수 있습니다.
반대론 (여군 복무 반대)	− 사실 복무 중에 성전환 수술, 이에 관련해서 어떻게 복무시킨다는 규정 자체는 없고요. 그런데 이제 군대에 가기 전에 생물학적으로 남성이더라도 여성에 가깝게 행동하는 사람들 같은 경우에 **성 주체성 장애로 분류돼서 입영 대상에서 제외**됩니다. − 들어가서 성전환 수술한 경우에 대해서는 없는데 이건 아까 말씀하셨던 것처럼 일단 신체 훼손으로 보는 거죠. 성기 자체를 적출했기 때문에 이 경우에는 **일단 3급 장애로 분류**되어 전역 대상입니다. − 트랜스젠더가 되는 본인의 그런 개인적 성향에 따라서 성전환 수술한 것에 대해서는 저는 전혀 문제 삼지 않습니다. 본인 스스로 성전환 수술한 것에 대해서는 전혀 문제 삼을 수 없으나 그래도 일정한 제약이 있을 수밖에 없습니다. − 입영 대상자 중에 성 정체성에 혼란을 가진 사람도 입영 대상에서 제외됩니다. 군대 내에서는 그런 문제로 오히려 성 주체성 관련된 혼돈이 있으면 군대 생활하기 어렵다고 일단 판단하기 때문에 처음부터 걸러내는 것입니다.
찬성론 (여군 복무 찬성)	− 미국에서 이미 2018년도에 트럼프 대통령이 자기 트위터에 성전환자 복무를 시키는 것이 군대 내 분열을 초래한다고 하면서 이 성전환자는 군대 복무 금지를 시키겠다고 얘기한 다음에 그런 행정 지침을 내렸었는데요. 이것이 **2018년도에 미국 법원에서 위헌 판정**을 받은 바 있습니다. − 유럽에서는 네덜란드나 이스라엘 같은 나라에서는 **성전환자의 군 입대가 다 허용**이 되고 있어요. 즉 사회가 점점 발달이 돼가면서 여러 가지 개선돼 나가는 문제의 하나입니다. 이 기본권 침해는 법적으로 본다면 다른 사람들이 그렇게 느낀다는 정도 갖고는 박탈할 수가 없는 문제라는 생각합니다. − 음경 훼손. 그러니까 남성이 성전환 수술을 한 경우에는 전역 심사를 받게 돼 있고 그런데 여성이 자궁 적출이나 난소 제거를 한 경우에는 전역 대상 등급이 아니어서 형평성에 맞지 않습니다. − 군인권센터 관계자는 "A 하사가 법적인 성별 정정 절차를 밟고 있음에도 성전환 수술에 따른 성기 적출을 심신 장애로 판단했다"며 "성전환 수술 후 회복만 이뤄지면 정상적인 복무가 가능하다"고 보고 있습니다. − 한편 캐나다와 벨기에 등 20여 개국에서는 성전환자의 군 복무를 공식적으로 허용하고 있습니다.

사회자	최근 '성매매 피해자 등의 자활지원 조례 시행규칙'에서는 성매매 업소 종사자가 앞으로 성매매를 하지 않겠다는 내용의 '탈성매매 확약서'와 '자활 계획서'를 구청에 제출하면 생계비 월 100만 원, 주거지원비 700만 원, 직업훈련비 월 30만 원 등 최대 1년간 2,260만 원을 지원하기로 하였습니다. 이러한 성매매 여성 자립 정책에 대한 찬반 토론을 하여주세요
찬성	− 성매매 종사자들은 대부분 취약 계층이므로 성매매를 중단할 수 있도록 지원책을 마련해야 합니다. − 지원 없이 금지만 해버리면 풍선효과가 발생할 수 있고, 지원하는 자치단체에서 지원금을 수령한 성매매 종사자가 성매매를 계속하는 등 성매매 근절이란 목적에 부합하지 않을 경우 지원금을 즉시 회수하면 지원 목적에 부합합니다. − 성매매 종사자 40명을 대상으로 한 1년간의 소규모 단발성 지원으로 얻을 수 있는 기대효과가 투자한 비용 이상일 수 있습니다. 실제로 옐로하우스가 있는 숭의동 일대에는 최근 아파트가 들어서 700여 가구가 입주할 예정입니다. 도시 미관을 해치는 집창촌이 사라질 경우, 700세대에 이르는 구민들의 주거 환경은 향상될 수 있음. 해당 조례로 자활 지원을 받을 것으로 예상되는 성매매 종사자 40명이 각각 최대 지원금을 받는다고 계산할 경우, 총 9억 400만 원이 단발성으로 투입되는데 그 이상의 비용을 얻을 수 있습니다. − '성매매알선 등 행위의 처벌에 관한 법률'에 따르면 성매매 피해자는 처벌받지 않습니다. 성매매 피해자는 범죄자가 아닙니다. 피해자인 여성의 사회 복귀와 치유를 위해 인권적 차원에서 국가가 자활 지원금을 지급하는 것은 정당합니다. − 국가에서 금지하고 있는 성매매가 지금까지도 이루어지고 있는데 국가와 자치단체의 암묵적인 방치가 하나의 원인이기 때문에 자활 지원금을 지급해야 합니다. − 실제 범죄자들이 생활하는 교도소도 세금으로 운영. 그런데 본인의 의사 없이 피해를 입은 여성들은 지원하면 안 된다는 건 합당하지 않습니다.
반대	− 국가에서 금지하고 있는 성매매에 종사하는 사람들에게 국민의 세금으로 지원하는 것은 적합하지 않습니다. − 범법 행위를 저지르면서 이익을 취하고, 세금도 안 내는 것은 불공평합니다. 게다가 아무런 금전적 대가 없이 타인에 의해서 성매매를 한 여성이라면 지원금을 지급해 주는 것이 맞지만, 거의 모든 성매매 여성들은 자의든 타의든 돈을 받고 한 행위이기 때문에 지원금을 줄 이유는 없습니다. − 국민 혈세 수천만 원을 대학 등록금을 벌기 위해 적은 시급을 받고 아르바이트하는 청년들을 위해 쓰는 청년수당도 찬반이 엇갈리는데, 성매매 종사자들에게 지원해 성매매를 근절하겠다는 것은 더 심각한 혈세 낭비입니다. − 불법 행위자에게 세금을 통해 기회를 주는 것은 합당하지 않습니다. 세금을 지원함에 있어 저소득층, 독거 노인 등 소외 계층을 우선해야 합니다. − 나이가 60세를 넘은 노인층도 돈을 벌기 위해 폐지나 공병을 수집하는 등 노동을 합니다. 그런데 범법 행위를 타인의 강제로 했다는 이유로 지원금을 지원해주는 것은 합당하지 않습니다. 성매매 피해자 여성은 범법 행위에 가담한 것에 대해 처벌을 받지 않고 있습니다. 이것만으로도 국가에서 합당한 규정을 만들어 놓은 것으로 볼 수 있습니다. 그들의 사회 복귀를 돕기 위한 것이 목적이라면, 금전적 지원이 아니라 스스로 돈을 벌 수 있도록 유도하는 것이 올바른 정책입니다. − 성매매 피해자가 아닌 여성들이 악용할 가능성 있습니다. 법률에서 성매매 피해자에 대한 규정을 두고 있지만, 누가 본인의 의사 없이 피해 입은 여성인지 증명할 명확한 기준이 없습니다. 돈벌이의 수단으로 성매매에 참여한 여성들이 자활 지원금을 수령한다면 정책의 목적 달성에 실패하게 될 것입니다.

2010년대 후반에 들어와서는 인신매매를 당해서 성매매 여성으로 오는 경우는 거의 없습니다. 하지만 1980년대~1990년대 중반만 해도 조폭과 연계되는 경우가 많아서, 하교하던 혹은 등교하던 여고생을 납치해서 성매매 업계로 팔아넘기는 사건도 흔했고, 취업 사기, 채무 등으로 인해 여성들이 성매매 업계로 팔려가는 현상에서 성매매특별법의 제정으로 성매매 여성에 대한 보호를 시작했습니다.

찬성	– 성매매 업소가 밀집된 특정 지역, 이른바 '성매매 집결지'를 중심으로 한 성매매 업소와 성 판매 여성의 수가 감소하는 추세에 있고, 성 구매 사범 대부분이 성매매처벌법에 의해 성매매가 처벌된다는 사실을 인지한 후 성 구매를 자제하게 되었다고 응답하고 있으므로, 성매매특별법은 성매매를 규제하기 위한 형벌로서의 처단 기능을 가지고 있습니다. – 성 판매 행위를 비범죄화한다면 경제적 이익을 목적으로 한 성매매 공급이 더욱 확대될 수 있고 성매매를 원하는 자들로 하여금 성 판매자에게 보다 쉽게 접근할 수 있는 길을 열어줄 위험이 있습니다.
반대	– 성인 간의 자발적 성매매는 그 자체로 타인에게 피해를 주거나 건전한 성 풍속 및 성도덕에 해악을 미친다고 보기 어렵습니다. 건전한 성 풍속 및 성도덕이라는 개념 자체가 추상적·관념적이고, 내밀한 성생활의 영역에 국가가 개입하여 형벌의 대상으로 삼는 것은 입법자가 특정한 도덕관을 확인하고 강제하는 것이므로 개인의 성적 자기 결정권을 과도하게 제한하는 것입니다. – 성 판매자에 대한 형사 처벌은 여성의 성이 억압되고 착취되는 상황을 악화시키고, 성매매 시장을 음성화하여 오히려 성매매 근절에 장애가 됩니다. – 성 판매 여성들은 대부분 빈곤이나 낮은 교육수준 등으로 다른 직업을 선택하기 어려운 사회적 취약계층으로 특정 지역에 한해 성매매를 허용할 필요가 있습니다. – 성매매특별법에 따른 단속은 성 판매 여성들의 생계만 위협하며 오히려 성매매 풍선효과만 키웠습니다. 공창제를 허용한 독일, 호주처럼 성 노동자의 생존권을 인정해야 합니다.

1) 낙태죄란

(1) 낙태(落胎)는 다른 말로 유산(流産)이라고도 하며 이는 자연 분만기에 앞서서 자궁 내의 태아나 배가 자연적 혹은 인위적으로 모체 밖으로 배출 혹은 모체 내에서 사망한 것입니다.

(2) 형법 제269조(낙태)에 의하면

① 부녀가 약물 기타 방법으로 낙태한 때에는 1년 이하의 징역 또는 200만 원 이하의 벌금에 처한다.

② 부녀의 촉탁 또는 승낙을 받아 낙태하게 한 자도 처벌하고 있다.

(3) 하지만 모자보건법 제14조에 의하면

① 본인이나 배우자가 우생학적(優生學的) 또는 유전학적 정신 장애나 신체 질환이 있는 경우

② 본인이나 배우자가 대통령령으로 정하는 전염성 질환이 있는 경우

③ 강간 또는 준강간(準強姦)에 의하여 임신된 경우

④ 법률상 혼인할 수 없는 혈족 또는 인척간에 임신된 경우

⑤ 임신의 지속이 보건의학적 이유로 모체의 건강을 심각하게 해치고 있거나 해칠 우려가 있는 경우 낙태가 가능합니다.

찬성	- 예외적으로 낙태를 허용하는 규정이 형식적이며, 미성년자나 미혼모 등의 낙태는 불법이기 때문에 그들이 보호받을 수 있는 장치가 부족합니다. - 불법 임신 중절 시술과 가짜 임신 중절 약이 주 해결책이 되기 때문에 여성의 모체와 태아 모두를 현실적으로 더 보호하기 어렵습니다. - 여성의 자기 결정권 침해이며 임신한 여성에게 책임만을 강요하는 구시대적, 국가주의적 발상입니다. - 원치 않은 아이를 낳게 되는 가정이 대부분 경제적이나 사회적으로 준비되지 않은 가정이 많습니다. 강제로 아이를 낳게 되면 그런 불우한 상황이 대물림되는 경우가 많습니다. 이에 따른 가정 폭력이나 불우한 가정에서 자란 아이들이 다른 강력 범죄에 노출되는 경우가 많게 됩니다. - 낙태가 필요한 여성의 경우 대부분 미혼모나 학생, 가정적 형편이 어려운 사람인 게 대부분입니다.
반대	- 생명의 존엄성이 여성의 자기 결정권보다 더 존중받아야 합니다. - 자칫 잘못하면 문란한 성생활을 조장하는 환경이 될 수 있습니다. - 생명 경시 현상이 일어날 수도 있습니다. - 유명한 낙태 비디오에 의하면 가위를 집어넣자 그것을 피하려고 필사적으로 도망 다니는 영상에서 그들도 이미 고통을 느끼고 두려움을 느끼는 생명체라는 것을 알 수 있습니다.

찬성	- 여성 주취자 등 여성 관련 범죄 해결에 여경이 반드시 필요하다고 생각합니다. - 여성청소년계 또는 수사계에는 반드시 여경을 배치하여야 합니다. - 수사나 정보 파트에서는 남경보다 더 뛰어난 경우도 많습니다. - 경찰의 여성 폭력 수사·대응을 비판하는 여성들의 목소리가 높아지고 있으며, 경찰의 성 평등 조직 문화가 필요합니다. - 성폭력·가정 폭력·데이트 폭력과 스토킹 범행·몰래카메라 범죄 등에서 대다수 피해자인 사회적 약자 대상 범죄에 여경의 투입이 필요합니다. - 매스컴에서 왜곡되어 전달되는 여경의 모습을 보고 비하 하는 것은 지양해야 합니다.
반대	- 범인을 제압하거나 물리력이 필요한 부분에서 여경이 혼자서 대응하기 어려움이 있습니다. - 여경의 대다수가 현장이 아닌 내근을 선호하기 때문에 남자 경찰관의 불만이 나타날 수 있습니다. - 남경들이 힘든 외근 쪽으로 밀려나고, 대다수 여경은 편한 내근직으로 가게 되어 경찰 내에서도 인력 운용에 상당한 차질이 있습니다. - 경찰 업무의 특수성이 있는 한 필수 영역에 대한 여경의 충원만 있는 매우 제한적인 채용이 필요하다고 생각합니다. - 성별에 상관없이 동등하게 채용되어 능력에 따라 배치되어야 합니다. - 채용 비율 증가만 할 것이 아니라 체력 시험에서도 남자와 동등하게 합격할 수 있도록 개편이 필요합니다. - 여경과 남경의 체력 조건 차이를 무시할 수 없습니다. - 여경들의 출산과 육아 등 문제가 있기 때문에 다른 사람들은 인원 보충이 되지 않는 등의 문제를 겪습니다.

1) 아동 · 청소년 성범죄의 개념

    ⑴ 아동을 성폭행 혹은 성추행한 모든 범죄자

    ⑵ 아동을 이용해 음란물을 만든 범죄자

    ⑶ 아동 음란물이라는 것을 분명히 인지하고도 유포한 범죄자

    ⑷ 기타 아동에게 명백한 성적 학대를 가한 범죄자

2) 아동 · 청소년 성범죄 해결 방안(대책)

    ⑴ 아동 · 청소년 성범죄의 경우 형의 하한 설정 및 공소시효 폐지를 추진

    ⑵ 처벌 법정형 상한을 확대하고, 재범의 경우 가중처벌 및 상한선 폐지 등을 적극 검토

    ⑶ 피해자 지원을 위해 AI(인공지능) 기반으로 대검찰청 등 관계 부처 공조 체계를 강화하고 디지털 성범죄 지원센터 인력 및 예산 확대 등 여성가족부를 중심으로 디지털 성범죄 피해자에 대한 지원도 확대

    ⑷ 성 착취 아동 · 청소년을 피해자화해서 보호와 지원을 강화하고, 성범죄 예방 교육 및 인식 개선 캠페인도 확대

    ⑸ 가담자에 대한 철저한 수사를 통해 범인의 전모를 규명해 엄중한 처벌이 이뤄지게 하고 그들이 취득한 범죄 수익 환수

    ⑹ 피해자 보호를 위해 유포된 불법 피해영상물을 찾아내 삭제하고 가능한 모든 법률적, 경제적 지원

    ⑺ 24시간 상담 부분을 체계화하고 불법 영상물 확산 전에 모니터링을 해서 차단할 수 있는 추적 조사 대응 체계

찬성	– 여성이 국방의 의무를 분담하지 않는 것은 스스로 자신의 존엄성을 포기하는 것 – 국가의 국민으로서 남성과 동등하게 국방의 의무를 분담하는 것은 당연 – 여성으로서 자신의 존엄성을 일부 포기하게 만드는 역차별의 근 거가 될 것이다. – 육체적인 군복무가 아니더라도 충분한 대안들이 존재한다 – 합리적인 다른 대안들을 통해 여성에게 국방의 의무를 부과하는 것은 현재로서도 충분히 가능할 것이다. – 남성들이 같은 형태로 군복무를 하는 것이 아니듯이, 여성 역시 차이점을 고려하여 다른 형태로의 국방의 의무를 분담하게 하는 것이 합리적이다.
반대	– 여성차별이 존재하는 사회에 국방의 의무까지 부과하는 것은 지나치다. – 혼인 후 여성이 대부분의 가정 내 역할을 분담하고 있는 것이 사실이다. – 국방의 의무 이외의 다양한 활동에 있어서는 상당한 제약과 장애가 따르는 것이 현실이기 때문에, 국방의 의무까지 부 담하라는 것은 지나치다. – 전 국민에게 의무화된 국방의 의무를 여성에게 실제적으로는 부과하지 않는 이유는 상대적인 사회적손실이 크다. – 여성에게 병역의 의무를 부과할 경우 군 체계와 시설의 변화 등 예산이 더 소요된다.

 경찰 직무

01 경찰관 총기 사용 규제 완화 찬반 토론 *(2020년 기출)*

	단체 면접
사회자	현행 총기 사용 요건은 – 사형, 무기 또는 장기 3년 이상의 징역이나 금고에 해당하는 범죄자로 충분히 의심되는 경우 – 체포, 구속영장과 압수, 수색영장 집행의 경우 – 범인이나 소요를 일으킨 사람이 무기, 흉기 등을 지니고 경찰관으로부터 3회 이상 물건을 버리라는 명령이나 항복하라는 명령에 따르지 않으면서 계속 항거할 때 등 무기를 사용하지 않고는 다른 수단이 없다고 인정되는 이유가 있을 때입니다. 하지만 최근 경찰관이 현장 출동하여 총기 사용 요건이 엄격하여 제대로 대응을 하지 못하고 있다는 여론이 있습니다. 이에 대한 토론을 시작하겠습니다.
찬성	– 최근 범죄는 날로 흉포화, 지능화되는 데 비해 경찰의 총기 사용 범위는 매우 제한적입니다. 수사 또는 체포 과정에서 피습당한 경찰관의 숫자(연간 500여 명)도 현재 보다 늘어날 것이기 때문에 규제 완화가 필요합니다. – 총기 사용은 극단의 상황에서 택해야 하는 최후 수단이지만, 흉악범이 칼을 휘두르는 긴급한 상황에서 안전 수칙을 생각하기 쉽지 않습니다. – 총기 사용으로 징계 및 민형사상 책임을 걱정해 총기 사용을 꺼리는 경향이 있습니다. – 강력 범죄에 대해 신속하고 효과적으로 대응하고 경찰관 신변 보호와 공공의 안전을 위해 총기규제 완화가 필요하다고 생각합니다. – 미국의 경우 범인이 사용하는 무기보다 한 단계 더 강력한 무기를 사용하도록 매뉴얼화 한 것으로 알고 있습니다.
반대	– 성과주의, 공명심으로 인해 과잉 대응과 총기 오남용 우려가 있고, 불필요한 상해, 살상이 발생할 가능성이 높습니다. – 경미 범죄인이나 무고한 시민이 잘못된 판단으로 희생될 경우 돌이킬 수 없는 상황이 될 수 있습니다. – 흉악범의 기준이 모호하고, 긴급한 상황에서 현장 경찰관이 매 순간 정확히 판단할 수는 없습니다. – 미국 등과 달리 총기 사용이 자유롭지 않은 상황에서 범죄자에게 총기를 사용하였을 경우 과잉 대응 논란과 민형사상의 소송이 이어질 것이므로 가스총, 테이저건 등의 장비를 우선적으로 활용하는 매뉴얼이 바람직할 것입니다.

1) 위해성 경찰 장구 사용 요건

위해성 경찰 장비란 무기, 분사기, 최류탄 등 기타 장비를 포함하며 경찰관직무집행법에 사용 근거 규정이 있으며 필요한 최소한도 내에서 사용해야 합니다.

2) 경찰 장구 사용 요건

경찰 장구란 경찰관이 휴대하여 범인 검거와 범인 진압 등 직무 수행에 사용하는 수갑, 포승, 경찰봉, 방패 등을 말합니다.

 – 현행범이나 사형, 무기, 장기 3년 이상 징역, 금고에 해당하는 죄를 범한 범인의 체포 또는 도주의 방지

 – 자신이나 다른 사람의 생명 신체 방어 및 보호

 – 공무집행에 대한 항거 제지

단,

 ① 경찰관은 14세 미만 또는 임산부에게 전자 충격기, 전자 방패 사용 불가

 ② 발사 장치 있는 전자 충격기 사용 시 얼굴 발사 금지

3) 무기 사용 요건

무기란 사람 생명이나 신체에 위해를 끼칠 수 있도록 제작된 권총 소총 도검 등을 말합니다.

 – 범인 체포 도주의 방지

 – 자신이나 다른 사람의 생명 신체 방어 및 보호

 – 공무집행에 대한 항거 제지

단체 면접	
사회자	위해성 경찰 장비란 무기, 분사기, 최류탄 등 기타 장비를 포함하며 경찰관직무집행법에 사용근거 규정하에서 필요한 최소한도 내에서 사용해야 하는데 위해성 장비 사용 요건 완화에 대하여 토론하여 주세요
찬성	– 피의자의 인권도 중요하지만 경찰관의 인권과 생명, 신체도 보장되어야 합니다. – 현행 총기 사용 매뉴얼은 현실과 맞지 않습니다. – 인권 침해 우려로 일선 경찰관들이 위협에 대응하기 쉽지 않습니다. – 선량한 시민들의 인권 침해 발생할 수 있습니다. – 미국, 일본 등 비해 공권력 약화로 선량한 시민들 피해가 많다는 여론이 있습니다.
반대	– 피해자 가족들의 반발과 여론의 질타로 경찰의 이미지 손상될 수 있습니다. – 최근 백남기 농민 사례처럼 현장 경찰관의 피해 우려가 있습니다. – 경찰관의 자의적 판단에 의한 장비 사용으로 국민의 인권 침해될 수 있습니다. – 장구 사용 요건 강화보다 현재의 사용 매뉴얼 철저히 교육해야 합니다.

1) 가해자 인권 측면

  (1) 형사소송법상 무죄추정의 원칙에 의하여 수사과정에 억울한 피의자가 발생하지 않도록 세심한 주의가 필요합니다.(강제처분 법정주의에 입각)

  (2) 무기, 장구 사용 시 상당성, 비례성, 보충성 원칙을 지켜야 합니다.

2) 피해자 인권 보호

  (1) 타인의 범죄 행위로 인하여 생명. 신체에 대한 피해를 입은 국민은 법률이 정하는 바에 의하여 국가로부터 구조를 받을 수 있습니다.(헌법 제30조)

  (2) 범죄피해자 보호법, 재판 절차에서의 진술권, 범죄피해자 보호 활동을 하고 있습니다.

◀참고▶ 범죄피해자 지원 활동

(1) 법률지원: 국선변호인 선임 및 법률 자문

(2) 심리 지원
   ① 심리 상담: 정신적 피해 입은 경우 심리 상담 치료 등 트라우마 극복
   ② 임시 숙소: 범죄피해 및 보복범죄 우려 시(5일 이내)
   ③ 신변 보호: 범죄피해 및 보복범죄 우려 시 주거지순찰, CCTV 설치, 스마트워치 대여로 위치 확인

(3) 경제지원
   ① 피해 현장 정리: 살인, 강도, 방화 등 강력 범죄 피해 시 방화 1,000만 원, 기타 400만 원
   ② 피해자 여비 지급: 야간 21:00~06:00 조사 시 24,000원 지급

(4) "범죄 피해자 전담경찰관"을 지정하여 운영

---

1) 토론 배경
   (1) 현장 경찰관들의 잇따른 사망과 부상이 계속되고 있는 가운데, 많은 국민들이 현장에 있는 경찰관들이 흉기를 들고 행패와 난동을 피우는 가해자에 대해 왜 강력하게 제지와 제압을 못 하고 미온적 대응을 했는지에 대해 분노하고 있음

   (2) 경찰관 직무집행법에 경찰관 총기 사용에 관해 규정하고 있으나, 실제 사용 요건을 보면 타당한 이유, 합리적 판단, 현장 경찰관의 필요한 한도에서 등이 너무나 추상적이어서 현장에서 그 법을 현실에 적용하기 어려운 실정

   (3) 우리나라도 이제는 총기나 장구 사용에 대한 보다 명확한 지침이 만들어져 외근 경찰관이 현장에서 사망과 상처를 입는 아픔이 더는 없어야 한다는 여론

2) 총기 사용 요건 (경찰관직무집행법 제10조 4)
   (1) 위해 수반 가능한 경우
      - 사형, 무기 또는 장기3년이상의 징역이나 금고에 해당하는 범죄자로 충분히 의심되는 경우

      - 체포, 구속영장과 압수 • 수색영장 집행의 경우

      - 범인이나 소요를 일으킨 사람이 무기, 흉기 등을 지니고 경찰관으로부터 3회 이상 물건을 버리라는 명령이나 항복하라는 명령에 따르지 않으면서 계속 항거할 때 등 무기를 사용하지 않고는 다른 수단이 없을 때

   (2) 위해를 수반하지 않는 경우
      - 중범죄의 요건을 갖추지 않은 현행범의 경우

3) 찬성과 반대

찬성	**(1) 최근의 범죄성향 및 총기 사용의 필요성** – 최근 범죄는 날로 흉포화, 지능화되는 데 비해 경찰의 총기 사용 범위는 매우 제한적입니다. – 흉악범죄가 늘어남에 따라 강력한 제재도 필요합니다. – 수사 또는 체포 과정에서 피습당한 경찰관 수(연간 500명)도 현재보다 늘어날 것이기 때문에 규제 완화가 필요합니다. **(2) 현재 총기 사용 규정의 시정 필요** – 총기 사용은 극단의 상황에서 택해야 하는 최후 수단이나, 흉악범이 무기 및 흉기를 휘두르는 급박한 상황에서 안전 수칙을 생각하며 총기를 사용하기 쉽지 않습니다. – 총기 사용으로 징계 및 민형사상 책임을 걱정해 총기 사용을 꺼리는 경향 만연화되어 있습니다. **(3) 강력 범죄에 대해 신속하고 효과적으로 대응하고 경찰관의 신변 보호와 공공의 안전을 위해 총기규제 완화가 필요함** – 미국의 경우 범인이 사용하는 무기보다 한 단계 더 강한 무기를 사용하도록 매뉴얼화되어 있습니다. – 강력 범죄에 대응해 총과 테이저건을 사용할 수 있는 재량권과 면책권과 제도화가 필요합니다. **(4) 규제 완화에 대한 보완 방안** – 가상 현실 연습 등 교육과 훈련 제도화, 생명 존중·인권 침해 방지를 위한 외부 기관과 연계한 지속적 교육 등으로 총기 규제 완화의 문제점 해소 가능합니다.
반대	**(1) 총기 사용 규제 완화 할 경우 총기 사용의 남용 우려** – 성과주의, 공명심으로 인해 상황에 대한 과잉 대응과 총기 오남용 증가, 불필요한 인명 살상을 유발할 가능성 높아집니다. **(2) 경미 범죄인이나 무고한 시민이 총탄에 희생되는 돌이킬 수 없는 상황 우려** – 흉악범의 기준이 모호하고, 긴급한 상황에 현장경찰관이 매 순간 정확히 판단할 수 있겠는가? 생각해야 합니다. **(3) 총기 대신 좋은 장비를 더 지급하거나 가스총, 테이저건, 플라스틱탄, 고무탄 등을 사용하는 것이 더 효율적** – 미국 등과 달리 총기 사용이 자유롭지 않은 상황에서 범죄자에게 총기를 사용할 경우 과잉 대응 논란, 민형사상의 소송 증가가 우려됩니다. – 살상용 권총을 대체할 수 있는 비살상용 다양한 총기류를 보급하여 우선적으로 활용하는 방안 마련이 필요합니다.

1) 향후 방향

부족한 인력 대체 효과 및 사각지대 해소를 위하여 접근이 위험한 장소 순찰, 교통 통제, 경비 현장에서 경고 방송 등 다양한 분야로 확대 추진할 것으로 예측됨

2) 찬성 및 반대 입장

찬성	– 사각지대 및 위험한 장소의 수색 · 순찰에 꼭 필요한 장비입니다. – 첨단 과학 장비인 드론을 활용하면 부족한 경찰 인력 대체 효과가 큽니다. – 드론의 활성화는 경제 발전에 기여하게 될 것이고, 경찰 드론의 사용 확대는 공공 분야 과학 기술 발전과 경제 발전에 기여하게 될 것입니다. – 경찰이 드론이라는 첨단 장비를 활용하는 등 최선을 다한다는 시민의 긍정적인 평가가 기대됩니다.
반대	– 경찰 드론은 능숙하게 조종하는 전문 인력이 부족하여 사고 발생 시에는 인명 피해가 우려되고, 이 경우 국민의 비난을 받게 됩니다. – 경찰 드론 장비 운영 프로그램이 해킹될 우려가 있고 이 경우 경찰 드론은 위험한 장비가 됩니다. – 경찰 드론 장비가 확대되면 국민들은 사적 영역까지 촬영되는 등 사생활이 침해될 우려가 크다며 불안해할 것입니다. – 안정된 과학 기술, 운영 전문 인력이 확보된 후 확대해야 합니다. 시기상조입니다.

1) 현황

- 2012년 이후 28명 재입북
- 탈북민 정착 초기 5년 동안 신변 보호
- 담당 경찰관 한 명이 탈북민 50~60명 관리
- 신변 위협 정도 기준, 가~다 등급 구분 관리
- 2020년 현재 탈북민 3만 3,658명, 소재 불명 900여 명

2) 문제점

- 탈북민 담당 경찰관 인원 부족
- 정부 관련 기관(경찰, 국방부, 국정원) 협력 미비
- 체제 부적응과 소득이 낮고 사회적으로 차별
- 가족 향수, 유인 공작

3) 대책

- 신변 보호 경찰관 인원 충원
- 정부 관련 기관 협력 체제 강화 예방, 관리
- 탈북민 실태 상시 관리, 교육, 취업, 자립 지원

찬성	– 민간단체의 대북 전단 살포 행위는 기본적인 표현의 자유에 속하는 영역으로 기본적으로 민간이 자율적으로 판단하여 추진할 사안입니다. – 감시가 철저한 북한에서 군사적 혁명이 발생한다는 것은 현실적으로 불가능하지만, 나라 밖의 소식을 자주 접하다 보면 변화의 가능성은 분명 일어날 것으로 예측합니다.
반대	대북전단 살포의 주 무대인 한국 북부 접경지역의 주민들은 전단 살포에 크게 반발합니다. 긴장된 상황이 주민의 안전에 미칠 악영향을 우려하기 때문입니다. 대북전단 살포로 인해서 야기될 수 있는 군사적 긴장과 도발이 접경지역에 살고 있는 주민들의 생명과 권리를 위협하는 것은 명백하고 현존하는 위험입니다.

1) 현황

   (1) 우리나라의 체류 외국인은 2015년 1,899,519명에서 2019년 2,524,656명 그중에서 불법 체류자가 2015년 214,168명에서 390,281명으로 매년 증가하고, 외국인 범죄 또한 다양화, 흉포화하여 사회 문제화되고 있습니다.

   (2) 국제범죄 조직이 사업 확장 등 목적 입국, 합법적 사업 진출을 하고 있습니다.
      – 가장 불법 행위: 야쿠자(일본), 삼합회(중국), 마피아(러시아) 등

   (3) 체류 외국인들에 의한 살인, 강간, 폭행 등 각종 범죄 증가, 흉포화하고 있습니다.
      – 중국, 조선족, 미국, 동남아시아인에 의한 범죄 크게 증가

2) 예방 대책

   (1) 입국 시 지문등록제도 시행 (출입국관리법에 의거, 현재 시행 중)

   (2) 체류 외국인에 대한 동향 파악

   (3) 외국인 밀집 지역 주기적 순찰

   (4) 외국인 자체 자율 방범대 운영(일부 지역 시행 중)

   (5) 체류외국인에 대한 법제도 · 문화 등에 대한 교육 실시

   (6) 익산경찰서, 외국인 운전면허교실 운영

   (7) 광산 고려인마을 외국인 자율 방범대, 행안부 장관상 수상 제5회 범죄 예방대상서 수상

   (8) 경찰, 외국인 밀집지역 범죄 예방 위해 '셉테드' 추진

3) 검거 대책

   (1) 경찰과 출입국관리소 간 유기적 협조체제 구축으로 범죄자 출국 금지

   (2) 인터폴 등 국제형사기구와의 유기적 협조 체제 구축

   (3) 외국인 커뮤니티 또는 대사관 등과의 협조 체제 구축

경찰이 이번에 추진하는 안은 '문신 기준 항목 개선안'으로 '문신 시술 동기·크기 등의 항목으로 판단하는 것은 과도한 제한이므로 내용 및 노출 여부만을 기준으로 개선하는 것'을 골자로 한다.

현행 규정에는 '시술 동기·의미 및 크기가 경찰공무원의 명예를 훼손할 수 있다고 판단되는 문신이 없어야 한다'고 명시돼 있지만, 이를 '내용 및 노출 여부가 경찰공무원의 명예를 훼손할 수 있다고 판단되는 문신이 없어야 한다'로 개선한다는 것이다.

또 경찰은 문신에 대한 세부 기준을 행정 규칙으로 규정하고 경찰공무원 채용을 위한 신체검사의 투명성을 제고한다는 방침이다.

구체적으로 경찰은 문신에

① 폭력적·공격적이거나 공포감을 조성할 수 있는 내용

② 사회 일반인의 기준으로 성적 수치심을 야기할 수 있는 내용

③ 특정 인종·종교·성별·국적·정치적 신념 등에 대한 차별적 내용 등이 담겼을 경우 불합격 판정을 내리는 안을 검토 중이다.

이와 함께 모든 종류의 경찰 제복을 착용했을 때 외부(얼굴·목·팔·다리 등)에 문신이 노출되는 경우도 불합격 대상에 포함된다.

국가인권위원회(인권위)는 지난 2005년 '경찰공무원 채용 응시자에게 문신을 이유로 불합격 통보를 하는 것은 평등권을 침해한 차별행위'라는 취지의 권고를 했다.

당시 인권위는 "문신의 위치 및 노출 여부 등을 고려하지 않고 일률적으로 문신이 있는 자에 대해 불합격 처리하도록 규정하는 것은 업무의 필요성을 넘어서 문신한 자에 대한 사회적 편견과 잘못하면 노출될 수도 있다는 막연한 가능성에 근거한 것"이라며 "평등권을 침해한 차별 행위로 판단된다"고 했다.

찬성	– 미국 등을 예로 들면 '문신 유무'와 상관없이 인재를 놓치지 않는 것이 더 중요합니다. – 요즘 젊은층들에게 문신은 하나의 패션 아이템입니다. – 요즘 일반인들도 문신을 많이 하는데 문신 때문에 경찰이 못 된다는 것은 자유권 침해라는 생각이 듭니다. 문신이 있으면 불량배라는 인식은 이제 없어져야 합니다. 어릴 때 한 문신 때문에 훌륭한 경찰이 될 수 있는 인재를 그동안 얼마나 놓쳤을까 생각이 듭니다. – 한국이나 일본에서는 문신에 굉장히 부정적이지만, 미국이나 유럽 등에서는 그렇지 않은 만큼 문신한 경찰들도 많습니다.
반대	– 한국사회에서 문신한 경찰을 받아들이는 것은 아직 이릅니다. – 경찰은 경찰다워야 합니다. 문신을 하고 싶으면 경찰을 안 하면 됩니다. – 문신한 경찰은 신뢰도가 크게 떨어질 것 같습니다. – 문신한 경찰은 우리나라 정서에는 아직 좀 이른 것 같습니다.

찬성	– 경찰공무원은 상대적으로 더 높은 수준의 도덕성과 준법성이 요구되어 강한 처벌이 요구됩니다. – 경찰공무원은 음주 운전을 예방, 단속해야 하는 단속 주체라는 신분상의 특수성을 갖고 있기 때문입니다.
반대	– 사안에 따라 억울한 상황이 발생할 수 있음에도 일률적인 처리 기준이 너무 과한 처분입니다. – 잘못한 행위에 비하여 너무 균형을 잃은 과중한 징계처분입니다. – 형사 처벌을 받았음에도 과도한 징계벌을 함께 병과하는 것은 형평성에 맞지 않습니다. – 대법원에서도 징계권자가 사회 통념상 현저하게 재량권을 남용한 사례가 있다고 판단한 사실이 있습니다.

금지 반대	– 복면금지법은 평화 시위를 보장하기 위한 법이 아니라 집회·시위의 자유를 막는 것입니다. 복면금지법은 2009년 발의 때도 인권위가 반대했고, 집회 시 복장 제한은 헌법재판소의 2003년 판결에도 반합니다.
	– 독일의 복면금지법은 나치즘에 대한 반성에 출발하는 것으로 집회 시위 등에서 국수주의나 전체주의를 반대하는 것이 목적입니다.
	– 프랑스는 집회 금지가 아니라 공공장소에서 히잡 등 종교 상징물의 착용을 금지하는 것이 목적입니다. 미국도 얼굴을 가리고 소수 인종에게 폭력을 가하는 반인륜적인 범죄 방지가 목적입니다.
	– 복면 금지는 국민의 기본적 인권과 집회 시위의 자유를 침해하는 발상입니다.
	– 일부 선진국들이 제한적으로 복면 착용을 금지하는 것도 시민들의 집회 시위를 규제하기 위해서가 아니라, 여성을 억압하는 부르카를 금지하고 KKK단과 같은 반인륜적 범죄 행위를 막기 위해서입니다.
	– 헌법재판소는 2003년 집시법 헌법소원 사건을 판단하면서 '집회의 자유와 보장 내용'과 관련해 '복장의 자유도 집회의 자유'라고 판단한 바 있습니다.
	– 헌재도 "주최자는 집회의 대상과 목적, 장소, 시간에 관해, 참가자는 참가의 형태와 정도, 복장을 자유로이 결정할 수 있다"고 명시했습니다.
	– 복면을 쓴 집회 참가자가 실질적으로 폭력 행위를 하지도 않았는데 개연성만 가지고 미리 처벌하겠다는 것은 형사소송법에도 맞지 않습니다.
	– 규정이 모호해 공권력이 남용될 여지가 많습니다.
	– "복면 금지법이 헌법이 보장하는 집회와 시위의 자유를 해하는 결과를 야기할 우려가 있다"며 "입법 기술적으로도 명확성이 결여돼 공권력 남용의 소지가 크다"라는 의견이 있습니다.
	– 마스크를 쓰고 침묵시위를 하는 등 복면을 착용하는 것도 일종의 '표현'이기 때문에 집회 시위에서 복면을 금지하는 것은 위헌 소지가 있다"는 의견을 밝혔습니다.
금지 찬성	– 복면 또는 마스크를 착용할 경우 폭력 행위를 해도 신분 확인이 안 돼 검거나 증거 수집이 어렵다는 점, 군중심리에 익명성까지 보장되면 폭력성은 더 짙어진다는 점 등이 복면을 금지해야 한다는 주된 논리입니다.
	– "복면을 쓰면 폭력성이 짙어지고 범죄를 저지를 개연성이 높다는 역사적 경험을 바탕으로 복면을 금지하고 있는 것"이라고 설명했습니다.
	– 해외에서도 금지하는 사례가 적지 않다는 점을 들 수 있습니다. 독일에서는 1985년 법 개정을 통해 시위에서 신원 확인을 방해하기 위해 복면을 착용하는 행위를 금지하고 폭력시위에서 공무원의 복면 해체 명령을 위반하면 처벌하는 규정을 마련했습니다. 스위스, 오스트리아 역시 비슷한 제도를 시행 중입니다. 미국은 주마다 다르지만 많은 주에서 불법 행위를 저지를 의도를 가진 사람이 복면을 착용하는 것을 금하고 있습니다.

출처: 인터넷월요신문(http://www.wolyo.co.kr)

1) 예방적 경찰 활동 개념

범인 잡는 것뿐만 아니라 피해자 보호를 강조하는 변화도 있었지만 이 역시 사후 대응 측면이다. 그러나 생명·신체·재산·인권은 한 번 침해되거나 손실되면 복구나 원상회복이 정말 어렵다.

대형 재난과 범죄에는 항상 징후가 있다. 이를 세밀하게 파악해 위험 요소를 제거하거나 최소화하는 범죄 예방을 강조해야 한다.

2) 해외 사례

(1) 영국은 지방정부에 범죄 예방에 관한 법적인 책임을 부과하고 있고 경찰과 주민, 유관 단체 등과 협의체를 구축해 종합적인 개선책을 추진토록 하고 있다.

(2) 호주에서는 범죄가 임박하거나 행해질 가능성이 큰 경우 접근 금지 명령을 내릴 수 있다.

(3) 독일은 경찰법에 '위험 방지'를 위한 퇴거 및 출입금지 명령권과 경찰명령 불응자에 대한 구금권을 규정하고 있다.

3) 사례

(1) 스토킹 범죄로 두려움과 불안을 호소하는 피해자들이 많은데 현장에 출동한 경찰은 경범죄 스티커를 끊는 것밖에 할 수 없다. 피해자들은 '내가 죽어야 경찰이 나설 겁니까'라고 항의하는데, 경찰이 할 수 있는 조치는 굉장히 제한돼 있다.

(2) 범행 대상을 고를 때 저항력을 따지는데 자신을 방어할 능력이 떨어지는 유아나 어린이, 노인, 여성 등이 범죄의 표적이 되기 쉽다. 그래서 **예방 활동의 초점을 이들 사회적 약자 보호**에 맞춰야 한다.

4) 대책

– 경찰은 선제적·예방적 활동 강화의 일환으로 순찰을 강화하고 있다. 위험요인을 선제적으로 감지하기 위한 **'지역안전 순찰'**을 전국 30개 경찰서와 216개 지역 관서에서 시범운영 중이고, 주민이 불안해하는 장소를 살피는 '탄력순찰'도 강화하고 있다.

– "가정 폭력, 스토킹, 아동 학대 등에 경찰이 적극적인 역할을 수행하려면 법적 근거와 권한을 반드시 정비해야 한다"고 말했다. 경찰청은 **범죄 예방 기반 조성에 관한 법률과 스토킹 처벌법** 등을 제정하고 가정폭력 처벌법, 아동학대 처벌법 등을 개정하는 방안도 추진한다는 방침이다.

출처: 국민일보

	단체 면접 찬반 토론
찬성	– 수사의 현실과 법규범이 불일치하고 있습니다. 경찰 사건 처리율 96%입니다. – 검·경찰 이중조사로 국민 피해 가능성이 있습니다. – 검찰이 수사권, 수사지휘권, 영장청구권, 기소권 등 행사로 비대화 되어 있습니다. – 권한은 검찰이 책임은 경찰이 가지고 있습니다. – 수사권과 기소권 분리 필요합니다. – 검찰의 과도한 개입이 수사효율 저해, 검사는 기소만 담당, 수사는 경찰이 전담하는 수사권과 기소권 분리 필요합니다. – 형소법 제195조(검사가 수사의 주재자로서 사법경찰관 지휘) 헌법과 형소법 개정 영장청구권을 경찰이 영장청구권을 행사해야 합니다. – '절대권력은 절대부패'하므로 수사 기관의 상호견제로 경쟁 체제 유지해야 합니다. – 경찰 비리는 검찰이, 검찰 비리는 경찰이 조사하는 식으로 상호 견제해야 합니다. – 지금 검찰은 직접 수사와 수사지휘권을 갖고 있어 경찰이 검찰 비위 수사하지 못합니다. – 경찰과 검찰이 견제와 균형이 필요합니다.
반대	– 수사와 공소 제기는 불가분합니다. – 적법 절차 보장과 인권 존중 필요합니다. – 경찰국가화 우려, 경찰권력 비대화 우려가 있고 검찰이 수사 주재해야 합니다. – 경찰은 통제 불능의 거대 권력으로 변질 우려가 있습니다. 검찰 제도는 경찰국가 시대 수사권 남용 통제 위해 노력한 시민혁명 산물입니다. – 법률전문가인 검찰의 능력이 우위에 있습니다.

PART 14

지방청별
특수 시책

CHAPTER 01 서울지방경찰청

〈서울청 관내 현황〉

1. 지방청장 이름 및 계급: 장하연(치안정감)
2. 경찰서 및 부속기관: 31개 경찰서 / 기동본부, 경찰특공대, 국회경비대, 1~5기동단, 1001경비단, 202경비단
3. 지구대 및 파출소 숫자: 427개
4. 관할 면적: 605.41㎢(전국의 0.61%)
5. 관할 인구: 998만 5,652명
6. 경찰관 1인당 담당 인구: 평균 333명

〈정책 목표: "당당한 서울경찰"〉

01 여성이 안전한 서울

1) 쇼핑몰·공중화장실·지하철 역사 등에서 여성들이 불안해하는 불법 촬영범죄가 발생하지 않도록 지속 점검

2) '가출팸' 등을 통해서 학교 밖 청소년들을 선제적으로 발견하여, 이들이 비행과 범죄의 유혹에 빠지지 않도록 적극적인 예방 활동을 당부

02 서울경찰 코로나 대응책

1) 마스크 미착용
   (1) 8월 12일에 개정된 **'감염병 예방 및 관리에 관한 법률'**에 따라 실내는 물론 실외에서도 마스크 착용을 의무화. 10월 13일부터 마스크를 제대로 착용하지 않는 시민에게는 과태료 10만 원 부과
   (2) 코와 입을 제대로 가리지 않는 일명 '턱스크', '입스크'도 '마스크 미착용'으로 단속

2) 마스크 미착용이 시비, 행패, 폭행 등의 중한 범죄로 이어지는 경우
   형사 처벌 될 수 있으며, 상황이 경미한 경우에도 재범방지를 위해 **경범죄처벌법(불안감 조성 등)**으로 의율

3) 국민 불안감을 조장하는 가짜 뉴스
   코로나19 발생 초기부터 국민 불안을 가중시키고 건강을 위협하는 가짜 뉴스, 사회 혼란을 야기하는 허위 내용을 SNS 등에 유포한 자는 **정보통신망 이용 촉진 및 정보보호 등에 관한 법률** 등 처벌

03 피싱 사기 등 서민 경제 침해 사범 집중 단속 실시

1) 단속 대상

　(1) 피싱 사기: 보이스 피싱, 메신저 피싱 등

　(2) 생활 사기: 유사수신 · 다단계, 불법 대부업, 보험 사기 등

　(3) 사이버 사기: 몸캠 피싱, 스미싱 등

04 안전한 학교 만들기, 서울경찰과 함께해요

1) 온라인 학교 폭력예방 교육 시행
　온라인 수업 공간을 활용하여 학교 폭력예방 교육을 시행. 특히, 디지털 성범죄 등 사이버 범죄 예방 교육 강조

2) 비대면 상담 실시
　SNS, 영상(음성) 통화 등을 활용하여 비대면 방식으로 청소년들의 면담을 지속

3) 유관 기관과 다중 이용 시설 점검
　수업에 참여하지 않은 청소년의 선도 및 보호 위해 유관 기관인 구청 등과 다중 이용 시설 등 합동 점검을 실시

4) 도움받을 수 있는 곳: 학교, 112, 117, SPO

05 SPO(학교전담경찰관) 제도 및 학교 폭력 신고 방법 안내

서울경찰은, 교육청(학교) 측과 협조하여 '온라인 학급방' 및 온라인 자료실에 학교 폭력 예방 · 대응요령 및 117신고센터 등 안내문 게시

1) 온라인학습공간활용

　(1) △e학습터 △위두랑 △EBS 클래스룸 등 사이버 학습 공간

　(2) 또한, 가정통신문 앱(e알리미, 아이엠스쿨 등) 및 학교 홈페이지 등을 활용, 학교별 담당 학교전담경찰관과 117신고센터를 안내하고, 학교 폭력 피해 또는 목격 시 신고하는 방법도 홍보

2) 핫라인 구축
　'지방청–교육청', '경찰서–교육지원청 · 학교' 간 핫라인 및 SPO와 교사의 연계체계를 재정비하며 빈틈없는 경–학 공동대응 체제를 구축하였으며, 담당 학교 측과 긴밀히 협조, 학교 폭력 등 주요한 사건 발생 시 신속한 대응을 하기 위해 노력

3) 디지털 성범죄 · 사이버 성 착취물 등 사이버범죄 예방 교육 강화

4) 생방송을 한다?! 온라인 실시간으로 만나는 SPO와 소통 시간

5) 위기 청소년 발굴 및 비행 예방
온라인 개학으로 청소년의 PC방 · 노래방 등 다중이용 시설 출입 증가가 우려되어, 유관 기관 합동 점검으로 위기 청소년 발굴 및 비행 예방 노력

06 디지털 성범죄 대책

1) 현황
  (1) 최근 일부 SNS를 악용한 성 착취 사건을 계기로 디지털 성범죄가 크게 이슈화됨
  (2) 아동 · 청소년 등 미성년자들을 대상으로 잔혹한 범행이 이루어졌다는 사실이 국민적 공분을 사게 되어 범죄 방법이 치밀하고 계획적이라는 점, 범죄 대상이 아동과 청소년 까지 미쳤다는 점 등 중대한 범죄라고 판단, 재범 방지 및 예방을 위해 성범죄자 최초 로 얼굴 등 신상을 공개

2) 경찰 대책
  (1) 관련 기능을 포함한 **'특별수사본부'**를 편성 · 운영하는 한편, 제작자뿐만 아니라 유포 자 · 방조자 와 같은 불법 행위자까지 모두 색출하고자 총력을 기울여 수사 중으로, 운 영자, 유포자, 방조자 등 관련 불법 행위자를 전원 색출하도록 디지털 성범죄 엄정 대 응을 위해 수사 역량을 집중
  (2) 신속한 대응을 위해 서울경찰은 관련 기관 등과 협력체제를 구축, 범죄 첩보를 수집하 여 수사에 착수하고 있으며, **'디지털 성범죄 24시간 상시대응체계'**를 가동하여 강력한 대응
  (3) 피해 영상의 추가적인 온라인 거래를 막기 위해 관련 업체들과 협력하여 단속할 계획 이고, 경찰 자체에서 개발한 '불법 촬영물 추적시스템'에도 실시간 탐색 · 삭제 기능을 추가하여 시스템을 강화할 예정이며, 외국 수사 기관인 **인터폴, 미국연방수사국(FBI) 등 과의 공조** 및 해외 기업과의 공조체제도 기존보다 한층 강화하여 수사에 총력
  (4) 법무부에서는 지난 17일 성범죄자를 끝까지 추적해 엄벌하는 한편, 미진한 법률을 전 면 개정하겠다며 디지털 성범죄에 대한 강력한 대응을 예고
  (5) 성 착취물을 수신한 대화방 회원에 대해서도 공범 책임을 적극적으로 묻고, 자동 저장 을 동반한 수신 행위에 대해서도 '소지죄'를 적용할 예정
  (6) **여성가족부에서는 아동 · 청소년 이용 음란물 범죄 및 디지털 성범죄 양형기준 마련 및 아동 · 청소년의 성 착취 영상을 영리 목적으로 판매 · 배포 시 처벌을 강화하는 법 개정** 을 적극적으로 지원 예정

3) 피해자 보호 강화

(1) 서울경찰은 다양한 신고 루트를 개설하여 피해자가 언제든 쉽고 빠르게 도움을 요청할 수 있는 신고 창구를 마련. 117로도 디지털 성범죄 피해 신고가 가능하다는 점!

(2) **핸드폰 내 APP Store(혹은 Play Store)에서 '경찰청 사이버캅'** 앱을 다운받거나, 경찰청 홈페이지(www.police.go.kr)에서도 디지털 성범죄에 대해 피해 신고 가능

(3) 피해 진술 이후, 보복 등으로 인해 신변의 위협을 느끼는 경우를 대비하여 신변보호제도 운영, **스마트워치 서비스, 임시 숙소 배정, 전문 기관 연계, 주거 지역 순찰 강화** 등 피해자 보호 노력

(4) 여성가족부에서도 **'디지털 성범죄 피해자 특별 지원단'**을 운영, 피해자를 보호하고 2차 피해를 방지

07 여성 안전 치안 대책 - 범죄 예방 진단을 통한 환경 개선

1) 여성안심귀갓길 시설 점검 및 순찰

(1) 112신고 위치 안내판, 보안등, 노면 표시 등 시설을 보완하는 한편

(2) 안전한 귀갓길이 될 수 있도록 꼼꼼하게 순찰 중

2) 여성 밀집 거주지역 내 원룸 공동 현관 도어락 설치 추진

(1) 구청 협업을 통해 건축허가 조건에 공동 현관 도어락 설치 규정 추가

(2) 부동산 중개소를 통해 공동 현관 도어락 설치 홍보 및 건물주 연계

3) 구청 전광판 및 홈페이지, 대학교 등 여성 원룸 안전 외부 홍보

4) 공동 현관 출입구에 적힌 현관 비밀번호 제거 활동

– 범죄예방경찰관(CPO)은 공동 현관에 적혀있는 비밀번호를 제거, 주민 안전 거주 노력

08 사이버 성폭력과의 전쟁 - 4대 유통망 집중 단속 편

1) 현황

(1) 청와대 국민청원 219,705명, 국회 국민동의청원 61,545명

(2) 사이버 성폭력에 대한 국민들의 지속적 문제 제기와 관심이 집중되고 있어 집중 단속 시작

2) 단속 대상

텔레그램, 다크웹, 음란사이트, 웹하드 카르텔

3) 사이버 성폭력 3단계 단속 전략

  ⑴ 최신 분석 · 추적 시스템 활용

  ⑵ 피해자 친화적 수사환경 조사 (신속 삭제/차단을 통한 피해자 보호 등)

  ⑶ 사이버 성폭력 범죄 예방 홍보 (관련 기관 업무 협약, 공모전 실시 등)

09 "명절 선물 택배인 줄 알았는데…" 스미싱 주의보

1) 스미싱(smishing)

  ⑴ 문자 메시지(SMS) + 피싱(Phishing)

  ⑵ 메시지에 링크된 인터넷 주소를 클릭하면 악성 코드가 스마트폰에 설치되어 소액 결제 피해 발생 또는 개인 · 금융 정보를 탈취하는 범죄

2) 스미싱 유형

  ⑴ 주소 변경 신청

  ⑵ 분실 보상 처리

3) 어떻게 예방해야 하나요?

  ⑴ 소액 결제 차단하기

  ⑵ 스미싱의 대표적인 피해인 소액 결제는 피해자가 모르는 사이에 결제가 이루어져 높은 요금이 청구될 수 있음

  ⑶ 미확인 앱 설치하지 않기

  ⑷ 플레이 스토어 · 앱 스토어 등에 정식으로 등록되어 있지 않은 파일(apk)은 악성 코드를 내포할 확률이 높음

  ⑸ 의심되는 URL 접속하지 않기

  ⑹ 청첩장 · 택배 문자 등 출처가 확인되지 않은 문자 메시지의 URL은 접속을 지양, 범죄 의심 시 경찰청 112, 금융감독원 1332 신고

1) 어린이 보호 구역 안전 강화
  (1) 가장 큰 변화 중 하나는 '어린이 보호 구역' 내 무인 단속 장비를 의무적으로 설치
    – 2020년 총 1,272억 원을 들여 무인 단속 장비, 횡단보도 신호기, 속도 제한 및 안전 표지 등을 우선 설치하는 것을 시작으로, 2022년까지 전국 모든 어린이 보호 구역에 단속 장비 설치를 완료할 예정
  (2) 어린이 보호 구역 내 운전자의 안전 운전 의무도 강화
    – 신호등이 없는 횡단보도에선 모든 차량이 의무적으로 일시 정지하도록 하는 한편, 제한 속도를 시속 40km에서 30km로 하향 적용, 제각각이던 어린이 보호 구역 내 제한 속도를 시속 30km로 통일
    – 특히, 보도와 차도 구분이 없는 도로는 제한 속도를 시속 20km로 더 하향 조정하여, 보행자에게 우선 통행권을 부여
  (3) 어린이 보호 구역 내 주요 사고요인인 불법 주정차 과태료를 12만 원으로 강화(현행 일반도로 승용차 주정차 위반 과태료 4만 원, 보호 구역 8만 원)
  (4) 전국 281개소에 달하는 어린이 보호 구역 내 불법 노상 주차장 역시 2022년까지 단계적으로 없애나갈 예정

2) 고령 운전자 운전면허 자진 반납 지원 제도
  (1) **만 65세 이상** 고령 운전자분들에 한해 운전면허 자진 반납 시 각종 혜택 지원
    – 올 8월까지 운전면허를 자진 반납한 고령자는 3만 4,901명으로, 지난해 같은 기간(5,762명)과 비교 6배 증가, 자진 반납한 고령 운전자에게 10만 원 상당의 지역 상품권, 지역 화폐 또는 교통카드 제공 등 지방자치단체별 다양한 혜택이 늘어난 덕분으로 보임
    – 특히, 경찰서를 방문하여 진술서를 작성한 이후 '결정통지서'를 받기까지 과정이 짧게는 일주일, 길게는 무려 40일가량의 소요에서 진술서 작성 과정이 생략되었고, 민원인이 경찰서를 방문해 사전 통지서에 운전면허를 자진 반납했다고 서명날인만 하면 우편으로 발송하던 '결정통지서'를 현장에서 당일 교부(운전면허 자진 반납 절차가 하루면 끝)

3) 전동 킥보드 관련
  (1) 무면허 운전 등으로 인한 교통사고가 지속해서 발생하는 등 부작용도 증가
  (2) 현행 도로교통법상 전동 킥보드는 '원동기 장치 자전거'에 해당하므로 원동기 장치 자전거 이상의 운전면허가 필요, 만 16세 미만은 이용할 수 없으며, 인도나 자전거 도로에서의 주행은 금지

(3) 그러나 지난 5월 20일, 전동킥보드의 자전거도로 주행 허가 등의 내용을 담은 '도로교통법 일부 개정안'이 국회 본회의를 통과, 올해 12월 10일부터는 운전면허가 없어도 만 13세 이상이면 전동킥보드 이용 가능해짐. '개인형 이동 장치'로 분류되어 자전거 도로 통행도 허용

(4) 다만, 자전거 도로 운행 중 전동 킥보드로 인한 보행자 사고 시 피해를 최소화하기 위해 배터리를 포함한 무게는 최대 30kg으로 제한하고, 교통사고 예방을 위한 등화 장치와 경음기 장착 의무화 및 일반 이륜 차량과 동일하게 음주 단속도 강화 예정

4) 모바일 운전면허

(1) 스마트폰 이용자가 서비스 이용 약관에 동의한 후 실물 운전면허증을 등록하면 경찰청과 도로교통공단의 '운전면허정보 검증 시스템'과 연동돼 실시간으로 사용자의 운전 자격과 신원 확인이 가능

(2) "모바일에 운전면허증 발급 절차가 복잡하지는 않을까요?"
  – "패스(PASS) 앱을 통해 모바일 운전면허증을 발급받는 방법은 정말 간단합니다!"
  – 등록한 정보는 경찰청과 도로교통공단의 운전면허정보 검증 시스템을 통해 실시간 사용자의 운전 자격과 신원 검증

(3) 면허정보와 개인 키는 휴대폰 내에 저장되는데, 위 · 변조나 탈취가 불가능하도록 보안 기술로 보호되며 등록 정보 또한 암호화되고, 발급된 모바일 운전면허증은 검증 앱을 통해 QR코드로 인식

(4) 이동 통신 3사는 본인 인증 애플리케이션인 '패스(PASS)'를 기반으로 서비스를 개발해 올해 상반기부터 시범 운영 도입, 경찰청은 모바일 운전면허증 확인 서비스에 2,500만 명이 가입해 사용할 수 있도록 빠른 배포 실시 예정

02 CHAPTER 부산지방경찰청

01 부산시·경찰청·교육청, 교통안전 취약 요인별 분석 토대로 정책 추진

1) '어린이 보호 구역 교통안전시설 강화'

(1) 어린이 보호 구역의 교통안전 시설을 강화한다. 시는 오는 2022년까지 전체 어린이 보호 구역 내 무인 교통 단속 장비 725대를 신규 설치한다.

(2) 또한, 어린이 보호 구역임에도 차량 속도가 시속 30km/h를 초과하는 38곳에 대해 도로 기능과 주민 의견을 바탕으로 연간 5개소 이상을 줄여나간다는 계획이다.

2) '안전한 통학로 조성'

(1) 안전한 통학로 조성을 위해, 등·하교 시간대 교통경찰, 녹색어머니회, 모범운전자회 등이 합동으로 보행 안전 지도에도 나선다. 노인 일자리 사업과도 연계해 어르신 교통 지도 인력 약 1천 명도 배치한다.

(2) 보도가 협소하거나 미설치된 학교는 지자체 소유 부지와 교육청 소유 부지를 교환해 보행 공간 확보한다. 실제로 보행 공간이 협소했던 연제초등학교가 이러한 방식으로 통학로가 확대됐다.

3) '통학버스 안전의무 강화'

(1) 안전한 통학버스 운영도 추진한다. 반기별로 경찰서, 지자체, 공단 등이 합동으로 통학버스 신고 여부, 안전교육 이수 여부 등을 중점 점검한다.

(2) 특히 '도로교통법' 개정으로 오는 11월부터 통학버스 신고 대상이 6종에서 18종으로 확대되면서 사회복지시설, 장애인복지시설 등에서 운영하는 통학 버스도 신고 대상에 포함되어 관계 기관에 적극 홍보하고, 지도해 나갈 예정이다.

4) '불법 주정차 단속 강화'

(1) 불법 주·정차 단속을 강화하고, 주차장 안전시설을 강화한다. 지난 8월부터 초등학교 정문 인근의 불법 주정차 차량을 주민이 직접 신고하는 주민신고제가 본격 운영 중이다. 이를 위반할 경우에는 승용차 8만 원, 승합차는 9만 원 등 일반 도로의 2배 수준에 달하는 과태료가 부과된다.

(2) 또한, 어린이 보호 구역 내 노상 주차장 전체 269면도 올해 말까지 폐지한다. 시는 지난해부터 9월까지 212면을 폐지한 데 이어 남은 57면도 폐지에 나선다. 경사진 주차장의 안전시설을 강화하도록 한 '주차장법' 개정으로 인해 올 연말까지 지역 내 총 178곳의 해당 주차장에 고임목 비치, 안내표지판 설치 등도 완료될 예정이다.

5) '어린이 중심 교통문화 정착'

(1) 마지막으로, 어린이와 학부모를 위한 교통안전 교육을 강화한다. 어린이 교통 안전교육은 현재 교육부 고시에 의거, 초등학교는 11차시, 유·중·고등학교는 10차시를 의무적으로 실시해야 한다. 시는 관련 콘텐츠를 강화하고, 체험형 교통안전 교육장을 활용해 교육의 실효성을 강화해 나간다는 방침이다.

(2) 교통안전에 대한 관심을 높이기 위해 학부모를 대상으로 한 가정 중심 안전교육에도 나선다. 학교 주변 사고가 잦은 곳과 관련 법령 등을 통신문으로 지속 안내할 예정이다.

출처: 국제신문

---

02 20대 취업 준비생을 극단적 선택으로 몰았던 전화 금융 사기(보이스 피싱) 일당을 검거

경찰은 조직폭력배 30대 A 씨가 국내 조직폭력배들을 중국 현지로 불러들여 보이스 피싱 범행 기업형 범죄 단체 조직을 결성했다고 보고 있다.

이들은 해외 콜센터 등을 구축해 총책임자·팀장·TM(전화상담)·통장 모집책 등 역할을 분담해 각 지위에 따라 범죄 수익을 분배한 것으로 알려졌다.

또 중국 쑤저우 등 8개 지역 콜센터 등에 사무실 6개를 마련해 내국인을 상대로 범죄를 저지른 것으로 전해졌다. 앞서 20대 취업 준비생 A 씨는 지난 2월 전북 순창에선 보이스 피싱 조직원에 거짓 수사 압박을 받다가 극단적인 선택을 했다.

당시 A씨는 조직원에게 조작된 검찰 출입증과 명함을 찍은 사진을 확인하고, 전화를 끊으면 처벌받는다는 협박을 받은 것으로 수사 과정에서 밝혀졌다.

출처: https://www.ajunews.com/

---

03 부산에서 100만 원대의 고가 드론 불법 촬영

아파트 창문을 통해 성관계 영상 등을 몰래 촬영한 40대 2명이 경찰에 붙잡혔다. 경찰 관계자는 이들이 촬영한 영상물에 남녀 10쌍의 신체 부위가 찍혀 있었다고 밝혔다. 단순히 핸드폰의 카메라 등에 의하던 몰카 범죄가 점차 고도화되고 있는 상황이다.

특히 불법 촬영 범죄의 24.2%가 시민의 발인 '지하철과 역·대합실'에서 발생하여 시민 생활과 밀접한 공간에서 가장 많이 이루어지고 있는 것으로 나타났다. 기타 건수(44%)를 제외하면 아파트 등 주택(12.2%), 노상(10%), 상점·노점(3.6%), 기타 교통수단(3.6%), 학교(2.4%) 등이 뒤를 이었다.

중학교 1학년인 A 군은 초등학교 4학년 때부터 친구와 형 등에게 갈취를 당했다. 아이들 사이에 '은행'으로 불리면서 모르는 아이들에게도 돈을 요구 받았다. 돈이 없으면 폭행을 당했고, 길거리에서 앵벌이를 해오라는 강요도 받았다. 결국 A 군의 가족은 학교전담경찰관(SPO)에 도움을 요청했다. 경찰은 갈취를 주도한 3명에 형사 처벌을 받도록 했고, A 군에게 한 번이라도 돈을 요구했던 아이들에겐 피해 학생과 보호자의 요구로 **'회복적 경찰 활동'을 통해 용서의 기회를 줬다. 가해자를 비롯한 피해자 가족이 참여한 대화 모임에서 가해자들은 진심**으로 A 군에게 사과하고, 다시는 이런 행동을 하지 않겠다는 약속 이행문을 적었다.

9일 부산경찰청에 따르면 지난 8월부터 11월 현재까지 이 같은 '회복적 경찰 활동'으로 총 21건을 접수해 조정을 마쳤다. 현재 총 16개의 구·군 경찰서 가운데 7곳이 회복적 경찰 활동에 참여하고 있으며 현재 이 제도에 참여하지 않는 기장경찰서도 한 건의 실적을 올렸다.

내년 전면 시행을 앞두고 이 같은 실적에 지역 경찰계는 긍정적 반응을 보인다. 조정재 사하경찰서장은 **"관계 회복과 피해자가 치유되는 것을 핵심 가치로 삼는 회복적 경찰 활동이 새로운 패러다임**으로 정착할 수 있도록 최선을 다하겠다"고 말했다.
회복적 경찰 활동이란 현행 가해자 검거와 처벌 위주의 사법 처리 시스템을 넘어 피해자의 실질적 회복 및 가해자와의 갈등 해소를 목적으로 하는 제도다.

가해자와 피해자가 동의하는 경우 회복적 대화 모임을 통해 **사과, 재발 방지, 피해 회복** 등을 약속해 긍정적으로 공동체의 안전과 평온을 유지하는데 기여하고 있다.
회복적 대화에는 경찰로부터 의뢰받은 상담 전문가가 참여, 피해자와 각각 사전 모임을 가진 이후 본모임을 진행하여 충분한 대화를 진행한다. 경찰청에 따르면 지난 4월부터 6월 말까지 84개의 사건이 조정을 마쳤는데 학교 폭력이 50개로 가장 많았고 가정 내 갈등, 주차·흡연 문제로 인한 이웃 간 분쟁, 경미한 폭행 및 절도 사건 등 다양한 사건이 뒤를 이었다.

출처: 국제신문

부산 지역 학교가 전면 등교 수업을 실시함에 따라 부산경찰청이 4주간 청소년 이용 시설에 대한 합동 점검을 실시한다.

점검 대상은 **PC방, 오락실, 노래연습장, 학원** 등 청소년들이 주로 이용하는 시설 1만 2,086곳 이다.

경찰은 이 기간 동안 학교전담경찰관을 중심으로 시교육청과 학교, 구·군 담당 공무원 등과 합동점검단을 편성해 청소년들이 주로 이용하는 시간대(오후 2~5시)에 집중 점검할 계획이다.

부산경찰청은 지난 6월 추진한 PC방 등 청소년 이용 시설에 대한 특별 점검 결과, 마스크 착용 등 이용객의 방역수칙 준수율이 기존 61%에서 80% 이상으로 상승하는 등 긍정적 효과가 있었다고 전했다.

한편, 부산경찰청장은 "앞으로도 유관 기관과의 긴밀한 협업으로 **청소년들이 많이 이용하는 시설에 대한 점검 활동을 지속적으로 전개하는 등 청소년 집단 감염 예방을 위한 방역** 활동에 최선을 다해 대응할 예정이다."라고 전했다.

출처: 시장경제(http://www.meconomynews.com)

부산지역 학교의 불법 촬영 취약지 점검에 나서 60곳의 위해 우려지를 발견해 환경을 개선 했다. 경찰과 학생 학부모 교사가 참여하는 '스쿨비추미' 활동의 성과로, 점차 참여 학교가 늘 것으로 기대된다.

부산경찰청은 지난달 5일부터 이달 31일까지 학내 불법 촬영 범죄 불안 해소를 위한 합동점 검단 '스쿨비추미'를 운영한다고 19일 밝혔다. **스쿨비추미는 '학교 내 불법 촬영 카메라를 탐 지기로 비춰 찾다'와 '경·학 협업으로 학교를 따뜻하게 비추다'**의 중의적인 의미로, 학교 내 불법 촬영 합동 점검단의 추진방향과 불법 촬영 범죄 근절 의지를 담았다. **불법 촬영 카메라 점검**을 희망하는 학교 90곳을 대상으로, 학생 학부모 교사 등 459명이 참여한다.

부산에서 발생한 초중고등학교와 대학에서 적발된 카메라 등을 이용한 불법 촬영 범죄는 2018년 7건, 2019년 10건 등이다. 이에 점검단은 학내 화장실, 기숙사 탈의실 등 불법 촬영 취약지의 위해요소를 발굴한다. 이들은 활동을 시작한 이후 43개 학교 450곳을 점검, 고장 난 전등·파손된 타일·나사 구멍·화장실 천장 구멍·파손된 문 등의 위해환경 60곳을 찾 아 **학교 측에 화장실 내 대변기 양옆 칸막이 상·하단 차단막 설치, 위험 흔적 막기, 탈의실 잠 금장치 등의 개선**을 권고했다. 점검 당시 벽면 틈새나 구멍 등의 카메라 설치가 가능한 장소 에서 즉석으로 안심스티커(실리콘)를 부착한 사례를 포함하면 위해 환경 개선 건수는 이보다 더 많다. 이외에도 점검단은 학생, 교사 등 1,789명을 대상으로 36차례 불법 촬영 예방 교육 을 하고, 관련 캠페인 등 홍보를 59차례 했다.

출처: 국제신문

경찰에 따르면, 지난달 31일 오후 10시 37분쯤 이 아파트 입주민 사이에 폭행이 벌어졌다는 신고가 5건 접수돼 경찰이 긴급 출동했다.

B 씨는 게시글에서 "위층에서 의자 긁는 소리와 고성 등이 3시간 넘게 이어져 경비실에 소음 민원을 넣었는데, 30분 뒤 위층에서 남성 3명이 내려와 벨을 눌렀다"며 "이들이 욕설과 함께 '너네는 그렇게 조용히 사냐'고 소리를 지른 뒤 예비 신랑을 수차례 폭행했다"고 주장했다.

경찰 관계자는 "관련자들에게 출석을 요구하는 등 조사를 정상적으로 진행하고 있다"며 "정확한 사실관계를 확인한 뒤 종합적이고 입체적인 수사를 통해 적용 법률을 검토할 예정"이라고 말했다.

출처: 노컷뉴스

얼마 전 모 경찰서장 관사 돈 봉투 도난 사건에 이어, 최근 경찰 간부가 부하 직원을 성추행한 사건이 발생했다.
부산의 한 경찰 간부가 최근 회식 자리에서 부하 직원을 성추행한 사실이 뒤늦게 드러났다.
해당 경찰 간부는 다른 경찰서로 자리를 옮겨 계속 근무 중인 것으로 확인됐다.

30일 부산경찰청에 따르면 부산 모 경찰서 소속 A 경감이 회식 자리에서 동료 직원을 성추행한 혐의로 경찰청 인권조사계로부터 조사를 받고 있다.
A 경감은 최근 한 회식 자리에서 여성 부하 직원 B 씨에게 원치 않는 신체 접촉을 한 혐의를 받고 있다. A 경감은 B씨가 거부 의사를 밝혔는데도 손에 입을 맞추며 불쾌한 언행을 한 것으로 알려졌다.

성추행 혐의를 받는 경찰 간부를 바로 직위 해제하지 않고 다른 경찰서로 전보 조치한 것에 대해서도 논란이 제기되고 있다. 피해자에 대한 2차 가해 가능성이 높기 때문이다.
이에 대해 경찰은 현재 경찰청 인권조사계에서 사실관계를 조사 중이기 때문에 관련 규정에 따라 사건 당사자를 분리하기 위해 부득이 전보 조치한 것이라고 해명했다.

출처: 세계일보

9일 부산 경찰에 따르면 경찰청 지시에 따라 디지털 교도소에 대한 내사에 착수했고, 범죄 혐의가 확인되면 정식 수사로 전환키로 했다.

경찰이 내사에 착수한 것은 지난 5월부터 현재까지 관련 웹사이트와 해외 SNS상에 '대한민국의 악성범죄자에 대한 관대한 처벌에 한계를 느끼고 신상 정보를 직접 공개해 사회적 심판을 받게 하려 한다'며 성범죄 혐의자 등에 대한 개인 정보와 언론기사 등을 무단으로 공개한 혐의다.

부산 경찰은 정보통신망법 제70조 제1항 등 **명예훼손** 등에 대한 위반 여부를 적용할 방침이다. 부산경찰청 관계자는 "신상 공개는 사적 처벌이라 이를 허용해서는 법체계가 무너질 수 있다"고 말했다.

디지털 교도소는 지난 6월부터 세계 최대의 아동 성 착취물 사이트인 **'웰컴 투 비디오'** 운영자 손정우(24) 씨 등 성범죄자를 포함해 성범죄자의 신상을 공개하고 있는 사이트로 성범죄자뿐만 아니라 판사들의 신상도 공개하고 있어 논란이 일고 있다.

출처: 아시아경제

최근 전동 킥보드 등 개인형 이동 수단 이용 인구 확산 및 공유 서비스 활성화로 인해 이용자들의 무면허, 음주 운전, 안전모 미착용 등 도로교통법규 위반 사례가 증가함에 따라 교통사고 예방을 위하여 올해 4월 19일부터 30일까지 사전 홍보·계도 기간을 거쳐 5월 1일부터 개인형 이동 수단의 도로교통 법규 위반 행위에 대한 집중 계도·단속을 시행할 예정이다.

집중 단속에 앞서 SNS·전단지 등 다양한 매체를 활용하여, 개인형 이동 수단 관련 법률 등 사전 홍보를 통해 안전문화 확산 분위기 조성하고, **플래카드·VMS·관공서 옥외 전광판·아파트 E/V 모니터 등 생활 주변 매체를 활용하여 시민들의 공감대**를 형성한다.

부산지방경찰청과 부산시는 개인형 이동 수단 안전 관리 방안 대책 회의를 정례화하여 지속적인 안전 대책을 마련하기로 하고, 교육청·대학교 등 교육 기관 협조를 통해 학교 온라인 수업 시 카드 뉴스를 활용하여 안전 수칙 교육을 강화하고, 개인형 이동 수단 공유 업체와 협업하여 운전면허 확인 절차 강화·관련 법규 홍보 등 이용자들의 사전 법규 위반 예방 시스템 구축 방안에 대해 협의할 예정이다.

출처: 글로벌뉴스통신GNA(http://www.globalnewsagency.kr)

03 CHAPTER 대구지방경찰청

01 대구경찰 학교 폭력 예방 활동

대구지방경찰청은 대구시교육청과 협력해 사이버상 집단 따돌림 등 학교 폭력을 예방하기 위해 학생 간 또래 지킴이 '사이버-폴(Cyber-pol)' 회원을 모아 활동을 펼친다.

'사이버-폴'은 2014년부터 대구시교육청과의 '경(警)-학(學) 협력 사업'으로 사이버 학교 폭력 예방을 위해 시행하고 있다.

지난해까지 4만 4,140명의 학생이 참여해 **또래 상담, 학교 폭력 신고, 캠페인, 취약 지역 순찰** 등을 실시했다. 또 학교전담경찰관과 SNS를 통해 또래 상담, SNS 홍보 등 학교 폭력 예방 활동을 지도하고 있다.

대구지방경찰청 관계자는 "2014년 '사이버-폴' 도입 후 현재까지 매년 조사하는 '전국 학교 폭력 실태조사'에서 지역의 학교 폭력 피해 응답률이 7년 연속 전국 최저로 나타났다. 학교 폭력 예방에 효과가 있다고 판단된다."라고 말했다.

자료: 노컷뉴스

02 '거점 중심 신속대응시스템' 수립

대구경찰청은 **112신고 데이터와 유동인구 등 빅 데이터 분석 자료를 기반**으로 신고 다발 예측 지점을 지정해 발 빠르게 대응하는 '거점 중심 신속대응시스템' 수립을 추진한다.

이번 시스템은 기존 노선 순찰 방식이 주민 접촉 시간이 짧아 범죄 예방 효과가 미흡하고, 신고 시 신속하게 현장에 도착하기 힘든 점이 있어 이를 개선하고자 마련됐다.

경찰에 따르면 112신고 접수 시 관할·기능을 불문하고 신고 장소에서 가장 가까운 출동 요소가 출동해, 골든타임을 확보하게 된다. **교통순찰차, 형사동차 등 현장 인근에 위치한 모든 경찰 인력을 동원하며, 교통 정체 등 지연이 예상될 경우 오토바이, 자전거, 도보 근무자 등도 출동할 수 있다.**

'스마트 안전 서비스 2.0' 시스템을 고도화하기로 했다.

올해 말까지 ▷112신고 ▷유동인구 ▷날씨 ▷폐쇄회로(CC)TV 위치 ▷건축물 노후도 등 11종 의 빅 데이터를 기반으로 신고 다발 예측 지점을 도출해, 핫스팟 거점 지점으로 활용할 계획이 다.

이는 '과학적 데이터를 기반으로 한 예측적 경찰 활동'의 전국 최초 현장 적용 사례로서, 스마트 치안 구현에 한 발자국 다가서게 됐다는 것이 경찰의 설명이다.

대구경찰청 생활안전과 관계자는 "112신고에 선제적이고 효과적으로 대응하고자 빅 데이터 분석에 기반한 거점 지점을 도출, 신고 접수 시 최단 시간 내 현장에 도착하도록 노력하고 있 다."라고 설명했다.

대구경찰이 '대면 편취형' 보이스 피싱 사범 66명을 검거했다. 또한 피의자가 검거되면 즉시 현금 및 사용 계좌를 압수, 총 10건의 추가 범죄를 차단하여 약 2억 4천여만 원 상당의 피해를 예방하는 등 범인 검거뿐만 아니라 피해 예방·회복에도 많은 노력을 기울였다.

검거 주요 사례로는 수성경찰서가 금융 기관 직원을 사칭, 대환 대출을 해준다고 속인 뒤 피해자들을 직접 만나 현금을 건네받는 수법으로 5회에 걸쳐 7천여만 원을 편취한 현금 수거책 7명을 검거, 그중 6명을 구속하였다.

강북경찰서는 **저금리 대환 대출을 해준다고 속여** 6회에 걸쳐 9,500여만 원을 편취한 피의자를 검거하고, 피해금 1,038만 원을 압수하여 피해자에게 돌려주었다.

경찰의 집중 단속에도 불구하고, 보이스 피싱의 가장 근본적인 대책은 예방이다. 일반적이지 않은 대출을 해준다거나, **국가·금융 기관을 사칭하면서 통화 중 앱(application) 설치 또는 현금 전달을 요구하는 경우 반드시 보이스 피싱을 의심**해야 한다.

또한 직접 피해자들을 속이지 않고 단순히 돈만 전달하는 단순 가담 행위도 엄중 처벌받을 수 있는 만큼, **'단기 고수익 알바'** 유혹에 빠져 범죄에 가담하지 않도록 각별히 유의해야 한다.

출처: 내외뉴스통신(http://www.nbnnews.co.kr)

대구 경찰은 이가정 폭력 재발이 우려되는 가정을 대상으로 사전 모니터링을 진행하고 있습니다. **학대예방경찰관(APO)이 가정의 상태를 확인**하여 재발 징후를 파악하고, 폭력 시 대처 요령 및 피해자의 권리를 안내한다. 모니터링 결과 연휴 중 폭력이 발생할 위험성이 높다고 판단된 가정은 신변 보호 조치를 실시하거나 긴급 피난처로 연계하는 등 선제적인 예방 활동을 전개할 방침이다.

또한 연휴 중 접수되는 가정 폭력 신고에 대해 반드시 현장에 신속히 출동하여 피해자를 대면, 안전 여부를 철저히 확인한다. 신고를 받고 출동한 경찰관의 **현장 출입·조사를 정당한 사유 없이 거부할 경우 500만 원 이하의 과태료가 부과**될 수 있다. 피해자들은 신고 처리 결과와 관계없이 **긴급 피난처나 임시 숙소, 또는 의료 기관으로 연계되어 보호 및 치료**를 받을 수 있다.

연휴 기간 중에도 **해바라기센터와 여성긴급전화1366은 24시간 피해자를 보호·지원**한다. 이밖에도 폭력 상황까지 이르지 않는 가족 간 갈등 상담은 가족상담전화(1644-6621), 한국어 구사가 어려운 이주 여성은 다누리콜센터(1577-1366)를 이용할 수 있다.

출처: 더뉴스코리아

1) 현황

1일 대구경찰청에 따르면 올해(1~8월) 대구에서는 메신저 피싱이 328건 발생했으며 피해액은 8억8,000만 원이다. **메신저 피싱은 카카오톡 등 메신저에서 가족·지인을 사칭해 피해자로부터 금원을 편취**하는 것이 일반적인 수법이다.

최근에는 **문화상품권이나 기프트카드를 구입해 핀 번호를 전송**해 달라고 하거나 스마트폰에 원격제어 앱 설치를 유도하는 등 새로운 수법들도 등장하고 있다.

2) 대책

온라인에서는 카드 뉴스, 동영상 등 메신저 피싱 예방 홍보를 위한 콘텐츠를 대구경찰 SNS, 지역 주요 인터넷 카페 등을 통해 게시했다.

또 카카오톡 챗봇 기능을 활용해 메신저 피싱 체험 챗봇을 자체 제작 후 시민들이 미리 메신저 피싱과 유사한 체험을 할 수 있도록 했다.

오프라인에서는 각종 미디어, 옥외 대형 전광판 등을 활용해 예방 홍보 활동을 강화하고 문화상품권 구입·편취형 신종 유형에 대해서는 편의점 업주들과 협력해 고객들의 피해를 예방할 수 있도록 홍보를 강화한다.

3) 예방책

(1) 메신저 피싱을 예방하려면 메신저 프로필이 가족이나 지인으로 표시되더라도 반드시 직접 전화 통화를 해 본인 및 사실 여부를 확인해야 한다.

(2) 전화 확인 전에는 절대 송금해서는 안 되며 가족이나 지인 본인이 아닌 타인 명의의 계좌로 송금을 요청하면 일단 의심하고 확인해야 한다.

(3) 메신저 비밀번호를 정기적으로 변경하고 출처가 불분명한 앱 설치를 차단하는 등 스마트폰 보안설정도 강화해야 한다.

(4) 메신저 피싱 피해를 당한 경우 즉시 경찰(112)이나 해당 은행 콜센터에 송금 계좌에 대한 지급 정지를 요청해야 한다. 이후 송금 내역서, 대화 내용 캡처 자료 등 증거 자료를 준비해 112 또는 경찰청 홈페이지 사이버 범죄 신고 코너에 신고하면 된다.

출처: 뉴시스

대구 동부경찰서는 신종 코로나바이러스 감염증(코로나19) 확산에 따라 비접촉식 음주 단속을 실시했다고 7일 밝혔다.

음주 단속 시 페이스 쉴드를 착용해 얼굴 전체를 가려 비말을 원천적으로 차단, 코로나19 감염 걱정 및 확산을 줄일 수 있다.

페이스쉴드, 장갑 등을 착용한 교통경찰관이 지난 4일 오후 10시부터 3시간 동안 비접촉 음주 감지기를 활용, 단속을 시행한 결과 음주 운전 4건을 적발했다.

앞서 동부경찰서는 지난 3월 코로나19로 인한 음주 단속 공백을 막기 위해 전국 최초로 S자 코스 음주 단속을 실시했다.

출처: 뉴시스

대구경찰청은 112신고 정보 및 유동 인구 등 빅 데이터를 분석해 112순찰차 순찰 노선 재배치를 시범 운영한 결과 112신고 및 5대 범죄가 감소하는 효과를 거뒀다고 12일 밝혔다.

112신고 발생 예측 분석 모델과 예측 지도를 산출했다. 이후 예측값을 기반으로 순찰 지점 추천 알고리즘을 개발했다.

관할 지구대·파출소 순찰노선도 빅 데이터를 통해 추출된 순찰 노선을 중심으로 재배치했다.
효과성 검증은 시범 지역(5개 법정동)과 통제 지역(대구시 전체)의 5대 범죄와 112신고 건수를 시범운영 전(지난해 9월 1일부터 11월 30일까지)과 후(지난해 12월 1일부터 올 2월 28일까지)로 비교해 분석하는 준실험연구설계 방식으로 진행됐다.

그 결과 코로나19 영향으로 대구 전체의 5대 범죄 및 112신고가 감소했다.
그러나 범죄 예방 효과 분석을 위해서는 절대적 건수가 아닌 상대적 변화 비교 분석을 해야 하므로 **오즈비(Odds Ratio)를 대입해 효과를 검증**했다.

오즈비는 순찰 노선의 재배치에 따라 순찰한 지역(시범 지역)에서 관측되는 112신고(범죄 발생) 건수의 변화에 대해 일반적 순찰이 이뤄진 지역(통제 지역)에서 관측되는 112신고(범죄 발생) 건수의 변화의 상대적인 차이를 비율로 나타낸 것이다.

출처: 뉴시스

범죄 피해자 안전 방역 키트 지원은 피해자의 권리 보호 및 복지 증진을 위한 범죄 피해자 권리 제도안내 사업의 일환으로 마련됐다.

또 형사 절차상 피해자의 권리 및 지원제도에 관한 정보를 제공함과 동시에 범죄의 긴급한 상황에서 마스크 등 방역 물품을 준비하지 못한 피해자의 안전 확보를 위해 지원을 결정했다.

안전 방역 키트는 **범죄 피해자 안내서, 덴탈 마스크, 손 소독젤 등 방역 물품**으로 구성됐다. 각 경찰서 피해자 전담경찰관이 강력 범죄 피해자 대면 상담 등 피해자 보호·지원 활동 시 제공할 예정이다.

경찰에서는 범죄 피해자 보호를 위해 **신변 보호, 스마트워치 지급, 위기 개입 상담, 임시 숙소 제공, 현장 정리, 디지털 성범죄 정보 변경 지원 등 다양한 피해자 보호·지원** 활동을 추진하고 있다.

09 디지털 성범죄 피해자 지원 대책은?

피해자는 112, 117 전화 또는 경찰관서 홈페이지 온라인 신고와 카카오톡 채널(대구경찰 디지털 성범죄 특별 수사단)을 통해 24시간 익명 채팅으로 상담 신고 접수를 할 수 있습니다.

피해자에 대해서는 여성 경찰관이 상담부터 종결 시까지 피해자 보호 지원을 전담한다. 또한 피해자는 개인 신상 노출 방지를 위해 가명으로 조사를 받을 수 있고, 보복이 우려되는 경우 신변 보호를 요청할 수 있다.

이와 함께 국선변호인의 무료 법률 지원, 디지털 성범죄 피해자 지원 센터를 통한 영상물 삭제, 전문 기관과 연계한 심리·경제적 지원 등을 받을 수 있다.

안내서는 총 6면의 리플릿 형태로 제작됐다. 주요 내용은 △디지털 성범죄의 정의 △디지털 성범죄의 유형 △피해자 보호지원제도 △신고 채널 △도움받을 수 있는 기관 등 신고와 피해자 보호에 대한 의지를 포괄하는 내용으로 구성돼 있다.

CHAPTER 04 광주지방경찰청

〈광주청 관내 현황〉

1. 지방청장 이름 및 계급:

2. 경찰서 숫자: 5개

3. 지구대 및 파출소 숫자: 40개(지구대 19, 파출소 21)

01 느슨해진 학생 생활 지도… 청소년 범죄 급증

광주서 6개월간 5대 범죄 입건 소년범 1천여 명 SNS 등 범죄 모의도 늘어… 경찰 "가정 교육 절실"

코로나19가 장기화하면서 학생들의 생활 지도도 느슨해져 청소년 범죄가 급증하고 있다. 특히 코로나19 확산세로 비대면 원격 수업이 지속되고 있는 가운데 SNS 등 '범죄 모의'도 늘고 있어 비행 청소년 관리에 비상이 걸렸다.

02 외국인 범죄 강력하게 대처해야

최근 광주·전남지역에서 외국인 강력 범죄가 큰 폭으로 증가해 지역민들이 불안에 떨고 있다. 외국인들의 범죄 성향도 다양화하는 데다 갈수록 흉악해져 경찰의 강력한 대책 마련이 절실하다.

외국인 범죄에 대한 경각심은 오래전부터 제기돼 왔다. 경찰도 치안봉사대를 활용하는 등의 노력을 기울이기도 했다. 그러나 노력만큼 결과가 신통치 않은 것도 사실이다. 국내 외국인 범죄는 급증하는데 경찰의 외사 인력은 이에 따라가지 못한다는 지적도 많다. 외사경찰 인력이 부족하다 보니 범죄 예방을 위한 방범 활동이나 현장 수사가 부실할 수밖에 없다. 문제는 불법 체류자가 급증하면서 자칫 이들에 대한 관리 자체가 어려운 지경에 빠질 수 있다는 점이다.

따라서 당국은 이번에 외국인 범죄 행위를 근절할 수 있는 사회안전망 확충과 더불어 제도적 구비도 서둘러야 한다. 또한 외국인 범죄를 예방하려면 공권력 대응 못지않게 따뜻한 관심과 배려가 선행된 전방위적인 범죄 예방 활동이 필요한 시점이다.

출처: 2020.09.03. 전남매일

05 CHAPTER 인천지방경찰청

〈인천청 관내 현황〉

1. 지방청장 이름 및 계급: (치안정감)

2. 경찰서 숫자: 10개

3. 지구대 및 파출소 숫자: 75개(지구대 39, 파출소 36)

4. 관할 면적: 1,063km2(전국의 1.1%)

　　※ 도서(섬): 170개(유인 41, 무인 129)

5. 관할 인구: 301만 명(전국의 5.7%)

6. 경찰관 1인당 담당 인구: 459명(전국 평균 422명)

7. 지역적 특수성

　　1) 인천 국제 공·해항이 위치한 국가 관문이자 국제 교역 도시

　　2) 서해 5도를 비롯한 접적 지역으로 국가 안보의 전초지(해상 NLL 147마일)

　　3) 송도, 영종, 청라 등 경제 자유 구역 지정으로 인구 지속 유입 중

01 대책: 환경 개선 및 가시적 경찰 활동 등을 통해 이를 개선

보안등 확대 설치 등 범죄 예방 환경 개선 및 가시적이고 완성도 높은 경찰 활동 등을 통해 "밝고 안전한 인천"을 만듦으로써 시민 요구에 부응하고 체감 안전도 향상

02 정책 과제

1) 보안등 확대 등 치안 인프라 확충

(1) 보안등 설치 확대 및 조도 개선

(2) 어두운 곳 등 데이터베이스 구축

(3) 지자체 등 협업, 안전 예산 지속 확대

2) CPTED 적극 추진 및 지역 공동체 활성화

(1) 여성안심귀갓길 등 여성 안심 환경 조성

(2) 우범 지역 개선 및 사회적 약자 관련 취약 시설 개선

(3) 공동체 치안 협의체 활동화

3) 가시적·표시적 순찰 활동 강화

(1) 주민 불안 지역 가시적 순찰 활동 집중 전개

(2) 탄력순찰 집중 홍보 및 가시적·표시적 순찰 활동 강화

(3) 자율 방범대 등 협력 단체 공동 치안 활동 강화

4) 112 총력 대응 고도화 지속 발전

(1) 112신고 신속 대응 태세 확립

(2) 현장 조치 정교화로 업무 과오 최소화

(3) 시민 눈높이에 맞는 적극적 신고 처리

최근 1년 새 국립대학법인 인천대학교 한국어학당에 입학한 뒤 자취를 감춰 불법 체류 외국인이 된 유학생이 700명을 넘은 것으로 확인됐다. 무리한 어학연수생 유치가 역대급 사태를 불러일으켰다는 지적이다.

사라진 어학연수생들은 대부분 1년 과정의 단기 어학연수를 받는 비자(D-4)로 국내에 들어온 뒤 3~4개월이 지난 후 자취를 감춘 것으로 파악됐다. 이 때문에 이들이 어학연수가 아닌 불법 취업을 목적으로 국내에 들어왔고 인천대가 그 '통로' 역할을 했다는 지적이 나온다.

어학연수생 유치가 빠르게 늘어난 건 인천대가 최근까지 불법 체류율(신입생 대비 불법 체류 외국인 발생 비율) 1% 미만 인증 대학 지위를 갖고 있었기 때문이다. 법무부가 인증하는 불법 체류율 1% 미만 인증 대학은 국적과 관계없이 유학을 희망하는 외국인이 국내 대학에서 발급한 표준입학허가서만으로 비자 심사를 받을 수 있는 특혜를 받는다. 2018년까지 인천대 어학당의 불법 체류율은 1% 남짓이었다.

연수생들이 불법 취업하면서 사회 문제도 발생하고 있다. 올해 5월 인천지방경찰청 국제범죄수사대는 이 대학 어학연수생 베트남인 A(23) 씨 등 40명을 출입국관리 위반 혐의로 불구속 입건했다. 이들은 모두 어학당에 입학한 뒤 수업을 나가지 않고 국내에 체류하면서 불법 취업한 혐의를 받았다.

전철역 등에 경찰관 실물 홍보 스탠딩 설치 및 지역 맘카페에 순찰 희망 장소 접수 안내문 게시 등 다양한 홍보 활동을 실행했다. 실시 실행 기간 중 순찰 희망 장소 총 1,928건을 접수해 중복 지역 등을 제외한 769개소를 순찰 지역으로 추가하기도 했다.

그리고 희망 지역 중 **야간 골목길 · 공원 등은 경광등을 켠 채 순찰하고, 주택가 · 가게 등은 순찰 후 '문고리형 순찰 카드'**를 걸어두는 등 시민이 알 수 있도록 가시적 순찰을 실시했다.

순찰을 통해 각종 주민 불안 요인도 해소했는데, 논현 서창파출소는 '여성들을 쫓아다니는 남성이 있어 불안하다'는 112신고와 지역 맘카페의 관련 게시글을 보고, 신고 내용 분석 등을 통해 출몰 예상 시간·지역에 집중 순찰을 실시해 해당 남성을 검거한 것이 대표적인 사례이다.

여성안전 정책자문단은 앞으로 인천경찰에서 추진 중인 여성 안전 정책에 대해 의견을 제시하고 개선 및 보안 방안을 제언하는 등 여성 안전 치안 정책 전반에 대한 자문 역할을 하게 된다.

경찰은 여성 대상 범죄에 대한 선제적 대응 및 피해자 보호 · 지원 강화를 위해 **'예방 · 수사 · 보호 · 지원'을 아우르는 여성 안전 종합 치안 대책**을 수립해 강력히 추진할 예정이다.

이날 위촉된 자문 위원들은 인천경찰이 여성 안전을 위해 여성 단체의 의견을 수렴해 정책에 반영하는 등 여성이 안심할 수 있는 환경 조성, 공정하고 적극적인 수사, 보다 세심한 피해자 보호 활동 등에 대해 다양한 의견을 제시하고 함께 논의한다.

출처: 중앙신문(http://www.joongang.tv)

04 스몸비 대책 스마트 횡단보도

스마트폰을 보며 길을 걷거나 횡단보도를 건너는 사람들을 자주 보곤 한다. 이러한 사람들을 '스몸비'(스마트폰과 좀비의 합성어)라고 일컫는다.

인천 서구(구청장 이재현)는 이러한 **'스몸비'의 보행 안전을 위해 지난 27일 서구청역 사거리에 스마트 횡단보도(LED 바닥 신호등) 설치**를 마무리하고 관계 기관 합동 점검 및 교통안전 캠페인에 나섰다.

인천시와 인천지방경찰청의 사전 점검을 마친 후 27일부터 본격 운영되는 스마트 횡단보도는 기존 신호등과 연동되는 LED 패널을 횡단보도 대기선에 설치해 이용자가 바닥만 보고도 현재의 신호를 확인할 수 있다.

보행자뿐 아니라 운전자의 시인성도 높여 교통사고 방지의 이중 안전 장치의 역할을 한다. 특히 야간이나 비가 오는 궂은 날씨에 더욱 빛을 발한다.

출처: 데일리그리드(http://www.dailygrid.net)

05 경찰 스트레스 관리 '마음동행센터'

전국에서 열 번째로 신설되는 마음동행센터는 인천 중구 정석빌딩 8층에 전용 면적 109㎡(33평) 규모로 총 사업비 1억 2천만 원을 들여 상담실과 검사실을 갖추고 있으며, 바이오 피드백 등 전문 검사 기계를 구비하여 정확한 검사 및 치료가 가능하도록 만들어졌다.
마음동행센터에는 1급 임상심리전문가가 상주하며 인천경찰의 심리 상담을 하고, 만일 치료가 필요하다 판단되면 인하대병원에 연계하여 정신 건강 진료를 받도록 조치한다.

경찰관계자는 "인천 지역에 그간 마음동행센터가 없어서 서울 지역 센터나 민간 상담소를 이용하는 등 어려움이 많았다. 그러나, 인천 지역에 센터가 개소함으로써 시간에 구애받지 않고 마음 건강 치료에 집중할 수 있게 되어 기쁘다"고 말했다.

CHAPTER 06 대전지방경찰청

〈대전청 관내 현황〉

1. 지방청장 이름 및 계급: 이규문(치안정감)

2. 경찰서 숫자: 6개

3. 지구대 및 파출소 숫자: 31개(지구대 21, 파출소 10)

4. 관할 면적: 539.5km2(전국의 5.3%)

5. 관할 인구: 146만 명(전국의 2.8%)

6. 경찰관 1인당 담당 인구: 485명(전국평균 422명)

01 고위험 정신 질환자 대책

경찰은 이번 간담회에서 '고위험 정신 질환자의 신속한 보호 · 치료 연계 시스템 강화, 정신 병원 내 비상벨 설치, 자살 112신고 응급개입팀 출동 방안, 코로나19 의심 정신 질환자 신속 검사 및 응급 입원 치료연계 방안 등을 심도 있게 논의하고 기관별 협조 사항을 수렴하여 개선해 나갈 방침이다.

그간 충남대학병원의 '응급 입원 전담 병원' 지정 · 운영으로 야간 · 공휴일 응급 입원 대상 고위험 정신 질환자의 치료 연계 문제점을 근본적으로 해소하는 한편, 대전광역정신건강복지센터의 '응급개입팀'을 운영을 통해 24시간 현장에서 전문 상담 등 보호 조치를 시행함으로써 고위험 정신 질환자의 응급 입원 등 현장 대응 체계는 한층 강화되었다.

02 고위험 위기 청소년 대상 우범 소년 송치 등을 더욱 강화

대전지방경찰청(청장 이규문)은 성범죄에 노출된 위기 청소년 문제와 관련해 범죄 예방 교육, 고위험 위기 청소년 대상 우범 소년 송치 등을 더욱 강화할 방침이라고 밝혔다.

그간 대전경찰은 학교전담경찰관들의 현장 활동 강화 및 학교 · 쉼터 등 청소년 관련 기관과의 안전망 구축을 통해 학교 폭력뿐만 아니라 가출 · 성매매 등 위기에 빠진 청소년 보호에 앞장서왔다.

그 결과, 올해 8월까지 가정 · 학교 밖 청소년 등 총 1,488명의 위기 청소년을 조기 발견하여 △**선도 프로그램 진행** △**지원 센터 · 쉼터 등 전문 기관 연계** △**학교전담경찰관 1:1 멘토링**을 실시하여 선도 · 보호하였다.

특히 상습 가출 · 성매매 범죄 피해 등 고위험 청소년 44명에 대해 우범 소년 송치 및 소년분류심사원으로 위탁을 통해 가정 · 학교로 정상 복귀할 수 있도록 하였다.

또한 범죄의 유혹에 취약한 청소년들을 위해 학교전담경찰관들이 제작한 디지털 성범죄 · 랜덤 채팅 성매매 범죄 예방 교육 자료 등을 유튜브 · SNS를 통해 배포하는 등 예방 교육도 적극 실시하였다.

03 아동 학대 사회적 감시망의 보완

코로나19로 인한 가정 내 돌봄 장기화로 느슨해진 **아동 학대 사회적 감시망의 보완 필요성과 아동 눈높이에 맞춘 지역 사회 보호 체계 강화**를 위해 민 · 관이 협력에 뜻을 모으고 아동 보호에 함께 나서기로 했다.

주요 협약 내용은 △아동 학대의 신고 활성화 △아동 학대 정책 개발 △학대 예방을 위한 정보 공유 및 보호 · 지원 강화로 실무 협의회를 구성해 지속적으로 아동 학대 근절과 보호 · 지원에 협력하게 된다.

이번 협약을 통해 대전시와 교육청에서는 아동 학대 예방 및 보호 내실화를 위한 예방 교육 확대와 학대 피해 아동 보호 · 지원 방안을 추진 중이며, 우리 주변에서 쉽게 찾을 수 있는 **편의점과 약국은 아동 학대 보호 쉼터 및 신고처**로 협력할 예정이다.

대전동부경찰서는 지역 주민과 함께하는 '스마트 안전동네 만들기' 추진 성과의 하나로 '스마트 안전지도 앱'을 개발했다고 밝혔다.

지난 5월 우송대학교와 업무 협약을 체결하고 이후 여러 차례 콘텐츠, 디자인, 코딩 등 앱 관련 사항에 대한 경·학 협업을 진행해 온 결과 프로토타입(초기 버전) '스마트 안전지도 앱'을 완성했다.

앱은 GPS 위치 기반으로 내 주변 생활 안전 정보인 탄력순찰 지점, 여성 안심 구역, 여성안심귀갓길 등 현황을 보여주고 로고 라이트, 솔라 표지병 등 범죄 예방 시설물 위치도 표시해 주며, 생활 안전 관련 의견을 작성하여 경찰관서에 전달할 수 있는 메뉴 등으로 구성되어 있다.

선제·예방·능동적 치안 활동을 조직 전반에 정착해 나가기 위해 추진 체계를 마련하고, 3대 분야(선제 치안·예방 치안·능동 치안) 15개 핵심 과제를 선정하여 역량을 집중한다.

또한, 지구대, 파출소 경찰관들은 GeoPros를 활용한 범죄 취약지를 선정하여 순찰 활동을 강화하고, 순찰 활동 중에는 자연스럽게 지역 주민들을 만나 대화를 하면서 지역 내 치안 문제를 듣고 해결해 나가는 역할을 하게 된다.

   ※ GeoPros: 범죄 발생 데이터와 지역 특성을 반영한 인구·사회적 데이터에 기반한 범죄 예측 프로그램

형사나 교통경찰관들도 사건 발생지나 교통사고 빈발 지역에서 기본 근무 활동을 하면서 지역 주민들을 대상으로 주민들의 요구를 듣고 불편 및 애로 사항을 청취할 계획이다.

이 밖에도 ▲형사 당직팀 공백 보완대책 ▲적발 위주가 아닌 원인진단 중심의 감찰활동 전개 ▲실종사건 발생 시 책임성 강화 등 3대 분야 15개 과제를 선정, 역량을 집중한다.

코로나19로 외부 활동이 줄어들고 SNS 등을 통한 교류가 늘어나면서 대표적인 언택트 사기 범죄인 로맨스 스캠 사건이 증가하고 있어 이에 대한 특별한 주의를 당부했다.

1) 로맨스 스캠

주로 카지노에서 사용하는 용어로 상대방을 속이는 행위를 의미하는 스캠(Scam)과 로맨스(Romance)가 결합된 용어

(1) SNS 등을 통해 친분(연인) 관계를 형성한 후 다양한 핑계를 대고 돈을 요구하여 편취하는 사기 사건으로, 오프라인상에서 쉽게 대면하기 어려운 외국인이거나 외국인을 사칭하는 경우가 많다. 외국에 파견된 군인, 의사, 전문직 종사자로 사칭하는 경우가 많다. 짧게는 몇 주, 길게는 1년 이상 지속적으로 연락하며 신뢰를 쌓아 연인으로 발전한 뒤 각종 이유로 금전을 요구한다.

(2) 과거 오프라인상의 혼인이나 연애를 빙자한 사기가 온라인 변형된 것으로 보인다.

(3) 중장년층이 피해자인 경우에는 대부분 온라인상에서 연인 관계를 쌓은 후 같이 여생을 보내기 위해 여러 명목으로 금전을 요구하는 수법을 사용하며, 피해금이 억대인 경우가 많다.

청년층이 피해자인 경우에는 명품 선물, 투자 등 경제적 이익을 미끼로 유혹하여 편취하는 경우가 많다.

2) 피해 예방법

대전경찰은 SNS를 통해 친구 추가 시 각별한 주의를 요하며, SNS에는 너무 자세한 개인 정보나 사생활을 노출하지 말 것을 당부했다. 또한 조금이라도 의심스러운 상황이 생긴다면 지체 없이 대전지방경찰청 사이버 수사대나 경찰서로 문의하여 피해를 예방해야 한다.

1) 개념

메신저 피싱(Messenger Phishing)이란 타인의 메신저 아이디를 도용하여 카카오톡, 페이스북, 네이트온 등에 로그인한 뒤 피해자의 지인인 것처럼 행동하면서 돈을 요구하여 가로채는 사기 범죄를 말한다.

사기범은 포털이나 메신저 ID를 해킹해 이름과 사진을 빼낸 다음, 해당 사진과 이름으로 사칭 계정을 만들고, 이후 주소록에 있는 지인들에게 메시지를 보내는 수법을 사용한다.

메신저 피싱은 각종 사회 이슈를 이용하여 다양한 상황을 설정해 메시지를 전송하고 있다. 최근에는 신종 코로나 19와 관련하여 지인에게 마스크와 손 소독제를 저렴하게 대량으로 구매하는데 돈이 부족하다며 급하게 돈을 요구하는 수법의 범죄도 발생하였다.

2) 예방책

(1) 가족 및 지인으로부터 메신저로 금전을 요구받은 경우 반드시 전화로 본인 및 사실 여부를 확인하여야 한다. 메신저 피싱의 특징 중 하나는 범인은 음성 통화를 회피한다는 것이다. 이럴 경우 직접 본인 확인이 되지 않은 상태에서는 상대방 요구를 절대 들어주어선 안 된다.

(2) 평소 메신저 피싱을 방지하기 위한 방법으로는, 인터넷 포털사이트 및 메신저의 비밀번호 등 개인 정보를 정기적으로 변경하여 해킹 및 개인 정보 유출을 예방하여야 한다.

(3) 평소 이메일 및 휴대폰 문자 메시지 확인 시 출처가 불분명한 파일을 열지 말고 즉시 삭제한다. 의심스러운 경우는 해당 회사의 대표 번호로 직접 문의를 하는 것이 좋다.

1) 집중 단속

특히, 경찰은 각종 디지털 성범죄에 신속하고 효율적으로 대응하기 위해 6월 말까지 예정된 「사이버 성폭력 4대 유통망 특별 단속」(▲텔레그램 등 SNS ▲다크웹 ▲음란사이트 ▲웹하드 등)을 연말까지 연장하여, 집중 단속 할 계획이다.

2) 4대 유통망

(1) SNS

– 텔레그램 등 SNS 음란 계정 개설 · 운영자

– 텔레그램 등 SNS 內 불법 촬영물 · 아동 성 착취물 유통 사범

(2) 다크웹

– 아동 성 착취물 등 유통 다크웹 사이트 개설 · 운영자

– 다크웹 內 불법 촬영물 · 아동 성 착취물 등 유통 사범

(3) 음란사이트

– 음란사이트 개설 · 운영자

– 음란사이트 內 불법 촬영물 · 아동 성 착취물 등 유통 사범

(4) 웹하드

– 웹하드 실운영자, 법인 대표 등 핵심 가담자

– 웹하드와 유착된 업로더, 프로그램 개발자, 기술적 조치를 무력화한 자 등

3) 대응책

(1) 엄정수사

엄정한 수사를 통해 디지털 성범죄에 무감각한 사회인식을 완전히 탈바꿈시키고 우리 사회에서 더이상 디지털 성범죄가 발붙이지 못하도록 강력히 제거할 방침이다.

(2) 범죄 수익 환수

특히 단속을 통해 찾아낸 범죄 수익은 기소 전 몰수보전 제도를 활용하여 몰수되도록 하고 국세청에 통보하여 세무 조사도 이루어지도록 하는 등 범죄 기도를 원천적으로 차단한다.

(3) 피해자 보호

여성들이 느끼는 고통과 절박한 심정을 헤아려 피해자 보호에 만전을 기하고, 여성 안전의 사각지대가 없도록 최선을 다하도록 하는 한편, 디지털 성범죄는 사진, 영상물 등의 확산으로 피해자에게 매우 깊은 고통을 남기는 만큼, 유관 기관 협력을 통한 삭제 지원 및 유포 차단 등 피해자 보호 및 지원을 더욱 강화해 2차 피해가 발생치 않도록 세심하게 조치해 나갈 예정이다.

1) 개요

과학기술을 활용해 치안 문제를 해결

주요 실행계획은

▲ 과학 치안 신기술 시범운영 ▲ 과제 발굴 및 현장 안착 내실화

▲ 자치경찰위 협업 강화 등이다.

2) 세부시책

– '구조요청자 정밀위치 측정 기술'이나

– '실종 아동 신원확인 복합인지 기술'

– 치안 데이터 제공과 현장 체험 지원 등을 제공

– 지리적 프로파일링 시스템(Geo Pros) 예시.

– 범죄정보 데이터와 지도를 결합해 범죄 데이터를 입체적으로 분석

– 현장 활용 우수사례 등 포상

– 전자통신연구원 등 대전 지역 연구소와 협업에 지역 실정에 맞는 치안 과제를 발굴

– 사이언스 페스티벌 등 민간 체험행사

CHAPTER 07 경기남부, 북부지방경찰청

> **〈관내 현황〉**
> 1. 지방청: 4부 · 16과 · 2대
> 2. 경찰서: 31개서 (지구대 91, 파출소 156, 기동순찰대 2)
> 3. 기동단: 기동부대(경찰관 기동대 12, 의경 중대 3)

01 경기남부지방경찰청

01 경기도 성범죄자 전자 발찌 훼손

최근 5년간 전자 발찌를 훼손하는 등 전자장치부착법을 위반한 성범죄자가 경기도에 가장 많은 것으로 나타났다. 특히 경기도 소재 전자 장치 부착법 위반 성범죄자 172명 중 145명은 경기남부청 소속이었다.

경기남부청은 안산을 포함하고 있어 조두순 출소를 앞두고 주민 불안감을 더한다는 목소리가 나온다.

전국 18개 지방경찰청 중 피해자보호추진위원회가 설치되어있지 않은 지방경찰청은 경기남부를 비롯해 부산, 광주, 세종 등 4곳에 불과하다.

02 경기도 내 경찰관 1명 당 담당하는 인구수가 전국에서 2~3번째 해당

'지방청별 경찰관 1인당 담당 인구 현황' 자료에 따르면 경찰관 1명당 도내 담당하는 인구수는 남부청 2위, 북부청 3위를 각각 기록했다. 올 8월 말 기준, 경찰관 1인당 담당 인구는 전국 평균 415명으로 확인됐다.

이 가운데 남부청은 554명, 북부청은 548명을 각각 기록하며 전국 평균을 크게 웃돈 것으로 파악됐습니다. 세종 지역이 전국 1위로 담당 인구 592명으로 집계됐다.

양 의원은 "경기남 · 북부경찰청이 지속적으로 인력을 충원하고 있지만 현장에서는 경찰관 수가 부족한 것이 현실"이라며 "국민에게 더 좋은 치안 서비스를 제공하기 위해 인력 등을 확충하는 것이 시급하다"고 말했다.

한편 전국 지방청은 총 18개로 4번째로 담당 인구수가 많은 지방청은 경남지방경찰청으로 472명을 기록했다.

울산(461명), 충남(455명), 대전(455명), 인천(453명), 충북(435명), 광주(423명), 대구(422명), 경북(401명), 전북(364명), 부산(374명), 제주(346명), 전남(340명), 강원(360명) 순으로 이어진다. 전국 최하위는 서울 지역으로 경찰관 1인당, 담당 인구는 333명이다.

03 경기남부 스미싱 피해 주의

1) 스미싱이란?

   (1) 휴대전화로 명절 인사, 무료 쿠폰, 돌잔치 초대장, 택배 도착 등 메시지와 함께 온 인터넷 주소를 클릭하게 되면 소액 결제 피해나 금융 정보가 탈취되는 수법을 말함

   (2) 스미싱은 2016년 114건이 발생하여 전년(2015년 214건 발생) 대비 46.7%가 감소했지만 여전히 설 연휴 등 특수 시기를 노린 범행이 우려되므로, 아래와 같은 스미싱 예방 수칙 준수가 권장됨

2) 예방 수칙

   (1) 개인 간 직거래 서비스를 이용, 현금 거래를 유도하는 사람은 의심

   (2) 급한 이유가 있다고 지나치게 싼 가격을 제시하며 직거래를 제안하는 사람은 주의

   (3) 부득이하게 직거래를 하는 경우, 직접 만나 물품을 받는 것이 가장 좋음

   (4) 해당 쇼핑몰이나 판매자를 대상으로 하는 피해자 모임이나 카페가 있는지 확인

   (5) 모바일 앱 '경찰청사이버캅'으로 판매자 계좌 및 전화번호 등 조회(범죄 관련성)

3) 경찰 대응책

   경찰은 설날을 앞두고 인터넷 사기와 스미싱 피해를 예방하기 위해 예방 콘텐츠를 제작하여 경찰관서 홈페이지 및 SNS, 전광판 등을 이용하여 홍보 활동을 추진하는 한편, 인터넷 사기에 대응하고 있다고 한다.

04 경기남부 어린이 보호 구역 안전 대책

'민식이법' 시행 관련 어린이 보호 구역 안전 강화를 위해 무인 단속 장비 272대 · 신호기 340대 확충과 통합 표지판 추가 설치 및 노면 표시 강화 등으로 운전자의 시인성을 확보하고 대각선 횡단보도 109개소 설치와 횡단보도 26개소에 대해 폭을 확장 예정이다.

또 어린이 보호 구역에 대해 △통합 표지판 추가 설치 △노면 표시 강화를 추진하여 운전자의 시인성을 확보하는 한편, 대각선 횡단보도 설치(109개소)와 횡단보도 확폭(26개소)도 추진한다.

경기남부경찰은 코로나19로 연기된 초등학교 개학을 하면 무인 단속 장비가 설치되지 않은 곳 위주로 등 · 하교 시간대 경찰 · 사회복무요원을 배치하여 교통안전활동을 하고 지자체와 협조하여 어린이 보호 구역 불법 주 · 정차 단속을 강화하여 안전한 통학길을 조성해 나갈 방침이며 어린이 보호 구역 내 주 · 정차 위반 차량에 대한 **범칙금 · 과태료를 현행 일반 도로의 2배에서 3배로** 상향 '(현행) 일반도로(승용차 기준) 4만 원, 보호 구역 8만 원→(개정) 보호 구역 12만 원' 도로교통법 시행령을 하반기 중 개정할 계획이다.

끝으로 제한속도(30km/h 등) 준수 의무 또는 어린이의 안전에 유의하며 운전해야 하는 의무를 위반하여 어린이 보호 구역에서 교통사고를 야기하여 어린이를 사상에 이르게 한 경우에는 사고 운전자를 가중 처벌하는 특가법을 적용할 예정이다.

출처: 서울일보

05 경기남부청 외사 활동

'외사안전구역'은 경찰에서 전국 주요 외국인 밀집 지역 중 특히, 외사 치안 수요가 높은 곳을 지정·관리하는 곳으로, 현재 12개 지방경찰청에 28개소가 있으며, 경기남부경찰청 관내에는 금년 4월 용인 중앙동과 김포 통진읍 2개소를 추가 지정하였다.

1) 등록 외국인 5,054명 이상, 외국인 피의자 154명 이상

2) 경기남부청, 외사안전구역 지정 현황 (9개소)
   ① 안산 원곡(2013.08.) ② 시흥 정왕(2013.08.) ③ 수원 매산·고등(2014.12.) ④ 평택 신장(2017.06.) ⑤ 화성 향남(2018.04.) ⑥ 수원 지동(2019.07.) ⑦ 오산 대원·중앙(2019.11.) ⑧ 용인 중앙(2020.04.) ⑨ 김포 통진(2020.04.)

3) 외사안전구역 주요 추진 사항으로
   CPTED(범죄 예방 환경 설계) 사업을 위해 지난해 지자체 예산 약 4억 8천만 원을 확보, CCTV와 고보 조명(LED 경관 조명에 홍보용 문구나 그림이 인쇄된 필름을 입혀 바닥이나 벽면에 해당 문구를 표출하는 시설) 등을 설치하여 외사안전구역 체감 안전도가 향상된 것에 이어서 올해 지자체 예산 약 7억 8백만 원을 확보해서, 여성안심귀갓길 안내판, 노면 표시 및 112신고 위치 표지판, 고보 조명, CCTV와 안심 거울 등을 설치할 예정이다.
   지역 사회 안전 확보를 위한 내외국인 참여 합동 순찰과 범죄 예방 교육, 새로운 치안 시책 홍보를 지속 추진 계획이다.

출처: CSBN

06 경기남부 디지털 성범죄 특별 수사단

1) 현황
   경찰은 화장실에서 스마트폰 앱을 이용해 총 8회에 걸쳐 피해자들의 화장실·샤워장·모텔 이용 모습 등을 촬영해 텔레그램에 유포한 운영자 1명을 구속했고, 해외 서버를 이용해 음란사이트 및 텔레그램 방을 운영하며 불법 촬영물 등을 유포하고 텔레그램 방으로 안내한 운영자 1명을 구속하는 등 불법 촬영물 유통 체계를 해체한 바가 있다.

2) 경찰 대응

디지털성폭력 특별수 사단은 지방청 2부장을 중심으로 수사 실행, 수사 지도·지원, 디지털 포렌식, 피해자 보호, 수사관 성인지 교육 담당 부서들로 구성되고, 유관 기관·단체들과의 긴밀한 협업 체계도 구축한다.

생산자, 유포자는 물론 단순 방조자도 끝까지 추적해 검거하겠다고 한다.

출처: 경기남부지방경찰청

07 경기남부 책임수사관제에 대한 현황은

1) 책임수사관제

'책임수사 실무 추진단'을 발족하는 한편, 지방청 중심 수사 체제 강화를 위한 지방청 직접 수사 부서 인력 증원과 함께 일선의 책임수사체제를 정착을 위해 조직 개편도 추진했다.

수사부서장의 실질적인 수사 지휘 역량 강화를 위해 경찰서 사건관리과를 신설하고, 경찰 자체 종결 사건의 결과에 대한 책임성을 제고할 수 있도록 경찰 수사 심사 체계를 강화했다.

사건관리과는 수사 경찰의 행정 업무 부담 해소를 위해 현행 경찰서 내 수사지원팀과 형사지원팀을 통합한 조직으로, 경찰 수사의 행정·심사 기능을 총괄할 예정이며, 수사·형사과장은 사건 수사 지도·지휘에만 집중하게 된다.

2) 영장심사관

경찰 수사 심사체계 강화를 위해 영장심사관, 수사심사관, 지방청 책임수사지도관으로 이어지고 수사단계별 심사·점검 체계를 마련해 일선 현장에서 발생할 수 있는 수사 오류를 최소화하도록 했다. 강제 수사를 사전 심사하는 '영장심사관'은 지능범죄수사대·광역범죄수사대 및 1급지 24개 경찰서에서 지속 운영된다.

3) 수사심사관

경찰 수사 전반에 대해 지도·감독하는 '수사심사관'은 상반기부터 全 경찰관서에 확대 운영하도록 했으며, 5일 경찰서 인사와 동시에 서별 1~3명, 총 45명을 배치할 예정이다.

지방청 수사심의계에는 권역별 또는 전문 분야별 상시 현장 점검·지도 업무를 전담하는 책임수사지도관 11명을 신규 배치했다.

특히, 경기남부청은 수사·영장심사관, 책임수사지도관 선발 시 수사 경과자 중 변호사 자격자(수사경력 2년 이상), 수사 경력 7년 이상의 수사 전문가(경감 이상) 등 자격 요건을 갖춘 자를 엄격히 선발할 예정이다.

또 경기남부청은 전 직원을 대상으로 청렴 교육은 물론 ▶청렴 골든벨 ▶청렴 삼행시 공모전 ▶청렴올림메시지 전파 등 다양한 시책을 추진해 왔다.

특히 총 1천 300여 명의 직원으로 구성된 관서별 '청렴 동아리'가 조직 내 청렴 분위기 조성에 큰 역할을 한 것으로 평가된다.

경기남부경찰 청렴 동아리는 조직 내 청렴도 향상 및 의무 위반 예방을 위한 자발적인 홍보 캠페인 및 소외 계층 위문 · 봉사 활동 등도 활발히 펼치고 있다.

출처: 경기남부지방경찰청

02 경기북부지방경찰청

01 탄력순찰제가 도입

2017년 10월 탄력순찰제가 도입되기 이전 각 지역의 지구대 · 파출소에서는 자체 순찰노선을 편성하여 차량과 도보를 이용하여 순찰을 하다가 탄력순찰제도가 신설

탄력순찰이란 치안 고객인 주민들이 순찰을 희망하는 시간대, 순찰 희망 장소를 요청하면 경찰에서 요청 사항에 대하여 지역 특성, 위험도 등을 평가하고 이를 순찰 노선에 반영하여 운영하는 시스템이다. 이렇게 주민들이 요청하는 순찰 장소와 시간은 치안 빅 데이터에 활용, 통계 지표 산출 및 범죄 예방 활동에 귀중한 자료로도 활용된다.

탄력순찰을 신청하려면 가까운 지역 경찰관서(지구대 · 파출소)에 방문해 탄력순찰 신청서를 작성하거나, '온라인 순찰신문고'(http://patrol.police.go.kr) 또는 '모바일 스마트 국민제보' 애플리케이션을 이용하여 순찰 희망 장소와 시간대를 지도 화면에 직접 선택하여 신청하는 방법으로 나뉜다.

02 경기북부 청소년 범죄 대책은

경찰청 통계에 따르면 2015년부터 2018년까지 10세 이상 14세 미만에 해당하여 형법으로 처벌할 수 없는 촉법소년의 숫자는 연평균 7,006명에 달한다. 매일 하루에 19명의 청소년이 범죄를 저질러 소년부로 송치된 것이다. 그리고 소년부 송치 범죄의 77%가 경찰에서 4대 강력범죄로 규정하는 살인, 강도, 절도, 폭력에 해당했다.

청소년 범죄를 줄이고 예방하기 위해서는 우리 어른들의 관심과 노력이 무엇보다 선행되어야 한다고 생각한다. 우선 청소년들을 대상으로 하는 범죄 예방 교육이 강화되어야 한다. 범죄 예방 교육은 가정에서는 물론이고 학교에서도 교과목 못지않게 중요하게 교육해야 한다.

또한 소년범 처벌과 관련한 법률과 법 준수에 대한 어른들의 관심도 중요하다. 우리나라의 미래가 청소년들에게 달려 있으며, 그들이 올바르게 성장하도록 어른으로서 도와주겠다는 마음으로 법 개정의 필요성을 고민하고 관심을 가져야 한다.

'한 아이를 키우려면 온 마을이 필요하다'는 아프리카 속담이 있다. 청소년이 범죄를 저지르지 않고 올바르게 자라게 하기 위해서는 아이들의 부모님뿐만이 아니라 우리 사회의 모든 어른이 힘을 합쳐야 할 것이다.

03 디지털 성범죄 대책

1) 디지털 성범죄

최근 사회적 공분을 사고 있는 디지털 성범죄는 카메라 등의 매체를 이용해 상대의 동의 없이 신체를 촬영, 유포 · 유포 협박 · 저장 · 전시하거나, 사이버 공간 · 미디어 · SNS 등에서 자행하는 성적 괴롭힘을 의미한다. 또한 온라인 채팅 · 모바일 메신저 · SNS를 통해 아동 · 청소년에게 접근해 피해자를 유인하고 길들여, 성 착취 행위를 용이하게 하고 피해 폭로를 막는 디지털 그루밍도 포함된다.

2) 대책

(1) 사이버경찰청 홈페이지에서 온라인 신고 또는 경찰관서 내 민원실 및 사이버수사팀, 해바라기센터에서 방문 신고가 가능하다. 디지털 성범죄 피해자 지원센터에서 불법 촬영 유포, 협박 등 디지털 성범죄 상담을 받을 수 있으며, 여성긴급전화(1366)는 365일 24시간 상담을 받을 수 있다.

신고 이후 수사 시에는 동성 피해자를 위해 동성 경찰관 조사(배석), 본인의 이름이 아닌 가명으로 조사가 가능하고, 피해자의 안정을 위해 신뢰 관계인 동석, 국선변호인 선임이 가능하다. 또한 영상 녹화 및 희망할 경우 신변 보호를 요청할 수 있다.

사진 또는 영상 등이 존재하는 한 지속적인 피해 발생 가능성이 있다. 디지털 성범죄 피해자 지원센터에서는 피해 영상물 삭제 지원 및 재유포 방지를 위해 24시간 모니터링을 실시하고, 방송통신심의위원회에서는 피해 영상물 심의 후 접속을 차단, 정보 통신 사업자에게 삭제 등 시정 조치 명령을 한다.

경찰은 피해자 보호를 위해 관서별 '청문감사실 피해자 전담경찰관'을 두고 있다. 피해자의 신변 보호 요청, 경찰 긴급 호출용 스마트워치 지급, 임시 숙소 제공, 전문 시설 연계, 법정 동행, 순찰 강화 등 피해자의 2차 피해를 방지하기 위해 심리 · 법률 · 경제적 지원을 적극적으로 실시 중이다.

04 디스코드(Discord)에서 아동·청소년 성 착취물 채널을 운영하거나 유포한 중고생

온라인 게임에서 주로 사용되는 메신저 프로그램인 '디스코드'(Discord)에서 아동·청소년 성 착취물 채널을 운영하거나 유포한 중고생 등 남성 10명이 경찰에 검거됐다. 채널 운영자 중에는 초등학교 때부터 범행을 한 중학생도 포함된 것으로 밝혀졌다.

경찰청은 최근 사회관계망서비스(SNS)별로 성범죄에 대한 책임수사관서를 지정했다. 경찰청 본청은 위커(Wickr), 서울지방경찰청은 텔레그램(Telegram), 경기남부경찰청은 와이어 (Wire), 경기북부경찰청은 디스코드를 각각 담당하도록 했다. 디스코드는 게이밍에 특화된 음성 채팅 프로그램이다.

사이버 수사대장은 "국제 공조를 활성화함으로써 해외 사이트를 이용한 범죄라고 하더라도 반드시 검거된다는 인식을 확산시켜 범죄 심리를 불식시키겠다"고 밝혔다.

05 경기북부지방경찰청의 신종 코로나바이러스 감염증 관련 범죄 수사

경기북부경찰청은 온라인상 허위 조작 정보·개인 정보 유포 행위 3건과 온라인상에서 마스크를 판매한다고 속여 돈만 받고 잠적한 사기 범죄 3건을 수사 중에 있다.

허위 조작 정보·개인 정보 유출 유형으로는 '신종 코로나 확진자의 시간별 이동 동선 및 조치 사항이 기재된 문서 유포' '온라인 카페에 신종 코로나 확진자가 OO에 거주한다는 허위 사실 유포' 'SNS에 신종 코로나 확진자가 OO 음식점 등을 방문했다는 허위 사실 유포' 등이다.

경찰은 사회적 혼란을 야기할 수 있는 허위 조작 정보에 대해서는 방심위, 해당 사이트 운영자 등에게 삭제·차단 요청하고 있으며, 범죄 혐의가 확인될 경우 허위 조작 정보 생산·유포자에 대해 엄정 대응할 방침이다.

또한 경기북부경찰청은 네이버 카페 중고나라에 마스크를 판매하겠다는 글을 게시한 뒤, 돈을 입금받고 잠적하는 마스크 판매 사기 범죄 3건도 수사 중에 있다. 이 같은 국민의 불안감을 악용한 마스크 판매 사기 등에 대해서도 사건의 중대성을 고려해 지방청 사이버 수사대를 중심으로 단호히 수사할 계획이다.

카톡 피싱은 자녀, 친척 등 지인의 사진, 연락처 등 개인 정보를 입수한 뒤 카카오톡 메신저 프로필을 편집하여 가족 등에 접근, 마치 지인인 양 행세하여 급전이 필요하다며 소액을 요구하거나, 문화상품권을 구매, 핀 번호를 보내달라고 요구하여 이에 속은 피해자들로부터 금원을 편취하는 신종 사기 범죄로 국외에 있는 사기범들이 마치 국내에 있는 것처럼 전화번호를 위·변작하는 수법을 사용한다. 카톡 피싱을 예방하기 위해서는 먼저 개인이 주의를 기울일 필요가 있다.

카톡 사용자의 프로필 사진 아래 주황색 지구본 모양이나 해외 국기가 보이고, 카톡 친구로 등록되지 않은 자가 대화를 요청 시 주의하라는 문구가 자동으로 현출이 되는 경우에는 카톡 피싱일 가능성이 높다. 이 경우 사기꾼이 사칭한 사람과 유선으로 반드시 전화하여 지인인지 여부를 확인해야 한다.

신종 사기 수법에 개인에게만 주의를 당부하는 것만으로는 범죄를 예방할 수 없다. 범죄 예방을 위해서는 유관 기관 간 문제의식의 공유와 협업, 그리고 범죄에 이용되고 있는 메신저 회사에서도 보다 적극적이고 지속적인 보안 시스템을 개선해 나갈 필요가 있다.

충남, 충북지방경찰청

01 충남지방경찰청

01 보이스 피싱 사기단 대응책

1) 대책

(1) '범행 목소리'를 증거로 활용한 공세적 수사

(2) 피해자들이 금융감독원 홈페이지(www.phishing-keeper.fss.or.kr)에 신고한 2015.
7. 13.부터 금융감독원 홈페이지에 보이스 **피싱 음성 녹음 파일 신고 제도 운영 中**

이번 수사를 계기로, 검거되지 않았더라도 범행 당시 범인들의 목소리 자료를 축적하여 추후
검거된 피의자(또는 유력 용의자)의 목소리와 대조함으로써 과거 범행을 빠짐없이 밝혀내 강
력히 처벌할 수 있게 되었고, 궁극적으로 이러한 공세적 수사를 통해 콜센터 조직을 위축시
키는 등 보이스 피싱 범죄 억지를 극대화할 수 있다는 점에 의의가 있음

2) 수사 방향

(1) 보이스 피싱 범죄 차단을 위해서는 해외에 있는 콜센터 조직의 와해가 필수적이므로
신고 초기부터 콜센터 정보에 대한 체계적인 자료 축적을 강화하여 수사 시 적극 활용
할 예정임

(2) 따라서, 보이스 피싱 사기 통화로 의심될 경우 반드시 **음성 녹화를 한 후 경찰과 금융감
독원에 적극적인 신고**가 필요함

(3) 유관 기관(**금융감독원, 국립과학수사연구원**)과의 협업 체제 강화
지속적인 보이스 피싱 예방 홍보와 더불어 '피해자들이 통화 녹음 자료를 적극 신고하
도록 유도 및 축적 → 확보된 자료에 대해서 과학적 분석 실시 → 수사에 적극 활용'하
는 등 유관 기관 간 공동 대응 체제를 강화

02 충북지방경찰청

1) 도민이 안심하는 「든든한 경찰」

(1) 문제 해결 중심의 예방적 치안 패러다임 정립

① 주민이 요청하는 지점 · 시간 위주로 지역 경찰 순찰 체계를 전환, **주민이 요청한 순찰 희망 장소에 대하여 순찰 노선 지정**

② 경찰관이 직접 주민을 만나 의견을 수렴하고 문제를 해결하는 **주민접촉형 순찰 활동**으로 각종 위험요인에 대한 선제적 해결

③ 유흥가, 현금 다액 취급 업소 등 범죄 노출 우려가 큰 지역에 **형사 활동 거점 배치 및 가시적 순찰 집중**

(2) 지역 사회와 함께하는 공동체 치안 활동 강화

① **지역공동체치안협의체(경찰 숲 기능이 지역 사회 치안 문제 논의 및 대책 마련)*에 주민 · 외부 기관 참여 확대**, 지역 사회와 함께 치안 문제를 종합적으로 해결하는 구심점으로 역할 정립

② **광역 · 기초 자치단체 단위로 지역치안협의회를 구성 · 운영**하여 지자체와의 협업 및 소통 창구로 활용

③ **지역 사회 치안 불안요인을 지자체와 공유**하여 범죄취약지 내 CCTV 설치 등 환경을 개선하는 **셉테드 사업 공동 추진**

(3) 여성이 안전한 사회 환경 조성

① **여성안심귀갓길 · 여성안심구역** 정비 및 범죄 취약 지역 내 방범 시설물 설치 등 **환경 개선 사업 지속 추진**

② **디지털 성범죄 특별 수사단 편성 · 운영**으로 주요 운영자 검거 및 재유포 차단 등 2차 피해 방지

③ △불법 촬영 △데이트 폭력 △가정 폭력 등 여성들의 삶과 안전을 지속적 · 반복적으로 위협하는 범죄에 대한 **예방 및 단속 강화**

(4) 아동 · 청소년 · 노인 등 사회적 약자 보호

① **(아동 · 노인 학대)** 가정 해체로 인한 아동 · 노인 학대 우려가 증가, △집중 신고 기간 운영 △위기 아동 발견을 위한 **특별 점검 실시**

② **(실종)** 치매 노인 실종 예방을 **배회감지기 보급** 및 실종 수사 조기 해결을 위한 **모니터링 및 기능 간 협업 강화**

③ **(청소년)** 코로나19로 변화된 환경에 맞는 **온라인 예방 교육**을 실시하고, **정책 수요자 중심의 학교 폭력 예방 · 선도 활동** 전개

④ △청소년 정책 자문단 운영 △선도 프로그램 운영 △회복적 경찰 활동 도입

(5) 생활 주변 불법 · 부정행위 엄단

　① 주취 폭력 등 생활 폭력에 대한 특별 단속 기간을 운영, **일상과 밀접한 공공장소(길거리, 병원, 대중교통 등)에서 발생하는 범죄 엄단**

　② 강 · 절도 범죄는 도민 체감 치안과 직결되는 민생 치안의 핵(核)으로, 주요 사건에 대해서는 「종합대응팀」 운영 등 수사 역량 집중

　③ 코로나19로 악화된 경제 상황 속 서민들을 위험 · 불안 · 불행하게 하는 「**거짓말 범죄***」에 대해 선제적 집중 단속(6월~10월)

　④ 거짓말 범죄: △피싱 사기 △생활 사기(유사 수신, 불법 대부업 등) △사이버사기

(6) 코로나19 확산 방지를 위한 총력 대응

　① **재난상황실, 신속대응팀 구성 · 운영**하여 신속하고 체계적인 전담 대응 체계 구축

　② **초기 우한 교민 진천 인재개발원 입소를 안전히 관리**하는 등 △소재 불명자 추적 △자가 격리 이탈자 대응 △생활치료센터 경비 등 **감염병 확산 방지를 위해 적극적인 역할 수행**

　③ 가짜 뉴스 · 방역 물품 매점매석 등 **사회 · 경제 교란 사범 엄정 단속**

2) 도민이 공감하는 「공정한 경찰」

(1) 국민 중심의 책임수사체계 구축

　① 형사법 개정 등으로 **높아진 경찰의 주체성 · 책임성에 부응**하기 위해 **수사 시스템 전반에 걸쳐 변화**를 추진

　② **(조직 정비) 지방청 중심 수사 체계 강화**로, 광역화 · 지능화되는 범죄에 효과적으로 대응하고 경찰서는 민생 범죄에 집중

　③ **(역량 향상) △팀별 주요 사건 재판참관제 △서면 수사 지휘 활성화 △우수 수사팀 평가 · 포상** 등을 통해 전문성 강화

　④ **(심사 강화) 수사 · 영장심사관 및 책임수사지도관** 제도 도입, 내부 심사 체계 강화로 **수사 과정 · 결과의 완결성 제고**

(2) 인권을 중심으로 경찰 체질 개선

　① **경찰 행정 및 수사 전반에 '절차적 정의'를 내재화**하여 법 집행 · 수사 과정상 국민의 자유와 권리를 보장

　② △영상 녹화, △진술 녹음제 실시 등 수사 투명성 강화 △변호인의 메모권 보장 등 변호인 조력권을 실질적으로 보장하여 수사 공정성 제고

　③ △인권 영화 · 웹툰 제작 △인권 분야 전문 외부 강사 초빙 교육 등을 통해 직원들의 인권 보호 의식 향상 및 체질화 도모

　④ **피해자 중심의 세밀하고 다각적인 맞춤형 피해자 보호 · 지원**
　　– 심리 · 경제적 등 피해 보호 및 지원 548건, 3억 2,560만 원 상당

(3) 보행자 우선 · 교통약자 중심 교통안전 확보

  ① '함께해유 착한운전', '안전속도 5030' 추진 등 선진 교통 문화 조성을 위한 교통 정책 강화

  ② 테마별 집중 단속 기간 운영으로 △음주 운전 △난폭 · 보복운전 △이륜차 법규 위반 등 **교통사고 중대 위험 요인 단속**

  ③ 어린이 · 노인 등 **교통 약자 보호를 위한 시설 중점 개선**

    – 어린이 보호 구역 일제 점검 및 교통안전 시설 개선 · 정비

    – 노인 보호 구역 확대 지정 및 개선 완료

(4) 평화적 집회 시위 문화 정착

  ① 헌법상 보장된 **집회 시위 자유는 최대한 보장**하되, 불법 · 폭력 집회에 대해서는 **법과 원칙에 따라 일관되고 엄정한 법 집행**

    – 집회 현장에서 경찰권 행사 시 비례의 원칙 · 절차 준수

    – 집회 시위 현장 「안전진단팀」을 구성 · 운영하여 진단 · 자문

  ② **법령 · 인권 · 안전 교육을 강화**하여 현장에서 **적법 절차 전수**

    – 「인권 보호 매뉴얼」 제작, 자체 인권 강사 양성 등 내실있는 인권·안전 교육 실시

  ③ **대화경찰제 운영 활성화**, 집회 참가자와의 소통 및 안전 강화

01 충북지방경찰청 「디지털 성범죄 특별 수사단」 설치, 엄정 대응

1) 현황

경찰은 그동안 디지털 성범죄의 심각성을 깊이 인식하고 적극 대응해 왔으나, 지속적인 단속에도 불구하고 디지털 성범죄는 텔레그램 등 해외 SNS로 옮겨가 점차 음성화 · 지능화 되는 양상을 보임

2) 경찰 대응

(1) 경찰에서는 이에 대응하기 위해 2월 10일부터 텔레그램 등 SNS, 다크웹, 음란사이트, 웹하드 등 4대 유통망에 대해 특별 단속을 진행하고 있음

(2) 충북경찰은 단속 기간 중 텔레그램 등 SNS를 이용한 성 착취물 유포 등 디지털 성범죄 4건에 대하여 수사를 진행하여, 2건을 검거하였고, 이 중 1명을 구속하였고, 구매자 등에 대하여도 수사를 확대할 예정임

(3) 「디지털 성범죄 특별 수사단」은 이번 N번방 수사를 계기로 우리 사회에 만연해 있는 디지털 성범죄 척결을 위해 체계적이고 종합적인 대응 방안을 마련하여 추진함

1) 개요

(1) 2. 22.(토) 오후, 카카오톡, 맘카페 및 페이스북 등 SNS를 통해 청주지역 코로나19 확진자 부부와 그 가족의 개인 정보가 담긴 문서를 촬영한 사진이 광범위하게 유포되는 것을 확인하고, 유포 경위 및 최초 유포자를 확인하기 위해 신속히 내사에 착수하였다. 하였다.

(2) 해당 문서는 이날 오전 청주시청에서 개최된 대책 회의에서 배포된 것으로 확진자 부부와 이들의 부모, 아들의 이름과 나이, 직업 등 개인 정보와 확진자 부부의 이동 동선 및 접촉자 이름 등이 상세히 담겨 있었다.

(3) 이에 충북경찰은 SNS상의 유포 경로를 역추적하는 한편, 해당 문서가 청주시청에서 최초 촬영·유포된 것으로 추정하고 구체적인 유출 경로를 내사해 왔다.

2) 대응

(1) 해당 문서를 최초 유출한 공무원 A씨가 사태확산 및 경찰 내사에 부담을 느껴 자진 출석함에 따라 공무상비밀누설 혐의로 입건하여 유포 경로 확인 등 수사를 진행 중이다.

(2) 또한 지난 목요일(2. 20.) 발생한 "청주의료원, 충북대병원 응급실 일부 폐쇄" 등 허위 사실을 최초 작성·유포한 B 씨를 특정하고, 업무방해 혐의로 조사를 벌이고 있다.

(3) 문 입구 환경 개선 등의 활동을 하고 있다.

마음동행센터는 경찰관들의 직무 스트레스, 외상후스트레스장애(트라우마)를 전담하여 치료하는 전문 센터로, 임상심리전문가와 정신건강의학과 전문의가 배치되며, 심리 상담·치료 검사·진료 연계 등을 실시하고, 충북대병원에서는 정신 건강 진료, 자문 등을 맡게 된다.

"경찰관들은 업무 특성상 사건 현장에서 정신적 충격을 받을 수밖에 없는데, 이번 마음동행 센터 개소를 계기로 건강한 충북경찰로 거듭날 수 있게 되어 도민에게 보다 나은 치안 서비스를 제공할 수 있을 것이라고 기대했다.

여성들이 위험을 쉽게 인지할 수 있는 **반사경**을 설치하고, 위급 상황 발생 시 주변의 도움을 받을 수 있도록 **비상벨**을 설치하였으며, 경찰에서 특별 관리하는 지역임을 안내하는 안내 표지도 게시하였다.

충북지방경찰청 관계자는, 이번 사업은 민·관·경이 협업을 통해 이루어져 더 큰 의미가 있으며, 앞으로도 지자체 등 관계 기관과 힘을 모아 안전한 사회를 만들기 위해 최선을 다하겠다고 말했다.

CHAPTER 09 **경남, 경북지방경찰청**

01 경남지방경찰청(https://www.gnpolice.go.kr/)

01 경남청 직장협의회 대한 주요 논의 사항 및 활동은?

1) **'직장협의회'**는 경찰관의 대부분을 차지하고 있는 **경감 이하 직원 및 일반·계약직 공무원들의 권익보호를 위해 결성한 단체**로 경남도 내 지방경찰청과 경찰서 소속 **전체 직원 7,182명 중 3,829명(53%)이 가입**하여 활동 중이다.

2) "직장협의회는 **조직 내부의 의사소통 창구**로서 근무 환경 개선, 고충처리 등 중요한 역할을 하고 있으며 조직 내에서 근절되어야 할 **갑질 행위, 현재 추진 중인 경찰 개혁 과제**에 대해서도 현장 직원들이 **다양한 제언**을 하고 있어 조직 발전에 많은 노력을 기울이고 있는 것을 알고 있다."

3) 한편, 19. 11. 19. 「공무원 직장협의회법」 개정안이 국회 본회의를 통과하여 **20년 6월 전국 경찰관서별로 '직장협의회'**가 설립되어 근무 환경 개선, 고충 사항 협의 등 권익 향상에 큰 **기여**를 하고 있다.

02 경남청의 비대면 치안 시책은

1) 기능별 주요 예방 교육 및 홍보 활동 사례

(1) 사이버안전과

사이버 범죄 예방 교육은 현장 대면을 통한 상호 의사소통이 중요하다는 점과 코로나 19 방역의 필요성을 감안하여 **일부 집합 교육을 실시간 온라인으로 전체 교육생이 시청하는 방식의 복합형 교육을 추진**할 계획이다.

(2) 수사과

코로나 19 관련 비대면 대출이 가능하다고 속이면서 휴대폰에 **원격 제어 앱을 설치하도록 유도**한 후 공인인증서, OTP(일회용 비밀번호) 등의 금융 정보를 알아내어 자금을 편취하는 등 다양한 피해 사례가 있다.

정부·지자체·금융 기관에서는 전화로 절차 진행을 위한 앱 설치나 계좌 이체를 요구하지 않으며, 특히 인터넷 주소(URL) 링크는 포함되지 않으므로 절대로 **인터넷 주소를 누르면 안 된다고 강조**했다.

경남경찰은 ① 신종 범죄수법 예방 홍보물 활용하여 경남경찰 전 직원, 협력 단체 및 주변 지인 상대 릴레이식 비대면 전파 유도 ② 경남경찰청 페이스북 및 인터넷 카페 등 SNS를 통한 예방 홍보 활동 ③ 대형 아파트 단지 게시판에 예방 포스터 게시 ④ 홍보 사각지대인 상품권 판매처(피시방, 편의점) 핫라인 구축하여 **맞춤형 예방 홍보와 단속을 병행할 예정이다.**

(3) 여성청소년과

코로나19로 인해 그동안 연기되었던 학생들의 등교수업이 순차적으로 실시됨에 따라 **온라인 학교 폭력 예방 교육 및 청소년 선도·보호 활동을 집중적으로 전개**할 예정이다.

언택트 사회 분위기에 맞춰 오프라인 위주로 진행되던 교육 방식이 온라인 위주로 전환됨에 따라 **현재 온라인 개학 중인 학교 측과 긴밀히 협조, 학교별 교육 플랫폼을 활용**하여 학교전담경찰관이 디지털 성범죄 및 학교 폭력예방 교육을 실시하였으며 등교 이후에도 지속적으로 실시할 계획이다.

또한 유튜브, **페이스북 등 다양한 매체를 활용하여 학교 폭력과 디지털 성범죄 예방 교육을 실시**할 방침이다.

(4) 외사과

어린이 보호 구역 내 교통안전 수칙 등 한국 교통 상식을 Q&A 형식으로 풀어낸 1분 30초 분량의 영상을 한국어, 영어, 중국어, 베트남어, 우즈벡어, 인도네시아어 등 **6개 언어로 자체 제작**하였다.

이번 다국어 교통안전 홍보 동영상 또한 **경남경찰청 홈페이지, 도내 외국인 SNS 커뮤니티 등 다방면으로 배포·홍보**할 예정이다.

---

03 경남경찰, 여성 안심(安心) 환경 조성을 위한 취약지 점검 및 집중 개선
- 하절기, 대(對)여성 범죄 등 선제적 범죄 예방 활동 돌입 -

1) 세부 추진 내용으로

(1) **여성안심귀갓길(100개소) 등 취약지 점검 및 집중 개선**

① **도내 여성안심귀갓길(100개소)과 공원, 공중화장실, 원룸촌, 취약 계층 거주 지역 등**에 대한 진단과 현장 점검을 통해 취약지에 대하여 CCTV, 비상벨 등 방범 시설을 확충할 계획임

② 또한, 경남경찰청에서는 여성들의 불안 심리를 조금이나 해소하기 위하여, 여성안심귀갓길 **진·출입로 안내 표지판(200개) 설치와 전국 처음으로 「QR코드」 통해 귀갓길의 정보 제공**하고 있음

(2) **원 안전 등급 재정비 및 공중화장실 점검**

① 112신고 및 7대 범죄 발생 등 불안 요인 등에 따라 분류하고 있는 공원 등급에 대하여 기간 중 범죄 발생 분석 등을 통해 재분류하고 공원 특성(▲소공원 ▲근린공원 ▲어린이공원)에 따라 탄력순찰 거점으로 지정하는 등 맞춤형 치안 활동 전개함

② 공중화장실에 대하여는 관리 주체인 18개 시군별 담당 부서와 합동으로 설치되어 있는 비상벨 작동 상태와 안전도를 점검하고 부족한 방범 시설을 확충해 나갈 예정임

(3) **경찰서별 취약지 중심의 탄력순찰 강화**

① 도내 23개서 176개 지구대·파출소별 범죄 분석을 통해 취약 시간대·장소별 맞춤형 탄력순찰을 강화하여 **항상 경찰관이 오는 곳이라는 인식** 부여로 불안감을 해소하고

② 시기에 따라 경찰기동대 위력 순찰과 자율 방범대 등 경찰 협력 단체원, 자원 근무자 등과 합동으로 야간 도보 순찰도 강화할 예정임

02 경북지방경찰청(http://www.gbpolice.go.kr/)

〈경북청 관내 현황〉

1. 면적: 19,031㎢ (전국 19%)
2. 인구: 2,691,706명 (전국 5.2%, 2017. 12. 주민등록인구 기준)
3. 경찰관 1인당 담당 인구: 432명(2017. 12. 정원 기준)
4. 기구 및 관서: (지방청) 2부 2담당관 1실 9과
5. 소속 경찰관서: 24개 경찰서, 울릉경비대(독도경비대)

01 학교전담경찰관으로 구성된 두드림팀을 운영

1) 경북경찰청 자체적으로 운영되고 있는 두드림팀은 학교 폭력에 선제적으로 대응하기 위해 학교전담경찰관 중에서 우수한 경찰관 20여 명을 선발하여 운영되고 있다.

2) 두드림팀은 도내 학교 폭력 예방 홍보가 필요한 20개 학교를 선정하여 학교전담경찰관 10여 명이 학교를 집단 방문하여, △반별 예방 교육 및 설문 조사 △학급 반장 면담 및 피해 학생 발굴△셉테드 기법 적용 △학교 내 사각지대 발굴 등 정밀 진단을 실시하였다.

3) 이번 **학교 폭력 예방 특별교육 시에는 최근 코로나19 상황에 따라 급증하고 있는 사이버 폭력, 명예훼손, 모욕, 따돌림** 등에 대해 중점적으로 시행하였고, 이어진 학교 폭력 설문 조사 등에서는 폭력 서클, 상습 폭행·갈취, 위기 학생 발견에 중점을 두었다.

02 비접촉 음주 단속을 강화

1) 운전자가 입으로 숨을 불어내지 않아도 음주 여부 확인이 가능한 '비접촉 음주감지기'를 적극 활용하고, **LED 안전 경고등·순찰차·라바콘 등 장비를 활용하여 'S자 코스'를 만들어 음주 의심 운전자를 확인하여 단속을 진행**한다.

2) 이번 음주 단속은 경북 24개 경찰서 경찰관 600여 명과 순찰차 300여 대가 동원되는 도내 일제 음주 운전 단속을 주 2회, 각 지역별 경찰서가 자체적으로 진행하는 일제 단속을 주 1회 이상 진행하고,

3) 주 · 야간, 유흥가 · 주요 교차로뿐만 아니라 고속도로 진 · 출입로, 시외권 지방도, 마을 주변 등 장소와 시간과 관계없이 20~30분 단위 스폿이동식 불시 단속 활동을 강화한다.

4) 이와 더불어, 단속 경찰관의 코로나19 감염 예방을 위해 마스크를 착용한 상태에서 단속을 실시하고, 수시로 손 소독 및 장비 소독을 하는 등 **감염 방지 조치** 역시 철저히 실시한다.

03 '우리학교 교통안전지도'를 제작

1) 등교 개학을 맞아 초등학교 주변 교통사고 다발 지역과 위험 지역이 표시된 **우리학교 교통 안전지도**를 초등학교에 배포한다고 밝혔다.

2) '우리학교 교통안전지도'는 지도 응용 프로그램을 이용하여 교통사고 빅 데이터 1,860건 (17년~19년)을 분석한 것이며, 학교 주변 현장 안전 진단 결과도 활용하여 제작되었다.

3) 코로나19 극복을 위한 '생활 속 거리 두기' 경찰 업무 지침과 보행자 홍보 문안인『차를 보고 걸어요』도 지도에 표시하여 코로나 예방 홍보 효과도 기대한다.

4) 경북경찰청은 이 지도를 각 학교별 홈페이지에 게재하는 등 각종 홍보 활동과 함께, 경찰 관들의 학교 주변 사고 예방 활동에도 활용할 예정이다.

04 여성안심귀갓길이나 여성 안심 구역 등을 지속 관리

그간 여성안심귀갓길이나 여성 안심 구역 등을 지속 관리하고 개선하면서 야간 보행에 대한 두려움은 감소 추세이긴 하지만, 여전히 여성들의 불안감은 높은 편인 것에 주목하고, 여성 안심 구역 등의 관리 실태 점검을 통해 여성을 불안하게 하는 환경의 위험 요소들을 재진단 하여 지역 사회와 유기적인 협업을 통하여 범죄 예방을 위해 필요한 부분을 보완하고 개선할 방침이다.
통계청은 사회 조사에서 야간 보행에 대한 두려움은 2016년도에 남성이 29.4%, 여성이 52.2%였다가, 2018년도에는 남성이 25.7%, 여성이 47%로 나타나, 다소 개선되었지만, 절 반에 가까운 여성들이 야간 보행에 대한 두려움을 여전히 가지고 있다고 밝혔다.

1) 2013년부터 경찰은
   (1) 버스 정거장, 지하철역 등에서 주거지까지의 여성안심귀갓길을 지정하여 순찰선을 책 정하고, 경찰 인력과 장비를 집중하고 있다.
   (2) 여성 1인 가구 밀집지역이나 재개발지구 등 성범죄 취약지역에는 여성안심구역을 지 정, CCTV 설치, 가로등 밝히기, 쏠라표지병 심기 등 범죄 예방환경 조성을 위해 지속 노력해왔다.

2) 경북경찰청은 여성안심구역 23곳과 여성안심귀갓길 178곳을 지정하여 점검 관리하고 있는데, 전체적인 점검을 통하여

⑴ 유동 인구가 적거나 방범 시설이 미흡하고, 타 지역에 비해 노상 범죄나 112신고가 많은 지역 등 보행 시 불안감이 높은 주요 귀갓길을 대상으로 여성안심귀갓길을 선정하고,

⑵ 성범죄나 여성을 대상으로 한 특정 유형의 범죄나 112신고가 많은 지역을 새로운 여성안심구역으로 지정하여 특별히 관리할 방침이다.

05 경찰관서의 코로나 확산 방지를 위한 '하소마소 캠페인'

경북경찰의 하소마소 캠페인이 전하는 10가지 예방수칙은 다음과 같다.

1) 〈하소〉

▲마스크(하소) ▲손세정, 손씻기(하소) ▲당분간 조기귀가(하소) ▲확진자 접촉하면 신고(하소) ▲감염 예방수칙 준수(하소)

2) 〈마소〉

▲악수하지(마소) ▲유언비어 퍼뜨리지(마소) ▲당분간 회식하지(마소) ▲다중 이용장소 가지(마소) ▲당분간 해외여행 가지(마소)

06 경산서(署), 실시간 핀 포인트(Pin-Point) 순찰

1) SK텔레콤과 자체 협업하여 통신 가입자 실시간 유동 인구 빅 데이터(Big-Data)를 경찰 범죄 예방 활동에 접목한 『**인구 밀집 지역 실시간 핀 포인트(Pin-Point) 순찰**』을 주민 체감 안전도 향상 대책의 일환으로 시행한다고 밝혔다.

이번 대책은 인근 대구광역시에 이어 경산시도 코로나19 확진자가 급증하여 지난 4일 『감염병 특별관리구역』으로 지정됨에 따라 감염병 확산에 따른 불안과 함께 치안 불안도 함께 해소하는 차원에서 실시하게 되었다.

2) '실시간 핀 포인트(Pin-Point)순찰'이란 코로나19 확산으로 주민들의 외부 활동이 감소하고 있으나 불안감은 더욱 증폭하는 것을 감안, SK텔레콤에서 제공하는 경산시 통신 가입자 실시간 유동 인구 사이트 URL에 접속하여 현출되는 인구 밀집 지역을 경찰이 실시간으로 집중 순찰하는 것을 말한다.

07　인터넷 사기 범죄 및 스미싱 등 사이버 금융 범죄에 대한 단속을 강화

1) 중점 단속 대상으로는

　　▲승차권, 명절선물 등 설 명절 관련 상품 판매 빙자 사기 ▲렌터카, 숙박권 등 여행 상품 판매 빙자 ▲공연 티켓 등 구매 대행 빙자 ▲명절 인사, 택배 조회를 가장한 스미싱 및 메신저 피싱 등 사이버 금융 범죄 ▲가짜 쇼핑몰 사이트, SNS 마켓 등을 이용한 쇼핑몰 사기 ▲인터넷 사기, 사이버 금융 범죄 등에 이용된 대포 통장 매매 행위 등이다.

2) 사이버 수사대장은 "인터넷 거래 시 가급적 현금 결제보다는 카드 결제와 안전 결제 사이트를 이용하고, 최근에는 가짜 안전 결제 사이트를 이용한 신종 사기 피해도 발생하고 있으므로 문자나 메신저로 안전 결제 사이트라며 링크를 보내는 경우 사기임을 의심해봐야 한다"고 당부했다.

08　스쿨존 내 단속 강화

기존 출근길 교차로 등에서 교통 관리를 하던 교통경찰관을 위험 스쿨존으로 전환 배치하여 어린이들의 이동이 많은 **등 · 하교 시간대에 집중 교통 근무를 실시**한다.
파출소 · 지구대 소속 지역경찰관도 신고 출동과 병행하여 스쿨존 안전 근무에 동참한다. 교통 협력 단체인 모범 운전자와 녹색 어머니, 사회 복무 요원도 등 · 하교 시간대 스쿨존에 함께 배치됩니다. 아울러, **스쿨존 내 과속, 신호 위반 등 어린이 안전을 위협하는 법규 위반 행위도 집중 단속**한다.

1) 악성 앱을 이용한 범죄 수법

　(1) (앱 설치 유도) 사기범은 허위 결제 문자 메시지를 발송하거나 금융 기관·수사 기관 등을 사칭하여 대출·수사 절차 진행 등을 위해 관련 '앱'을 설치해야 한다고 속임

　　① URL, 도메인, IP 주소 등을 알려주면서 관련 앱을 다운로드 받으라고 하거나, 원격 제어 앱을 설치하도록 한 뒤 사기범이 직접 피해자 핸드폰에 악성 코드를 설치하는 경우도 있음

　　② 앱은 플레이스토어에서 다운로드 받을 수 있으며, 사용자가 원격 제어를 수락하면 두 대의 스마트폰이 연결되어 상대방의 스마트폰을 원격 제어할 수 있는 앱

　(2) (확인 전화 유도) 사기범은 피해자가 잘 믿으려 하지 않는 경우 경찰·금감원·은행 등에 확인 전화를 해보라고 유도함

　　① 사기범은 피해자와 통화를 종료한 다음 악성 코드를 이용하여 피해자의 발신 내역을 실시간으로 확인하고 있다가,

　　② 피해자가 경찰·금감원·은행 등에 확인 전화를 시도하는 경우 악성 코드를 이용하여 해당 발신 전화를 직접 수신함

　(3) (2차 사칭) 사기범은 피해자가 확인 전화를 시도한 경찰·금감원·은행 등을 재차 사칭하며 피해자를 안심시키는 수법을 이용함

2) 주의 사항

　(1) 경찰·검찰·금감원·금융 기관이라며 출처 불명 앱을 설치토록 하거나, 확인전화를 유도하는 경우 보이스 피싱임

　　– 출처 불명 실행 파일(*.apk)을 다운로드 받아 설치해서는 안 되고, 모르는 상대방이 알려주는 URL, 도메인, IP주소에 접속하는 것만으로도 악성 코드에 감염될 수 있으므로 주의해야 함

　(2) 평소 스마트폰의 '환경 설정'에서 '출처 불명 앱' 설치를 차단하고, 최신 백신 프로그램 이용을 권장함

　　– 만일 핸드폰이 악성 코드에 감염되었다고 판단되면, 스마트폰을 초기화하거나 백신을 이용해 악성 코드를 삭제해야 함

　(3) 사기 의심 전화나 악성 코드 설치 유도 메시지를 받았다면 '보호나라'에 접속하여 '피싱 사고' 메뉴를 통해 신고해 줄 것을 당부드림

전남, 전북지방경찰청

01 전남지방경찰청(https://www.jnpolice.go.k)

〈전남청 관내 현황〉

1. 지방청장 이름 및 계급: (치안감)

2. 경찰서 숫자: 21개

3. 지구대 및 파출소 숫자: 167개(지구대 14, 파출소 153)

01 '랜선 범죄 예방교실' 온라인 밴드를 개설

1) 코로나19 대응 비접촉 치안 활동을 활성화하고 국적별 외국인 범죄 예방 교육을 위하여, 10월 6일 '랜선 범죄 예방교실' 온라인 밴드를 개설하였다.

밴드에는 '범죄 예방교실 동영상', '운전면허교실 동영상', '마스크 착용 의무화 안내문' 등이 영어 · 중국어 · 베트남어 등 최대 14개 언어로 게재되어 있다.

전남에 체류하는 결혼 이주 여성 등 외국인은 밴드 검색창에 '랜선 범죄 예방교실'을 검색하거나, 관할 경찰서 외사 담당에게 문의하여 밴드에 가입한 후에 게재된 동영상 자료 등을 이용할 수 있다.

2) 전남경찰은 '랜선 범죄 예방교실'에 수혜자 중심으로 적시성 있는 외국어 범죄 예방 자료를 지속적으로 업데이트하고, 외국인의 범죄 피해를 예방하기 위한 국적별 치안활동을 확대할 방침이다.

02 '대면 편취형' 보이스 피싱 급증

1) 현황

최근 전남 지역에서 범인이 피해자를 직접 만나 현금을 건네받는 '대면 편취형' 보이스 피싱이 급증하고 있어 도민에게 주의를 당부하였다.

이는 '대면 편취형' 수법이, 2018년 1건(피해금 700만 원) 발생하였다가 2019년에는 15건(피해금 6억 6,100만 원)으로 증가하고, 금년 들어 8월까지 63건(피해금 16억 3,500만 원)으로 급증함에 따라, 도민들의 추가 피해를 막기 위한 조치이다.

2) 사례

(1) '저금리 대출을 받으려면 기존 대출금을 갚아야 하니 현금을 준비하라'고 하는 등 각종 명목으로 피해자를 속인 뒤, 금융 기관 직원을 사칭, 현금을 건네받거나,

(2) '개인 정보 유출되어 예금이 위험하니 돈을 찾아 놓아라', '명의가 도용되어 대포통장이 발급되어 있는데, 돈을 인출 해 두어라'고 속여, 현금을 교부받거나 집에 보관시켜 훔치는 수법 등이 주로 이용되고 있다.

3) 대책

'통화하고 나서 직접 만나 돈을 건넨 상대방이 범죄자라고 생각하기 어려운 피해자의 심리를 이용하다 보니, 쉽게 피해가 발생하고 있다'며, 직접 만나 현금을 요구하는 대출은 없고, 수사 기관이나 금융 기관에서도 돈을 요구하는 경우가 없는 만큼, 이러한 전화를 받으면 절대 응하지 말고 곧바로 경찰에 신고할 것을 당부했다.

03 어린이 보호 구역(스쿨존) 안전 대책

어린이 보호 구역에서의 교통사고 피해를 예방하기 위해 등 · 하교 시 통학로에 경찰관 추가 배치 및 무인 단속 장비를 확대 설치하고 예외적으로 제한 속도를 시속 40㎞ 이상으로 허용하던 일부 **스쿨존의 제한 속도를 시속 30㎞로** 낮추기로 했다.

또한, 일반 교차로에서 출근길 교통 관리를 하던 경찰관 111명을 어린이 보호 구역으로 전환 배치하고, 어린이 시야를 가리는 불법 주 · 정차, 어린이 보행자 보호 의무 위반, 운전 중 휴대폰 사용 등을 지자체와 협조하여 적극 계도 및 단속하며, 어린이 사고가 자주 발생하는 하교 시간대인 오후 2~6시에는 캠코더와 이동식 단속 장비를 활용해 20~30분 단위로 단속할 계획이다.

Dream 경찰면접

410

04 사회적 약자 보호를 위한 교통안전 시설 개선

1) 현황

금년 9월부터 **'사회적 약자 보호 시스템 고도화'**를 추진하면서 전라남도, 도로교통공단, 한국교통안전공단 등의 지원을 받아 노인·어린이 등 교통 약자의 안전과 교통사고 예방을 추진 중이다.

2) 대책

　⑴ **마을 앞 도로에 자동차의 감속을 유도하는 과속단속 카메라 설치**

　⑵ **고원식 횡단보도·과속방지턱 설치**

　⑶ **야간 운전자 시야에 보행자가 잘 보이도록 투광등을 보강하는 등 총 298개소를 개선**

　⑷ 갈수록 심해지는 전남의 고령화에 대응하여 노인 교통 사고를 대폭 줄이기 위해 **마을 앞 이면도로에 속도제한을 확대하고,** 걸음 속도가 느린 노인들을 위해 **횡단보도 보행 시간 연장을 지속적으로 추진**

05 전남경찰 여성안심귀갓길 정비, 환경 개선 및 탄력순찰 전개

전남지방경찰청은 여성들이 자주 이용하는 정류장, 역에서 거주지까지의 통행로 62개소를 여성안심귀갓길로 지정하였다.

아울러, **유동인구, 112신고, 범죄 등을 분석해 CCTV 등 셉테드**를 구축하고, 탄력순찰을 강화하여 여성들이 안심하고 이용할 수 있도록 하였다.

여성안심귀갓길에는 방범 시설물인 **안내판·노면 표시·센서 보안등·위치 표시** 등이 설치되어 있으며, 부족한 시설물은 지자체와 협업을 통해 보강 설치할 계획이다. 이후 유동 인구 등을 주기적으로 분석하여 귀갓길을 추가할 예정이다.

전남지방경찰청은 앞으로도 주민 의견 수렴과 범죄 분석을 통해 범죄 취약지를 선정하고, 자율 방범대 등과 함께 **탄력순찰**을 실시해 여성들이 야간에 안심하고 귀가할 수 있는 환경을 만들기 위해 최선을 다할 예정이다.

06 국가 중요 시설 방호를 위해 드론 비행 적극 차단키로

전남지방경찰청은 국가 중요 시설 '가급'인 한빛원전의 안전을 위해 관계기관과 적극 협조하여 원전 주변 비행금지 구역 내에서의 드론 조종 행위를 엄중 단속 할 계획이라고 밝혔다. 현행 항공안전법에 의해 원전 주변 반경 18km 안에서는 비행체 운행이 전면 금지되므로 우선, 내일(9.3.)부터 원전 주변 비행 금지 구역 내를 일제 점검하여 법 위반 행위가 발견되면 현장 단속할 예정이며 향후 원전 주변에서 드론이 발견될 경우에는 경찰특공대와 추적 드론을 투입하고 경찰관기동대도 지원하여 드론 조종자를 검거하는 등 적극적으로 수사할 방침이다.

아울러, 원전 주변에 드론 비행 금지 현수막과 경고 표지판을 설치하고, 자치단체와 협조하여 지역 주민들에게 원전 주변 드론 비행 시 처벌될 수 있음을 적극 홍보할 예정이다.
최근 드론에 대한 사회적 관심이 높아져 취미나 레저용으로 드론을 조정하는 경우가 많은데, "원전 주변 **18㎞ 내에서 드론을 날릴 경우에는 처벌**될 수 있으므로 주의가 필요하다"고 당부하였다.

07 전남경찰, 언택트 교통사고 예방 홍보 활동 전개

전남지방경찰청은 코로나19로 인해 교통안전 대면 홍보가 어려워짐에 따라 도민들의 교통안전 의식 제고를 위해 비대면 방식 홍보 활동을 실시하고 있다고 16일 밝혔다.
특히, 어린이 교통사고 예방을 위해 스쿨존 내 안전 수칙 (30㎞/h 이하 서행, 불법 주정차 금지, 사람이 보이면 일단 멈춤!) 메시지를 담아 22개 시·군을 운행하는 시외고속버스(27대)에 외부 광고를 오는 30일까지 실시한다.

출처: 2020.09.16. 아시아경제

〈경북청 관내 현황〉

1. 지방청장 이름 및 계급: 진교훈(치안감)
2. 경찰서 숫자: 15개
3. 지구대 및 파출소 숫자: 171개(지구대 28, 파출소 143)

01 3선(先)-선찰(先察)·선제(先制)·선결(先決) 치안 활동
: 사회적 약자 보호와 자살 시도자에 대한 대응 업무를 적극

1) 전북경찰은 자살 예방 및 생명 존중 문화 조성을 위해, 도내 경찰서의 생활질서계 소속 경찰관 15명을, 자살 예방 업무를 담당하는 「**생명존중협력담당관**」으로 지정·운영하며, 유관 기관과 협력 체계 구축 및 고위험에 대해 발 빠른 대처로 소중한 생명을 보호하는 등 자살 예방을 위해 선제적으로 노력하고 있다.

2) **생명존중협력담당관**: 고위험 자살군에 대해 대응하고, 자살 예방 업무를 체계적 관리하기 위한 자살 예방 담당 경찰관으로서, 2020.7.6.부터 전국적으로 시행했다.
또한 통계 결과 발표 결과 등에 맞춰 선제적으로, 20일 전북경찰청에서는 생명존중협력담당관 및 각 기능별 자살 관련 업무 담당자, 유관 기관이 20여 명이 참석한 가운데 간담회를 개최하여, 자살 현황 등을 분석, 그간 활동 사항을 점검하고 자살 예방을 위한 다각적 방안에 대해서도 논의하였다.

02 보이스 피싱이 날로 지능화됨에 따라 이를 사전에 예방하기 위해 각별한 주의

1) 대출 사기형: 저금리 대환 대출이 가능하다고 속이고 기존 대출에 대한 상환 자금, 각종 수수료 등 명목으로 돈을 계좌이체 하거나 인출하도록 유도

2) 기관 사칭형: 수사 기관을 사칭, 범죄에 연루되었다고 속이고 범죄 관련성 확인, 자산 보호 등 명목으로 돈을 계좌이체 하거나 인출하도록 유도

3) (수법 지능화) 최근에는 **전화 가로채기 앱이나 원격 조정 앱** 등 악성 프로그램을 설치하도록 유도하거나 추적이 어려운 **문화상품권 핀 번호를 요구**하는 등 수법이 활용되고 있으며, 특히 금융 기관에서 사용하는 전문 용어를 사용하며 접근하고, 해당 은행 명의의 **상환 증명서, 완납 증명서 등을 정교하게 위조**해서 피해자들이 실제 대출이 이뤄진 것처럼 안심하게 만드는 등 그 수법이 날로 지능화되고 있다.

4) **(예방법)** 보이스 피싱은 누구나 피해자가 될 수 있으며, 특히, 사회적 경험이 적은 **20~30대 사회 초년생과 60대 이상 고령층은 기관 사칭형**, 경제활동이 활발하고 대출수요가 많은 **40~50대는 대출 사기형** 피해가 집중되고 있어 더욱 각별한 주의가 필요합니다.

① 경찰, 검찰, 금융감독원, 금융 회사 등은 어떠한 경우에도 전화로 돈을 요구하는 경우가 없다는 점을 명심

② 대금 결제 등 출처가 불분명한 문자 메시지를 수신했을 경우에는 보는 즉시 바로 삭제하고, 문자 메시지에 포함되어 있는 인터넷 주소(URL) 링크는 악성 앱이 설치될 수 있으므로 절대 누르면 안 됨

---

03 3선(先)-선찰(先察)·선제(先制)·선결(先決) 치안 활동을 펼치고 있는 가운데, 정신 응급 대응협의체

1) 정신 응급 대응 협의체

고위험 정신 질환자의 체계적 관리를 위해 관련 기관(경찰·지자체·정신건강복지센터·병원·소방 등)이 함께 하는 협의 기구로 2019.6. 발촉

특히, 전국 최초로 응급 입원을 위한 온라인 「병상정보시스템」을 구축하였는데 이는 고위험 정신 질환자의 응급 입원이 원활히 될 수 있도록 입원 가능한 병상을 사전 검색할 수 있고, 정신건강복지센터의 치료 연계까지도 가능하여 경찰·소방 등 유관 기관에서 활용도가 매우 높을 것으로 예상한다.

또한, 협의체에서는 고위험 정신 질환자 응급 입원 시 집단 감염을 예방하기 위해, 신세계효병원(김제 위치)과 협력하여 코로나 검사 결과 판정 전까지 대기할 수 있는 별도의 격리 공간 마련에 협의하는 등 안전한 전북 만들기에 노력하고 있다.

---

04 전북경찰, '3선(先) 치안 활동'을 통해 치안 문제 해소에 주력
- 셉테드와 지역 공동체 치안 협의체를 통한 선제적 예방 활동 전개 -

전라북도지방경찰청은 지역 치안 문제의 종합적이고 근본적인 해결을 위해 선제적·예방적 경찰 활동을 추진한다고 11일 밝혔다.

특히 일상생활 주변의 범죄 불안감이 높은 환경을 점검하고, 자치단체 및 시설주와 논의해 범죄 취약 환경을 개선하는 등 범죄 유발 요인을 사전에 제거하는 데 중점을 두고 있다.

이에 따라 전북경찰청은 도내 경찰서에서 활동하고 있는 범죄 예방진단팀(CPO)이 조도, 조명 간격, CCTV 설치 여부 등 범죄 예방 환경을 설계하는 셉테드(CPTED) 기법을 활용해 범죄 불안 환경을 면밀히 진단한다. 또한 점검 결과 드러난 취약 요인은 각 자치단체와 공유하고 이를 환경 개선 사업에 반영해, 개선해 나가도록 하는 등 경찰(진단·분석)과 자치단체(환경 개선) 간의 협업으로 지역 사회 범죄 예방 활동 체계를 더욱 공고히 할 예정이다.

1) 전북 완산시에서는 재개발 지역의 공가 방치로 인한 청소년 탈선 예방을 위해 자치단체 및 재개발 조합과 협조해 공가 출입 제한 안내문 및 플래카드를 게첨하고 보안등 교체 등 환경을 개선해 범죄 유발요인을 제거했다.

2) 군산시에서는 군산맘카페 회원들과 함께 언택트(비대면) 의견 수렴으로 여성 불안 장소를 발굴하고 범죄 예방진단팀의 현장 진단을 진행한 후, 자치단체 협업을 통해 솔라 표지병, 보안등 설치로 여성 불안 환경 개선을 추진하고 있다.

3) 완주에서는 외국인 주거 밀집 지역에 대한 치안 대책의 일환으로, 간담회를 통해 취약 요소에 대한 여론을 수렴하고 자치단체와의 협조로 로고젝터, CCTV 등을 설치하고 외국인과 합동 순찰 활동을 전개했다.

4) 이 밖에도 무주에서는 무주 양수발전소, 덕유산국립공원, 덕유산 리조트 합동으로 취약 계층 2개 가구에 대해 침입 방지 시설 등을 설치하고 지속적으로 확대할 예정이다.

5) 덕진구에서는 여성이 안심하고 이용할 수 있는 여성 안심 공원 12개소를 지정해 여청계·강력팀은 연계 순찰 및 화장실 불법 촬영 카메라 점검, 자율 방범대 합동 순찰, 자치단체에서는 보안등, CCTV 시설을 개선하는 등 공동체 치안 활동을 추진했다.

출처: 2020.09.11. 매일일보

05 전북 지역 미성년자 대상 성범죄 증가세

최근 4년간 전북 지역 미성년자 대상 성범죄가 지속적으로 늘고 있는 것으로 나타났다. 특히 SNS나 채팅 앱 등 피해자에게 접근하는 수법이 다양해지고 있는 반면 미성년자가 이에 무방비로 노출돼 있어 예방책 마련이 시급하다.

이와 관련해 전북경찰청은 학교전담경찰관을 통한 범죄 예방 교실을 운영 중이며, 지역 내 시내버스 승강장의 버스정보시스템, 관공서 게시판, 학교 홈페이지 예방 안내문 게시 등 범죄 예방 활동을 추진 중이다. 아울러 텔레그램 등 디지털 매체를 이용한 성범죄의 강력 단속을 위해 디지털 성범죄 특별수사단을 지난 3월 출범, 수사력을 집중하고 있다.

출처: 2020.08.27. 전북일보

강원지방경찰청

01 수사권 조정에 따른 수사내부통제 시스템

강원경찰은 사건관리과를 시범 운영하고 사건관리과를 신설해 수사 행정 업무를 사건 수사 업무에서 분리 후 **영장심사관과 수사심사관**을 배치하여 실 수사 부서의 사건 진행을 지도·점검하는 시스템을 구성할 예정이다.

이에 사건관리과는 경찰서 내 전체 수사부서 수사 행정·심사 기능을 총괄하고, 수사 행정 업무(유치장 포함)를 통합함으로써 효율성을 확보해 수사 부서 간 연결·조정·협업하는 구심적 역할을 수행한다. 더불어 강원 지역 모든 경찰서에 수사심사관을 선발·배치하고, 지방청에 책임수사지도관을 운영한다고 한다.

또 경찰서 범 수사 부서 및 관련 부서 수사·영장 심사관이 참여하는 협의체를 구성해 사건 심사·분석 회의를 매월 1회 개최해 영장·종결·송치 사건 분석 및 수사 절차·제도 이행 현황을 공유하는 시스템도 운영한다고 한다.
따라서 수사심사관은 경찰서장의 직접 지휘를 받는 형태로 운영하며, 독립적으로 직접 수사 부서 수사 과정·결과를 지도한다고 한다.

책임수사지도관은 지방청에서 일선 경찰서를 상시 현장 점검·지도 업무를 전담하며, 일련의 경찰 수사 절차가 개인의 역량이나 의사에 좌우되지 않도록 제도적 내부 통제 및 수사 품질의 균질화를 도모한다.

02 'N번방'에서 아동·청소년 성 착취물 구매자 신상 정보 공개

경찰의 성 착취물 구매자 신상 공개 결정은 이번이 처음으로, 피의자가 법원에 '신상 공개 집행정지 가처분 신청'을 내면서 법원의 판단에 따라 공개 여부가 최종적으로 판가름난다.
강원경찰청은 전날 경찰관 3명과 외부 위원 4명으로 구성한 신상 공개위원회를 열어 범행 수법과 피해 정도, 국민의 알 권리, 신상 공개로 인한 피의자의 가족 등이 입을 수 있는 2차 피해 등을 종합적으로 고려해 이 같은 결정을 내렸다.

청소년성보호법상 죄를 범하였다고 믿을 만한 충분한 증거가 있고, 국민의 알 권리 보장, 재범 방지와 범죄 예방 등 공익을 위해 필요할 때에는 신상을 공개할 수 있다.

강원지방경찰청은 과속 단속 카메라를 활용해 진행된다. 도로교통법 개정안(민식이법) 시행에 따라 고정식 과속 단속 카메라가 설치되기 전까지 통행량이 많고, 사고 위험이 큰 어린이보호 구역을 위주로 순회하면서 단속한다.

어린이 보호 구역에서는 시속 30㎞ 이하로 운행해야 하며, 위반 시 일반 도로보다 범칙금과벌점이 2배 부과된다. 단속은 등 · 하교 시간대인 오전 8~9시, 정오~오후 4시에 주로 이뤄진다.

단속 장소는 해당 지역 경찰서 누리집이나 내비게이션 교통 정보를 통해 운전자에게 공개합니다. 강원경찰청 관계자는 "안전한 어린이 보호 구역을 위해서는 시민들의 자발적인 참여와성숙한 안전의식이 중요하다"며 동참을 당부했다.

출처: 강원지방경찰청

CHAPTER 12 제주지방경찰청

〈제주청 관내 현황〉

1. 지방청장 이름 및 계급: 김원준(치안감)
2. 경찰서 및 부속기관: 3개 경찰서 / 제주자치경찰단, 제주해안경비대
3. 지구대 및 파출소 숫자: 31개 (자치경찰 지역 관서 7개 포함)
4. 관할 면적: 1847.2km2(전국의 1.8%)
5. 관할 인구: 67만2,948명
6. 경찰관 1인당 담당 인구: 평균 346명

01 디지털 성범죄에 대해 엄정하게 대응

1) 〈특별 수사단 설치 · 운영〉

⑴ (집중 단속) 우선 6월 말까지 예정된 「사이버 성폭력 4대 유통망 특별단속」을 연말까지 연장하여, 경찰의 모든 수사 역량을 투입해 집중 단속할 계획이다.

⑵ (국제 공조) 인터폴, FBI 등 외국 수사 기관은 물론 트위터 등 글로벌 IT 기업과의 국제 공조도 한층 강화할 계획이다.

⑶ (범죄 수익 환수) 특히 범죄 수익은 **기소 전 몰수보전 제도**를 적극 활용하고 국세청에 통보하여 세무조사도 이루어지도록 하는 등 범죄 기도를 원천적으로 차단하고자 한다.

2) 〈피해자 보호〉

경찰청 · 여가부 · 방통위 · 방심위 등 관계 기관이 함께 구축한 '불법 촬영물 공동 대응 데이터베이스'를 활용, 불법 촬영물을 신속히 삭제 · 차단하고, 피해자 상담 연계, 법률 · 의료 지원 등 피해자 보호 및 지원을 더욱 강화할 것이다.

02 제주청 어린이 보호 구역 교통 대책

1) 지난해 어린이 보호 구역에서 교통사고로 목숨을 잃은 9살 김민식 군의 이름을 딴 일명 '민식이법'이 오는 3월 25일 시행된다.

이 법은 어린이 보호 구역에 신호등과 과속 단속 카메라 설치를 의무화하도록 한 개정 '**도로교통법**'과, 어린이 보호 구역에서 교통사고를 야기하여 어린이를 사상에 이르게 한 경우 사고 운전자를 가중 처벌하도록 하는 개정 '**특정범죄 가중처벌 등에 관한 법률**'을 그 내용으로 한다.

우선, 어린이 보호 구역 내 과속 행위 예방을 위한 세부 설치 기준에 따라 무인 단속 장비를 올해 총 17개소에 추가 설치할 예정이며, 그 밖에 어린이 안전을 위해 필요한 신호기, 과속 방지 시설 등 각종 교통 시설 추가 설치가 조속히 완료될 수 있도록 자치단체와 협업을 강화해 나갈 예정이다.

2) 제주지방경찰청은 어린이 보호 구역에서 어린이 교통 사망사고가 발생할 경우, 운전자가 최대 무기 징역으로 처벌될 수 있어 어린이 보호 구역 차량 운행 시 전방 주시, 서행 운전 등 운전자들의 각별한 주의를 당부하였다. 아울러 유관 기관 협조하에 교통 시설 개선과 동시에 개학철 등·하교 시간대 교통순찰대 등을 활용, 통학로 주변 집중 배치로 어린이 보호 구역 교통법규 위반 행위를 수시로 계도·단속하고, 어린이 교통사고 예방을 위해 운전자를 대상으로 개정된 도로 교통 법규에 대한 교육·홍보 활동을 다각적으로 전개해 나갈 예정이다.

03 제주경찰, 코로나19 관련 위법 행위 엄정 수사 중
- 가짜 뉴스 유포, 마스크 판매 사기 등 15건 수사 진행 -

제주지방경찰청은, 「코로나19」 관련 가짜 뉴스를 유포하여 도민의 불안감을 유발하거나, 국가적 위기상황을 악용하여 사적 이익을 취하는 사안에 대하여 적극적으로 단속하여 수사를 진행하고 있다.

한편, 서부서는 3월 초 식약처 인증 허가를 받지 않은 불량 마스크 2,000여 매를 시중에 유통한 피의자를 적발하여 마스크 매입 경위 등에 대하여 수사 중에 있으며, 또한, 지방청 사이버 수사대에서는 확진자 이동 동선 관련 공공 기관 작성 문서를 휴대폰으로 촬영하여 외부로 유포한 혐의로 입건된 공무원에 대해서도 계속 수사를 진행 중이다.

04 제주동부경찰서 "더블'S(Slowly, Slowly) 순찰" 추진
- 신고 출동 제외, 순찰시 30㎞이하로 서행 주민 소통 순찰 -

제주동부경찰서(서장 총경 장원석)에서는 오는 2월 17일(월)부터 **112순찰 근무 시** 골목길·이면도로 및 심야 시간 대도로·일주도로를 **30km 이하**로 서행하며 승무자가 창문을 열고 주변을 살피고, 주민과 인사하는 **더블'S(Slowly, Slowly)** 순찰을 실시한다고 밝혔습니다.

더블' S 순찰 시 인근 주민과 가벼운 인사**(안부)**나 경찰에 필요한 사항 등을 묻고 범죄 불안 장소는 응답 순찰 접수 관리, 범죄 취약 장소는 가로등 및 CCTV 등 방범 시설물 추가 설치로 어두운 거리로 인한 불안 요인을 해소하는 등 주민에게 다가가 귀 기울이는 순찰로, 무엇보다 주민의 입장에서 접근해 더~ 꼼꼼히, 더~ 천천히 살펴보고 다양한 주민접촉 순찰을 통해 평온한 체감 치안이 유지될 수 있도록 주민을 위한 치안 활동을 적극 전개해 나갈 방침이라고 강조하였다.

1) 유관 기관: 道성평등정책관, 1366센터, 제주YWCA상담소, 제주여성상담소, 제주여성장애인상담소, 서귀포가정행복상담소, 여성의 쉼터, 그린터, 제주현장상담센터 '해냄', 해바라기센터

2) 주요 논의 사항으로는
△세밀한 성범죄 분석 및 공유 △장애인 성범죄 피해자 보호 방안 △유관 기관에 피해자 연계 활성화 및 균형 있는 연계 등 다양한 의견이 나왔다. 또한 간담회를 지속적으로 개최해 나가기로 협의하였다.

06 아동 학대 예방의 날(11.19.)을 맞아 아동 학대 근절 및 관심 촉구를 위한 아동 학대 예방 집중 추진 기간 운영(11. 19.~1. 18.)

각 서에 배치된 학대예방경찰관(APO)은 아동보호전문기관과 함께 학대 우려 아동에 대한 일제 모니터링과 재발 방지를 위한 다양한 복지 서비스를 지원·연계하고 관내 어린이집 등을 대상으로 **신고 의무자 교육 및 신고 활성화**를 위한 홍보 활동을 추진할 계획이다.

또한, 제주청에서는 '아동 학대 예방의 날'을 기념하여 2019. 11. 19. 15:30~17:30까지 제주시 중앙로 지하상가와 칠성로 상가 일원에서 제주도 아동보호전문기관 관계자 등과 함께 아동 학대 예방과 신고 방법을 다룬 **부스 운영 및 가두 행진 등 아동 학대 예방 캠페인**을 진행하였다.

07 제주경찰, 『외국인 강력 범죄 대응 특별 치안 활동』 추진

1) **국가·자치경찰, 민간협력 단체, 제주출입국·외국인청 등 참여하여 집중 순찰 및 민·관· 경 합동 순찰을 실시하였습니다.**
   (1) **불법 체류자 및 각종 알선책 등 총 312명 검거하여 5명을 구속하였다.**
   (2) **불법취업 알선이나 불법고용의 유형**으로는,
      ① 불법 체류자들에게 **숙식을 제공하며 자신의 지배**하에 두고 농장 등에 불법으로 취업을 알선하고 알선료를 받아 챙기는 유형
      ② **내·외국인 공모**하여 내국인은 일자리를 확보하고, 외국인은 구직자를 모집하여 불법으로 취업을 알선하는 유형
      ③ 합법적으로 **직업소개소를 운영**하며 불법 체류자 **취업을 알선**하는 유형
      ④ 유흥 업소의 **명의 사장(일명 바지사장)을 내세워** 외국인 여성을 유흥 접객원으로 고용하는 등 그 유형이 점차 다양화되어 가는 추세입니다.

2) 또한 도내 유학생이나 근로자 등 체류 외국인들을 보호하기 위한 활동도 적극 전개하였고 먼저 국내 문화, 관습, 법률의 이해도 및 준법 의식을 높여 억울하게 처벌받는 외국인이 없도록 찾아가는 **맞춤형 범죄 예방 교육을 실시**하였습니다.

---

08 제주지방경찰청, 보이스 피싱 예방을 위한 합동 캠페인 실시
- 서민 경제를 침해하는 보이스 피싱 예방·근절을 위한 관계 기관 합동 거리 캠페인-

1) 『서민 3不』 사기 범죄: 서민을 불안·불신·불행하게 만드는 **피싱 사기(보이스 피싱, 메신저 피싱), 생활 사기(인터넷 사기, 취업 사기, 전세 사기), 금융 사기(유사 수신, 불법 대부업, 보험 사기 등)**
범죄를 9. 1.부터 11. 30.까지 3개월간 집중 단속 및 예방·홍보 활동을 전개하여 서민 경제를 보호하고 사회 신뢰 회복을 목표로 추진 중.

2) 경찰 관계자는 "특히, '저금리 대출이 가능하다'며 특정 계좌로 신용 조정비, 대환 대출금 등 선입금을 요구한다거나, 대출 승인 여부를 심사하기 위해 특정 앱 설치를 유도하는 경우 등 어떠한 경우에도 돈을 송금하거나, 출처 불명의 파일을 다운로드 받아서는 안 되며, 시키는 대로 할 시에는 범죄에 연루되어 조사가 필요하다"고 말했다.

---

09 제주지방경찰청, 이주 여성 가정 폭력 근절을 위한 유관 기관 간담회 개최
- 유관기관 협업하에 이주여성에 대한 안전확보 및 지원체계 구축 -

올해 8.1. 자 「범죄로부터 이주 여성 등 보호 활동 강화 계획」을 수립하여, 단계별 대응·지원 체계를 마련하였다.

신고 이전 단계에서 사회단체와 협업하여 피해 여성을 적극적으로 찾아내 지원하고, 신고 과정에서 **24시간 언어 지원 인력풀 구성 및 다누리콜 등 전화 지원 시스템**을 적극 활용하여 의사소통이 원활히 진행될 수 있도록 하였고, 각 경찰관서 여성청소년과 외사과 내 전담경찰관을 지정하여 모든 가정 폭력 신고 사건에 대해 경찰 조치가 적절했는지, 사후 지원 사항이 필요한지 등을 함께 검토하고, 재발 우려가 있는 가정은 **모니터링을 실시**하여 추가 피해 여부를 지속적으로 점검하고, 피해자가 동의할 경우 유관 기관에 연계하는 등 다양한 지원을 하고 있다.

제주지방경찰청(여성청소년과)은 오는 8월 26일부터 상습 실종 치매 노인 및 지적장애인을 대상으로 배회감지기 53대를 보급한다.

배회감지기는 **위성위치확인시스템(GPS)을 활용한 손목시계형 단말기**로, 보호자가 스마트폰 앱을 통해 대상자의 실시간 위치를 확인할 수 있다. 또한 대상자가 사전에 설정한 지역을 벗어나면 보호자에게 알림을 전송하는 기능이 있어 실종사고를 미연에 방지해 준다.
배회감지기는 상습 실종 이력 등을 고려하여 고위험군을 대상으로 우선적으로 보급하고, 이후 실종 위험도가 높은 순서대로 보급할 예정이다. 제주지방경찰청 여성청소년과장은 **"배회감지기 보급이 치매 노인과 지적장애인 등 사회적 약자를 위한 사회 안전망 구축**에 큰 힘이 될 것으로 기대하고 있습니다."라고 말했다.

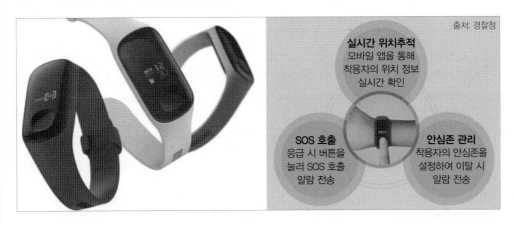

출처: 경찰청

실시간 위치추적
모바일 앱을 통해
착용자의 위치 정보
실시간 확인

SOS 호출
응급 시 버튼을
눌러 SOS 호출
알람 전송

안심존 관리
착용자의 안심존을
설정하여 이탈 시
알람 전송

PART 15

101 경비단
(개요, 기출)

01 편제

- 경찰관리관: 경무관(경호실 상주) 101, 22, 202경비단까지 지휘
- 101단장: 총경
- 부단장: 경정
- 경비과장, 각 과장, 안내과장, 타격대장, 경비대장: 경정, 또는 경감
- 단본부 각 계장, 팀장 제대장: 경감 또는 경위

02 101단

- 명칭의 유래: 101의 뜻은 국가원수 경호는 100%를 넘어 1% 더 완벽해야 한다는 의미
- 임무: 청와대를 방호하고 대통령님과 그 가족분의 절대 안전을 확보하며, 방문객 안내, 기타 작업자 감독을 담당

03 경호 경비의 개념

- 경호: 사람을 호위 또는 보호하는 업무
- 경비: 물건이나 시설을 살피거나 지키는 업무

04 근무 방법

- 경비대: 4개 경비대가 4교대 근무
- 타격대, 안내과는 별도 3교대 및 유동성 있음
- 단본부(경무, 경비, 보급, 인사교육과 등), 일근 근무(승진이 6개월 늦음)

05 근무 책임 구역

- 본관 1선: 경호실 책임
- 청와대 내곽(울타리 안쪽)을 경호 경비
- 청와대 외곽: 군인(북악산 주변) 및 경찰(경복궁 등 청와대 앞쪽 202경비대)
- ※ 22 경찰 경호대: 대통령 및 영부인 외부 행사 전담

06 101단 근무 중 가장 중요한 덕목은: 보안의 생활화

- "보고 듣고 인지한 것 무덤까지"

07 101단 슬로건(101단에 근무하려는 마음가짐)
 - 내 청춘을 101단에, 내 인생을 경찰에

08 101단 근무 특전
 - 특진(전입일 기준 2년마다 승진)
 ※ 최근 각 제대별 1명 정도(기수당 3~5명) 경위도 특진 혜택
 - 기혼자 아파트 제공: 근무하는 기간 동안 거주 가능
 - 미혼자(독신자 아파트) 숙소 제공: 근무하는 동안 희망자 거주 가능
 - 출퇴근 통근 버스 운행

<101단 중심 문제/기출>

1. 김영란법에 대해 아는 대로 이야기해 보세요.

2. 101단 경찰관으로서 필요한 덕목은 무엇인가?

3. 경호 경비 4대 원칙은 무엇인가?

4. 101경비단에 가장 중요한 것 3가지는 무엇인가?

5. 왜 경찰이 되려고 하는가? 그중에서도 왜 101경비단인가?

6. 묻지마 범죄에 대해 아는 대로 이야기해 보라.

7. 경찰이 되었는데, 비번날 지하철에서 몰카범을 보았다면 어떻게 할 것인가?

8. 대림동 여경 사건에 대한 본인의 생각은?

9. 101경비단에 필요한 역량과 본인이 가지고 있는 역량은 무엇인가?

10. 데이트 폭력 발견 시 어떻게 할 것인가?

11. 악성 민원인이 경찰서 와서 다른 경찰들이 업무를 못 할 정도로 방해하면 어떻게 할 것인가?

12. 일반 공무원과 경찰공무원의 다른 점이 무엇인가?

13. 생계 유지형 범죄 현장에 출동한다면 어떻게 대치할 것인기?

14. 진급 날 늦으면 진급을 못 하는데 무단횡단을 할 것인가?

15. 최근 경찰 관련 기사를 접한 사례는 무엇인가?

1. 경찰관이 가장 필요한 것이 무엇이라고 생각하며, 그것이 나에게 있다면 그것을 어떻게 사용할 것인지 말해보세요.

2. (봉사 정신을 선택) 봉사 활동을 하셨나요? 그거 솔직히 면접 때문에 준비한 거 맞죠? 몇 번 했어요? 그걸로 부족하다 생각하지 않아요? 다른 거 없나요? (압박)

3. 앞으로 본인이 경찰관이 된다면 경찰을 바꿀 수 있다고 생각합니까? 그 이유가 무엇인지 예를 들어주세요.

4. 경찰의 이미지는 어떻습니까?

5. 그렇다면 본인이 말한 이미지를 개선하기 위해 본인은 무엇을 할 수 있습니까?

6. 상관이 순찰차를 한적한 곳에다 주차하고 쉬자고 했는데 본인은 뭐 할겁니까?

1. 당신을 뽑아야 하는 이유?

2. 장점?

3. 체력 몇 점인가요?, 군대 시절에 운동 뭐 했나요?

4. 여자 친구?

5. 나꼼수는 어떻게 생각하나요?

6. 101단을 사칭하는 경찰학교 동기가 있는데 어떻게 하겠는가?

7. 종북 어떻게 생각하는가?

9. 자기소개를 해보세요.

10. 힘들었던 경험과 극복방안을 말해보세요.

11. 경찰로서의 목표를 말해보세요.

12. 가족여행 중 직장상사의 부친상이 발생했다면 어떻게 할 것인가?

13. 살아오면서 후회되었던 일은 무엇이었나?

14. 사회적 약자란 무엇인가?

15. 마지막으로 할 말 있으면 해보세요.

1. 최근 경찰들이 본연의 업무보단 서비스제공이 많아지고 있다.
   이에 대해 자신은 어떻게 생각하는지 자유롭게 발표하시오.

2. 자신이 생각했을 때 경찰 공권력이 약하다. 적당하다 강하다 중 하나를 고르고
   그 이유 설명해보세요.

3. 최근 코로나 역학 조사에 경찰 인력이 투입되고 있는데 이런 일은 지자체가 하는
   일 아닌가? 이에 대해 자신은 어떻게 생각하는가?

4. 층간소음이나 주차단속을 경찰이 나서서 해야 할 일인가?

   – 단체생활에서 가장 중요하게 생각하는 것은 무엇인지 말해보세요.

   – 팀워크를 높이려면 어떻게 해야 된다고 생각하나요?

   – 상사랑 같이 일하는데 한 달 동안 자신에게만 시키고 상사는 매일 30분씩 늦게 출근
   하면 어떻게 할 것인가요?

PART 16

경찰특공대
(개요, 지원 요건,
기출)

01 경찰특공대란

- 테러의 예방 및 진압
- 강력 범죄 및 폭력 시위 진압
- 폭발물 탐색 및 처리
- 요인 경호/중요범죄 진압
- 재해 재난 및 긴급 상황 발생 시 인명 구조 등 임무
- 신규 임용이 되면 5년간 의무 근무를 하며 의무 근무가 끝나도 승진 시험에 합격해야만 계속 근무 가능

02 특공대 설치 지역

현재 경찰특공대는 서울/인천/대전/대구/부산/광주/제주 각 지방처에 설치되어있으며 운용되고 있고 경쟁률은 서로 상이함

03 경찰특공대 지원 자격

직무기술서(경찰특공대 전술)

임용예정직급	선발예정인원	직무분야	근무예정부서
순경	32(여2)	경비	경찰특공대

주요 업무	○ 국내외 테러사건 무력진압작전 수행 ○ 인질, 총기, 폭발물 등 중요범죄 예방 및 대응 ○ 요인 경호 및 국가중요행사의 안전 활동 지원 ○ 각종 재해·재난 등 긴급상황 발생 시 인명구조 활동 ○ 테러사건의 예방 및 저지활동
필요 역량	○ **(공통 역량)** 강인한 정신력, 체력, 사격 능력 ○ **(직급별 역량)** 소통 공감 능력, 리더십, 위기대응 능력 ○ **(직렬별 역량)** 전략·전술적 이해도
필요 지식	○ 테러리즘의 이해 ○ 테러방지법 및 시행령, 경찰관직무집행법, 형사소송법 등
응시 자격 요건	**〈아래의 요건을 모두 충족한 자〉** ○ 무도(태권도, 유도, 검도, 합기도) 2단 이상인 자 ○ 시력 나안 좌·우 1.0 이상(교정시력 불가) ○ 경·군 특수부대 18개월 이상 근무경력자(여자 제외) √ **특수부대** : 경찰특공대, 육군 정보사·특전사·특공여단·군단특공연대·7강습대대·8특공대· 35특공대·헌병특임대·수색대대, 해군 정보부대(UDU)·특수전여단(UDT)·해난구조대(SSU)·헌병특임반·해병대, 공군 공정통제사·탐색구조전대·헌병특임반

직무기술서(경찰특공대 폭발물처리)

임용예정직급	선발예정인원	직무분야	근무예정부서
순경	8	경비	경찰특공대

주요 업무	○ 테러사건과 관련된 폭발물의 탐색 및 처리 ○ 폭발물 관련 신고시 판독 및 처리 ○ 국가 중요행사의 안전검측 활동 ○ 폭발물테러 사건의 예방 및 저지활동

필요 역량	○ **(공통 역량)** 책임감, 체력, 안전의식 ○ **(직급별 역량)** 소통 공감 능력, 리더십, 위기대응 능력 ○ **(직렬별 역량)** 폭약 및 화약에 대한 전문적 행동

필요 지식	○ 폭약류 특성 및 안전관리 관련 지식 ○ 폭발물 작동 스위치 및 회로 작동 원리

응시 자격 요건	〈무도(태권도, 유도, 검도, 합기도) 2단 이상인 자로서, 아래의 요건 중 한 가지 이상을 충족한 자〉 ○ 화약류제조(관리)보안책임자 면허 2급 이상 소지자 ○ 전자산업기사 이상 자격증 소지자 ○ 폭발물처리 3년 이상 경력자 √ **전자산업기사 이상 자격증**: 전자산업기사, 전자기사, 전자기기기능장, 전자응용기술사 √ **폭발물처리**: 軍 폭파주특기(교육 이수기간 제외), 공항공사 · 항만공사 EO

직무기술서(경찰특공대 폭발물분석)

임용예정직급	선발예정인원	직무분야	근무예정부서
경장	1	경비	경찰특공대

주요 업무	○ 사제폭발물 원료물질 성분분석 및 연구 ○ 국내외 폭발물 테러 동향 분석 및 연구 ○ 폭발물테러 예방대책 수립
필요 역량	○ **(공통 역량)** 책임감, 성실성, 연구 역량 ○ **(직급별 역량)** 소통 공감 능력, 리더십, 위기대응 능력 ○ **(직렬별 역량)** 폭약 및 화약에 대한 전문 지식과 연구 및 분석능력
필요 지식	○ 화학물질 특성 및 안전관리 지식 ○ 분석 장비 운용 및 원료물질에 대한 전반적인 처리 기술
응시 자격 요건	**〈무도(태권도, 유도, 검도, 합기도) 2단 이상인 자로서, 아래의 요건 중 한 가지 이상을 충족한 자〉** ○화학(유기 · 무기화학 · 분석화학 포함), 화학공학, 환경공학(환경생명공학 포함), 공업화학 분야 석사학위 소지자 ○화약류관리기사, 화약류관리기술사, 화약류제조기사, 화공기사, 화공기술사, 화공안전기술사, 화학분석기사, 위험물기능장 중 하나 이상 소지자 ○ 관련 기관 3년 이상 실무경력이 있는 자 √ **관련기관:** 국립과학수사연구원, 국방부(국방과학연구소), 환경부(국립환경과학원), 산업안전보건연구원, 한국화학연구원 / 화학 · 화공 · 환경 분야 대학 · 학회 / 화약류 제조업체

1. 경찰특공대 임무는 무엇인지 아는가?

2. 경찰공무원으로 갖춰야 할 덕목은 무엇인가?

3. 결과와 과정 중 어느 것을 중요시하겠는가?

4. 법을 위반한 적이 있는가?

5. 세계 테러 사건에 대해서 아는 것이 있으면 말해보라.

6. 부하의 잘못으로 인해 상사가 잘리는 것에 대해서 어떻게 생각하는가?

7. 바람직한 경찰에게 필요한 정신 3가지에 대해서 말하고 그 이유를 말해보라.

8. 학생이 불법 시위를 했을 때 어떻게 해야 하나?

9. 상관이 자꾸 자기의 일을 나에게 떠넘긴다면 어떻게 할것인가

10. 마지막 하고 싶은 말

11. 수갑 사용 시 피의자 도주방지에 신경 써야 하나 인권을 중시 여겨야 하나 토론

12. 불량 식품을 유통한 영세 상인을 강력히 처벌해야 하는가? 사회자 지정해서 찬반 토론

13. 경찰이 훈방을 많이 해야 될지 처벌을 더 많이 해야 될지 찬성과 반대를 나눠 토론하라.

14. 사형제 폐지에 대해 논하시오.

15. 성폭력특별법 관련 범죄자 신상 공개에 대해 찬반 토론을 진행하시오.

16. 존엄사 찬반 토론

17. 피의자 신상 공개

18. 데이트 폭력에 관한 토론

19. 사전조사서 질문

PART 17

경찰
특채 모집
(지원 요건, 기출)

채용분야		응시요건
항공	조종사	**〈운송용 또는 사업용 조종사 자격증(회전익 항공기에 한함) 및 항공무선통신사 자격증 소지자 중 아래의 요건을 모두 충족하는 자〉** ▸회전익 항공기 비행시간 1,500시간 이상 　┌ 기장(정조종사) 이상 비행시간 300시간 이상 포함 　└ 모의계기 비행시간 미포함 ▸최근 3년 이내 회전익 항공기 비행 경력자 ▸항공조종사 신체검사증명을 받은 자(서류제출 마감일 기준 유효기간(1년) 이내일 것)
	기체 정비	▸**항공정비사 자격증(회전익 항공기에 한함) 소지자 중 정비경력 4년 이상인 자** ※ 최근 3년 이내 항공기 정비 경력자에 한함
	전기 전자 통신	**〈항공정비사 자격증(고정익 또는 회전익) 소지자 중 아래의 요건을 모두 충족하는 자〉** ▸항공 정비경력 4년 이상인 자 중 전기·전자·통신계통 분야에서 3년 이상 근무한 자 ▸최근 3년 이내 항공기 정비 경력자
피해자 심리		**〈아래의 요건 중 한 가지 이상을 충족하는 자〉** ▸심리학 학사 학위 취득자 중 심리학 석사 학위 이상 소지자 ▸심리학 학사 학위 이상 취득 후, '심리 상담' 분야에서 근무(연구)경력이 2년 이상인 자 √**학위**: 전공/학위명에 '심리학'이 명시된 경우 인정(복수전공 인정, 부전공 불인정) √**경력**: 국가기관·지자체·공공 기관에 준하는 기관·법인(외국법인 포함), 민간단체(「비영리민간단체지원법」제2조에 의함)에 소속되어 2년 이상 실제 근무한 경력 　－ 경력은 소속기관·단체에서 기획·행정업무가 아닌 실제 심리상담 활동 경력을 필요로 함 　－ 학교기관 및 연구기관 행정조교, 대학원 과정, 기숙사 사감 등은 경력 불인정
외국어		**〈아래의 요건 중 한 가지 이상을 충족한 자〉** ▸해당 언어 전공으로 2년제 이상 국내 대학 졸업자 ▸해당 언어 전공으로 4년제 이상의 국내 대학에서 2년 이상 이수한 자 ※ 해당 언어 복수전공 인정, 부전공 불인정 ▸해당 언어 전공으로 국내 대학원 수료자 및 석사 학위 이상 소지자 ▸해당 언어를 공식어로 사용하는 국가에서 2년 이상(총 기간) 체류한 자 ※ 체류기간은 출입국사실증명서(여권)를 기준으로 일 단위로 산정(초일 불산입)

채용분야		응시요건
경찰 특공대	공통 요건	〈무도(태권도, 유도, 검도, 합기도) 2단 이상인 자〉 ▶응시요건 해당 무도 단체는 붙임9 '가산점 인정 무도단체 현황' 참고
	폭발물 분석	〈아래의 요건 중 한 가지 이상을 충족한 자〉 ▶화학(유기 · 무기화학 · 분석화학 포함), 화학공학, 환경공학(환경생명공학 포함), 공업화학 분야 석사학위 소지자 ▶화약류관리기사, 화약류관리기술사, 화약류제조기사, 화공기사, 화공기술사, 화공안전기술사, 화학분석기사, 위험물기능장 중 하나 이상 소지자 ▶관련 기관 3년 이상 실무경력이 있는 자 √**관련기관**: 국립과학수사연구원, 국방부(국방과학연구소), 환경부(국립환경과학원), 산업안전보건연구원, 한국화학연구원 / 화학 · 화공 · 환경 분야 대학 · 학회 / 화약류 제조업체
	폭발물 처리	〈아래의 요건 중 한 가지 이상을 충족한 자〉 ▶화약류제조(관리) 보안책임자 면허 2급 이상 소지자 ▶전자산업기사 이상 자격증 소지자 ▶폭발물처리 3년 이상 경력자 √**전자산업기사 이상 자격증**: 전자산업기사, 전자기사, 전자기기기능장, 전자응용기술사 √**폭발물처리**: 軍 폭파주특기(교육 이수기간 제외), 공항공사 · 항만공사 EOD
	전술	〈아래의 요건을 모두 충족한 자〉 ▶시력 나안 좌 · 우 1.0 이상(교정시력 불가) ▶경 · 군 특수부대 18개월 이상 근무경력자(여자 제외) √**특수부대**: 경찰특공대, 육군 정보사 · 특전사 · 특공여단 · 군단특공연대 · 7강습대대 · 8특공대 · 35특공대 · 헌병특임대 · 수색대대, 해군 정보부대(UDU) · 특수전여단(UDT) · 해난구조대(SSU) · 헌병특임반 · 해병대, 공군 공정통제사 · 탐색구조전대 · 헌병특임반
전의경		▶경찰청 소속 '의무경찰순경'으로 임용되어 소정의 복무를 마치고 전역한 자 또는 전역예정자

외사 특채

임용예정직급	선발예정인원	직무분야	근무예정부서
순경	25명	외사	각 지방청 및 경찰서 외사부서

주요 업무	○ 체류외국인 대상 범죄피해 예방 및 범죄피해 회복 지원 ○ 외국인범죄 예방 및 수사업무 ○ 외국 경찰 기관과 교류협력 업무 ○ 기타 외국인 관련 치안활동 관련 업무
필요 역량	○ 윤리의식, 공직의식, 고객지향마인드 ○ 긍정성, 문제해결력, 관계구축력, 의사소통능력 ○ 분석력, 집행관리능력, 조정능력
필요 지식	○ 선발대상 언어 구사능력(말하기/듣기/쓰기) ○ 경찰의 역할과 업무에 대한 전반적인 이해도 ○ 다문화사회 및 다문화치안활동에 대한 이해도
응시 자격 요건	**〈아래의 요건 중 한 가지 이상을 충족한 자〉** ○ 해당 언어 전공으로 2년제 이상 국내 대학 졸업자 ○ 해당 언어 전공으로 4년제 이상의 국내 대학에서 2년 이상 이수한 자 　※ 해당 언어 복수전공 인정, 부전공 불인정 ○ 해당 언어 전공으로 국내 대학원 수료자 및 석사 학위 이상 소지자 ○해당 언어를 공식어로 사용하는 국가에서 2년 이상(총 기간) 체류한 자 　※ 체류기간은 출입국사실증명서(여권)를 기준으로 일 단위로 산정(초일 불산입)

<외사 특채 기출문제>

1. 인간관계 갈등 해결은

2. 빵 훔친 초등학생 처벌은

3. 공권력과 서비스 중 어느 것이 중요한가?

4. 코리아데스크가 무엇인가?

5. 부당한 지시와 위법한 지시의 대응

6. 경찰 임무 중 중요한 것

7. 스트레스 해소법은

8. 남을 위해 봉사한 경험은

9. 외사 경찰의 임무는

10. 직업 경력에 대하여 말해 보세요.

11. 나의 장점은

12. 해외 경험은

13. 경찰 중 존경하는 인물은

14. 나이 어린 상사에 대하여 어떻게 생각하는지

15. 가장 힘들었던 적은

CHAPTER 02 사이버 특채

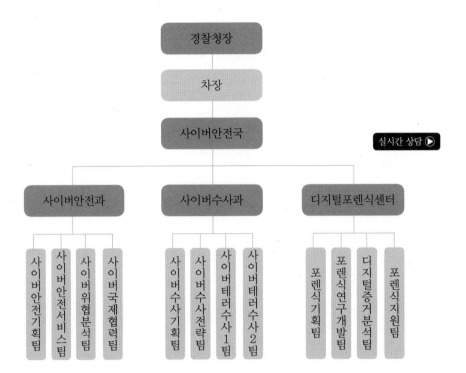

분 야	시험 방법

| 실기시험 | · 사이버수사 관련 기본 및 전문 지식에 대한 구술실기 평가
※ 응시자가 제출한 '전문성 기술서'를 참고하여 평가위원과 응시자 간 문답
형식으로 진행 |

	구 분		내 용	배 점
	공 통		네트워크이론, 프로그래밍 기초, 정보보안	30
분야별	해킹 · 악성 코드분석	해킹분석 · 대응, 악성 코드 분석, H/W · S/W 개발	70
	시스템 · 네트워크 엔지니어링	시스템 · 네트워크 관련 설계 · 개발 · 운영 · 보안	
	디지털포렌식	디스크, 휴대기기, 물리복구, 멀티미디어 등 포렌식	
	데이터베이스	데이터베이스 설계 · 개발 · 운영 · 감리	
	프로그래밍	시스템, 웹, 모바일, 기타 디바이스 프로그래밍	

분 야	시험 방법
체력검사	· 100m 달리기, 1km 달리기, 윗몸일으키기, 팔굽혀펴기, 좌 · 우 악력 등 5개 종목
적성검사	· 경찰관으로서의 인 · 적성을 종합검정
서류전형	· 제출서류의 적격성 및 응시자격 부합여부 심사
면접시험	· 1단계: 의사발표의 정확성과 논리성 및 전문 지식 · 2단계: 품행 · 예의, 봉사성, 정직성, 도덕성 · 준법성
특별조건	**자 격 요 건** **다음 중 하나 이상의 요건에 해당** 1. **정보처리 관련 자격증**[*] 보유자로, 자격증 취득 후 채용 분야 3년 이상 경력자 　*정보처리 관련 자격증: 정보처리(산업)기사, 정보보안(산업)기사 2. **전산 관련 분야 학사 학위**[*] 취득 후, 채용 분야 2년 이상 경력자 3. **전산 관련 분야 학사 학위**[*] 취득 후, 관련 분야 석사학위 취득자 　*전산 관련 분야: 전산학, 컴퓨터공학, 소프트웨어공학, 정보통신공학, 정보보호학, 　전자공학, 수학 ※ 전자 · 전기 제외

우 대 요 건

- 금융보안 관련 시스템 개발 · 운영 경력자
- GIAC, CCIE, CISSP, CISA 등 정보보호 관련 자격증 소지자
- 주요 해킹방어대회[*] · 디지털포렌식 챌린지 입상자

*해킹방어대회 종류(주요 일간지에 공고된 대회)
- KISA 해킹방어대회, POC, 코드게이트, 대한민국 화이트햇 콘테스트, 시큐인사이드, 디지털포렌식 챌린지

1. 자기소개, 살면서 가장 후회한 일

2. 학교 폭력으로 처벌받으면 사회 재기 불능한데 본인 생각은

3. 보이스 피싱 해결책, USB 보안 대책, 사형 제도 찬반

4. 잊혀질 권리, 파밍이란, 스미싱이란, 해킹의 종류는

5. 서비스 거부 공격은, 어나니머스의 일은, 사이버테러방지법은, 사이버범죄수사대는

6. 사이버폭력이란.

7. 가해자가 보험 들었다고 반성하지 않는다. 이에 대한 생각은

8. 사이버 성범죄 중 가장 중한 것 예방법은

9. 동료가 뇌물수수로 징계 중 변호사 비용이 없어 힘들어한다. 도와주겠는가?

10. 조직을 위한 개인 희생은 어떠한가?

11. 소년법 연령 하한 찬반은

12. 사이버불링이란?

13. 아노미 이론은

14. 팬텀 이론은

15. 디지털 포렌식이란?

03 피해자 심리 상담 특채

임용예정직급	선발예정인원	직무분야	근무예정부서
경장	40명	인권 보호	각 지방청 및 경찰서

주요 업무	○ 범죄 피해자 상담 등 피해자 보호 및 지원 업무 ○ 유관기관 · 단체 대외협력 및 피해자 연계 활동 ○ 피해자 보호지원 관련 대내 · 외 교육 및 홍보 활동 ○ 기타 피해자보호 · 지원 관련 행정 업무
필요 역량	○ **(공통 역량)** 공직윤리(공정성, 청렴성), 공직의식(책임감, 사명감) ○ **(분야 역량)** 전문성, 관계구축력, 의사소통능력, 성실성, 봉사심, 인내심 · 끈기, 준법의식, 협동의식
필요 지식	○ 심리학 관련 기본 지식(범죄심리, 임상심리, 상담심리 등) ○ 범죄 피해자 심리측정(검사) 및 평가 ○ 범죄 피해자 상담 및 회복지원 기법 ○ 범죄 피해자 보호 · 지원 관련 법제
응시 자격 요건	**〈아래의 요건 중 한 가지 이상을 충족하는 자〉** ○ 심리학 학사 학위 취득자 중 심리학 석사 학위 이상 소지자 ○ 심리학 학사 학위 이상 취득 후, '심리 상담' 분야에서 근무(연구)경력이 2년 이상인 √ **학위:** 전공/학위명에 '심리학'이 명시된 경우 인정(복수전공 인정, 부전공 불인정) √ **경력:** 국가기관 · 지자체 · 공공 기관에 준하는 기관 · 법인(외국법인 포함), 민간단체(「비영리민간단체지원법」제2조에 의함)에 소속되어 2년 이상 실제 근무한 경력 − 경력은 소속기관 · 단체에서 기획 · 행정업무가 아닌 실세 심리상담 활동 경력을 필요로 함 − 학교기관 및 연구기관 행정조교, 대학원 과정, 기숙사 사감 등은 경력 불인정

CHAPTER 04 과학 수사 특채

채용 분야	계급 (인원)	채용예정인원(명) 등								
		서울	부산	대구	인천	경기 남부	경기 북부	충남	경북	경남
		2	1	1	1	1	1	1	1	1
과학 수사	순경10	특별 요건	**과학수사 관련* 학사학위 이상 소지자** *과학수사학, 법과학, 법의학(법정의학, 법의간호학, 의학포함), 범죄수사학, 범죄학, 형사학 등으로 학위에 전공명 또는 학위명, 학과명이 관련분야 해당시 응시 가능(전공·학위·학과명에 열거된 관련분야 명칭 포함시 인정) ※ **('18년도 선발시 변경 예정 사항)** 과학수사 경력경쟁채용 응시자격요건이 ①석사 이상, ②학사+관련 자격증, ③학사+연구·근무경력 중 한 가지 이상 충족으로 강화								

1. 형사 미성년자 처벌 하향 조정에 대한 찬반

2. 학교 폭력의 원인과 대책

3. 가정 폭력의 경찰 개입은 어디까지인가?

4. 노숙자 관련 경험 있는지

5. 경찰의 근무 환경 개선에 대한 본인만의 방법은?

6. 경찰조직의 소통 점수는?

7. 경찰 음주 운전 처벌이 강력한 것에 대한 본인의 생각은?

8. 음주 운전 경력자가 경찰 하는 것은?

9. 공권력과 인권

10. 화가 날 때 어떤 일

11. 판단을 잘못해서 사건의 방향이 잘못되었다. 어떻게 할 것인지

12. 채증을 하러 갔는데 마약을 발견했다. 어떻게 할 것인지

13. 저녁이 있는 삶이란?

14. 야간 근무에 대해 어떻게 생각하는지

15. 중요한 사람과 약속 있는데 긴급 출동 명령을 받았다. 어떻게 할 것인지

16. 정의감이란?

17. 경찰관의 이미지는

18. 살면서 후회하는 일은

19. 가족이 안전벨트 미착용으로 단속되었다. 본인은 어떻게 할 것인가?

20. 살면서 오해받은 경험은?

21. 상사의 성희롱 대처법은?

22. 상사의 커피 심부름은?

23. 본인의 단점은?

24. 경찰의 날은?

CHAPTER 05 세무 회계 특채

01 응시 자격

- 20세 이상~40세 이하

- 운전면허 1종 보통 이상

- 관련 자격증 취득자 중 관련 학과 학사학위

- 관련 자격증 취득자 중 관련 분야 3년 이상 경력자

- 관련 학과로는 세무, 회계, 세무회계, 경영회계, 회계정보, 경제, 경영 등이 있으며 전공이나 복수 전공으로 이수한 경우만 해당

02 기출 문제

- 세무직에서 하고 싶은 일은?

- 바지사장이 무엇인가요?

- 간이 과세, 일반 과세 차이는?

- 간이 과세 한도는?

- 자료상이 무엇인가요?

- 세무직 지원 동기는?

- 세무서 가 보았는지?

- EITC란?

- 민원인이 억지를 쓸 때

- 세무직의 문제점은?

- 회계학 공부 경험 있는지

- 무조건 압류금지자산과 조건부 압류금지자산 3가지 예를 들어보세요.

- 부가가치세에서 신용카드 사용 시 공제액은 얼마인가?

- 사업자들이 세금을 횡령하는 이유는?

- 사업자 소득을 양성화시키는 방안은?

- 소득세와 법인세 납세 의무 성립 시기는?

- 징수유예란?

- 자영업자의 소득 파악 방법은?

- 국세와 지방세 구분 기준은?

- 법인세와 소득세의 차이는?

- 자산재평가란?

- 재무제표의 종류는?

- 전환사채란?

- 총원가란?

- 회계 전산화의 효과는?

- 국세의 제척 기관과 소멸 시효의 차이점은?

- 기업 회계 기준의 일반 원칙은?

- 대차대조표란?

- 경찰 업무 중 세무 부서가 어떤 업무를 하는지 아는가?

- 소득세 40%에 대해서 어떻게 생각하는가?

- 실직 과세 원칙이란?

- 이연계정과 무형자산을 설명하세요.

- 재무상태 변동표란?

- 종합부동산세에 관해서 설명하세요.

- 지방자치단체가 지방에 세무서를 두는 까닭은?

- 부동산 투기 대처 방안은?

- 체납 처분과 관련된 기관은?

PART 18

지방청별
기출문제

01 2021년 면접 기출문제

01 서울지방경찰청

<개별 질문>

1. 자기소개를 해보세요.

2. 면접장에 처음 왔습니까? 수험기간은? 공부는 어디서 했나요?

   수험기간을 열심히 보냈다고 했는데, 다른 사람에 비해 내세울 만한 것이 있다면?

   어디서 사나요? 나이가 어린데 잘할 수 있겠나?

3. 본인의 장점 3가지를 말해보세요. 내가 다른 학생에 비해 뛰어난 것 3가지를 말해 보세요. 자신의 성격 중에 버려야 하는 것은 무엇인가요?

4. 자신의 장단점은? 경찰이 되어서 단점을 개선할 수 있는 방법은?

   체력점수는? 무도단증은 있습니까? 유도 단증이 있다고 하는데, 유도에서 장기가 무엇인가요? 체력에 자신 있다고 했는데, 체력 점수는 몇 점인가요?

02 경기지방경찰청

<개별 질문>

1. 경찰이 되고 싶은 이유는 무엇입니까?

2. 성실성을 입증 가능한 사례를 들어 이야기해보세요.

   잘 웃는 것은 좋은 것이다. 본인의 진짜 단점은 무엇입니까? 본인의 단점은 무엇입니까?

3. 술 마시고 실수한 경험 있습니까?

   '실력'과 '운' 중에 무엇이 더 중요하다고 생각하나요?

   폭행을 하면 왜 안 된다고 생각하나요?

4. 사람이 '악'해지는 이유는 무엇이라고 생각하나요?

5. '자비'와 '정의'가 무엇인지 말해보고, 어느 것이 더 중요하다고 생각하나요?

6. 수험 기간 얼마 했나요?

7. 군대 경험 빼고 팀워크 발휘한 경험

   추가 질문 – 이후 술 취한 사람들 어떻게 도왔고 왜 도왔는가?

추가 질문 – 대학교 술 먹는 문화 아직도 있나 어떻게 생각하나요?

8. 갈등 경험

<단체 질문>

1. 경찰에게 필요한 덕목 3가지?

    추가 질문 – 경찰이 신뢰를 잃는 이유는?

    추가 질문 – 경찰의 청렴 점수가 몇 점이라 생각하고, 청렴성이 요구되는 이유는?

03 전남지방경찰청

<단체 질문>

1. 경찰 관련 예산이 축소되어 임금삭감을 요구하는 청원이 나오고 처우가 악화된다면 자신은 경찰에서 복무할 것인지에 대해 자유롭게 발표하세요.

2. 갈등의 장점에 대해 자유롭게 발표하시오.

3. 동일한 민원인이 자주 오시는데 어떻게 해결해 줄 것인지 자유롭게 발표하시오.

04 부산지방경찰청

<개별 질문>

1. 이번 한 주 동안 우리나라 최고의 이슈는 무엇이라고 생각하느냐?

    친구 중의 한 명이 대마초를 피웠다. 경찰로서 어떻게 하겠습니까?

2. 경찰이 왜 되려고 하나요?

3. 군 가산점 제도에 대해 어떻게 생각하나요? 대안책은 무엇이라고 생각하나요?

4. 경찰의 문제점이 무엇이라고 생각하나요? 경찰이 고쳐야 할 점이 있으면 무엇이라고 생각하나요?

5. 부당한 지시나 비윤리적인 지시를 받았을 때, 내부고발제도를 어떻게 활용할 것인가?

    본인 단점은?

6. 최근 경찰관들의 불량용모에 대해 어떻게 생각하느냐?

7. 마지막으로 포부에 대해 말해 보세요.

05 인천지방경찰청

<개별 질문>

1. 의경 복무 중 의미 있던 일은 뭐였나? 제대 언제 했습니까?

2. 왜 경찰 지원하였는가? 경찰 되려는 이유가 무엇입니까?

   행복한 기억은? 후회하는 기억은? 고교시절 후회스러웠던 점은 무엇입니까?

   창피했던 경험을 말해 보세요.

3. 리더십이 뭐라고 생각하십니까? 그 사례는? 리더십이 있다고 생각하십니까?

   그 사례를 말해 보세요.

   리더로써 갈등해결 사례를 말해 보세요. 봉사활동 경험을 말해 보세요. 사회생활 경험은?

06 울산지방경찰청

<개별 질문>

1. 성격이 급한가? 차분한가?

2. 경찰 지원 동기는? 다니던 직장을 그만둔 이유는? 근무하고 싶은 부서는?

   자신을 과일로 표현한다면?

3. 여자 친구와 다툰 상황이다. 이때 여자 친구를 이해시키기 위한 방법은?

4. 길에서 경찰이나 경찰차를 보면 어떤 생각이 드는가?

5. 가정폭력 신고가 들어왔다.

   여자가 술 먹고 들어와서 홧김에 남자가 폭력을 행사한 경우에 어떻게 대처하겠습니까?

6. 군인, 소방관, 경찰은 제복을 입는데, 왜 입는다고 생각하나요?

CHAPTER 02 2020년 2차 면접 기출문제

01 서울지방경찰청

<개별 질문>

1. 살면서 인간관계에서 힘들었던 경험

2. 코로나 시대에 대한 경찰의 변화

3. 가고 싶은 부서

4. 자기소개 30초 / 경찰이 된다면 가고 싶은 과 / 문화적인 차이를 경험해본 적 / 기피하는 부서

5. 30초 자기소개 / 장단점 / 상사가 밥값 계속 계산 안 할 시 어떡할 것인가? / 상사가 직무 중 잠만 자고 일 안 할 시 어떡할 것인가? / 지원 동기 / 경찰에 대한 신뢰도 평가 / 경찰이 시민에 대한 신뢰도 평가 / 마지막 포부

6. 30초 자기소개 / 상사가 지인에게 유리하게 사건 전개할 때 어떡할 건가? / 군대와 알바의 차이 / 손해 본 경험 / 마지막 한마디

7. 자기소개 30초 / 지인이 나를 평가하는 긍정적인 부분 / 지인이 나를 평가하는 부정적인 부분 / 격투기 했다고 했는데 격투기로 사람을 구해본 적 / 학교 폭력 왕따 어떻게 도와줄래? / 자치경찰에 대한 개인 의견 / 마지막 할 말

8. 자기소개 / 상사가 순찰차에 누워서 본인한테만 일을 시킨다. 어떻게 하겠는가? / 존경하는 멘토 / 체력과 법률적 지식 둘 중에 어느 것이 중요하다고 생각하는가?

9. 자기소개 30초 / 직장 내 부조리, 음주, 성추행 등 많은데 해결 방안 / 면접 준비하면서 지원자들이 가지도 않은 지구대 파출소 경험 얘기하는데 이거 어떻게 생각하나? / 경찰의 필요한 덕목

10. 자기소개 / 가장 싫어하는 사람의 유형 / 희망 부서 / 그 부서 뭐 하는지 아는가? / 그 부시에시 이떤 게 문제라고 생각하는가?

11. 자기소개 30초 / 희망 부서 / 지원 동기 / 사전조사서 내용 / 정보과 조사 내용 / 아동성범죄

12. 자기소개 30초 / 기피부서 가게 되면 어떻게 극복할지 / 봉사 경험 / 인간관계 고충 경험 / 민원인이 불만 가진 경우 어떻게 극복할지

13. 경찰이기 전에 시민의 입장에서 경찰 관련 긍정적 이미지 부정적 이미지 사례 / 인생에서 가장 후회한 경험 / 경찰이 되어야 하는 이유 / 감정 통제 능력에 대해서 자세한 사례 / 가장 화났던 일

14. 자기소개 30초 / 대화 안 되는 상사 어떻게 대처 / 지원 부서 / 기피 부서 / 음주 운전 동승자 목격 어떻게 하겠는가

15. 학생부에 대해서 하고 싶은 말 / 리버풀 리그 순위는? / 프리미어 리그 1위는? / 리더를 맡아 무언가를 성공한 경험 / 갈등을 해결한 경험 / 경찰 덕목

16. 자기소개 / 본인 희망 부서 및 장점 활용 / 근무 안 서는 선임 대응법 / 악성 민원인(압박 꼬리 질문 많이 함) / 본인의 장점 어필

17. 자기소개 짧게 30초 이내로 하세요. / 도덕적이거나 표창을 받았던 일 있나? / 자신의 장점과 맞는 부서를 말해 보세요. / 형사과에 들어갈 시 부족한 점을 말해 보세요 / 악성 민원에 대하여 어떻게 대처하겠나? / 조직 내 부조리를 개선한 적이 있는가? / 군대 말고 사조직에서 부조리는 개선한 적이 있는가? / 본인이 리더십형인지 팔로우십형인지?

18. 본받고 싶은 경찰관, 그렇지 않은 경찰관 있는가? / 성인지 감수성 / 리더의 덕목, 위험에 노출되는데 절대 하지 않은 행위 / 차벽 설치 위법한가? / 시민들의 교통은 어떻게 할 것인지? / 최선의 노력을 다했지만 좌절한 경험

19. 자기소개 장점 단점 넣어서 / 청렴 자기 희생 / 자기 희생 경험 / 청렴해야 하는 이유 / 의경 어디서 근무? / 중대 수인 무전망 몇 개 들었나? / 마지막 할 말

20. 자기소개 지원 동기 / 경찰의 부정적인 사례와 해결 방안 / 경찰관이 가져야 하는 마음가짐 / 아버지 음주 운전 단속 / 창의력을 발휘한 경험 / 장단점

21. 자기소개 / 출결 / 시위 시 경찰의 문제점 (압박) / 본인의 장점을 경찰에 어떻게 적용? / 경찰관 6대 의무 중 중요하다 생각하는 것 / 할머니 길 찾아 달라 하는데 뒤에 오토바이 신호 위반 어떻게 할 것인가? / 강아지 잃어버렸다고 신고 들어왔고 패싸움 벌어진다고 하는데 나한테 밀면서 가라고 한다. 어떻게 하나?

22. 자기소개서 각자 한 번씩 / 피의자 신상 공개 20분 / 마지막 한 사람씩 질문

<단체 질문>

- 면접관 여1 남3 총 30분가량 진행
- 면접위원 구성인원: 4인(남자 2 + 여자 2)
- 진행시간: 토의 20분, 추가 질문 5분
- 사회자: 없음
- 메모&책상: 없음

1. 불법 시위를 줄일 수 있는 방법 물대포 사용하여야 하는가? 그 대안은? / 공권력 강화해야 하는가?

2. 경찰 본연의 업무가 있는데 서비스에 너무 치우친다. 어떻게 생각하는가?

3. 부당한 지시 / 팀장이 불법 지시하면 어떻게 대처할 거?

4. 양심에 가책을 느끼는 부당한 지시 따를 것이냐?

5. 팀장 지시 따르다가 불법체포죄로 연루되면 어떻게 할 것인가?

6. 전동 킥보드 연령 하향 문제 찬반

7. 전동 킥보드 이용 연령에 대한 생각
    – 개인형 이동 장치를 단속할 근거가 있나?
    – 실제로 위험하게 이용하는 사람들을 보고 어떻게 무슨 근거로 제지하겠는가?
    – 전동 킥보드 문제점에 대한 홍보 방안

8. 사회적 약자란? 사회적 약자를 위한 대책 아는 거, 없지만 자신이 만들고 싶은 정책

9. 사설탐정 찬반

10. 자치경찰 찬반

11. 사회적 약자에 대한 대책

12. 아동 · 청소년 성범죄에 대한 토의

13. 중학생이 자전거 훔침. 어떡할 건가?

14. 최근 112신고가 많이 들어오고 있다. 이에 대한 대책은 무엇이 있는가(112신고를 해본 적이 있는가)?

02 경기남부지방경찰청

<개별 질문>

– 자기소개 / 본인이 기억에 남는 행사 / 경찰의 덕목 중 필요한 거(봉사라고 대답하고 꼬리 질문)

– 봉사하는 데 방해가 되는 요인

– 고등학교 줄결 보면 본인이 성실하다고 생각하나?

– 자기소개

– 따뜻한 경찰이 되고 싶다고 했는데 얼마 전 횡단보도에서 유모차를 밀고 가던 일가족이 차에 치이는 안타까운 사고가 있었다. 피해자 가족을 어떻게 위로할 것인가?

– 합기도는 언제부터 배웠는가?

– 외국인력센터에서 운동 가르쳤다고 했는데 얘기해봐라.

- 출결에 질병이 있는데 고의적으로 아프면 학교에 가지 않았나?

- 중고등학생 때 건강했나?

- 고등학교 시절은 어땠는가?

- 인간관계가 나빴던 적이 있는가

1. 지원 동기 / 상사와 갈등관계 시 어떻게 대처했는지 / 운전을 하냐? 음주 0.1%에 사람 다쳤을 때 어떤 법? 그럼 사람만 다쳤을 때 어떤법?

2. 12월 10일에 개정되는 법 뭔지? 전동 킥보드 관련법이라고 핵심이 뭔지

3. 자기소개 / 자소에서 소통 강조하면서 하니까 꼬리 질문으로 악성 민원인 처리 방법

4. 음주 운전의 수치나 법률 / 도로의 의미 / 미성년자가 사소한 범죄 저지르면?

<단체 질문>

1. 가정 폭력, 아동 학대, 안인득 사건을 계기로 스토킹방지법이 이슈 되고 있다. 스토킹방지법에 대한 유형과 개선방향, 대책을 자유롭게 토의하세요.

   스토킹을 방지하기 위해선 주변의 관심과 신고가 더욱 필요하다. 구체적으로 예시하나 말해 보세요.

2. 아동 학대 증가하고 있는데 경찰과 관련 기관에서 어떻게 해야 하는가? / 관련 기관 아는 거 있나 / 유치원 CCTV 사각지대 없애려고 빼곡이 설치하면 원장이 반발했을 때 어떻게 할 것인가? / 훈육과 학대를 현장에서 어떻게 구별할 것인가? / 학교에 가서 아동학대에 대해 교육한다면 어떻게 할 것인지 2가지씩 말해보아라.

3. 경찰 예방 활동의 진정한 의미와 사례에 대한 토론 / 예방적 경찰 활동의 정의, 사례

4. 순찰의 의미 / 형사적 절차에서의 예방적 경찰 활동 / 정부 3.0과 예방적 경찰 활동의 관계

5. 수사권 조정을 통해 일부 책임수사의 범위를 경찰이 얻었다. 앞으로 이를 구체화하는 인적 제도적 방안에 대해서 새로운 시각을 각각 제시해 봐라.(3분 준다)

6. 수사권 독립해서 일부 책임수사를 인정해주는 단계까지 왔는데 본인이 생각할 때 헌법과 형사법적 측면에서 제정되거나 수정되어야 하는 조항이나 부분을 지적하고 구체적 개정 수정 사례를 이유를 들어 설명하라.

7. 현재 형사법에서는 금지 조항과 처벌 조항이 대다수다. 수사권 독립을 더욱 진정시키기 위해서 본인의 생각을 말해 보세요.

03 전남지방경찰청

〈개별 질문〉

1. 준법 어긴 적 있는가? 그때의 느낀 점

2. 아동 학대 16개월 사건 출동하면 어떻게 할 것인가?

3. 조직 생활 하는 데 가정 양립하기 어려운데 어떻게 할 것인가?

4. 조직 생활 할 때 불편한 사람 어떻게 할 것인가?

5. 지원 동기, 경찰이 된다면 포부

6. 대기하면서 무슨 생각 들었냐?

7. 반려동물 유기묘 먹이 주는 거로 분쟁이 일어나는데 어떻게 해결할래?

8. 내 성격 때문에 남에게 상처 준 적 있냐? 어떻게 극복했냐?

9. 가고 싶은 부서와 거기서 잘할 수 있는 일

10. 일하는 중이 아닌데 폭력 현장 봤다. 어떡할래?

11. 싫어하는 사람과 동료다. 어떡할래?

12. 살면서 법을 크게 어겨본 적

13. 본인은 냉철한 편인가 아니면 따뜻하고 어쩌고 한 편인가?

14. 살면서 갈등 해소 경험 있는지 경찰에서 어떻게 할 건지

15. 상관이나 주변 지인들에게 부당한 청탁 어떻게 대처할 것인가?

〈단체 질문〉

1. 경찰 문신 완화 찬반

04 전북지방경찰청

〈개별 질문〉

1. 수사중인데 피의자가 피해자와 합의하고싶다고 번호 알려달라한다 어떡할래 / 절대 안 알려준다면 피해자 어떻게 도와줄래 / 중재한다면 경찰이 변호사가 아니다. 또한 민사에 개입하는 건 금지다. 어떡할래

2. 상사가 내가 원하는 부서를 아시고도 다른 부서로 보냈다. 어떡할래

3. 피의자 신상 공개 개인 의견

4. 수사 기법과 관련한 기사 보고 장단점

5. 신속 공정 친절 준법정신 중 가장 중요한 것을 고르고 이유는

6. 어떤 경찰이 될래

7. 14세가 자전거 절도 처벌할거냐 형사미성년자 하향 조정하자는 의견에 대해 어떻게 생각하나

8. 경찰 본연의 업무도 있는데 경찰관에게 봉사가 중요한 이유

9. 악성 민원인과 일반민원인 동시에 지구대 찾았다 어떻게 할 거냐

10. 어떤 경찰관이 되고 싶은지

〈단체 질문〉

1. 소년법 연령하한 찬반 /서로 반박하기

2. 봉사 활동은 전문기관이 할수있는건데 경찰이 한다는 것에 대해 생각

3. 악성민원인과 일반민원이 어떻게 대처 / 둘다 동시에 온다면? 누구 먼저

05 충남지방경찰청

〈개별 질문〉

1. 사조서에 남자답지 못해 해병대에 들어갔다고 하셨는데 남자다움이 뭐죠?

2. 그럼 여자다움은 뭔데요?

3. 사조서를 보니 정의로움이 넘치는 거 같네요? 상사가 부당하게 혼자 성과를 독차지하면 기관장에게 말한다 했는데 양보할 수도 있는 거 아닌가요?

4. ○○씨 충남지방경찰청 들어가 보신 적 있으신가요? / 충남 지방경찰청장님 계급은 무엇인가요? 충남경찰들이 1인당 담당하는 인구가 몇 명이죠?

5. 수사권 조정에 대해 아는 것과 어떻게 생각하는지 말해 보세요

6. 코로나 2단계 경찰 조치는

7. 코로나가 유행인데 집회 시위 하는 걸 막아야 한다고 생각?

8. 집회 헌법에 있는데 헌법을 법률로 막을 수 있나요?

9. 경찰서장님이 아는 사람 사건 잘 봐 달라고 나한테 일을 맡겼다면 어떻게 처리할 거야?

10. 경찰청장이랑 사이가 안 좋아질 텐데 괜찮나?

11. 자기소개(1분) / 경찰 덕목 그것을 위해 노력한 적이 있는가? / 기피 부서에서 계속 근무할 때

12. 0.01% 음주 운전해서 사람을 쳤다면 어떤 처벌

13. 개인용 이동 수단 바뀌는 거 뭔지 / 원동기 장치 자전거 기준 / 트랙터는 음주 운전 처벌되는지 / 자전거는 처벌되는지 무슨 법으로 가능한지

<단체 질문>

1. 불효자법 찬반

2. 코로나 관련 2단계 격상 기준

3. 코로나로 인한 집회 시위

4. 자기 자신이 꼭 경찰관이 되어야 하는 이유를 장점이나 강점으로 구체적으로 표현해 보세요. / 갈등을 겪는데 무엇 때문에 겪는지 말해보시오.

5. 선제적 예방 활동 정의와 경찰이 하고 있는 것 / 선제적 순찰 활동이 뭐냐 순찰 활동의 정의 설명 / 정부 3.0을 선제적 예방 활동과 관련지어 설명해봐라.

06 충북지방경찰청
<개별 질문>

1. 상사 도로 위반 잡았을 때 / 휴가 갔을 때 출동 신고 / 사조서 질문 장점을 위해 노력한 것

2. 경검 수사권 조정 / 가고 싶은 부서 / 유튜브 홍보 어떻게 하나 / 표지모델

3. 지원 동기 / 가장 먼저 하고 싶은 업무

4. 보이스 피싱 종류. 취약 계층. 홍보 방안

5. 업무 중 한계 도달. 어떻게 극복할지

6. 행정심판 vs 행정소송

7. 본인 장단점과 타인이 생각하는 본인 장단점 / 경찰의 덕목 / 주변에서 자신 어떻게 평가하는가?

8. 상사의 명령으로 유흥 업소 단속 기간 사전에 알려줌. 그 이후 업주가 돈을 준다면? 안 받아서 상사가 불이익 행사한다면?

9. 자신의 장점 그리고 그 장점이 어떻게 경찰관으로서 잘 실현될 거 같은지 / 자신이 하고 있는 업무를 팀장이 자신이 아는 사람이라고 넘기라고 하면 넘길 건가 봉사 경험 / 희생 경험/ 가고 싶은 부서 / 경찰이 되기 위해 한 노력

10. 윤리의식, 청렴성, 준법정신 중 본인이 우선시하는 것과 그 이유

11. 상사의 부당한 지시에 어떻게 할 것인가?

12. 직원들이 싫어하는 상사와 단둘이 순찰 시 본인이라면 어떻게? +꼬리 질문

13. 사조서 꼬리 질문

14. 지원 동기+장점 / 일 가정 양립 정책 / 상관으로서 팀원 사기 진작하기 위한 방법 / 상관으로서 필요한 덕목 / 도덕·청렴·준법정신 중 자신이 제일 부족한 것 / 포부 / 민식이법에 대해 아는 것

15. 지원 동기, 자신이 다른 사람보다 나은 점

16. 교통 단속 나가서 전용차선 위반 차량을 경찰서장이 훈방하라 한다. 어떻게?

17. 소통이란? 자신만의 소통 방법 / 코로나 시대 종식 관련 설명과 앞으로의 경찰 활동의 방향

<단체 질문>

1. 지원 동기+장점

2. 자신이 표지 모델이라면 경찰에 대해서 어느 점을 강조시켜 홍보 하고 싶은지

3. 오토바이 굉음 대처 방안

4. CCTV 범죄 예방 vs 인권

5. 외국인 범죄자를 경찰서에서 수사하는데 한국말을 잘해도 통역인을 쓸 건지 아울러 통역인을 민간인이 아닌 외사 특채를 써도 되는지 외사 특채를 써서 조서 작성하여 재판에 보낼 때 그 조서가 정당성이 있다고 생각하는지

6. 사조서 / 경찰이 되어야 하는 이유 목표 / 지원 동기 / 외국인 수 / 불체자 신고 들어왔는데 너라면 어떻게 할 거냐?

7. 자치경찰 장단점 1개씩 / 지원 동기 / 외국인 수 / 불체자 신고 들어왔는데 너라면 어떻게 할 거냐?

8. CCTV 확대 도입 찬반

9. 경찰로 뽑혀야 하는 이유

10. 정보경찰이라면 노사 분쟁 어떻게 해결할 것인가?

11. 외국인 범죄 어떻게 해결할 것인가?

12. 오늘 충북청 코로나19 관련 집회를 금지할 수 있는 법적 근거가 무엇인지?

07 제주지방경찰청

<개별 질문>

1. 업무를 하면서 실패할 경우 어떻게 극복할 것인지

2. 경제수사과에서 민원인이 경찰서장과 친분이 있다고 만나게 해달라고 할 경우 어떠한 문제점이 있다고 생각하는가?

3. 동료 경찰이 불편할 만한 발언을 들은 것을 나한테 말할 경우 어떻게 처리할 것인가?(사조서 관련)

4. 직장 내 상사의 부당한 지시(불법이 아니다)

5. 순찰차에서 상사가 무전 안 받고 잠들고 있다면? → 그래도 "순경 나부랭이가 뭘 안다고 그러냐. 순경은 원래 다 그렇게 하는 거다."라고 하면?

6. 치매 노인 조치 방법 빠르게 20초 내로

7. 여성 상사가 자꾸 머리를 쓰다듬고 신체적 접촉을 한다면? → 그렇다면 이러한 상황을 어떻게 막을 수 있다고 생각하는가?

8. 동료의 비리를 본다면(음주 운전자에게 돈을 받는 모습)

9. 코로나 자가 격리자가 탈출해서 발견했는데 나한테 마스크와 보호 장구가 없다면 → 사람이 없는 쪽으로 가면 어떻게 하겠는가?

10. 출결 소명 / 나의 장점 경찰에 어울리는지

11. 회식 장소에서 팀장님이 동료에게 치근덕거리는 걸 목격, 동료는 나에게 따로 불편하다고 얘기하지 않았다면

12. 장점 / 지원 부서 / 경찰이 스트레스를 많이 받는 이유는 뭐라고 생각?

13. 본인이 민원인에게 욕 들을 때 어떻게 할 것인지? / 최근에 경찰에게 욕하는 사람들을 모욕죄로 처리한 사례들에 대해서는 어떻게 생각하는지?

14. 야간 근무하는데 동료가 야간 수당을 받으려고 지문만 찍고 놀다가 퇴근할 때 지문을 찍고 간다. 어떻게 할래?

15. 신고받고 갔는데 시민이 욕한다. 어떻게 할래?＋모욕죄로 처리하는 게 정당하냐?

16. 경찰의 스트레스 원인

17. 5년 후 너의 모습＋그에 맞는 노력 뭐 할건지＋학교전담경찰관을 꿈꾸게 된 계기

18. 지인이 불법 촬영 영상물을 보냈다. 어떻게 할래?

19. 서귀포경찰서로 보내야 하는데 너와 여경 중에 여경은 임신했다는 이유로 너를 보낸다면 그게 정당하다고 생각하니?

<단체 질문>

1. 음주 단속 상황에서 운전자가 계속 물 달라고 하면서 음주 측정을 거부 계속할 경우 어떻게 할 것인가?

2. 본인이 가장 힘들었던 시기

3. 본인이 힘듦을 이겨내는 회복 점수

4. 본인의 장점

5. 피의자 신상 공개

6. 할머니께서 분실 신고 후 답례로 귤 한 박스 제공한다면

7. 노조 3권에 대해서 알고 있는가 → 현재 직장협의회로 충분한가 경찰 노조가 필요한가?

8. 경찰과 직접 조우한 경험이 있는가? 그것이 좋은 이미지였나 나쁜 이미지였나?

9. 자신이 만나고 싶은 아내의 이상향 (어떤 아내를 만나고 싶은가?) → 여자친구와 다툼이 있을 경우 어떻게 해결하겠는가?

10. 마지막 정말 간절히 하고 싶은 말(혼자 발언함)

11. 수사권 조정 (2명에게만 물어봄) / 경찰 서장이 음주 운전자 봐주라고 한다면 / 지원하고 싶은 부서

12. 중요한 약속이 있는데 상사가 퇴근 시간 지나도 퇴근 안 한다면

13. 중, 고, 대학교 동안 임원 했던 경험 → 그 경험에서 배운 점

14. 청소년들이 모여서 경찰을 욕하는 모습을 발견한다면 어떻게 하겠는가?

15. 순찰의 효과는 무엇인지? / 효율적인 순찰 방법은 무엇인지?

16. 미국에서는 순찰이 예방에 큰 영향 없다는 연구 결과도 나오는데 정말 순찰이 필요한지?

17. 비혼주의자인지? / 결혼하면 어떤 남편이 되고 싶은지?

18. 애를 낳아서 육아 휴직을 해야 할 텐데 아내와 자신 중 누가 육아 휴직을 할 것인지?

19. 상사와 밥 먹으러 둘이 갔는데 상사는 계산 안 하는데 어떻게 할 것인지?

20. 제주경찰이 다른 지역과 다른 점은 무엇인지?

21. 순찰의 목적＋이유＋순찰이 불필요하다고 생각 안 했나? / 계급 어디까지 올라가고 싶나?

22. 팀장이 밥 먹고 계산을 안 하고 계속 간다. 어떻게 할래? / 희망 부서

23. 육아 휴직 해야 하는데 너가 할래? 아내가 할래?

24. 제주경찰이 다른 경찰과 다른 거?

08 강원지방경찰청

<개별 질문>

1. 코로나에 대한 경찰의 제일 필요한 공직성이 무엇이냐?

2. 그럼 집에 있는 자가 격리 위반자가 있는데 보건복지부가 늦게 온다. 경찰이 할 수 있는 일은

3. 자치경찰제 의견은

<단체 질문>

1. 바닥에 돈뭉치 신사임당들이 떨어져 있다. 어떻게 대처할 것인지 말해보아라.

2. 본인이 생각하는 예단의 적정성

3. ESG가 뭔줄 아냐?

4. 조폭들이 패싸움 중이다. 근데 여경과 당신만 있다. 어떻게 할 것인가? / 역할 분담, 총기 사용할 것인지

5. 검경수사권 조정 궁극적 목표

03 2020년 1차 면접 기출문제

01 서울지방경찰청

<개별 면접>

1. 자기소개

2. 코로나 관련 경찰 대응 어떻게 생각하는지?

3. 고등학교 절도범 어떻게 처리할 것인가?

4. 경찰복 입고 담배 피우는 동료 주민신고 들어오면 어떻게 할 거며 법적 근거 있는지

5. 단점을 넣어서 지원 부서

6. 팔에 문신 있는 애들 어떻게 생각하는지?

7. 버닝썬 사건에 대한 의견?

8. 버닝썬 때 경찰은 어떻게 대처했는가?

9. 지하철에서 마스크 안 쓴 사람 어떻게 할 것인가?

10. 폐지 줍는 할머니 계시면 어찌하겠는가?

11. 경찰 홍보 방법?

12. 지원 동기 20초

13. 스트레스받는 상황 극복 방법

14. 의경 생활 하면서 시민들한테 더 제공해주고 싶은 서비스

15. 범죄 예방이 더 중요한 이유

16. 나는 팔로워형인가 리더형인가 +이유

17. 불협화음 팀원 어떻게 할 건가?

18. 공무원 덕목 중에 중요하게 여기는 것

19. 전공이 뭐냐?

20. 전공이 다른데 왜 경찰을 지원하는가?

21. 본인을 뽑아야 하는 이유

22. 수험 기간

23. 지원 부서

24. 경찰에 적합한 본인의 장점 3가지

25. 기억나는 집회 시위

26. 학원에서 준비하지 않은 경찰에 적합한 장점

27. 현 서울청장 성명과 계급

28. 서울청 유튜브 알고 있나?

29. 서울청 유튜브 동영상 총 몇 개?

30. 서울청 유튜브 문제점

31. 서울청 유튜브 구독자 몇 명?

32. 범죄 신상 정보 공개 무죄추정원칙

33. 신상 정보 공개 어떤 범죄들을 대상으로 하는지

34. 최근 경찰서에 방문한 적이 있는지

35. 동료 경찰관들이 뇌물을 받고 1/N 할 때 보고 어떻게 판단할지

36. 지인 중에 경찰이 있는지

37. 자기소개 30초

38. 아버지가 신원 조회 부탁하면? 아버지가 사소한 신원 조회 부탁해도?

39. 이기적인 경험

40. (연구 결과 들며) 이타적인 사람은 타인에게 엄격하고 실수를 용납지 않는데 어떻게 생각?

41. 본인이 이타적이라고 생각하는데 타인의 입장에서 봤을 땐 아닐 수 있음. 어떻게 생각?

42. 경찰이 현재 하고 있는 좋은 범죄 예방?

43. 경찰이 현재 하고 있는 효과 없는 범죄 예방?

44. 경찰 덕목 2개와 약점 1개 장점과 연결해서(세부적으로 질문)

45. 친구가 뺑소니 후 번호 조회 요청

46. 개성 강한가? 꼬리 1 어떻게 경찰에서 해소할 건가? 꼬리 2 넥타이가 특이해서 그렇다. 한 번 더 압박

47. 민원인이 폭행 욕설함. 어떻게 할래? 꼬리 스트레스 어떻게 해소할래?

1. 경찰 채용 변화에 대해서.

2. 피의자 신상 공개 찬반

3. 박원순 사건 때 경찰은 어떤 행동을 했는가?

4. 정보경찰 폐지 찬반 토론

5. 정보경찰을 제외하고 경찰 개혁 중 자신이 자신 있는 것 말하기.

6. 범죄 예방 범죄 검거 무엇이 중요한지

7. 자치경찰 경찰 인원 몇 명이 이동하는지 알고 있는지.

8. 민식이법 설명해보고 현직이 되어 아동들이 악용한다면 어떻게 대처할 것인지?
   (30분)

9. 경찰이 아이스크림 사려 줄 서 있는데 아줌마가 민원 제기 토의

10. 무단횡단 면접 시험인데 어떻게 하나?

11. 무단횡단 안 한다의 꼬리 – 부모님이 희생하신 게 무단횡단보다 가치 없다는 거냐

02 충북지방경찰청

1. 체벌금지법

2. 소년법 연령 하향에 대해서

3. 낙인이론

4. X세대 Z세대 의미

5. 블루오션 레드오션 의미

6. 봉사 활동 경험

7. 음주 운전 경찰은 하면 안 되는데 술 자제 어떤 식으로 할 거냐

8. 최근에 화났던 일

9. 친구 몇 명

10. 사조서 내용보니까 친구 중요하게 생각하는 거 같은데 친구 음주 운전 하면 어떻게 할 거냐

1. 민식이법 논란과 해결 방안

2. 인권 높일 수 있는 방안

3. 일에 어려움이 있어 그만두고 싶을 때 해결 방안

4. 공무원 의무

5. 코로나 때문에 비대면이 늘어나고 있는데 경찰이 비대면을 어디에 적용하는 것이 좋을까?

6. 김영란법에 대해 아는 것

7. 노동 3권

8. 경찰 청렴도 점수

9. 시민이 보는 경찰에 대한 불친절 무엇이 있냐?

10. 국가보안법 본인 폐지해야 되는지 유지해야 되는지 입장

11. 인생을 바꾼 긍정적 사건 2개

12. 상사나 선배 부모님의 지시를 어겨서 한 행동 있냐?

03 충남지방경찰청

1. 경찰 역사 질문

2. 경찰이 언제 만들어졌는가?

3. 최근에 화가 난 적은?

4. 남을 비난한 경험 있는가?

5. 비난했을 때의 기분은 어땠는가?

6. 선물과 뇌물 차이

7. 시민이 박카스를 준다면 받을 것인가?

8. 다른 시민이 봤을 때 뇌물을 준 거처럼 보일 수 있는 데 그에 대해 어떻게 생각하는가?

9. 나이 어린 동생들이 승진도 빨리하고 계급도 높은 사람 있을 텐데 어떻게 생각하는가?

10. 매스컴에서 보인 경찰의 문제점은?

1. 화가 난 민원인을 대처하는 자신만의 방법이 있는가?

2. 현재 경찰의 초봉 180만 원입니다. 자신이 경찰이 되면 얼마를 받고 싶은가?

3. 학원 일요일 휴무제를 시행 중인데 거기에 대한 찬반

4. 자신의 단점으로 남에게 피해를 준 적 있는가?

04 강원지방경찰청

<개별 면접>

1. 강원청 지원 동기

2. 사람 만날 때 어떤 사람이 좋고 싫은지

3. 가장 우울한 시기, 극복 방법

4. 경찰 지원 동기

5. 자치경찰 본인 견해

6. 오면서 무슨 생각 했는지

7. 지금 생각나는 친구 몇 명?

8. 친구들이 나를 볼 때 어떤 사람? 장단점

9. 지인들과 다툼 일어날 때 어떻게 해결했는지 본인 경험에 빗대어 말해보라.

10. 장점

11. 친구 몇 명? – 친한 친구에게 융자 보증? 해줄 수 있냐? 최대 얼마까지 빌려 줄 수 있냐?

12. 순찰차 운전하면서 옆에 상사분이 난 가만히 있을 테니 너 혼자 갔다 와라. 어떻게 할 거냐?

13. 신임 순경이 경찰 승진에 대해 어떻게 생각하냐?

<개별 면접>

1. 본인이 사랑하는 사람이랑 결혼할 거다. 근데 배우자는 경찰 일을 싫어한다. 어떻게 할 것?

2. 배우자와 성격도 안 맞고 너무 집안일이 복잡하다. 경찰 일에 집중이 안 된다. 해결 방법?

3. 의경 생활하며 좋았던 상사. 그 상사가 시민들에게 어떻게 했는지?

4. 마지막 할 말

5. 개인의 약속 vs 비번 중 교통사고 현장 (사람이 많이 있고, 신고도 접수된 상황이라 굳이 나설 필요 없고 약속은 너무나도 중요한 약속이다)

6. 학술 동아리 회장이라고 했는데 경찰의 사명감이 무엇인가? – 희생 정신 / 희생 정신이라고 답했는데 조폭 10명과 시위하는 시민들이 대치한 상황이다. 피해를 입은 시민도 보았고 상부에 보고하니 반드시 가만히 있으라고 지시한다. 본인은 어떻게 할 것인가?

7. 대체적으로 말 좋고, 공감도 가지만 결국 상부의 지시를 따른다는 데에 치우쳐 있는데 결국 그럼 상부의 지시가 희생 정신보다 중요한 것인가?

8. 본인이 결단력을 행사한 구체적인 사례가 있는가?

9. 봉사 활동 경험이 정말 다양하고 풍부한데, 그것을 통해서 무엇을 느꼈고, 왜 하게 되었는가?

10. 봉사 정신이 투철하다 생각하는데 봉사 정신이 무엇인가?

11. 고등학교 생기부에 경찰이 적혀있지 않은데, 경찰이 되고 싶다고 생각한 구체적인 시기와 이유는 무엇인가?

12. 경찰이 되고 싶은 포부

13. 국가 공무원 의무 아냐

14. 경찰공무원 의무가 무엇이냐

15. 갑질이 뭔가?

16. 군 복무 시절 갑질 당한 거 혹시 있나?

17. 수사권 조정 우려 많은데 어떻게 생각하냐?

18. 기소가 뭐예요?

19. 혐의가 없는데도 기소할 건가요?

20. SNS 후임이 신분 노출한 상태에서 올리면 어떻게 할 거냐?

21. 꼬리 질문 사적인 공간인데도 뭐라 할 거냐?

22. 경찰 덕목 3가지

23. 본인의 준법성 상중하 고르기

24. 아버지가 음주 운전

25. 마지막 할 말

26. 밥 먹었냐 잠 잘 잤냐

27. 전공 과랑 다른데 경찰 왜?

28. 불법 시위 현장에서 내가 지휘관인데 폭행이 벌어진다. 근데 윗선에서는 아무것도 하지 말라고 지시 여기서 내가 어떻게 할 것인지

29. 경찰의 준법정신 어떻게 생각하는지

30. 경찰의 사명감은 뭐라고 생각하는지

31. 경찰 해보고 싶은 업무, 지원하고 싶은 부서

32. 마지막 할 말

33. 경찰 봉급 적당한지 아닌지, 이유

34. 공익과 사익 사례 혹은 의견

35. 지원 과, 그에 맞는 역량, 그에 맞는 노력

36. 경찰이 유기견 같은 본래 업무가 아닌 것을 담당하는 것에 대한 의견

37. 집회 자유 보장하는데 코로나로 금지하는 것에 대한 자율 토론, 해결 방안

38. 밥 먹었냐, 뭐 먹었냐, 부모님이 뭐라고 하셨냐, 지금 기분이 어떤가

39. 경찰의 도덕, 청렴 관련 기사 본거 있냐, 개인의 개인사와 청렴, 도덕과의 관계에 대한 본인 생각

40. 운동이 전공이냐, 무슨 과 나왔냐, 합기도 몇 단이냐

41. 경찰의 꿈 언제부터 꿨나? 꾸고 나서 뭘 노력했냐? (시간 돼서 끊음)

42. 개인의 권리가 있는데 공익을 위해서 제한하는 거에 대해 본인 생각 → (꼬리) 제한할 수 있다고 하셨는데 제한 기준은 무엇인지

43. 본인이 정보과장입니다. 상반된 보고서가 올라왔다. 어떻게 대처?

44. 수험 생활하며 힘들었을 텐데 어떻게 극복, 좌우명?

45. 자치경찰제 대한 의견

46. 공수처에 대해 토론. 찬반 나뉘니까 서로 반박해봐라.

470

47. 지원 동기

48. 경찰이 된다면 가장 하고 싶은 업무

49. 김영란 법에 대한 본인의 생각

50. 직장 내 성희롱에 대한 본인의 생각

51. 직장 내 성희롱을 예방할 수 있는 본인만의 대안

<단체 면접>

1. 경찰 헌장 아는가?

2. 내부 고발

3. 여경 증원

4. 경찰의 문제점

5. 악성 민원

6. 범죄자 인권

7. 운자 좌석띠, 불법 유턴 등 경미한 범죄가 있을 시 대처

8. 피의자 신상 공개

9. 사설탐정업 찬반

10. 데이트 폭력 근절 방안(원인, 계획, 대책 등)과 현재 경찰이 데이트 폭력 예방을 위해 시행중인 것

06 경기북부지방경찰청

<개별 면접>

1. 지원 동기 10초 짧게 말해봐라.

2. 싫어하는 사람 유형

3. 남과 다툰 경험 / (추가 질문) 다투고 나서 어떤 식으로 해결하는지 / 갈등 해결 노하우

4. 본인이 미아를 찾아주어 부모님이 감사의 표시로 음료수를 준다면 대응 방법 / (추가 질문) 음료수 한잔도 뇌물이라 생각하는가?

5. 현재 경찰이 보완해야 할 점

6. 경찰의 덕목 중 중요하게 생각하는 것

7. 본인이 책임감을 가지고 무엇을 진행해본 경험이 있는가?

8. 장단점 얘기해보라.

9. 리더십 발휘 경험

10. 상사가 퇴근 후에도 남아서 뭔가 하고 있으면 넌 어쩔거냐?

11. 따르지 않는 동료는 어찌 설득하냐?

12. 주취자 대응

13. 주취자 감경에 대해 어떻게 생각하냐?

<단체 면접>

1. 청소년 음주 흡연 원인 예방 대책

2. 자율 자동차가 사고 났을 때 그 책임은 누구에게 있나?

3. 이 제도를 경찰에 도입 여부에 대해 자율토론
    (추가 질문)

4. 미투 운동에 대한 생각/본인이 생각하는 데이트 폭력의 정의

5. 단체 (업무 시간 외 카카오톡 등으로 업무 지시에 대해＋기다리고 기다리던 여자친구에게 프러포즈하려다 도난 사건 발생

6. 난민법 찬반

7. 현재 계급사회 어떻게 생각하는지, 올라가고 싶은 계급, 미래 계급은 어떻게 생각하면 되는지

8. 상사가 성추행했을 때 어떻게 대처할지

9. 자신의 장점을 경찰 조직에 어떻게 적용할지, 멘탈 관리 어떻게 할지

<개별 면접>

1. 자기소개＋자기소개 꼬리 질문

2. 악법도 법이냐

3. 어디 계급까지 진급하고 싶은지

4. 경찰을 택한 이유. 경찰로 얻을 수 있는 것

5. 동료들과의 갈등 해결

6. 상사가 일 넘기라 한다.

7. 경찰부조리

8. 안전벨트 안 맨 적

9. 준법정신 안 지킨 적

10. 경찰은 어떤 점이 중시되는가? 덕목 말하기

11. 조직에 어울리지 못하는 동료

12. 추가 그래도 안 들으면 어쩔 건가?

13. 마지막 하고 싶은 말

<단체 면접>

1. 조지 플로이드 사건이 이슈 됐다. 경찰은 공권력을 어떻게 행사해야 하는지

2. 헌법 비례 원칙에 입각하여 본인의 의견을 말해보시오.

3. 음주 사건 감찰로 인해 자살한 사건 어떻게 생각하는가?

4. 징계 수위를 다른 공무원들과 비교

5. 바람직한 경찰상

6. 검찰 개신 방안

7. 경찰대에 대한 생각

8. 음주 운전에 대한 대책

<개별 면접>

1. 점심 먹었나?

2. 자기소개

3. 일하는데 상사는 차에서 안 내리고 너만 일 시키면 어떻게 할래?

4. 법어긴 적 없나?

5. 소통하기 힘든 적 없었나

6. 피의자 신상 공개 요건 말고 언제 하고 뭘 공개하는지 언제까지 하는지?

09 전북지방경찰청

<개별 면접>

1. 우리나라 공권력 미국에 비해 약한지

2. 가장 잘못한 일?

3. 내가 선배인데 후배가 내 지시가 부당하다 한다면?

4. 힘든 일 한 적 있냐?

5. 왜 했는지

6. 전북청 지원한 이유

7. 도덕성 몇 점인지

8. 마지막 할 말

<단체 면접>

1. 자기소개

2. 상사가 일 끝나고 야근 수당도 못 받는데 집에 빨리 가야 하는 사정도 있는데 일을 시키면 갑질인가?

3. 자치경찰제 어제 관련 뉴스 봤냐? 그 내용 토대로 자치경찰제에 관해 이야기해 봐라.

4. 법치행정이란 정의하라.

5. 법률 유보의 원칙과 법률 우위의 원칙이 두 개의 차이점을 이야기하라.

6. 정보 경찰과 대화 경찰에 대해 말해보고 정보경찰과 관련된 논란에 대해 어떻게 생각하는가?

7. 비례의 원칙이 세 가지 있는데 그중 하나에 관해 이야기하라.

8. 주취자나 그런 폭력적인 사람들이 있는데 인권존중이 어디까지 이뤄져야 하는지

9. 경찰관들도 인권 보호를 어디까지 받을 수 있는지?

10. 경찰의 입장 시민의 입장에서 말해보시오.

11. 다시 서로 바꿔서 말해보시오.

12. 카카오톡 지시 업무에 대한 생각?

2019년 지방청별 기출문제

01 서울지방경찰청

<기출 문제>

1. 자기소개를 해보세요.

2. 면접장에 처음 왔습니까? 수험 기간은? 공부는 어디서 했나요?

3. 수험 기간을 열심히 보냈다고 했는데, 다른 사람에 비해 내세울 만한 것이 있다면?

4. 어디서 사나요? 나이가 어린데 잘할 수 있겠나?

5. 본인의 장점 3가지를 말해 보세요.

6. 내가 다른 학생에 비해 뛰어난 것 3가지를 말해 보세요.

7. 자신의 성격 중에 버려야 하는 것은 무엇인가요?

8. 자신의 장단점은? 경찰이 되어서 단점을 개선할 수 있는 방법은?

9. 체력 점수는? 무도 단증은 있습니까? 유도 단증이 있다고 하는데, 유도에서 장기가 무엇인가요?

10. 체력에 자신 있다고 했는데, 체력 점수는 몇 점인가요?

02 부산지방경찰청

<기출 문제>

1. 이번 한 주 동안 우리나라 최고의 이슈는 무엇이라고 생각하느냐?

2. 친구 중의 한 명이 대마초를 피웠다. 경찰로서 어떻게 하겠습니까?

3. 경찰이 왜 되려고 하나요?

4. 군 가산점 제도에 대해 어떻게 생각하나요? 대안책은 무엇이라고 생각하나요?

5. 경찰의 문제점이 무엇이라고 생각하나요?

6. 경찰이 고쳐야 할 점이 있으면 무엇이라고 생각하나요?

7. 부당한 지시나 비윤리적인 지시를 받았을 때, 내부 고발 제도를 어떻게 활용할 것인가?

8. 본인 단점은?

9. 최근 경찰관들의 불량 용모에 대해 어떻게 생각하느냐?

10. 마지막으로 포부에 대해 말해 보세요.

<기출 문제>

1. 의경 복무 중 의미 있던 일은 뭐였나? 제대 언제 했습니까?

2. 왜 경찰 지원하였는가?

3. 경찰 되려는 이유가 무엇입니까?

4. 행복한 기억은?

5. 후회하는 기억은?

6. 고교 시절 후회스러웠던 점은 무엇입니까?

7. 창피했던 경험을 말해 보세요.

8. 리더십이 뭐라고 생각하십니까? 그 사례는?

9. 리더십이 있다고 생각하십니까? 그 사례를 말해 보세요.

10. 리더로서 갈등 해결 사례를 말해 보세요.

11. 봉사 활동 경험을 말해 보세요.

12. 사회생활 경험은?

04 울산지방경찰청

<기출 문제>

1. 성격이 급한가? 차분한가?

2. 경찰 지원 동기는?

3. 다니던 직장을 그만둔 이유는?

4. 근무하고 싶은 부서는?

5. 자신을 과일로 표현한다면?

6. 자식에게 가르치고 싶은 덕목은?

7. 사회생활(직장)에서 필요한 덕목은?

8. 여자 친구와 다툰 상황입니다. 이때 여자 친구를 이해시키기 위한 방법은?

9. 길에서 경찰이나 경찰차를 보면 어떤 생각이 드는가?

10. 가정 폭력 신고가 들어왔다. 여자가 술 먹고 들어와서 홧김에 남자가 폭력을 행사한 경우에 어떻게 할 것인가?

11. 군인, 소방관, 경찰은 제복을 입는데, 왜 입는다고 생각하나요?

<기출 문제>

1. 경찰이 되고 싶은 이유는 무엇입니까?

2. 성실성을 입증 가능한 사례를 들어 이야기해 보세요.

3. 잘 웃는 것은 좋은 것입니다. 본인의 진짜 단점은 무엇입니까?

4. 본인의 단점은 무엇입니까?

5. 술 마시고 실수한 경험 있습니까?

6. '실력'과 '운' 중에 무엇이 더 중요하다고 생각하나요?

7. 폭행을 하면 왜 안 된다고 생각하나요?

8. 평소에 화를 잘 내는 성격인가?

9. 사람이 '악'해지는 이유는 무엇이라고 생각하나요?

10. '자비'와 '정의'가 무엇인지 말해보고, 어느 것이 더 중요하다고 생각하나?

Dream 경찰면접

초판 1쇄 발행 2021년 03월 16일
개정판 1쇄 발행 2022년 03월 15일
지은이 박선영

펴낸이 김양수
편집 이정은

펴낸곳 도서출판 맑은샘
출판등록 제2012-000035
주소 경기도 고양시 일산서구 중앙로 1456(주엽동) 서현프라자 604호
전화 031) 906-5006
팩스 031) 906-5079
홈페이지 www.booksam.kr
블로그 http://blog.naver.com/okbook1234
이메일 okbook1234@naver.com

ISBN 979-11-5778-538-4 (13350)

맑은샘, 휴앤스토리 브랜드와 함께하는 출판사입니다.